W0077567

Kultur & Geschichte

Neue Einblicke in eine alte Beziehung

Herausgegeben von
Christoph Conrad und Martina Kessel

Philipp Reclam jun. Stuttgart

Umschlagabbildung:
Zeichnung von Klaus Goldkuhle, Neuruppin

Universal-Bibliothek Nr. 9638
Alle Rechte vorbehalten
© für diese Ausgabe 1998 Philipp Reclam jun. GmbH & Co., Stuttgart
Copyrightvermerke für die Texte siehe Seite 387
Gesamtherstellung: Reclam, Ditzingen. Printed in Germany 1998
RECLAM und UNIVERSAL-BIBLIOTHEK sind eingetragene Marken
der Philipp Reclam jun. GmbH & Co., Stuttgart
ISBN 3-15-009638-3

Inhalt

III

Praktiken der Beobachtung, Risiken der Deutung

EINLEITUNG

CHRISTOPH CONRAD / MARTINA KESSEL

Blickwechsel: Moderne, Kultur, Geschichte

»»Kultur««, schrieb ein Rezensent im Internet, »ist das einzige Konzept, das noch diffuser ist als ›Postmoderne‹.«[1] Proportional zur Unbestimmtheit, oder besser: Vielstimmigkeit des Kulturbegriffs sind in den letzten Jahren seine Attraktivität und Suggestionskraft gewachsen. Die Faszination durch ›Kultur‹ scheint heutzutage in vielen Bereichen die in den 1960er und 70er Jahren vorherrschende Betonung von ›Gesellschaft‹ abgelöst zu haben.

Über die Ubiquität von Kulturbegriffen läßt sich inzwischen wohlfeil spotten: Ohne die Beschwörung von »Streitkultur« geht hierzulande kein Kreisparteitag zu Ende; vom Mangel an »Dienstleistungskultur« über die ausbaufähige »Kultur des Miteinander« bis zum Aufstieg der »Unternehmenskultur« reicht das Spektrum. Aber auch die älteren Kampfsprachen der Ideologien, ›Rassen‹ und Nationen kommen nun im Schafspelz der Kultursemantik daher: Vom »Kampf der Kulturen« spricht Samuel Huntington.

Trotz dieser rhetorischen Inflation erscheint es uns sinnvoll, die alte Beziehung zwischen Kultur und Geschichte als Leitfaden durch die gegenwärtigen thematischen und methodischen Umorientierungen in den historisch arbeitenden Wissenschaften aufzugreifen. Bedeutet es doch auch, daß die oft konstatierte kulturelle Wende in den geistes- (heute: kultur-)wissenschaftlichen Disziplinen nicht nur innerfachlichen Erschöpfungszuständen bisheriger Paradigmen zuzuschreiben ist.[2] Vielmehr gehen der Wandel von Kulturbegriffen und der boomende Gebrauch einiger ihrer Ausprägungen quer durch die wissenschaftlichen Disziplinen, ja quer durch die Gesellschaft;[3] dies wäre selbst ein lohnender Untersuchungsgegenstand, ähnlich wie die Karriere des deutschen Kulturbegriffs seit dem 18. Jahrhundert.[4]

Die Beiträge dieses Bandes nehmen Kultur als gesellschaftliche Produktivkraft ebenso ernst wie als Medium kritischer Reflexion. Zunächst aber soll nach besonders wirksamen Kulturdefinitionen gefragt, sollen die Einzelstudien auf einer bunten Landkarte produktiver Felder der Forschungspraxis lokalisiert werden. In der Betrachtung der Ansätze, Themen und Darstellungsprobleme wird der kreative Umgang mit Traditionen ebenso deutlich wie das Irritationsvermögen dieser quer durch die Geistes- und Sozialwissenschaften gehenden Richtungen.

Kultur – verzweifelt gesucht

Der Begriff von Kultur, der hier im Mittelpunkt steht und auf den sich die Energie vieler neuerer Arbeiten richtet, ist prozeßhaft, akteursbetont, mehr am Weg als am Ergebnis interessiert. Er konzentriert sich zum einen auf die Produktion von Bedeutung. Mit dieser Definition wendet man sich – um Max Weber über Clifford Geertz zu rezipieren – der *Art und Weise* zu, wie Menschen ihrer Welt Sinn verleihen. In ähnlicher Absicht hat Roger Chartier den brauchbaren Kern des Mentalitätskonzepts in Repräsentationen, Praktiken und Aneignungsweisen aufgelöst.[5] Andere, die sich wie Mary Douglas eher an Durkheim orientieren, haben sich gefragt »Wie Institutionen denken«, oder genauer: wie Kollektive Konsens erzeugen.[6] Die Handelnden in solchen Prozessen der Stiftung und Verweigerung von Sinn, der Artikulation von Erfahrung, der Hegemonie und des Widerstands sind Individuen, Gruppen, Klassen und Institutionen.

Der hier gemeinte Kulturbegriff zielt zum anderen auf die Konstituierung von Identitäten auf jeder Ebene. Er lenkt die Aufmerksamkeit auf die diskursive Konstruktion der Kategorien, welche die Subjektivierung der Individuen steuern, und läßt sie gleichzeitig als Akteure in diskursiven und symbolischen Feldern erscheinen.

Im Aufbegehren gegen funktionalistische oder struktur-deterministische Modelle der Sozialwissenschaften hat man die Chance von *agency* und die Handlungsfreiheit der All-tagsmenschen nicht selten mehr behauptet als analysiert. Unhistorisch idealisiert, ja normativ-politisch aufgeladen deutet die Betonung des handelnden Subjekts auf eine Sehnsucht nach Authentizität. An dieser Stelle hat der Be-zug auf Foucault besonders in westeuropäischen und nord-amerikanischen Diskussionen eine in Deutschland oft un-terschätzte Rolle gespielt, da seine Theorie sowohl kritisch auf externe Geltungsansprüche reagiert als auch selbstrefle-xiv den Begriff des ›Menschen‹ als Subjekt und Schöpfer hi-storisiert. Die im Deutschen schwer wiederzugebende Ver-schränkung von Untertan und Subjekt im Begriff *sujet* zielt auf den Kern des modernen Individuationsprozesses, d. h. in den Worten von Judith Butler, auf »die gleichzeitige Ent-faltung und Regulierung des Subjekts«.[7]

Mit der These vom Tod des Menschen hat Michel Fou-cault einen Beobachtungspunkt geschaffen, von dem aus die Anthropologie der Moderne als historisches Projekt, wenn man so will als Epos mit Aufstieg und Fall, rekonstruiert werden kann.[8] Mit Bezug auf Gender weitergedacht, entfal-tet sich die kritische Stoßrichtung dieser Entzauberung, weil die diskursive Konstruktion des rationalen, unabhängig agierenden männlichen Subjektes, an dem alle anderen Sub-jektkonstruktionen ausgerichtet sind, die Moderne charak-terisiert. Es geht nicht nur darum, die Dichotomien und Hierarchien herauszufinden, die diesem Projekt inhärent sind; es wäre vielmehr wichtig, zum einen die Konstruktion dieses ›autonomen Akteurs‹ nachzuverfolgen, Brüche und Widersprüche herauszufinden oder mögliche Perspektiven seines Autoritätsverlustes. Zum anderen geht es darum zu sehen, wie Machtlosere als Subjekte am Maßstab des ›stabi-len, zentrierten, autonomen Akteurs‹ konstituiert wurden.[9]

Im Spannungsfeld zwischen *agency*, dem Handeln von Individuen und Gruppen, und dem ›stählernen Gehäuse‹

diskursiver Formationen finden die heftigsten Debatten zwischen verschiedenen Vertretern kulturwissenschaftlicher Ansätze statt. Ähnlich gelagert ist die Auseinandersetzung zwischen Handlungs- und Strukturtheorie, die in den Sozialwissenschaften schon länger geführt wird.[10]

Sicher fällt damit auch ein Schatten auf das Bild der fröhlichen *bricôleurs*, der eigensinnigen Arbeiter und kreativen Fernsehzuschauer. So unvermutet, paradox und widerständig ihr Umgang mit Leben, Arbeit und Medien auch sein mag, so wenig können ihre Wahrnehmungs- und Handlungsmöglichkeiten ohne die Vorstrukturierung und den Zwangscharakter von Sprache, Erfahrungsraum und dominanten Weltbildern gedacht werden.[11] Im Blick auf diese Dialektik geht gerade nicht die »Einsicht in die Härte der sozialen Ungleichheit«[12] verloren. Vielmehr verfeinert sich das Bewußtsein für ihre psychische Verfestigung und alltägliche Reproduktion.

›Kultur‹ im landläufigen Sinne und im Gebrauch verschiedener akademischer Disziplinen meint natürlich mehr als die Produktion von Bedeutung und die Prägung von Identitäten. Andere Definitionen behalten daneben ihren Platz, etwa diejenige von verschiedenen Gruppen von Artefakten als Gegenstandsbereich für Publikum und Experten oder die Umschreibung all dessen, was einem in anderen Gesellschaften ›fremd‹ vorkommt.[13] Nicht selten meint Kultur auch im heutigen Sprachgebrauch eine Ganzheit, einen organischen Zusammenhang, der nicht in einer fragmentierten Wirklichkeitssicht eingefangen werden kann.

Umfassendere Begriffsbestimmungen mögen systematisch-theoretische Anforderungen befriedigen, taugen aber kaum als Forschungsprogramme. Niklas Luhmann empfiehlt eine historische Rekonstruktion von Kulturdefinitionen, die er seit der Aufklärung vor allem im Vergleich und in der Historisierung eigener und fremder Sprachen, Sitten und Zivilisationen sich entfalten sieht. Dieses Vorgehen läuft auf Kultur als eine Form der Beobachtung zweiter

Ordnung, auf eine ›Kommunikation über Kultur‹ hinaus. Sie wird dadurch als spezifisches Produkt moderner Gesellschaften erkennbar. »Erst die Verfügung über eine Kommunikationsebene, auf der Kultur behandelt und erörtert werden kann, erzeugt neuartige Phänomenzusammenfassungen und damit wieder neuartige Vergleichsmöglichkeiten.«[14] Auch jenseits einer systemtheoretischen Theoriesprache überrascht es deshalb nicht, wenn Beobachterpositionen, Arten des Blickens und Angeschautwerdens, Perspektiven und mentale ›Brillen‹ in zahlreichen empirischen Studien thematisiert werden. Umgekehrt weisen die in wissenschaftlichen Texten häufig verwandten Metaphern solcher Beobachterpositionen auf ein konzeptuelles Vorgehen hin, das sich – bei allen Besonderheiten – insgesamt als konstruktivistisch fassen läßt.

In den gegenwärtigen internationalen Diskussionen geht es nicht nur um interne Differenzen in der Geschichtswissenschaft, sondern eher um verschiedene Spielarten von Kulturgeschichte, New Historicism, Mikrogeschichte, Cultural Studies, Intellectual History oder historischer Anthropologie in verschiedensten Fachgebieten. Bisher haben Historiker und Historikerinnen hierzulande reagiert, indem sie eher programmatisch und theoretisch, teils abwehrend, teils werbend, *über* kulturgeschichtliche Ansätze debattiert und geurteilt haben, anstatt in gelungenen oder provozierenden Studien selber *von* Kultur zu sprechen.[15]

Die hier vorgestellten Beiträge verweisen auf drei zentrale Elemente dieser Debatten: Sie stellen erstens Beispiele ›theoretischer Praxis‹ dar, verbinden erkenntnistheoretische und kulturphilosophische Reflexionen auf hohem Niveau mit erkennbarem Appetit auf Material. Sie nehmen zweitens zu Kernproblemen der Moderne Stellung: Sie schrecken nicht vor dem »Zeitalter der Extreme« zurück, stellen sich der Gegenwart einer verwissenschaftlichten und mediatisierten Gesellschaft sowie den Herausforderungen von Globalisierung und (Post-)Kolonialismus. Sie sind drittens

durch kreativen Umgang mit der Tradition kulturphiloso-
phischen und kultursoziologischen Fragens gekennzeichnet; sie nehmen sich die Freiheit des Rückbezugs, des Zitats,
aber auch die der Subversion und der Umwidmung. Im
Wissenschaftsbetrieb, so lassen Foucault, Hobsbawm oder
Jelavich augenzwickernd durchblicken, hüllt sich das Erfinden von Innovation ebenso in den Deckmantel der Kontinuität wie das von Tradition.

Anknüpfungen

Die Produktion von Bedeutungen und Identitäten als Prozeß, als relationales Geschehen und als Praxis zu begreifen,
wendet sich gegen herkömmliche Forschungsstrategien in
den mit Kultur befaßten Wissenschaften. In diesen Front-
stellungen treten die hier vorgestellten Ansätze mit einem
revisionistischen Ziel, einige sogar mit dem Anspruch des
›Neuen‹ an.[16] Zum einen versucht die neue Kulturgeschichte
den Hang zur Inventarisierung und Musealisierung (von
Riten, Objekten oder Ideen) zu überwinden. Eric Hobs-
bawms inzwischen klassisches Forschungsprogramm zur
interessengeleiteten Kreation von Traditionen hat einer ganzen Reihe von empirischen Untersuchungen die Stichworte
geliefert. Sein wirkungsvolles Insistieren auf dem Erfinden,
dem voluntaristischen Design von Traditionen und identi-
tätsstiftenden Symbolen hat aber auch eine kritische Diskussion angeregt, die das Wechselspiel von Aneignung
überkommener Formen und kultureller Innovation stärker
betont.[17] An dieser Debatte waren von Anfang an Historiker und Ethnologen gemeinsam beteiligt; ihre Forschungs-
ansätze und Reformulierungen des ursprünglichen Pro-
gramms haben vor allem neuere Arbeiten über Nationalismus und Nationenbildung inspiriert.[18]

Die stärkste Abwehrfront der neueren kulturwissenschaftlichen Debatten richtet sich zum anderen gegen die

mehr oder weniger marxisierende ›Ableitung‹ von politischen Einstellungen, Mentalitäten, künstlerischer oder literarischer Tätigkeit aus einer ›objektiv‹ bestimmten sozialen Lage ihrer Träger. An der bereits über zwanzigjährigen Kontroverse um die ideologischen Grundlagen und treibenden Kräfte der Französischen Revolution läßt sich dies besonders eindrucksvoll demonstrieren.[19] In der Geschichtswissenschaft weniger rezipiert werden die Diskussionen über eine Erneuerung der Literatursoziologie, wie sie sich seit nun schon drei Jahrzehnten im Umkreis von Pierre Bourdieu und seinen Mitarbeitern entwickelt hat. Sein Insistieren darauf, Hochkultur, Universitätswissenschaft oder den Journalismus zu Gegenständen einer betont distanzierten sozialwissenschaftlichen Analyse zu machen, spielt im französischen Kontext eine spezifische Rolle: Bourdieu verweigert sich damit dem schönen Stil, der immanenten Interpretation und dem stillschweigenden Konsens der Funktionseliten. Es wäre bedauerlich, wenn Bourdieus Vorschläge hier benutzt würden, um Kultur als Objektbereich in die Sozialgeschichte zu integrieren, ohne von Kultur zu reden. Denn er besteht gleichzeitig darauf, die formalen und ästhetischen Aspekte der in den jeweiligen ›Feldern‹ hervorgebrachten Werke ernst zu nehmen und etwa Flauberts Verständnis seiner sozialen Umwelt im Werk nachzuvollziehen.[20] Auch Peter Jelavich behandelt in seinem erfrischend forschungspraktischen Beitrag die Wechselbeziehungen zwischen sozialen Faktoren und kulturellen Arenen; dabei betont er den ästhetischen Reiz als Energiequelle für seine historische Arbeit.

Der Rückbezug auf die historischen Hochphasen der Kulturtheorie und Kultursoziologie ist von grundsätzlicher Bedeutung: In Deutschland bezieht man sich besonders auf die sogenannte ›Sattelzeit‹ von 1890 bis 1930 mit Weber, Simmel, Troeltsch, Cassirer;[21] in den USA dagegen stärker auf die Frankfurter Schule, Benjamin und Kracauer. Wichtig dabei ist das Wechselspiel zwischen Tradition und Innovation, Ablehnung und Aneignung, Anknüpfung und Transfer. In den folgenden Beiträgen spiegelt sich das etwa in Foucaults ›Übersetzung‹ von Nietzsche, in Stephen Kerns Nachspüren von Entfremdungserfahrungen der Intellektuellen im Ersten Weltkrieg oder in Vanessa Schwartz' Versuch, einige Themen bei Benjamin aufzunehmen und im Detail auszuführen.[22]

Die Aneignungen historischer und internationaler Kulturtheorie lassen sich als ein historischer Pendelschlag verstehen. Überspitzt gesagt: Die gegenwärtige *Hinwendung* zur Kultur antwortet auf die *Abwendung* von ihr, auf die Kreuzzüge der Sozial- und Geisteswissenschaften nach dem Zweiten Weltkrieg gegen Volksgeist und Nationalcharakter also, gegen das Primat der Ideen und gegen den Gegensatz von Kultur und Zivilisation. Selbst die harten Variablenmodelle der international vergleichenden Soziologie oder Politikwissenschaft spielten dabei ihre ›dekonstruktive‹ Rolle: Im Design solcher Studien waren Nationen gleichberechtigte Fälle, Merkmal-Bündel, Gesellschaften wie jede andere. Historisch oder kulturell begründete Ganzheiten konnten gegen den egalitären Empirismus keine Eigenheit behaupten. Eine ähnliche Wende weg von Kultur hatte eine funktionalistische Spielart ethnologischer Forschung um 1950 vollzogen: Zusammen mit anderen Sozialwissenschaftlern suchte man weltweit die ›Muster‹ sozialen Verhaltens zu inventarisieren und auf einen gemeinsamen Nenner zu bringen.[23]

Clifford Geertz, der den *interpretive turn* in der Ethnologie einleitete, hat vermutlich die breiteste Wirkung in ganz verschiedenen Disziplinen erzielt. Mit dem Konzept der »dichten Beschreibung« sucht er Kultur als Verhaltens- und Sinngebungsmuster zu verstehen, die in symbolischer Form zutage treten. Ideologie und Religion, Kunst und ›common sense‹ lassen sich so als kulturelle Systeme analysieren, die in ihrem gesellschaftlichen Kontext wirksam und in diesem Kontext zu verstehen sind.[24] Heute steht die Auffassung von Kultur als ebenso dynamischer wie konflikt-hafter Beziehung multipler Diskurse neben dem Bild einer relativen Kohärenz und geschlossenen Logik kultureller Systeme.[25] Geertz betonte jedoch bereits das öffentliche *Herstellen* von Bedeutungen sowie die Problematik der Rolle des Ethnologen als Beobachter und Autor, also den Charakter von ethnologischen Schriften als »Interpretationen und obendrein solche(n) zweiter und dritter Ordnung«[26].

Ethnologische und sozialanthropologische Modelle haben seit den 1950er/60er Jahren Anziehungskraft auf die Geschichtswissenschaft ausgeübt. Wenn heute in manchen Bereichen von einer ›anthropologischen Wende‹ gesprochen wird, dann bezieht sich dies allerdings auf eine Ethnologie, die sich selbst wesentlich umorientiert hat. Dabei geht es um Historisierung, Hinwendung des anthropologischen Blicks auf die eigenen Gesellschaften sowie das Hinterfragen der Fiktionalität der eigenen Texte. Heutige Dialoge finden mit einer selbst postmodern gebeutelten Disziplin statt.[27]

Die Gruppe um die *Annales* hat seit der Gründung der Zeitschrift bis heute das vielleicht international wirksamste Modell einer erweiterten Sozialgeschichte dargestellt. In jeder ihrer Generationen bildet ›Kultur‹ – unter anderem Namen – einen wesentlichen Fluchtpunkt von Forschung und Darstellung. Sprach Lucien Febvre lieber von Sensibilitäten und mentalen Werkzeugen, machten Robert Mandrou, Georges Duby und im weiteren Umkreis Philippe Ariès in den 50er und 60er Jahren Mentalitäten und Weltsichten zu ihrem Thema, bis schließlich in den 70er und 80er Jahren eine erneuerte Sozialgeschichte politischer Ideen (François Furet) und eine neue, vom Primat des Kulturellen ausgehende Sicht gesellschaftlichen Wandels (Roger Chartier) an Einfluß gewannen. Selbst in der Zeit großen quantifizierenden Selbstbewußtseins und des Einflusses der strukturalen Anthropologie Mitte der 1970er Jahre kam zwar in der dreibändigen Sammlung programmatischer Artikel *Faire de l'histoire* das Wort »Kultur« in den Titeln nicht vor, aber es wurden doch Themen wie Religion, Literatur, Kunst, das Unbewußte, Mythos, Mentalitäten, Sprache, Buch, Körper, Film oder Feste in eigenen Beiträgen behandelt.[28]

Auch Michel de Certeau erinnerte gerade zu dem Zeitpunkt, als quantitative Analysen das Feld zu erobern begannen, daran, daß Geschichtswissenschaft eine Institution *und* eine Praktik des Schreibens ist. Er ist nicht nur in Frankreich, sondern auch in den USA ein Bezugspunkt für Historiker und Cultural Studies geworden.[29]

Aneignung, Umdeutung, Subversion: unter diesen Stichworten suchte er nach den alltäglichen Praktiken marginalisierter Menschen, nach Handeln und Resistenz, Widerstand und Aneignung, all den Verhaltensweisen, mit denen Frauen und Männer sich die Orte und Codierungen aneigneten, mit denen sie konfrontiert waren, und neue Formen des Umgangs schufen, indem sie akzeptierte Regeln unterliefen.[30] Er befreite Themen wie Alltag, Freizeit, Konsum, Gehen und Kochen von den negativen, oft feminisierten Konnotationen, die den Konzepten Masse und Massenkultur sowohl bei konservativen Kulturkritikern als auch im Denken der Frankfurter Schule anhafteten.[31]

Die im letzten Jahrzehnt in den USA enorm ausgeweiteten Cultural Studies begannen in Großbritannien bereits in den 50er Jahren. Ihre Vertreter setzten als kulturgeschichtlich orientierte Marxisten mit ihrer Kultur-Kritik bei der modernen Konsumgesellschaft an. Der zunehmende Wohlstand von Arbeitern, die Entwicklung des Massenkonsums und die enorm ausgeweitete Rolle der Medien stellten die herkömmlichen sozialistischen Erklärungsmuster von Gesellschaft, Kultur und Geschichtsverlauf in Frage.[32] Unter dem Motto von Raymond Williams, »Culture is Ordinarry«,[33] konzentrierte sich die richtungsweisende Birmingham School of Contemporary Cultural Studies vornehmlich auf Jugendsubkulturen und Medienstudien. Mit einem transdisziplinären Programm öffnete sich diese Analyse von

Kultur nacheinander dem Einfluß ganz verschiedener Ansätze. Ein kürzlich veröffentlichter Reader reicht von den französischen Theoretikern Foucault, de Certeau und Bourdieu über den Anthropologen Renato Rosaldo und die Vertreterin der *subaltern studies* Gayatri Chakravarty Spivak bis zur Film- und Gender-Theoretikerin Teresa de Lauretis und dem Black-Studies-Vertreter Cornel West, nebst den Klassikern Raymond Williams und Stuart Hall sowie Exponenten von *queer*- oder *gay/lesbian*-Theorie.[34]

Lenkt Foucault den Blick auf die ubiquitäre Präsenz von Machtbeziehungen in der Moderne, so betonen die vielfältigen Ansätze feministischer Theorie die geschlechterspezifische Färbung aller sozialen Beziehungen und ihren Charakter als Machtverhältnisse durch die Assymetrie der Geschlechterbeziehungen. Gender meint nicht nur zugeschriebene Eigenschaften und Rollen von Frauen und Männern, sondern ist auch ein Mittel, Machtbeziehungen zu codieren und zu reproduzieren. Gender bezeichnet also eine relationale Kategorie, die nicht in Klasse oder ›Rasse‹ aufgeht, sondern mit diesen Kategorien verknüpft auftritt und sie umgekehrt aufzuschlüsseln vermag.[35] Deshalb kann Gender auch als prototypisches Konzept kulturwissenschaftlichen Forschens verstanden werden, weil es nicht außerhalb kultureller Kontexte existiert, sondern die instabilen Beziehungen von Diskurs und Aneignung, Erfahrung und Performanz verkörpert. Als Untersuchungsansatz läßt sich die Frage nach Gender deshalb nicht reduzieren auf spezifische Themenkreise wie Emotionen, Sexualität und Familie; vielmehr hat die Gender-Frage inzwischen eine andere Sichtweise auch auf Kernbereiche der politischen Geschichte wie Nationalbewegungen, Militarismus und Kolonialherrschaft provoziert.

Es ist immer wieder erstaunlich, wie stark sich die Neuorientierungen und Fragerichtungen quer durch die Disziplinen und Themenfelder ähneln. Die Hinwendung zu Praktiken der Bedeutungsproduktion, zur Situiertheit von

Kategorien und ihrem Beitrag zur Konstruktion von spezifischen Wirklichkeiten findet sich in so verschiedenen Bereichen wie der neueren Geschichte der Naturwissenschaften und Technik[36], der Literaturwissenschaft[37], der Kulturgeschichte von Markt und Kapitalismus[38] und sogar der Geschichte der Diplomatie.[39] Ein Blickwechsel hat stattgefunden, seine Bewährung wird eng am Material und innerhalb der von ihm erschlossenen thematischen Bereiche – und nicht global – zu beurteilen sein.

Praktiken der Beobachtung, Risiken der Deutung

Die hier versammelten Texte aus Frankreich, Großbritannien, den USA und der Schweiz beschäftigen sich alle mit dem späten 18. bis 20. Jahrhundert. Diese Schwerpunktbildung hat sowohl praktische als auch inhaltliche Gründe. Die reichhaltige kulturgeschichtliche Forschung zum Mittelalter und der Frühen Neuzeit hat in Deutschland bereits prominente Beachtung und adäquate Präsentation erfahren;[40] ihre Berücksichtigung würde den Rahmen dieses Bändchens sprengen. Zudem hat die Konzentration auf die vergangenen zwei Jahrhunderte eine theoretische Pointe: Wenn viele der heute diskutierten Ansätze mit dem Etikett »postmodern« zutreffend beschrieben sein sollen, dann müssen sie eine Historisierung der Moderne und des Modernismus leisten.

Die Texte greifen Themen und Ansätze auf, die in sich a-disziplinär, nicht von vornherein Gegenstand nur einer Disziplin sind. Sie stehen für offene Forschungsfelder statt für abgrenzbare Fächer, nicht als Aufgabe jeder methodischen Sorgfalt, sondern als Einladung zu einer ebenso kooperativen wie kreativen *disobedience* gegenüber zu frühzeitigen Disziplinierungsversuchen:[41] Tod, Gewalt und Krieg, Gefühle, Ordnungen und Macht, Zeit- und Raumerfahrung, Wissenssysteme und Medien, Tradition und Erinnerung, Differenz und Alterität.

»Wir glauben an die Unvergänglichkeit der Gefühle? Sie alle und besonders jene, die uns die vornehmsten und interesselosesten zu sein scheinen, haben eine Geschichte.«[42] Michel Foucault rührt mit diesem Satz an einen besonders hartnäckigen Essentialismus, den Lucien Febvre und Norbert Elias bereits in den 30er Jahren zurückwiesen. Die Geschichtlichkeit von Sinneswahrnehmungen und Gefühlen aus Gesten und Blicken, Schweigen und Reden, Vorschriften und Aneignungen auszugraben, ist für Alain Corbin seit Jahren Programm, er verwirklicht es aufmerksam für soziale und geschlechterspezifische Brechungen und ohne sich im Gefängnis der *longue durée* zu verfangen. Er analysiert die sich verändernden Sensibilitäten für Gerüche, die Art und Bedeutung des Hörens im ländlichen Kontext oder die sich wandelnden Einschreibungsprozesse in die ›Leere‹ der Meeresküste vom 17. bis zum 19. Jahrhundert, in denen sich Ängste und Phantasien, sexuelle Sehnsüchte, kommerzielle Interessen und neue Formen der Freizeitgestaltung mischten.[43] Corbin macht nicht nur auf die widersprüchlichen Dimensionen von Angst und Begierde aufmerksam, die in die Gegenwart hineinreichen, sondern schärft auch die Sinne dafür, daß die Ordnung des Sinneshaushaltes ein Grundbestandteil des gesellschaftlich Imaginären *und* der sozialen Schichtung ist.[44] Vorstellungen über den Körper, die Sinne und die soziale Ordnung flossen ineinander, spiegelten und bekräftigten einander. Repräsentationen sozialer Klassen stützten sich auf die unterschiedliche Handhabung der Sinne und bauten diese in herrschende Moralvorstellungen ein. »Der verordnete Sinneshaushalt begründet die Logik der gesellschaftlichen Unterteilungen; er überformt und rechtfertigt die Rangordnung der Entscheidungsträger.«[45]

Eine historische Anthropologie der Sinne zeichnet sich als Arbeitsfeld verschiedener Disziplinen ab, etwa der frühen Kinogeschichte, der Wissenschaftsgeschichte oder der Körpergeschichte. So hat beispielsweise James Johnson herausgearbeitet, wie die Trennung der Sinneswahrnehmung die Entwicklung des Hörens wie des Betrachtens im 19. Jahrhundert prägte. Im späten 18. Jahrhundert noch keineswegs selbstverständlich, senkte sich erst zwischen 1750 und 1850 ein Vorhang des Schweigens zwischen Bühne und Zuschauerraum in der Oper und den Konzertsälen von Paris, der die bis dahin üblichen spontanen Kommentare und die zwischen Zuschauerraum und Bühne geteilte Aufmerksamkeit diskreditierte und die Musik in den Mittelpunkt rückte, indem das Publikum durch veränderte Beleuchtungspraktiken in der Dunkelheit verschwand.[46] Die Praktik des schweigenden Zuhörens entwickelte sich im selben Zeitraum, in dem der Kult der Tränen als Zeichen auch männlicher Sensibilität im späten 18. Jahrhundert einer dann als mannhaft interpretierten Gefühlskontrolle wich.[47]

Blick-Geschichten setzen am ehesten bei der Malerei[48] oder beim Film[49] an, beide ziehen Augen auf sich und lenken die Blickrichtungen. Das Schauen im Alltag einzufangen, ist weitaus schwieriger.[50] Die Trennung von Berührung und Blick markiert einen Wendepunkt auch in der Geschichte des Sehens, die nicht nur aus Modi der Repräsentation herausgelesen werden kann, sondern Beobachterstatus und Beobachtermodi involviert. Am Beispiel von optischen Instrumenten wie dem Stereoskop zeigt der Kunsthistoriker Jonathan Crary, wie sich die Beobachterposition und damit die Möglichkeiten des Betrachtens modernisierten, lange bevor im späten 19. Jahrhundert Malerei und Photographie neue Arten der Repräsentation entwickelten.[51] Er verbindet wissenschafts- und kulturwissenschaftliche Fragestellungen und modifiziert so Vorstellungen von langfristigen Entwicklungen in der Hierarchie der Sinne in der Moderne.

Geschlechtergeschichte bedeutet schon länger nicht mehr nur Frauengeschichte. Angestoßen durch feministische Arbeiten, findet die Geschichte der Männlichkeit zumindest im angelsächsischen Bereich seit den späten 80er Jahren ein zunehmendes Interesse. Männlichkeit ist genausowenig ein feststehender Habitus wie Weiblichkeit, sondern Teil eines komplexen Arrangements sozialer und psychischer Komponenten, auszuhandeln nicht nur zwischen den Geschlechtern, sondern auch zwischen Männern und konkurrierenden Männlichkeitsmodellen.[52]

John Tosh liefert einen Überblick zur englischen Männlichkeits-Forschung, seziert die Opposition in der Wissenschaft, gegen die sie sich durchsetzen muß, und analysiert drei der sozialen Kontexte, in denen Männlichkeit sich konstituiert und öffentlich hervorgehoben wird: Haus, Arbeit und rein männliche Zusammenschlüsse, drei Bereiche, die nicht nur in sich, sondern auch in ihren jeweiligen Beziehungen instabil und variabel sind.[53] Männlichkeit im 19. und 20. Jahrhundert, so bisherige Ergebnisse, ist einerseits ein konstituierendes Element von Klassen- und nationaler Identität. Sie ist andererseits zugleich abhängig sowohl von Herrschaftsverhältnissen zwischen den Geschlechtergruppen und innerhalb derselben, als auch von der Anerkennung der Peer-group. Der enorme Bedarf an *boundary work* auf der Persönlichkeitsebene zeigt sich besonders deutlich in der auf jeder Ebene wirksamen Abgrenzung zu Formen nicht-dominanten, nicht-heterosexuellen Selbstverständnisses und Verhaltensweisen.[54]

In der männerdominierten Kultur der Moderne steht der weibliche Körper als Synonym für Störung. Diese Kultur stellt die Ordnung der Welt wieder her, indem sie Frauen sterben läßt. Die Ästhetisierung des weiblichen Todes und Leichnams gehört zu den ständig wiederkehrenden Darstellungs- und Symbolmustern, wie Elisabeth Bronfen zeigt.[55] Aber diese weisen auch über sich hinaus: die Phantasien tödlicher Sicherheit als Chiffren der Unsicherheit.

Kollektive Gewalt hat das 20. Jahrhundert im Kern geprägt. Wie sie motiviert, wie sie erfahren, wie sie nachträglich in Sinn verwandelt wurde, sind Probleme, die individual-psychologisch unzureichend verortet sind und sich auf gesellschaftlicher Ebene oft dem Zugriff entziehen. Indem kulturgeschichtliche Studien auch hier den Wechselwirkun-

gen zwischen sozialen Praktiken – wie z. B. dem Umgang
mit den Kriegsopfern – und kulturellen Bildern – etwa dem
Gegensatz zwischen jugendlichem Held und verkrüppeltem
Invaliden – nachspüren, erhellen sie Vermittlungsebenen
zwischen Individuellem und Kollektivem. Auf den destabi-
lisierten sozialen und symbolischen Zusammenhalt der Nation antworteten Strategien des ›Re-Membering‹, die auch
bedeuteten, im Krieg zerstörte (männliche) Körper wieder
zusammenzusetzen[56] und die Geschlechterverhältnisse der
Vorkriegszeit wiederherzustellen.[57]

Ebenso wie die reiche ideengeschichtliche Forschung un-
terstreichen solche Studien, daß der Erste Weltkrieg eine
Wasserscheide darstellt, die sowohl Eliten- wie Populärkul-
tur prägte.[58] Die Zerklüftungen in den Zeit- und Raum-
wahrnehmungen, denen Stephen Kern im hier abgedruckten
Beitrag nachgeht, fanden ihr Echo in der Analogisierung
zwischen den Erfahrungen industrieller Kriegsführung und
den Blickweisen der künstlerischen Avantgarde.[59] Aus der
Vogelperspektive, vom Flugzeug aus photographiert, erinnerte ein Schlachtfeld an kubistische Darstellungen, die
Landschaft der Destruktion an die visuelle Ordnung eines
abstrakten Gemäldes.[60]

Traditionen lassen vergessen, indem sie erinnern. Analog
zum Erfinden von Tradition ist die »Politik der Erinnerung« zu einer wichtigen Forschungsfrage geworden.[61] Zu
ihr gehören nicht nur Denkmäler und Gedenkstätten, sondern auch Feiertage und Namen, Filme und Museen.[62] Für
alle gilt: »Memory is never shaped in a vacuum; the motives
for memory are never pure«. Erinnerung muß sich ihrer eigenen (Produktions-)Geschichte bewußt bleiben in den
Versuchen, »collected memories« zu einem »collective memory« zu verschmelzen.[63] Museen z. B. waren wie Weltaus-
stellungen Orte der Objekt-Konstruktion, indem sie
(fremde oder eigene) Welten darstellten, und Orte der Sub-
jekt-Konstruktion, indem sie Betrachter in Diskurse über
Staatsbürgerschaft und Kolonialreich einbezogen.[64]

Auch wenn der unmittelbare *touch* verlorenging: Beide Seiten produzieren ›Realität‹, das Medium durch das Präsentieren und das Publikum durch Schauen und Hören. Vanessa Schwartz beschreibt, wie das frühe Kino auf bereits bestehenden Publikumspraktiken aufbaute, die sich in der Massenkultur des späten 19. Jahrhunderts entwickelten, in den Wachsfigurenkabinetten, Panoramen und dem Pariser Leichen*schau*haus.[65] Sie betont die Intermedialität zwischen Spektakeln, neuen visuellen Medien und den Erzählungen der Presse, durch die sich anstelle der elitären Flaneure ein aktives Massenpublikum herausbildete.

Die Handlungsrelevanz von Wissen und sein Zusammenhang mit Macht, die Legitimität von Ordnungen, Hierarchien sowie Ein- und Ausgrenzungen – diese Stichpunkte durchziehen geschlechtergeschichtliche Studien, die Geschichte sozialer Kontrolle oder die De-Konstruktion von Traditionen und Erinnerungen. Sie prägen jedoch wenige Felder so deutlich wie die Diskussion um Kolonialismus und Postkolonialismus, seit Edward Said 1978 in *Orientalismus* diese Disziplin im Foucaultschen Sinne als Diskurs interpretierte.[66]

Seitdem verlagerte sich der Schwerpunkt zum einen auf die Prozesse von Widerstand und Komplizität und die Interpretationen und Praktiken des ›Anderen‹, sich die eigenen Ursprünge oder Kultur jenseits imperial überformter Konzeptionen anzueignen.[67] Zum anderen geht es darum, wie sehr die westlichen Projektionen auf die Kolonialländer die Entwicklung der europäischen Kultur selber konstituieren und konditionieren.[68] Zum dritten stehen die verwickelten, nicht-symmetrischen Beziehungen zwischen ›Rasse‹ und Geschlecht im Mittelpunkt. Die Bedeutung von Geschlechtergeschichte auch im Bereich von Außenpolitik wird deutlich, wo Vorstellungen des britischen Empire und Geschlechterkonzeptionen wie -praktiken aufeinander einwirkten.[69] Auch das US-amerikanische Verständnis von Zivilisation um 1900 baute auf dem Bewußtsein männlicher wie ›rassischer‹ Überlegenheit auf.[70]

Anthropologen, Historiker und Literaturwissenschaftler vertreten diesen ›postkolonialen‹ Ansatz.[71] In ihrem Beitrag über die *mental map* Frankreichs in den 1950er und 60er Jahren erkennt Kristin Ross hinter der Hygiene-Obsession die Dichotomie zwischen dem ›sauberen‹ Körper der metropolitanen Nation und ihrer Bewohner und dem ›unsauberen‹ Anderen, d. h. Algerien und seinen Widerstandskämpfern. Diskurs korrespondierte mit Praktiken; Gerätschaften, die Sauberkeit, Komfort und gesteigerte Privatheit zu Hause ermöglichten, dienten als Folterinstrumente.[72] Dieser Schatten der Moderne, die materiellen Errungenschaften des Fortschritts als Instrumente der Zerstörung zu nutzen, ist kein französisch-algerisches Problem. Elaine Scarry hat 1984 gezeigt, wie Objekte des Alltags und selbst Sprache, dies Medium der Individualisierung, in verschiedenen Ländern dazu dienen, Individualität schmerzhaft zu zerstören.[73]

Die Kolonialunternehmen stellten die Bühne bereit, um die Einsichten der Aufklärung anzuwenden, als das »große Laboratorium, das Entdeckung und Vernunft verband«.[74] Neues Terrain zu verzeichnen, bedeutete für die Kolonialherren, diesem Land erst seine Existenz zu verleihen, und die Inbesitznahme neuer Territorien wiederum bot die Chance, neue Wissensgebiete erkunden und neue Disziplinen entwickeln zu können. Robert Darnton zeichnet in seinem hier abgedruckten Aufsatz nach, wie die französischen Philosophen um Diderots *Encyclopédie* in den 1750er Jahren die Landschaft des Wissens neu kartographierten. Indem sie im Baum der Erkenntnis, der dem Lexikon vorangestellt war, die Theologie als Königin der Wissenschaften durch die Philosophie ersetzten, nahmen sie die Macht über das Wissen und die Macht, die das Wissen bedeutete, aus den Händen der Kleriker und legten sie in die Hände der aufklärerischen Intellektuellen.[75]

Natur – klassischer Gegenbegriff von Kultur – ist binnen kurzem zum faszinierenden Objekt kulturwissenschaftli-

chen Forschens geworden. Der durch Corbin geschärfte
Blick sensibilisiert für die Historizität des Beobachters *und*
der Natur. Simon Schama erklärt in seinem hier wieder-
gegebenen Text das zunächst so absolut essentialistisch
wirkende Phänomen Natur als ebenso aus »Schichten der Erinnerung zusammengesetzt wie aus Gesteinsschichten«. Natur ordnet sich nicht selbst zur Landschaft, sondern Landschaft fungiert als eine Projektionsfläche, der die Betrachter
die Last der Geschichte aufladen.[76] Landschaft verbindet sich
mit der ›Erfindung‹ nationaler Mythologien.[77] Methodisch
ist wichtig, daß die Geschichte von Begriffen, künstlerischen
Darstellungen und Stereotypen verbunden wird mit der von
sozialen Praktiken, mit denen Experten, Politiker, Vereine
oder Konsumenten an der Zurichtung ihrer Natur teilneh-
men. Zeichentheoretisch inspirierte Arbeiten gehen noch
weiter; in den Augen der automobilen, medialen oder touri-
stischen Beobachter verschwimmt die Unterscheidung zwischen Landschaft, Raumplanung und Architektur.[78]

So haben sich schon einige historische Studien konkret dem
kulturellen Wandel solcher großen Kategorien wie Natur,
Raum oder Zeit unter dem Eindruck von Modernisierung und
Moderne gewidmet. Denn sind es nicht zuletzt gegenwärtige
Prozesse wie Globalisierung, Virtualisierung und Beschleunigung, die dazu drängen, solche Kategorien neben Kapitalismus, Bürokratie und technologischer Entwicklung zu den
konstitutiven Elementen von Modernität zu zählen?[79]

Kultur-Geschichten

Eine erneuerte Kulturgeschichte erschließt nicht nur andere
Fragen, sondern auch Themenbereiche, die bisher erfolgreich in Spezialgebiete oder Subdisziplinen abgeschoben
wurden. Sicher, eine Geschichte der Tränen ersetzt keine
Geschichte der Versicherungswirtschaft, während umgekehrt noch die ausgefeilteste Assekuranzhistorie sich mehr

für die Berechnung einer Witwenrente als für die Trauer ihrer Empfängerin interessiert. Beide können sich aber produktiv über die sich wandelnde Kultur des Risikos austauschen.

Sich auf die hier vorgestellten Themen und Überlegungen einzulassen, rückt immer wieder die Problematik des Schreibens in den Mittelpunkt. Kontrovers diskutiert werden Fragen der Beweisführung und der Plausibilität, der Fragmentierung und der Synthese, der Narrativität und Autorenschaft.[80] Die Geschichtlichkeit von Gefühlen z. B. involviert letztlich nichts weniger als eine Geschichte der sozialen Beziehungen *tout court*. Gerade hier ist das Verhältnis zwischen dem ›Innenleben‹ und dem Reden darüber besonders schwierig auszuloten, da Emotionen weder nur präsprachlich und unaussprechlich sind noch ausschließlich identisch mit dem Reden darüber.[81] Doch gibt es bereits Beispiele und Modelle; neben bekannten französischen Autoren wie Corbin oder Jean Delumeau sind Peter Gay und Peter Stearns zwei Vorreiter;[82] bei den Themen sind Liebe und Erotik immer attraktiv.[83] Zur Erhellung der modernen Gefühlskultur können Studien über wissenschaftliche Diskurse wie die Entwicklung der Psychiatrie[84] ebenso beitragen wie Untersuchungen der Bereiche der Kultur, die eigentlich nicht mit der Produktion psychologischen Wissens assoziiert werden – so der ökonomische Bereich, die Massenmedien oder die Kunst – und die doch professionelle und populäre Diskurse über die inneren Welten mitschaffen und verbreiten.[85]

Im Einzelfall kommt es im Versuch, Plausibilität jenseits strenger Kausalität zu erzeugen, zu kontrovers rezipierten Praktiken des Schreibens. So operiert etwa Kristin Ross mit Verschiebungen zwischen verschiedenen Bedeutungsebenen, die sie in den Anschauungen der Zeitgenossen findet. Sie hält sich nicht lange damit auf, die Intermedialität zwischen Werbung, Film, Roman, politischer Rhetorik usw. zu analysieren, sondern nutzt das *code shifting* dieser Quellen

(z. B. bei Haus, Shampoo, Sauberkeit), um ihre eigene Argumentation zu organisieren. Sie operiert mit harten Schnitten, metaphorischen Verweisen und der Montage von Evidenz. Die Plausibilität ihrer Analyse entsteht durch Anspielungen, Analogien, Überblendungen. Es überrascht nicht, daß dies manche Historiker irritiert, während Literaturwissenschaftler, die den Nouveau Roman oder die Filme derselben Zeit[86] kennen, begeistert sind.[87] In einem anderen Zusammenhang hat Frederic Jameson den Charakter einer typisch postmodernen Geschichtsschreibung herausgearbeitet, indem er Stephen Greenblatts Stil mit der Filmsprache von Jean-Luc Godard verglichen hat.[88]

Kultur als tägliche Praxis der Artikulation und Aktualisierung von Bedeutungen sperrt sich nicht per se gegen eine synthetisierende Darstellung, nur scheint die Komplexität des Gegenstandes eher die synchrone Einbettung als den diachronen Längsschnitt zu fordern. Wie ein solches Forschungs- und Darstellungsprogramm aussehen kann, illustriert eine Auseinandersetzung zwischen zwei Formen der Intellectual History. Die Begriffsgeschichte und vor allem das von Brunner, Conze und Koselleck initiierte Großprojekt des Lexikons der *Geschichtlichen Grundbegriffe* wird nicht selten als das deutsche Bollwerk gegen alles angeführt, was an Diskursanalyse oder Geschichte politischer Rhetorik über den Rhein, den Kanal oder den Atlantik kommt. Anläßlich der Fertigstellung dieses Lexikons hat nun J. G. A. Pocock einige Differenzen zwischen dem Projekt der Cambridge School und der Begriffsgeschichte herausgestrichen. Pocock liegt mehr an der synchronen Betrachtung vielfältiger Beziehungen als an der diachronen Nachzeichnung einzelner Elemente einer politischen Sprache. »But a discourse or language, such as I have tried to describe, is a complex and living entity, a system, or even an organism, and its history is composed of many interacting narratives and is the history of something affecting human life in an almost inexhaustible variety of ways. No lexicon of concepts, however comprehensive and exhaustive, can add up to … such a system or an organism or to anything having a history as complex as that of a language.« So nützlich die verschiedenen Traditionen von Ideen- und Begriffsgeschichte auch sein können, ihren Sinn für das historische Verständnis etwa politischen Denkens gewinnen sie nur in dem Maße, als sie ein Teil dessen sind, »was die ganze Zeit passiert, nämlich die Geschichte von Dingen, die man mit Sprache macht«.[89]

Die instabile Beziehung von Beweisen und Überzeugungskraft ist eine permanente methodische Herausforderung für die Geistes- und Sozialwissenschaften.[90] Nicht unbedingt beruhigend, aber zumindest theoretisch konsequent erscheint es, den Blick wieder – historisch und vergleichend – auf die Erzeugung solcher Bedeutungen zu legen.[91] Denn der *science war* tobt in den USA gerade auch in den Naturwissenschaften, wo zentrale Begriffe des westlichen Denkens der Neuzeit wie Wahrheit, Wissen, Vernunft, Objektivität und Begründung[92] am Beispiel ›harter‹ Wissenschaft historisiert und die Rationalitäts- und Wahrheitsansprüche verschiedener Disziplinen und ihrer sozialen Träger damit hinterfragt werden.[93]

Geschichte aber ist allemal, wie Peter Jelavich formuliert, eine Gleichung mit zu vielen Variablen, um noch aufzugehen.[94] Alain Corbin spricht deshalb im Plural von Kulturgeschichten, die sich einem voreiligen Aufstellen von Verbots- und Gebotsschildern auf ihren Wegen entziehen: »Auf diesem Gebiet muß jeder Definitionsversuch künstlich erscheinen. Die Kulturgeschichten, die gegenwärtig unternommen werden, sind vielfältig«. Corbin wundert sich, daß gerade diejenigen, die Instanzen und Mechanismen der Legitimierung zum Forschungsgegenstand erkoren haben, nun Einteilungen und Ausschließungen innerhalb ihres Arbeitsfeldes verkünden. Sein Ratschlag an die nächste Forschergeneration lautet vielmehr: »Am wichtigsten auf diesem Gebiet ist, Flexibilität zu bewahren, Einengung und strikte Reproduktion zu vermeiden.«[95]

Anmerkungen

1 Eric D. Weitz, »[Rezension zu:] Richard Biernacki. The Fabrication of Labor. Germany and Britain, 1640–1914, Berkeley 1995«, in: *H-German@msu.edu* (November 1995).

2 Rudolf Vierhaus, »Die Rekonstruktion historischer Lebenswelten«, in: Hartmut Lehmann (Hrsg.), *Wege zu einer neuen Kulturgeschichte*, Göttingen 1995, S. 5–28; sowie die Beiträge von Roger Chartier und Lynn Hunt in: Christoph Conrad / Martina Kessel (Hrsg.), *Geschichte schreiben in der Postmoderne*, Stuttgart 1994, S. 83–97, 98–122.

3 Zu den Konsequenzen für Politik und Bildungswesen vgl. u. a. Richard Jensen, »The Culture Wars, 1965–1995. A Historian's Map«, in: *Journal of Social History* 29 (1995) Suppl., S. 17–37; Elisabeth Bronfen [u. a.] (Hrsg.), *Hybride Kulturen. Beiträge zur anglo-amerikanischen Multikulturalismusdebatte*, Tübingen 1997.

4 Raymond Williams, *Gesellschaftstheorie als Begriffsgeschichte. Studien zur historischen Semantik von »Kultur«*, München 1972; Aleida Assmann, *Arbeit am nationalen Gedächtnis. Eine kurze Geschichte der deutschen Bildungsidee*, Frankfurt a. M. 1993; Georg Bollenbeck, *Bildung und Kultur. Glanz und Elend eines deutschen Deutungsmusters*, Frankfurt a. M. 1994.

5 Roger Chartier, »Kulturgeschichte zwischen Repräsentationen und Praktiken«, in: R. Ch., *Die unvollendete Vergangenheit. Geschichte und die Macht der Weltauslegung*, Berlin 1989, S. 7–19; R. Ch., »Die Welt als Repräsentation«, in: Matthias Middell / Steffen Sammler (Hrsg.), *Alles Gewordene hat Geschichte. Die Schule der Annales in ihren Texten 1929–1992*, Leipzig 1994, S. 320–347.

6 Mary Douglas, *Wie Institutionen denken*, Frankfurt a. M. 1991.

7 Judith Butler, *The Psychic Life of Power*, Stanford 1997, S. 32.

8 Die Radikalität dieser Position macht es schwierig, einerseits Foucaults Archäologie der Humanwissenschaften in Anspruch zu nehmen und andererseits in eine transhistorische, an Gehlen orientierte Anthropologie zurückzufallen, wie Lothar Gall, »Das Argument der Geschichte«, in: *Historische Zeitschrift* 264 (1997) S. 1–20, es vorschlägt.

9 Mark Poster, *Cultural History and Postmodernity. Disciplinary Readings and Challenges*, New York 1997, S. 11; Jan Goldstein

(Hrsg.), *Foucault and the Writing of History*, Oxford, Cambridge (Mass.) 1994; Luther H. Martin / Huck Gutman / Patrick H. Hutton (Hrsg.), *Technologies of the Self. A Seminar with Michel Foucault*, Amherst 1988; vgl. Michel Foucault, »Das Subjekt und die Macht«, in: Hubert L. Dreyfus / Paul Rabinow (Hrsg.), *Michel Foucault. Jenseits von Strukturalismus und Hermeneutik*, Weinheim ²1994, S. 241–261.

10 Peter Burke, *History and Social Theory*, Ithaka (N. Y.) 1993; Thomas Mergel / Thomas Welskopp (Hrsg.), *Geschichte zwischen Kultur und Gesellschaft. Beiträge zur Theoriedebatte*, München 1997.

11 Joan W. Scott, »Experience«, in: Judith Butler / J. W. S. (Hrsg.), *Feminists Theorize the Political*, New York / London 1992, S. 22–40.

12 Hans-Ulrich Wehler, »Von der Herrschaft zum Habitus«, in: *Die Zeit*, Nr. 44, 25. Oktober 1996, S. 46.

13 Ernst H. Gombrich, *Die Krise der Kulturgeschichte*, München 1991, S. 38.

14 Niklas Luhmann, »Kultur als historischer Begriff«, in: N. L., *Gesellschaftsstruktur und Semantik*, Bd. 4, Frankfurt a. M. 1995, S. 31–54, hier S. 47–51, Zitat S. 49.

15 Seit 1993 hat die Zeitschrift *Geschichte und Gesellschaft* sich diesen Debatten weit geöffnet; weitere Diskussionsforen sind die *Österreichische Zeitschrift für Geschichtswissenschaften*, *Werkstatt Geschichte* und *Historische Anthropologie*; vgl. Wolfgang Hardtwig / Hans-Ulrich Wehler (Hrsg.), *Kulturgeschichte Heute, Geschichte und Gesellschaft*, Sonderh. 16, Göttingen 1996; Ute Daniel, »Clio unter Kulturschock. Zu den aktuellen Debatten der Geschichtswissenschaft«, in: *Geschichte in Wissenschaft und Unterricht* 48 (1997) S. 195–218 und 259–278.

16 Lynn Hunt (Hrsg.), *The New Cultural History*, Berkeley 1989; Moritz Baßler (Hrsg.), *New Historicism. Literaturgeschichte als Poetik der Kultur*, Frankfurt a. M. 1995.

17 Vgl. etwa Nicholas Thomas, »The Inversion of Tradition«, in: *American Ethnologist* 19 (1992) S. 213–232; Roger M. Keesing, »Creating the Past. Custom and Identity in the Contemporary Pacific«, in: *Contemporary Pacific* 1 (1989) S. 19–42.

18 Benedict Anderson, *Die Erfindung der Nation*, Frankfurt a. M. ²1993 (Originalausg: *Imagined Communities*, London 1983); Eric Hobsbawm, *Nationen und Nationalismus*, Frank-

furt a. M. / New York 1991; Michael Jeismann, *Das Vaterland der Feinde*, Stuttgart 1992; Linda Colley, *Britons. Forging the Nation, 1707–1837*, New Haven 1992; Etienne François [u. a.] (Hrsg.), *Nation und Emotion*, Göttingen 1995.

19 François Furet, *1789 – Jenseits des Mythos*, Hamburg 1989; Roger Chartier, *Die kulturellen Ursprünge der französischen Revolution*, Frankfurt a. M. / New York 1995; Keith Baker, *Inventing the French Revolution*, Cambridge (Mass.) 1990.

20 Pierre Bourdieu, *Les règles de l'art. Genèse et structure du champ littéraire*, Paris 1992; Louis Pinto / Franz Schultheis (Hrsg.), *Streifzüge durch das literarische Feld*, Konstanz 1997.

21 Vgl. u. a. Otto Gerhard Oexle, »Geschichte als Historische Kulturwissenschaft«, in: Hardtwig/Wehler (s. Anm. 15), S. 14–40.

22 Vgl. auch Karlheinz Stierle, *Der Mythos von Paris. Zeichen und Bewußtsein der Stadt*, Wien/München 1993, der erkennen läßt, was für eine Goldmine Benjamins *Passagenwerk* immer noch ist; dazu Susan Buck-Morss, *The Dialectics of Seeing: Walter Benjamin and the Arcades Project*, Cambridge (Mass.) 1989.

23 Vgl. Clifford Geertz, *Spurenlesen. Der Ethnologe und das Entgleiten der Fakten*, München 1997, S. 114–120.

24 Clifford Geertz, »Religion als kulturelles System«, in: C. G., *Dichte Beschreibung*, Frankfurt a. M. 1987, S. 44–95; C. G., »Common sense als kulturelles System«, ebd. S. 261–288; »Art as a Cultural System«, in: C. G., *Local Knowledge*, New York 1983, S. 94–120; »Ideology as a Cultural System«, in: C. G., *The Interpretation of Cultures*, New York 1973, S. 193–233.

25 Nicholas B. Dirks / Geoff Eley / Sherry B. Ortner (Hrsg.), *Culture/Power/History. A Reader in Contemporary Social Theory*, Princeton 1994, S. 3 f.

26 Clifford Geertz, »Dichte Beschreibung«, in: C. G., *Dichte Beschreibung* (s. Anm. 24), S. 22 f.

27 Vgl. hier nur John Comaroff / Jean Comaroff, *Ethnography and the Historical Imagination*, Boulder 1992; Marc Augé, *Pour une anthropologie des mondes contemporains*, Paris 1994.

28 Nicht weniger als 16 von 32 Beiträgen kann man der Kulturgeschichte oder historischen Anthropologie zuordnen; Jacques Le Goff / Pierre Nora (Hrsg.), *Faire de l'histoire*, 3 Bde., Paris 1974; vgl. jetzt kritisch Jean-Pierre Rioux / Jean-François Sirinelli (Hrsg.), *Pour une histoire culturelle*, Paris 1997.

29 Roger Chartier, *On the Edge of the Cliff. History, Language,*

and Practices, Baltimore 1997, S. 39–47; Joan W. Scott, »After History?«, in: *Common Knowledge* 5 (1996) S. 9–26; Poster (s. Anm. 9), S. 108 ff.

30 Michel de Certeau, *Kunst des Handelns*, Berlin 1988 (frz. Originalausg.: 1980), S. 96; Chartier (s. Anm. 29), S. 46 f.

31 Andreas Huyssen, »Mass Culture as Woman. Modernism's Other«, in: A. H., *After the Great Divide. Modernism, Mass Culture, Postmodernism*, Bloomington 1986, S. 44–62.

32 Informativer Überblick bei Dennis Dworkin, *Cultural Marxism in Postwar Britain. History, the New Left, and the Origins of Cultural Studies*, Durham/London 1997, hier S. 79 ff.

33 Raymond Williams, »Culture is Ordinary (1958)«, wiederabgedr. in: R. W., *Resources of Hope*, London 1989, S. 9 ff.

34 Simon During (Hrsg.), *The Cultural Studies Reader*, London / New York 1993.

35 Dirks/Eley/Ortner (s. Anm. 25), S. 32 f.; Sherry Ortner, »Is Female to Male as Nature is to Culture?«, in: Michelle Zimbalist Rosaldo / Louise Lamphere (Hrsg.), *Woman, Culture and Society*, Stanford 1984, S. 67–87; Joan W. Scott, »Gender: Eine nützliche Kategorie der historischen Analyse, in: Nancy Kaiser (Hrsg.), *Selbstbewußt. Frauen in den USA*, Leipzig 1994, S. 27–75.

36 Hans-Jörg Rheinsberger [u. a.] (Hrsg.), *Räume des Wissens. Repräsentation, Codierung, Spur*, Berlin 1995.

37 Doris Bachmann-Medick (Hrsg.), *Kultur als Text. Die anthropologische Wende in der Literaturwissenschaft*, Frankfurt a. M. 1996.

38 Thomas L. Haskell / Richard F. Teichgraeber III. (Hrsg.), *The Culture of the Market. Historical Essays*, Cambridge 1993; als Übersicht vgl. Paul Nolte, »Der Markt und seine Kultur – ein neues Paradigma der amerikanischen Geschichte«, in: *Historische Zeitschrift* 264 (1997) S. 329–360.

39 Vgl. die Debatte in der Zeitschrift *Diplomatic History* Bd. 13 (1989) ff.

40 Vgl. als Überblicke Richard van Dülmen, »Historische Kulturforschung zur Frühen Neuzeit«, in: *Geschichte und Gesellschaft* 21 (1995) S. 403–429, und Peter Burke, *Varieties of Cultural History*, Oxford 1997.

41 Dirks/Eley/Ortner (s. Anm. 25), S. ix.

42 Michel Foucault, im vorliegenden Band S. 56.

43 Alain Corbin, *Pesthauch und Blütenduft. Eine Geschichte des Geruchs*, Berlin 1984; A. C., *Meereslust. Das Abendland und die Entdeckung der Küste*, Berlin 1990; A. C., *Die Sprache der Glocken. Ländliche Gefühlskultur und symbolische Ordnung im Frankreich des 19. Jahrhunderts*, Frankfurt a. M. 1995; vgl. auch die übrigen Aufsätze in A. C., *Wunde Sinne. Über die Begierde, den Schrecken und die Ordnung der Zeit im 19. Jahrhundert*, Stuttgart 1993.

44 Alain Corbin, im vorliegenden Band. S. 121 ff.

45 Ebd., S. 136; zur Rolle des Ekels als sozialen Distinktionsmittels William I. Miller, *The Anatomy of Disgust*, Cambridge (Mass.) / London 1997; vgl. auch Constance Classen, *Worlds of Sense. Exploring the Senses in History and Across Cultures*, London / New York 1993; C. C. / David Howes / Anthony Synnott, *Aroma. The Cultural History of Smell*, New York 1995.

46 James H. Johnson, *Listening in Paris. A Cultural History*, Berkeley 1995.

47 Anne Vincent-Buffault, *Histoire des larmes*, Marseille 1986.

48 Eunice Lipton, *A Radical Invitation. Seeing in Paris in the Paintings of Degas*, Berkeley 1986; Stephen Kern, *The Eyes of Love. The Gaze in English and French Paintings and Novels 1840–1900*, London 1996; Daniel Pick, »Stories of the Eye«, in: Roy Porter (Hrsg.), *Rewriting the Self. Stories from the Renaissance to the Present*, New York / London 1997, S. 186–199.

49 Vgl. beispielsweise Linda Williams (Hrsg.), *Viewing Positions. Ways of Seeing Film*, New Brunswick 1994.

50 Guy Thuillier, »Le regard«, in: G. T., *L'imaginaire quotidien au XIXᵉ siècle*, Paris 1985.

51 Jonathan Crary, *Techniken des Betrachters. Sehen und Moderne im 19. Jahrhundert*, Dresden/Basel 1996.

52 Catherine Hall, »Competing Masculinities. Thomas Carlyle, John Stuart Mill and the Case of Governor Eyre«, in: C. H., *White, Male and Middle-Class*, Cambridge 1992, S. 255–295; zu den USA: Michael Kimmel, *Manhood in America. A Cultural History*, New York 1995; als frühe Studie: Peter G. Filene, *Him/Her/Self. Sex Roles in Modern America*, New York / London 1974; Mark C. Carnes / Clyde Griffen (Hrsg.), *Meanings for Manhood. Constructions of Masculinity in Victorian America*, Chicago 1990; E. Anthony Rotundo, *American Manhood. Transformations in Masculinity from the Revolution to the Mo-*

dern Era, New York 1993; Susan Jeffords, *The Remasculiniza-tion of America. Gender and the Vietnam War*, Bloomington 1989; zu Großbritannien u. a.: Michael Roper (Hrsg.), *Manful Assertions. Masculinities in Britain since 1800*, London 1991; zu Deutschland: Thomas Kühne (Hrsg.), *Männergeschichte – Ge-schlechtergeschichte*, Frankfurt a. M. / New York 1995; George L. Mosse, *Das Bild des Mannes. Zur Konstruktion der modernen Männlichkeit*, Frankfurt a. M. 1977.

53 John Tosh, im vorliegenden Band S. 160 ff.

54 Lesley A. Hall, *Hidden Anxieties. Male Sexuality, 1900–1950*, Oxford 1991; Ed Cohen, *Talk on the Wilde Side: Toward a Ge-nealogy of a Discourse on Male Sexualities*, New York 1993.

55 Elisabeth Bronfen, *Nur über ihre Leiche. Tod, Weiblichkeit und Ästhetik*, München 1994, vgl. in vorliegenden Band S. 264 ff.; ferner Maria Tatar, *Lustmord. Sexual Murder in Weimar Ger-many*, Princeton 1995.

56 Joanna Bourke, *Dismembering the Male. Men's Bodies, Britain and the Great War*, London 1996, S. 210 ff.; zum Kampf um die (oft nicht mehr vorhandenen Körper): Jay Winter, *Sites of Me-mory, Sites of Mourning. The Great War in European Cultural History*, Cambridge 1995, Kap. 1; ferner Eric Leed, »Violence, Death, and Masculinity«, in: *Vietnam Generation* 1 (1989) S. 168–189.

57 Daniel J. Sherman, »Monuments, Mourning and Masculinity in France after World War I«, in: *Gender and History* 8 (1996) H. 1, S. 82–107; vgl. allgemein Reinhart Koselleck / Michael Jeis-mann (Hrsg.), *Der politische Totenkult. Kriegerdenkmäler in der Moderne*, München 1994.

58 Samuel Hynes, *A War Imagined. The First World War and Eng-lish Culture*, London 1991; J. G. Fuller, *Troop Morale and Popu-lar Culture in the British and Dominion Armies, 1914–1918*, Oxford 1990; Frank Field, *British and French Writers of the First World War. Comparative Studies in Cultural History*, Cam-bridge 1991; Wolfgang J. Mommsen / Elisabeth Müller-Luckner (Hrsg.), *Kultur und Krieg. Die Rolle der Intellektuellen, Künst-ler und Schriftsteller im Ersten Weltkrieg*, München 1996.

59 Stephen Kern, im vorliegenden Band S. 319 ff.

60 Bernd Hüppauf, »Experience of Modern Warfare and the Crisis of Representation«, in: *New German Critique* 59 (1993) S. 41–76, hier S. 57; vgl. Jean-Jacques Becker [u. a.] (Hrsg.), *Guerre et*

cultures 1914–1918, Paris 1994; mit problematischen Thesen: Modris Eksteins, *Tanz über den Gräben. Die Geburt der Moderne und der Erste Weltkrieg*, Reinbek 1990.

61 Vgl. Pierre Nora (Hrsg.), *Les lieux de mémoire*, 7 Bde., Paris 1986–92.

62 In Deutschland seit langem Gegenstand der Forschung, vgl. Heinz-Gerhard Haupt / Charlotte Tacke, »Die Kultur des Nationalen«, in: Hardtwig/Wehler (s. Anm. 15), S. 255–283; John R. Gillis (Hrsg.), *Commemorations. The Politics of National Identity*, Princeton 1994.

63 James E. Young, *The Texture of Memory. Holocaust Memorials and Meaning*, New Haven 1993, S. 2 ff., Zitat S. 2; J. E. Y. (Hrsg.), *Holocaust memorials. The Art of Memory in History*, New York 1994; Richard Terdiman, *Present Past. Modernity and the Memory Crisis*, Ithaca 1993; international vergleichend: Pieter Lagrou, »Victims of Genocide and National Memory. Belgium, France and the Netherlands, 1945–1965«, in: *Past & Present* 154 (1997) S. 181–222.

64 Patrick Wolfe, »History and Imperialism. A Century of Theory, from Marx to Postcolonialism«, in: *American Historical Review* 102 (1997) S. 388–420, hier S. 410; Andrew McClellan, *Inventing the Louvre. Art, Politics, and the Origins of the Modern Museum in Eighteenth-Century Paris*, New York 1994; Tony Bennett, *The Birth of the Museum: History, Theory, Politics*, New York 1995; Nélia Dias, *Le Musée d'ethnographie du Trocadéro (1878–1908). Anthropologie et Muséologie en France*, Paris 1991; Annie E. Coombes, *Reinventing Africa: Museums, Material Culture, and Popular Imagination in Late Victorian and Edwardian England*, New Haven 1994.

65 Vanessa Schwartz, im vorliegenden Band S. 283 ff.; Alain Corbin, »Blutiges Paris. Überlegungen zur Genealogie des Hauptstadtbildes«, in: A. C., *Wunde Sinne* (s. Anm. 43), S. 188–196, hier S. 192.

66 Edward Said, *Orientalismus*, Frankfurt a. M. / Berlin / Wien 1981, im vorliegenden Band S. 72 ff.; zur stürmischen Rezeptionsgeschichte vgl. Gyan Prakash, »*Orientalism* Now«, in: *History and Theory* 34 (1995) S. 199–212.

67 Sichtbar in Edward Said, *Kultur and Imperialismus. Einbildungskraft und Politik im Zeitalter der Macht*, Frankfurt a. M. 1994.

68 Gauri Viswanathan, *Marks of Conquest. Literary Study and British Rule in India*, New York 1989; Bill Schwarz (Hrsg.), *The Expansion of England. Race, Ethnicity, and Cultural History*, New York 1996; neuere Literatur bei Wolfe (s. Anm. 64), bes. S. 406 ff.; bereits ein Klassiker: Gayatri Chakravorty Spivak, »Can the Subaltern Speak?«, wiederabgedr. in: Cary Nelson / Lawrence Grossberg (Hrsg.), *Marxism and the Interpretation of Culture*, Chicago 1988; Bernard S. Cohn, *Colonialism and its Forms of Knowledge*, Princeton 1996.

69 Graham Dawson, *Soldier Heroes. British Adventure, Empire, and the Imagining of Masculinity*, London / New York 1994; Donald E. Hall (Hrsg.), *Muscular Christianity. Embodying the Victorian Age*, Cambridge 1994; Moira Ferguson, *Colonialism and Gender Relations from Mary Wollstonecraft to Jamaica Kincaid. East Carribean Connections*, New York 1993; Antoinette Burton, *The Burdens of History. British Feminists, Indian Women, and Imperial Culture, 1865–1915*, Chapel Hill 1994.

70 Gail Bederman, *Manliness and Civilization. A Cultural History of Gender and Race in the United States, 1880–1917*, Chicago 1995.

71 Gyann Prakash (Hrsg.), *After Colonialism. Imperial Histories and Postcolonial Displacements*, Princeton 1994; Partha Chatterjee, *The Nation and Its Fragments. Colonial and Postcolonial Histories*, Princeton 1993; Mary Louise Pratt, *Imperial Eyes. Travel Writing and Transculturation*, London 1992.

72 Kristin Ross, im vorliegenden Band S. 362 ff.

73 Elaine Scarry, *Der Körper im Schmerz. Die Chiffren der Verletzlichkeit und die Erfindung der Kultur*, Frankfurt a. M. 1992, S. 59 ff.

74 Nicholas B. Dirks, »Introduction«, in: N. D. (Hrsg.), *Colonialism and Culture*, Ann Arbor 1992, S. 6; als anregendes Beispiel vgl. Larry Wolff, *Inventing Eastern Europe: The Maps of Civilization on the Mind of the Enlightenment*, Stanford 1994.

75 Robert Darnton, im vorliegenden Band S. 209 ff.

76 Simon Schama, im vorliegenden Band S. 242 ff.

77 Stephen Daniels, *Fields of Vision. Landscape Imagery and National Identity in England and the United States*, Princeton 1993.

78 Unter diesem Gesichtspunkt kann auch die amerikanische Tankstelle in ihrer ›Kulturbedeutung‹ entdeckt werden, vgl.

John A. Jakle / Keith A. Sculle, *The Gas Station in America*, Baltimore 1994; allgemein zum Zusammenhang von Kunst und Natur: Martin Warnke, *Politische Landschaft. Zur Kunstgeschichte der Natur*, München 1992.

79 Stephen Kern, *The Culture of Time and Space 1880–1918*, Cambridge (Mass.) 1983; Rita Felski, *The Gender of Modernity*, Cambridge (Mass.) / London 1995, S. 9; Martin Burckhardt, *Metamorphosen von Raum und Zeit. Eine Geschichte der Wahrnehmung*, Frankfurt a. M. / New York 1994.

80 Vgl. Christoph Conrad / Martina Kessel, »Geschichte ohne Zentrum«, in: C. C. / M. K. (s. Anm. 2), S. 19 ff.

81 Angela Pinch, »Emotion and History. A Review Article«, in: *Comparative Studies in Society and History* 37 (1995) S. 100–109, hier S. 100 f.

82 Peter Gay, *Erziehung der Sinne. Sexualität im bürgerlichen Zeitalter*, München 1986; P. G., *Die zarte Leidenschaft. Liebe im bürgerlichen Zeitalter*, München 1987; Carol Z. Stearns, Peter N. Stearns (Hrsg.), *Emotion and Social Change. Toward a New Psychohistory*, New York 1988; Peter N. Stearns, *American Cool. Constructing a Twentieth-Century Emotional Style*, New York 1994.

83 Neuere Studien stammen u. a. von Ben Barker-Benfield, *The Culture of Sensibility. Sex and Society in Eighteenth-Century Britain*, Chicago 1992; Steven Seidman, *Romantic Longings. Love in America, 1830–1980*, London 1991; Stephen Kern, *The Culture of Love, Victorians to Moderns*, Cambridge 1992.

84 Elizabeth Lunbeck, *The Psychiatric Persuasion. Knowledge, Gender, and Power in Modern America*, Princeton 1994, bes. Teil 3: »Psychopathologies of Everyday Life«, S. 185 ff.

85 Joel Pfister / Nancy Schnog (Hrsg.), *Inventing the Psychological. Toward a Cultural History of Emotional Life in America*, New Haven 1997.

86 Dazu jüngst Philip Dine, *Images of the Algerian War. French Fiction and Film, 1854–1992*, Oxford 1994.

87 Vgl. die Rezensionen von Richard Kuisel in: *American Historical Review* 101 (1996) S. 859 f., und Alice Kaplan in: *Modernism/Modernity* 3 (1996) S. 169–171.

88 Frederic Jameson, *Postmodernism, or, The Cultural Logic of Late Capitalism*, London 1991, S. 188 ff.

89 J. G. A. Pocock, »Concepts and Discourses. A Difference in Cul-

ture?«, in: Hartmut Lehmann / Melvin Richter (Hrsg.), *The Meaning of Historical Terms and Concepts. New Studies on Begriffsgeschichte*, Washington (D. C.) 1996 (German Historical Institute. Occasional Paper, 15), S. 47–58, Zitate S. 51, 53.

90 Geoffrey Hawthorn, *Plausible Worlds. Possibility and Understanding in History and the Social Sciences*, Cambridge 1991.

91 *Proof and Persuasion in History, History and Theory*, Themenh. 33, Middletown 1994; Elizabeth Lunbeck / Suzanne Marchand (Hrsg.), *Proof and Persuasion. Essays from the Shelby Cullom Davis Center*, Turnhout 1996; James Chandler [u. a.] (Hrsg.), *Questions of Evidence. Proof, Practice, and Persuasion across the Disciplines*, Chicago 1994; Anthony Grafton, *Die tragische Geschichte der deutschen Fußnote*, Berlin 1995.

92 Barbara Herrnstein Smith, *Belief and Resistance. Dynamics of Contemporary Intellectual Controversy*, Cambridge (Mass.) / London 1997, S. xi ff.

93 Lorraine Daston / Peter Galison, »The Image of Objectivity«, in: *Representations* 40 (1992) S. 81–128.

94 Peter Jelavich, im vorliegenden Band S. 156.

95 Alain Corbin, »Du Limousin aux cultures sensibles«, in: Rioux/Sirinelli (s. Anm. 28), S. 114 f.

I

GRENZÜBERSCHREITUNGEN:
HISTORISIERUNG ALS SUBVERSION

Nietzsche, die Genealogie, die Historie

1. Grau ist die Genealogie; ängstlich und geduldig ist sie mit Dokumenten beschäftigt, mit verwischten, zerkratzten, mehrmals überschriebenen Pergamenten.

Paul Rée irrt, wenn er – wie die Engländer – lineare Genesen beschreiben möchte, wenn er z. B. die gesamte Geschichte der Moral dem Nützlichkeitsdenken unterordnet: als hätten die Wörter ihren Sinn, die Wünsche ihre Richtung, die Ideen ihre Logik immer bewahrt; als hätte es in dieser Welt der gesagten und gewollten Dinge nicht Invasionen, Kämpfe, Entführungen, Überlistungen gegeben. Die Genealogie kann darum nicht umhin, sich zu bescheiden: sie hat die Einmaligkeit der Ereignisse unter Verzicht auf eine monotone Finalität ausfindig zu machen; sie muß den Ereignissen dort auflauern, wo man sie am wenigsten erwartet und wo sie keine Geschichte zu haben scheinen – in den Gefühlen, der Liebe, dem Gewissen, den Instinkten; sie muß ihre Wiederkunft erfassen, nicht um die langsame Kurve einer Entwicklung nachzuzeichnen, sondern um die verschiedenen Szenen wiederzufinden, auf welchen die Ereignisse verschiedene Rollen gespielt haben; sie muß auch die Punkte ihres Ausbleibens definieren (aus Platon in Syrakus ist kein Mohammed geworden ...). Die Genealogie verlangt also die peinliche Genauigkeit des Wissens, eine Vielzahl angehäufter Materialien, Geduld. Ihre »Zyklopen-Bauten«[1] darf sie nicht aus den großen »beglückenden Irrtümern«, sondern aus »kleinen unscheinbaren Wahrheiten, welche mit strenger Methode gefunden wurden«[2] errichten. Sie ist also eine mit erbitterter Konsequenz betriebene Gelehrsamkeit. Die Genealogie verhält sich zur Historie nicht wie die hohe (und tiefe) Sicht des Philosophen zum Maulwurfsblick des Gelehrten; vielmehr steht sie im Gegensatz

zur metahistorischen Entfaltung der idealen Bedeutungen
und unbegrenzten Teleologien. Sie steht im Gegensatz zur
Suche nach dem »Ursprung«.

2. Es finden sich bei Nietzsche zwei Verwendungen des
Wortes *Ursprung*.* Die eine ist nicht genau definiert: man
findet sie abwechselnd mit Begriffen wie *Entstehung, Herkunft, Abkunft, Geburt.* Die *Genealogie der Moral* spricht
z. B. in bezug auf die Pflicht oder das Schuldgefühl sowohl
von ihrer *Entstehung* wie von ihrem *Ursprung*;[3] in der
Fröhlichen Wissenschaft geht es bezüglich der Logik und
der Erkenntnis um *Ursprung, Entstehung* oder *Herkunft*[4].
    Die zweite Verwendung des Wortes ist genau bestimmt.
Gelegentlich wird es von Nietzsche nämlich einem anderen Ausdruck entgegengesetzt: der erste Paragraph von
Menschliches, Allzumenschliches stellt dem *Wunderur-
sprung*, den die Metaphysik sucht, die Analysen einer historischen Philosophie gegenüber, welche Fragen *über Herkunft und Anfang* aufwirft. Von *Ursprung* wird auch in iro-
nischer Weise als von einer Täuschung gesprochen. Worin
besteht z. B. der *Ursprung* der Moral, den man seit Platon
sucht? – »In den abscheulichen kleinen Schlüssen ... *O pu-
denda origo!*«[5]. Wo ist der *Ursprung* der Religion zu suchen, den Schopenhauer in einem metaphysischen Gefühl
des Jenseits sah? Ganz einfach in einer Erfindung, einem
Taschenspielertrick, einem *Kunststück*, einem Fabrikations-
geheimnis, einer *Schwarzkünstler*arbeit[6].
    Für die Verwendung all dieser Ausdrücke und insbeson-
dere des Wortes *Ursprung* ist vor allem die Vorrede zur
Genealogie bezeichnend. Zu Beginn des Textes wird die
Herkunft der moralischen Vorurteile zum Gegenstand der
Untersuchung erklärt. Dann blickt Nietzsche zurück, er
skizziert die Geschichte dieser Nachforschung in seinem

---

* Kursivdruck bedeutet (abgesehen von Buchtiteln), daß im Original der
  deutsche Ausdruck verwendet wird.

eigenen Leben; er erinnert an seine »erste philosophische Schreibübung«, in der er sich fragte, ob nicht der Ursprung des Bösen bei Gott liege. Darüber lachte er nun, eben weil es sich um eine Suche nach dem *Ursprung* handelte; mit dieser Bezeichnung charakterisiert er dann auch die Arbeit von Paul Rée[7]. Er erwähnt seine eigenen Untersuchungen, die mit *Menschliches, Allzumenschliches* begonnen haben und zu deren Charakterisierung er von *Herkunfts-Hypothesen* spricht. Der Gebrauch des Wortes *Herkunft* ist hier sicher kein Zufall: es wird damit auf mehrere Texte aus *Menschliches, Allzumenschliches* hingedeutet, die der Vorgeschichte der Moral, der Askese, der Gerechtigkeit und der Strafe gewidmet waren. Und doch war in jenen Darlegungen immer von *Ursprung* die Rede[8]. Es scheint, als wollte Nietzsche nun einen Gegensatz zwischen *Herkunft* und *Ursprung* zur Geltung bringen, der zehn Jahre zuvor noch keine Rolle spielte. Nach dieser spezifizierenden Verwendung der beiden Ausdrücke kommt Nietzsche aber in den letzten Paragraphen der Vorrede wieder auf einen neutralen und unterschiedslosen Gebrauch zurück[9].

Warum lehnt der Genealoge Nietzsche zumindest gelegentlich die Suche nach dem *Ursprung* ab? Vor allem weil damit die Suche nach dem genau abgegrenzten Wesen der Sache gemeint ist, die Suche nach ihrer reinsten Möglichkeit, nach ihrer in sich gekehrten Identität, nach ihrem unbeweglichen und allem Äußeren, Zufälligen und Zeitlichen vorhergehenden Form. Die Suche nach einem solchen Ursprung ist die Suche nach dem, »was schon war«, nach dem »es selbst« eines mit sich selbst übereinstimmenden Bildes; sie hält alle Umwälzungen, alle Hinterlistigkeiten und alle Verkleidungen für bloße Zufälle; sie möchte alle Masken abtun, um endlich eine erste Identität aufzudecken. Wenn aber der Genealoge auf die Geschichte horchen will, anstatt der Metaphysik Glauben zu schenken, was erfährt er dann? Daß es hinter allen Dingen »etwas ganz anderes« gibt: nicht ihr wesenhaftes und zeitloses Geheimnis, sondern das Geheim-

nis, daß sie ohne Wesen sind oder daß ihr Wesen Stück für
Stück aus Figuren, die ihm fremd waren, aufgebaut worden
ist. Die Vernunft? Sie ist in durchaus »vernünftiger« Weise
entstanden – aus dem Zufall[10]. Die Hingabe an die Wahrheit
und die Strenge wissenschaftlicher Methoden? Sie sind aus
der Leidenschaft der Gelehrten entstanden, aus ihrem Haß
aufeinander, aus ihren fanatischen und ständig erneuerten
Diskussionen, aus dem Bedürfnis recht zu behalten – aus
langsam im Laufe persönlicher Kämpfe geschmiedeten Waffen[11]. Und die Freiheit: ist sie das, was an der Wurzel des
Menschen ihn an das Sein und die Wahrheit bindet? In
Wirklichkeit ist sie nur eine »Erfindung *herrschender* Stände«[12]. Am historischen Anfang der Dinge findet man nicht
die immer noch bewahrte Identität ihres Ursprungs, sondern die Unstimmigkeit des Anderen.

So lehrt uns die Historie, über die Feierlichkeiten des Ursprungs zu lachen. Der erhabene Ursprung ist der »meta-
physische Nachtrieb, welcher bei der Betrachtung der Historie wieder ausschlägt und durchaus meinen macht, am
Anfang aller Dinge stehe das Wertvollste und Wesentlich-
ste«:[13] man glaubt gern, daß die Dinge in ihrem Anfang
vollkommen waren; daß sie in vollem Glanz aus der Hand
des Schöpfers hervorgingen, daß sie am ersten Morgen in
schattenloses Licht getaucht waren. Der Ursprung liegt immer vor dem Fall, vor dem Körper, vor der Welt und vor
der Zeit. Er liegt bei den Göttern, und seine Erzählung ist
immer eine Theogonie. Hingegen ist das historische Beginnen etwas Niedriges. Nicht etwas Bescheidenes und Ver-
schwiegenes, das auf Taubenfüßen kommt, sondern etwas
Lächerliches, das geeignet ist, alle Eingenommenheiten zu
zerstören: »Ehemals suchte man zum Gefühl der Herrlich-
keit des Menschen zu kommen, indem man auf seine göttliche Abkunft hinzeigte: dies ist jetzt ein verbotener Weg geworden; denn an seiner Tür steht der Affe«[14]. Der Mensch
hat mit der Grimasse dessen begonnen, was er werden
sollte; selbst Zarathustra hat seinen Affen, der hinter ihm

herspringt und an seinem Rockschoß zerrt. Schließlich ist an den Gedanken des Ursprungs noch ein Postulat gebunden: der Ursprung ist der Ort der Wahrheit. Absolut entrückt und aller positiven Erkenntnis vorausliegend, macht er das Wissen möglich, dessen Geschwätzigkeit ihn jedoch verdeckt und verkennt; die Wahrheit der Dinge wird von der Wahrheit des Diskurses verdunkelt und alsbald zum Verschwinden gebracht. Wiederum ist es die Grausamkeit der Historie, welche die Fragen der Jugend ins Gegenteil verkehrt: hinter der Wahrheit, die immer neu und einfach ist, liegen tausendfache und tausendjährige Irrtümer. Glauben wir nicht, »daß die Wahrheit noch Wahrheit bleibt, wenn man ihr die Schleier abzieht, – wir haben genug gelebt, um das zu glauben«[15]. Die Wahrheit ist ein Irrtum, der nicht mehr abgewiesen werden kann, weil er durch eine lange Geschichte hartgesotten wurde[16]. Und auch die Frage nach der Wahrheit, ihr Anspruch, den Irrtum zurückzuweisen und sich dem Schein entgegenzusetzen, die Tatsache, daß sie zuerst den Weisen und dann nur noch den Frommen vorbehalten war und sich danach in eine unzugängliche Welt zurückzog, in der sie zugleich Tröstung und Verpflichtung war, daß sie schließlich als unnütze, überflüssige und allseits widerlegte Idee abgeschafft wurde – all das ist eine Geschichte, die Geschichte eines Irrtums, der Wahrheit heißt. Die Wahrheit und ihre ursprüngliche Herrschaft hatten in der Geschichte ihre Geschichte. Vielleicht entkommen wir ihr »im Augenblick des kürzesten Schattens«, da das Licht nicht mehr durch Morgennebel dringt[17].

Die Genealogie der Werte, der Moral, der Askese, der Erkenntnis hat also nicht von der Suche nach ihrem »Ursprung« auszugehen und die vielfältigen Episoden der Geschichte wegen ihrer Unzugänglichkeit auszuklammern. Sie muß sich vielmehr bei den Einzelheiten und Zufällen der Anfänge aufhalten; sie muß ihrer lächerlichen Bosheit skrupelhafte Aufmerksamkeit leihen; sie muß darauf gefaßt sein, sie nach Ablegung der Masken mit anderen Gesichtern auf-

treten zu sehen; sie darf sich nicht scheuen, sie dort zu suchen, wo sie sind, und »in Niederungen zu wühlen«; sie
muß ihnen Zeit lassen, aus dem Labyrinth hervorzukom-
men, wo sie von keiner Wahrheit bevormundet waren. Der
Genealoge braucht die Historie, um die Chimäre des Ursprungs zu vertreiben; so, wie der gute Philosoph den Arzt
braucht, um den Schatten der Seele zu bannen. Er muß die
Ereignisse der Geschichte anzuerkennen wissen, ihre Erschütterungen und Überraschungen, ihre schwankenden
Siege und ihre schlecht verdauten Niederlagen, die von Anfängen, Atavismen und Erbschaften zeugen. So, wie man
die Krankheiten des Körpers, seine Schwächen und Stärken,
seine Risse und Widerstände diagnostizieren können muß,
um beurteilen zu können, was ein philosophischer Diskurs
ist. Die Geschichte mit ihren Mächten und Ohnmachten,
mit ihren geheimen Rasereien und ihren Fieberstürmen ist
der Leib des Werdens. Nur ein Metaphysiker kann ihr eine
Seele in der fernen Idealität des Ursprungs suchen wollen.

3.   Begriffe wie *Entstehung* oder *Herkunft* bezeichnen besser als *Ursprung* den eigentümlichen Gegenstand der Genealogie. Daher sind ihre Bedeutungen genau zu analysieren.

Herkunft ist Abstammung, ist die auf lange Zeit zurück-
gehende Zugehörigkeit zu einem Stand – des Blutes, der
Tradition, der Gleich-Mächtigen und der Gleich-Niedrigen.
Die Analyse der *Herkunft* bezieht sich oft auf die Rasse[18]
oder den gesellschaftlichen Typ[19]. Allerdings geht es nicht
so sehr darum, bei einem Individuum, einem Gefühl oder
einer Idee die Gattungsmerkmale, die sie anderen anzuglei-
chen erlauben, aufzufinden und zu sagen: dieses ist griechisch oder jenes ist englisch; vielmehr sollen die subtilen
individuellen und subindividuellen Spuren aufgedeckt werden, die sich in einem Individuum kreuzen können und ein
schwer entwirrbares Netz bilden. Anstatt eine Ähnlich-
keitsbeziehung herzustellen, legt ein solcher Ursprung alle

verschiedenartigen Spuren auseinander: die Deutschen glauben sich am Gipfel der Komplexität, wenn sie sagen, daß sie zwei Seelen in ihrer Brust tragen; sie haben sich in der Zahl etwas getäuscht oder vielmehr: sie versuchen eben, so gut sie können, mit dem Rassengemisch, aus dem sie bestehen, fertig zu werden[20]. Wo sich die Seele zu einen behauptet, wo sich das Ich eine Identität oder Kohärenz erfindet, geht der Genealoge auf die Suche nach dem Anfang – nach den unzähligen Anfängen, die jene verdächtige Färbung, jene kaum merkbaren Spuren hinterlassen, welche von einem historischen Auge doch nicht übersehen werden sollten. Die Analyse der Herkunft führt zur Auflösung des Ich und läßt an den Orten und Plätzen seiner leeren Synthese tausend verlorene Ereignisse wimmeln.

Die Analyse der Herkunft führt uns auch zu den unzähligen Ereignissen zurück, durch die (dank denen und gegen die) sich ein Begriff oder ein Charakter gebildet haben. Die Genealogie geht nicht in die Vergangenheit zurück, um eine große Kontinuität jenseits der Zerstreuung des Vergessenen zu errichten. Sie soll nicht zeigen, daß die Vergangenheit noch da ist, daß sie in der Gegenwart noch lebt und sie insgeheim belebt, nachdem sie allen Zeitläufen eine von Anfang an feststehende Form aufgedrückt hat. Nichts gleicht hier der Entwicklung einer Spezies oder dem Geschick eines Volkes. Dem komplexen Faden der Herkunft nachgehen heißt vielmehr das festhalten, was sich in ihrer Zerstreuung ereignet hat: die Zwischenfälle, die winzigen Abweichungen oder auch die totalen Umschwünge, die Irrtümer, die Schätzungsfehler, die falschen Rechnungen, die das entstehen ließen, was existiert und für uns Wert hat. Es gilt zu entdecken, daß an der Wurzel dessen, was wir erkennen und was wir sind, nicht die Wahrheit und das Sein steht, sondern die Äußerlichkeit des Zufälligen[21]. Darum verdient jeder Ursprung der Moral, sofern er nicht mehr verehrungswürdig ist – und die Herkunft ist es niemals – Kritik[22].

Ein gefährliches Erbe ist uns durch eine solche Herkunft hinterlassen. Nietzsche assoziiert mehrere Male die Begriffe *Herkunft* und *Erbschaft*. Aber man täusche sich nicht: diese Erbschaft ist kein erworbener Besitz, der immer größer und sicherer wird; sie besteht aus Spalten und Ritzen und heterogenen Schichten; sie ist schwankend und brüchig und bedroht von innen oder von unten auch den Erben: »Das Ungerechte und Sprunghafte im Gemüt mancher Menschen, ihre Unordnung und Maßlosigkeit sind die letzten Folgen unzähliger logischer Ungenauigkeiten, Ungründlichkeiten und übereilter Schlüsse, welcher sich ihre Vorfahren schuldig gemacht haben«[23]. Die Erforschung der Herkunft liefert kein Fundament: sie beunruhigt, was man für unbeweglich hielt; sie zerteilt, was man für eins hielt; sie zeigt die Heterogenität dessen, was man für kohärent hielt. Welche Überzeugung könnte ihr widerstehen? Oder gar welches Wissen? Machen wir uns an die genealogische Analyse der Gelehrten, die sorgfältig Fakten sammeln und registrieren oder beweisen und widerlegen; ihre *Herkunft* führt schnell zu den Tabellen des Gerichtsschreibers oder zur Rechthaberei des Advokaten – ihrer Väter;[24] sie zeigt sich noch in ihrer scheinbar interesselosen Aufmerksamkeit, in ihrer »reinen« Hingabe an die Objektivität.

Schließlich hat die Herkunft mit dem Leib zu tun[25]. Sie schreibt sich in das Nervensystem, in das Temperament, in den Verdauungsapparat ein. Die Atmung und die Ernährung sind schlecht, der Körper ist geschwächt, wenn die Vorfahren Fehler begangen haben. Mögen die Väter auch die Wirkung für die Ursache nehmen, mögen sie an die Realität des Jenseits glauben und das Ewige für wertvoll halten – zu leiden wird daran der Leib der Kinder haben. Feigheit und Heuchelei sind Nachkommen des Irrtums; nicht im Sinne des Sokrates, daß man sich täuschen muß, um böse zu sein, nicht weil man sich von der ursprünglichen Wahrheit abgewandt hat, sondern weil der Körper in seinem Leben und in seinem Tod, in seiner Kraft und in seiner Schwäche die Folgen jeder Wahrheit und jeden Irrtums zu tragen hat, wie er auch deren Ursprung, deren Herkunft in sich birgt. Warum haben die Menschen das kontemplative Leben erfunden? Warum haben sie dieser Existenzweise den höchsten Wert gegeben? Warum haben sie den in ihr entstehenden Einbildungen absolute Wahrheit zugesprochen? »Läßt die Kraft (des einzelnen) aber nach, fühlt er sich müde oder krank oder schwermütig oder übersättigt und in Folge davon zeitweilig wunsch- und begierdelos, so ist er da ein verhältnismäßig besserer, das heißt weniger schädlicher Mensch, und seine pessimistischen Vorstellungen entladen sich dann nur noch in Worten und Gedanken ... In diesem Zustand wird er zum Denker und Vorausverkünder, oder er dichtet an seinem Aberglauben weiter«[26]. Der Leib – und alles, was den Leib berührt – ist der Ort der *Herkunft*: am Leib findet man das Stigma der vergangenen Ereignisse, aus ihm erwachsen auch die Begierden, die Ohnmachten und die Irrtümer; am Leib finden die Ereignisse ihre Einheit und ihren Ausdruck, in ihm entzweien sie sich aber auch und tragen ihre unaufhörlichen Konflikte aus.

Dem Leib prägen sich die Ereignisse ein (während die Sprache sie notiert und die Ideen sie auflösen). Am Leib löst sich das Ich auf (das sich eine substantielle Einheit vorgaukeln möchte). Er ist eine Masse, die ständig abbröckelt. Als Analyse der Herkunft steht die Genealogie also dort, wo sich Leib und Geschichte verschränken. Sie muß zeigen, wie der Leib von der Geschichte durchdrungen ist und wie die Geschichte am Leib nagt.

4. *Entstehung* meint eher Auftauchen, das Prinzip und das einzigartige Gesetz eines Aufblitzens. Wie man allzuoft die Herkunft in einer ruhigen Kontinuität suchen möchte, wäre es ebenso falsch, die Entstehung vom Endpunkt her zu erklären. Als hätte sich das Auge seit jeher für die Kontemplation geöffnet; als wäre die Strafe schon immer zur Abschreckung bestimmt gewesen. Diese Zwecke sind offen-

sichtlich letzte und bilden nur die gegenwärtige Episode einer Reihe von Dienstbarmachungen: das Auge war anfangs der Jagd und dem Krieg unterworfen; die Strafe diente nacheinander der Rachsucht, der Ausschaltung des Angreifers, der Befreiung vom Opfer, der Abschreckung der anderen. Indem sie die Gegenwart in den Ursprung versetzt, erzeugt die Metaphysik den Glauben an die geheime Arbeit einer Bestimmung, die allmählich zutage tritt. Die Genealogie hingegen weist die verschiedenen Unterwerfungssysteme auf: nicht die vorgreifende Macht eines Sinnes, sondern das Hasardspiel der Überwältigungen.

Die Entstehung vollzieht sich immer innerhalb eines bestimmten Kräfteverhältnisses. Die Analyse der *Entstehung* muß das Spiel dieser Kräfte aufzeigen, ihren Kampf gegeneinander, ihren Kampf gegen widrige Umstände und auch ihren Versuch, in der Teilung wider sich selbst der Degeneration zu entrinnen und aus ihrer Schwächung neue Kraft zu schöpfen. So vollzieht sich das Auftreten und die Festigung einer (tierischen oder menschlichen) Art »unter einem langen Kampf mit wesentlich gleichen ungünstigen Bedingungen«. In der Tat, »die Art hat sich als Art nötig, als etwas, das sich gerade vermöge seiner Härte, Gleichförmigkeit, Einfachheit der Form überhaupt durchsetzen und dauerhaft machen kann, im beständigen Kampfe mit den Nachbarn oder mit den aufständischen oder Aufstand drohenden Unterdrückten«. Hingegen vollzieht sich die Entstehung der individuellen Variationen in anderen Kräfteverhältnissen, nämlich dann, wenn die Art triumphiert hat, wenn sie nicht mehr von äußerer Gefahr bedroht wird: im Kampf der »gegeneinander gewendeten, gleichsam explodierenden Egoismen, welche ›um Sonne und Licht‹ miteinander ringen«[27]. Es geschieht auch, daß die Kraft gegen sich selbst kämpft, und zwar nicht nur in einem trunkenen Überschwang, der es ihr erlaubt, sich selber zu teilen, sondern gerade auch im Moment ihrer Schwächung. Auf ihre Ermüdung reagiert sie, indem sie sich von der ermüdeten

Kraft nährt und so die Ermüdung weitertreibt: sie zwingt ihr Grenzen, Opfer und Kasteiungen auf, staffiert sie mit einem hohen moralischen Wert aus und gewinnt so wiederum neue Kraft. Darum entsteht das asketische Ideal im »*Instinkte eines degenerierenden Lebens*, welches ... um sein Dasein kämpft«[28]. Darum ist die Reformation gerade dort aufgetreten, wo die Kirche am wenigsten verdorben war;[29] in Deutschland war der Katholizismus damals noch kräftig genug, um sich gegen sich selbst zu wenden, um seinen eigenen Leib und seine eigene Geschichte zu züchtigen und sich zu einer reinen Religion des Gewissens zu vergeistigen. Die Entstehung ist also das Heraustreten der Kräfte auf die Szene, ihr Sprung aus den Kulissen auf die offene Bühne. Was Nietzsche den *Entstehungsherd*[30] des Begriffs des Guten nennt, ist weder die Energie der Starken noch die Reaktion der Schwachen, sondern die Bühne, auf der sie einander gegenübertreten und auf der die einen den anderen unterliegen; es ist der Raum, der sich zwischen ihnen auftut und in dem sie ihre Drohungen und Worte austauschen. Während die Herkunft die Qualität eines Instinktes, seine Stärke oder Schwäche und seine Spuren im Leib bezeichnet, gibt die Entstehung den Ort einer Konfrontation an; doch sollte man sich hüten, ihn als geschlossenes Feld vorzustellen, auf dem sich ein Kampf zwischen Gleichen abspielt; es handelt sich vielmehr – das Beispiel der »Guten« und »Bösen« beweist es – um einen »Nicht-Ort«, eine bloße Distanz, die den Gegnern keinen gemeinsamen Platz einräumt. Niemand ist verantwortlich für eine Entstehung, niemand kann sich ihrer rühmen; sie geschieht in einem leeren Zwischen.

In einem gewissen Sinn ist das auf diesem ortlosen Theater gespielte Stück immer dasselbe: endlos wird es von den Beherrschenden und den Beherrschten wiederholt. Aus der Herrschaft von Menschen über Menschen entstehen die Wertunterscheidungen[31]; aus der Herrschaft von Klassen über Klassen wird die Idee der Freiheit geboren[32]; und die

Logik hat ihren Ursprung in der Tatsache, daß sich die
Menschen der Dinge bemächtigen, die sie zum Leben brauchen, daß sie ihnen eine Dauer zusprechen, die sie nicht haben, und daß sie sie gewaltsam einander angleichen[33]. Das
Herrschaftsverhältnis ist ebensowenig ein »Verhältnis« wie
der Ort, an dem es sich abspielt, ein »Ort« ist. Ebendarum
fixiert es sich in jedem Augenblick der Geschichte in einem
Ritual; es schafft Verpflichtungen und Rechte; es bildet mi-
nutiöse Verfahrensweisen aus. Es setzt Markierungen und
gräbt in die Dinge, ja in die Leiber, Erinnerungsspuren ein
und führt Rechnung über die Schulden. Dieses Universum
von Regeln ist nicht dazu bestimmt, die Gewalt zu mildern,
sondern ihr Vorschub zu leisten. Verkehrt ist auch die überlieferte Vorstellung, daß der allgemeine Krieg sein Ende findet, indem er sich in seinen eigenen Widersprüchen er-
schöpft, der Gewalt entsagt und den Gesetzen des zivilen
Friedens weicht. Die Regel ist das kalkulierte Vergnügen
der Wut, das geplante Vergießen von Blut: ständig erneuert
sich das Spiel der Beherrschung, immer wieder wird Gewalt
sorgfältig inszeniert. Das Verlangen nach Frieden, die An-
nehmlichkeit des Kompromisses, das stille Einverständnis
mit dem Gesetz sind weder die große moralische Konver-
sion, oder der Nützlichkeitskalkül, denen sich die Regel
verdankte; vielmehr sind sie Resultate oder eigentlich Per-
version der Regel: »›Schuld‹, ›Gewissen‹, ›Pflicht‹« haben
ihren »Entstehungsherd« im »Obligationen-Rechte«; ihr
»Anfang ist, wie der Anfang alles Großen auf Erden,
gründlich und lange mit Blut begossen worden«[34]. Die
Menschheit schreitet nicht langsam von Kampf zu Kampf
bis zu einer universellen Gegenseitigkeit fort, worin die Regeln sich für immer dem Krieg substituieren; sie verankert
alle ihre Gewaltsamkeiten in Regelsystemen und bewegt
sich so von Herrschaft zu Herrschaft.

Und gerade die Regel sorgt dafür, daß der Gewalt Gewalt
angetan wird und daß die Herrschenden von einer anderen
Herrschaft gebeugt werden. In sich sind die Regeln blind,

gewalttätig und ohne Zwecksetzung, sie können zu diesem oder zu jenem dienen; sie können diesem oder jenem unterworfen werden. Das große Spiel der Geschichte gehört dem, der sich der Regeln bemächtigt, der seinen Nutzen aus ihnen zieht, der sich verkleidet, um sie in ihren Widersinn zu verkehren und sie gegen ihre Schöpfer zu wenden; es gehört dem, der in den komplexen Mechanismus eindringt und ihn so umfunktioniert, daß die Herrscher von ihren eigenen Regeln beherrscht werden. Die verschiedenen Entstehungen sind nicht die aufeinanderfolgenden Gestalten ein und derselben Bedeutung, sondern Ersetzungen, Versetzungen und Verstellungen, Eroberungen und Umwälzungen. Wenn Interpretieren hieße, eine im Ursprung versenkte Bedeutung langsam ans Licht zu bringen, so könnte allein die Metaphysik das Werden der Menschheit interpretieren. Wenn aber Interpretieren heißt, sich eines Systems von Regeln, das in sich keine wesenhafte Bedeutung besitzt, gewaltsam oder listig zu bemächtigen, und ihm eine Richtung aufzuzwingen, es einem neuen Willen gefügig zu machen, es in einem anderen Spiel auftreten zu lassen und es anderen Regeln zu unterwerfen, dann ist das Werden der Menschheit eine Reihe von Interpretationen. Und die Genealogie muß ihre Historie sein: die Geschichte der Moralen, der Ideale, der metaphysischen Begriffe, die Geschichte des Begriffs der Freiheit oder des asketischen Lebens als der verschiedenen Interpretationen, welche auf dem Theater der Handlungen und der Gerichtsverfahren auftreten.

5.   Welcher Art sind die Beziehungen zwischen der Genealogie als Erforschung der *Herkunft* und der *Entstehung* und dem, was üblicherweise Historie genannt wird? Nietzsches Bedenken gegen die Historie sind berühmt, und es wird gleich darauf einzugehen sein. Indes bezeichnet er die Genealogie gelegentlich als »*wirkliche Historie*« und charakterisiert sie öfter durch den »historischen Geist« oder »Sinn«[35]. Was Nietzsche seit der zweiten der *Unzeitgemä-*

ßen Betrachtungen immerzu kritisiert hat, ist jene Historie, welche den überhistorischen Gesichtspunkt einführt (und ständig voraussetzt): eine Historie, welche die Vielfalt der Zeit in eine geschlossene Totalität einbringen und auf einen Nenner bringen will; eine Historie, die uns überall uns selbst wiedererkennen läßt und in allen Verschiebungen Versöhnungen sieht; eine Historie, die alles hinter ihr Liegende vom Blickpunkt des Weltendes ansieht. Diese Geschichte der Historiker nimmt einen Standpunkt außerhalb der Zeit ein; sie nimmt eine apokalyptische Objektivität in Anspruch, damit hat sie bereits eine ewige Wahrheit, eine unsterbliche Seele, ein immer identisches Bewußtsein vorausgesetzt. Wenn sich der historische Sinn vom überhistorischen Gesichtspunkt verführen läßt, so wird er von der Metaphysik in Beschlag genommen, so wird ihm unter dem Anschein einer objektiven Wissenschaft deren »Ägyptizismus« aufgezwungen. Der historische Sinn wird aber der Metaphysik entrinnen und das bevorzugte Instrument der Genealogie werden, wenn er auf jedes Absolute verzichtet. Er hat der Scharfblick zu sein, welcher die Abstände und die Ränder unterscheidet, aufteilt, zerstreut und ihr Spiel treiben läßt – ein zersetzender Blick, welcher auch sich selber auflösen und die Einheit jedes menschlichen Wesens auslöschen kann, das souverän auf seine Vergangenheit zu blicken scheint.

Der historische Sinn – und hierin praktiziert er die »*wirkliche Historie*« – führt alles wieder dem Werden zu, was man am Menschen für unsterblich gehalten hatte. Wir glauben an die Unvergänglichkeit der Gefühle? Sie alle und insbesondere jene, die uns die vornehmsten und interesselosesten zu sein scheinen, haben eine Geschichte. Wir glauben an die dumpfe Beständigkeit der Instinkte, wir stellen uns vor, daß sie allemal am Werk sind, hier und dort, heute und gestern. Aber dem historischen Wissen fällt es leicht, sie in Stücke zu zerlegen, ihre Metamorphosen und ihre wechselnden Schicksale aufzuzeigen, ihre langsame Entstehung und die Bewegungen, in denen sie sich auf sich selbst zurückwenden und auf ihre eigene Zerstörung hinarbeiten[36]. Wir glauben jedenfalls, daß der Körper nur den Gesetzen seiner Physiologie unterliegt und daß er der Geschichte nicht ausgesetzt ist. Auch das ist ein Irrtum: er ist dem Wechsel der Lebensweisen unterworfen; er ist den Rhythmen der Arbeit, der Muße und der Feste ausgesetzt; er wird vergiftet – von Nahrungen und von Werten, von Eßgewohnheiten und moralischen Gesetzen; er bildet Resistenzen aus[37]. Die »wirkliche« Historie stützt sich im Gegensatz zu der der Historiker auf keine Konstanz: nichts am Menschen – auch nicht sein Leib – ist so fest, um auch die anderen Menschen verstehen und sich in ihnen wiedererkennen zu können. Alles, woran man sich anlehnt, um sich der Geschichte zuzuwenden und sie in ihrer Totalität zu erfassen, alles, was sie als eine geduldige und kontinuierliche Bewegung erscheinen läßt, muß systematisch zerbrochen werden. Das tröstliche Spiel der Wiedererkennungen ist zu sprengen. Wissen bedeutet auch im historischen Bereich nicht »wiederfinden«, und vor allem nicht »uns wiederfinden«. Die Historie wird »wirklich« in dem Maße sein, in dem sie das Diskontinuierliche in unser eigenes Sein einführen wird. Sie wird unsere Gefühle zerteilen; sie wird unsere Instinkte dramatisieren; sie wird unseren Leib vervielfältigen und ihn ihm selbst entgegensetzen. Sie duldet keine beruhigende Stabilität des Lebens oder der Natur über sich; sie wird sich von keiner stummen Beharrlichkeit auf einen altehrwürdigen Zweck verpflichten lassen. Was man ruhen lassen möchte, wird sie aushöhlen und gegen dessen angebliche Kontinuität wird sie ankämpfen. Denn das Wissen dient nicht dem Verstehen, sondern dem Zerschneiden.

Von daher läßt sich der historische Sinn, wie ihn Nietzsche versteht, und der der »*wirkliche Historie*« von der traditionellen Historie abhebt, fassen. Jene kehrt die Beziehung zwischen dem Einbruch des Ereignisses und der kontinuierlichen Notwendigkeit, wie sie gewöhnlich gesehen

wird, um. Eine ganze (theologische oder rationalistische)
Tradition der Geschichtsschreibung möchte das einzelne Ereignis in eine ideale Kontinuität verflüchtigen: in eine teleo-
logische Bewegung oder in eine natürliche Verkettung. Die
»wirkliche« Historie läßt das Ereignis in seiner einschnei-
denden Einzigkeit hervortreten. Mit Ereignis ist nicht eine
Entscheidung, ein Vertrag, eine Regierungszeit oder eine
Schlacht gemeint, sondern die Umkehrung eines Kräfteverhältnisses, der Sturz einer Macht, die Umfunktionierung einer Sprache und ihre Verwendung gegen die bisherigen
Sprecher, die Schwächung, die Vergiftung einer Herrschaft
durch sie selbst, das maskierte Auftreten einer anderen
Herrschaft. Die Kräfte im Spiel der Geschichte gehorchen
weder einer Bestimmung noch einer Mechanik, sondern
dem Zufall des Kampfes[38]. Sie manifestieren sich nicht als
die sukzessiven Formen einer vorgängigen Intention oder
eines endgültigen Resultates. Sie treten im einzigartigen
Würfelspiel des Ereignisses auf. Im Gegensatz zur christlichen Welt, die von der göttlichen Spinne gewoben wird,
und im Unterschied von der griechischen Welt, die in ein
Reich des Willens und in ein Reich der großen kosmischen
Dummheit geteilt ist, kennt die Welt der wirklichen Historie nur ein einziges Reich, in dem es weder Vorsehung noch
Finalursache gibt, sondern nur »jene eisernen Hände der
Notwendigkeit, welche den Würfelbecher des Zufalls schüt-
teln«[39]. Dieser Zufall ist nicht als schlichte Auslosung zu
verstehen, sondern als das ständig erneuerte Risiko des Willens zur Macht, der jedem Zufall einen anderen, noch stärkeren Zufall entgegensetzt[40]. Die Welt, wie wir sie kennen,
ist nicht die einfache Figur, in der die Ereignisse zurücktre-
ten, damit die wesentlichen Züge, der endgültige Sinn, der
erste und letzte Wert zur Geltung kommen; sie ist ein Wirrwarr unzähliger Ereignisse; sie erscheint uns heute »wun-
dersam bunt, schrecklich, bedeutungstief«; sie ist aber von
einer »Menge von Irrtümern und Phantasien« hervorgebracht und noch heute bevölkert[41]. Wir glauben, daß unsere

Gegenwart auf tiefen Intentionen und stabilen Notwendigkeiten beruht; wir verlangen von den Historikern, uns in dieser Überzeugung zu bestärken. Aber der wahre historische Sinn weiß, daß wir ohne ursprüngliche Fixpunkte und Koordinaten von ungezählten entschwundenen Ereignissen leben.

Der historische Sinn vermag auch die Beziehung zwischen dem Nahen und dem Fernen umzukehren, wie sie von der traditionellen Historie in ihrer Treue zur Metaphysik hergestellt wird. Diese richtet ihren Blick gern in die Fernen und in die Höhen: auf die vornehmsten Epochen, auf die höchsten Formen, auf die allgemeinsten Ideen, auf die reinsten Individuen. Und zu diesem Zweck versucht sie, sich ihnen möglichst anzunähern, am Fuße dieser Gipfel Platz zu finden und die berühmte Froschperspektive einzunehmen. Die wirkliche Historie hingegen richtet ihre Blicke auf das Nächste – auf den Leib, das Nervensystem, die Ernährung und Verdauung, die Energien; sie wühlt in den Dekadenzen und wenn sie sich den hohen Epochen zuwendet, so mit dem – nicht nachtragenden, sondern fröhlichen – Verdacht eines barbarischen und unaussprechlichen Wimmelns. Sie fürchtet sich nicht vor dem Blick in die Tiefe. Sie blickt von oben, sie taucht hinunter, um die Perspektiven zu erfassen, um die Zerstreuungen und Unterschiede zu entfalten, um jedem Ding sein Maß und seine Intensität zu lassen. Ihre Bewegung ist die Umkehrung der verstohlenen Bewegung der Historiker: diese tun so, als blickten sie in die Ferne über sich hinaus, aber insgeheim kriechen sie an diesen fernen großen Versprecher heran (darin gleichen sie den Metaphysikern, welche weit über der Welt ein Jenseits sehen, nur, um es sich als Vergeltung zu versprechen); die wirkliche Historie blickt auf das Allernächste; aber, um sich brüsk davon loszureißen und es in der Distanz festzuhalten (ähnlich dem Arzt, dessen Blick sich zur Diagnose senkt, um die Differenz zu sagen). Der historische Sinn ist der Medizin viel näher als der Philosophie. »Historisch und physiologisch«, sagt Nietzsche öfter[42]. Daran ist nichts erstaunlich, denn in der Idiosynkrasie des Philosophen findet man ebenso die systematische Verleugnung des Körpers wie den »Mangel an historischem Sinn, ihr[en] Haß gegen die Vorstellung selbst des Werdens, den Ägyptizismus«, den hartnäckigen Willen, »an den Anfang« zu setzen, was am Ende kommt und »das Letzte und das Erste zu verwechseln«[43]. Die Historie hat Besseres zu tun, als die Magd der Philosophie zu spielen und die notwendige Geburt der Wahrheit und der Werte zu erzählen; sie hat die Differentialerkenntnis der Energien und der Ohnmachten, der Höhen und der Zusammenbrüche, der Gifte und der Gegengifte zu sein. Sie hat die Wissenschaft der Arzneien zu sein[44].

Das letzte Kennzeichen dieser wirklichen Historie ist schließlich, daß sie nicht fürchtet, ein perspektivisches Wissen zu sein. Die Historiker suchen soweit wie nur möglich alles zu verwischen, was in ihrem Wissen den Ort verraten könnte, von dem aus sie blicken, den Zeitpunkt, an dem sie sich befinden, die Partei, die sie ergreifen, und die Unvermeidlichkeit ihrer Leidenschaften. Der historische Sinn, wie ihn Nietzsche versteht, weiß, daß er perspektivisch ist, und lehnt das System seiner eigenen Ungerechtigkeit nicht ab. Er betrachtet unter einem bestimmten Blickwinkel; er ist entschlossen, abzuschätzen, ja oder nein zu sagen, allen Spuren des Giftes zu folgen, das beste Gegengift zu finden. Anstatt ein diskretes Zurückweichen vor dem Betrachteten vorzutäuschen, anstatt im Betrachteten sein Gesetz zu suchen und ihm jede Bewegung unterzuordnen, weiß dieser Blick, von wo er blickt und worauf er blickt. Der historische Sinn gibt dem Wissen die Möglichkeit, in der eigenen Erkenntnisbewegung seine eigene Genealogie durchzuführen. Die »*wirkliche Historie*« führt die Genealogie der Historie durch, wenn sie an ihrem Standort das Lot in die Tiefen senkt.

6. In dieser Genealogie der Historie sieht Nietzsche den historischen Sinn und die Historie der Historiker in engem Zusammenhang. Ein unreiner und verworrener Anfang ist beiden gemeinsam. Aus einem Zeichen, in dem man sowohl das Symptom einer Krankheit wie den Keim eines wundervollen Gewächses sehen kann[45], sind sie beide hervorgegangen und sollten sich erst später trennen. Verfolgen wir ihre zunächst gemeinsame Genealogie.

Über die *Herkunft* des Historikers besteht kein Zweifel: er ist von niedriger Abstammung. Ein charakteristischer Zug der Historie ist es, daß sie keine Auswahl trifft: sie glaubt, alles erkennen zu müssen, ob bedeutend oder unbedeutend. Sie will alles verstehen, ohne Unterschied des Ranges. Sie will alles akzeptieren, ohne Unterscheidungen zu treffen. Nichts darf ihr entgehen, vor allem darf nichts ausgeschlossen werden. Die Historiker werden sagen, es gehe hier um Takt und Diskretion: mit welchem Recht sollte ihr Geschmack eingreifen, wo es um andere geht? Warum sollten ihre Vorlieben eine Rolle spielen dürfen, wo es darum gehe, was wirklich geschehen ist? Tatsächlich versucht eine gänzliche Geschmacklosigkeit, eine gewisse Plumpheit vertraulichen Umgang mit dem, was ranghöher ist, und freut sich dann, an ihm Niedriges zu finden. Der Historiker kennt keinen Ekel; oder vielmehr, er findet Vergnügen bei dem, was ihn anwidern sollte. Hinter seiner heiteren Fassade steht die Entschlossenheit, nichts Großes anzuerkennen und alles auf den kleinsten gemeinsamen Nenner zu reduzieren. Nichts darf höher sein als er. Wenn er so viel, wenn er alles wissen will, dann deswegen, weil er die Geheimnisse überraschen will, die kleiner machen. »Niedrige Neugierde«. Von wo kommt die Historie? Aus der Plebs. An wen wendet sie sich? An die Plebs. Und ihr ganzer Diskurs ähnelt stark dem des Demagogen: »Keiner ist größer als ihr« sagt dieser, »und wer euch überragen wollte – euch, die ihr gut seid –, der ist böse; und der Historiker, sein Doppelgänger, ist sein Echo: »Keine Vergangenheit ist größer als eure Gegenwart und von allem, was in der Geschichte als groß gelten möchte, wird euch mein sorgfältiges Wissen die Kleinheit, die Bosheit und das Unglück aufzeigen.« Die Verwandtschaft des Historikers geht bis auf Sokrates zurück.

Aber diese Demagogie muß verlogen sein. Sie muß ihr eigenes Ressentiment unter der Maske des Allgemeinen verbergen. Und wie der Demagoge die Wahrheit, das Gesetz der Wesenheiten und die ewige Notwendigkeit anrufen muß, muß sich der Historiker auf die Objektivität, die Exaktheit der Fakten, die unverrückbare Vergangenheit berufen. Der Demagoge muß den Körper verleugnen, um die Souveränität der überzeitlichen Idee zu sichern; der Historiker muß seine eigene Individualität auslöschen, damit sich die anderen in Szene setzen und das Wort ergreifen können. Er muß also gegen sich selber wüten: muß seine Vorlieben zum Schweigen bringen und seine Abneigungen überwinden; er muß seine eigene Perspektive verleugnen und eine allgemeine Geometrie vortäuschen; er muß den Tod nachahmen, um ins Reich der Toten einzutreten; er muß eine Scheinexistenz ohne Gesicht und Namen annehmen. Hat er seinen individuellen Willen unterdrückt, so kann er den anderen das unausweichliche Gesetz eines höheren Willens aufzeigen. Hat er aus seinem eigenen Wissen alle Spuren des Wollens ausgemerzt, so wird er im Gegenstand seiner Erkenntnis ein ewiges Wollen erblicken. Die Objektivität des Historikers ist die Umkehrung der Beziehungen zwischen dem Wollen und dem Wissen und damit auch der notwendige Glaube an die Vorsehung, an die Finalursachen und an die Teleologie. Der Historiker gehört zur Familie der Asketen. ›Ich mag die lüsternen Eunuchen der Historie nicht, diese Liebäugler mit asketischen Idealen‹; »ich mag die übertünchten Gräber nicht, die das Leben schauspielern; ich mag die Müden und Vernutzten nicht, welche sich in Weisheit einwickeln und ›objektiv‹ blicken«[46].

Gehen wir zur *Entstehung* der Historie über; ihr Ort ist

das Europa des 19. Jahrhunderts: das Vaterland der Bastarde und Mischmenschen. Im Vergleich zu den Zeiten hoher Kultur sind wir Barbaren: wir stehen vor Ruinen, gähnenden Mauern und rätselhaften Monumenten; wir fragen uns, welche Götter diese leeren Tempel wohl bewohnt haben mögen. Die großen Epochen waren nicht so neugierig und respektvoll; sie suchten keine Vorgänger; die Klassik kümmerte sich nicht um Shakespeare. Die Dekadenz Europas liefert uns ein unermeßliches, sich überschlagendes Schauspiel. Unser ganzes Zeitalter hat den Charakter einer Theateraufführung; ohne Denkmäler, die unser Werk und unser Eigentum sind, leben wir inmitten fremder Dekorationen. Und Europa weiß nicht einmal, was es selbst ist, welche Rassen sich in ihm gemischt haben; es sucht nach seiner Rolle, weil es keine Individualität besitzt. Es ist darum verständlich, daß das 19. Jahrhundert das Jahrhundert der Historie geworden ist: die Schwächung seiner Kräfte, die Auslöschung aller eigentümlichen Charaktere führen zu denselben Resultaten wie die Kasteiungen der Askese. Es ist unfähig zu schaffen; es fehlt an Werken; es fühlt sich verpflichtet, sich auf das zu verlassen, was vorher und anderswo gemacht worden ist; es ist zur niedrigen Neugierde des Plebejers verurteilt.

Wenn aber dies die Genealogie der Historie ist, wie kann sie dann selber zur genealogischen Analyse werden? Wieso bleibt sie nicht demagogische und religiöse Erkenntnis? Wie kann sie auf derselben Bühne ihre Rolle wechseln? Dies ist möglich, wenn man sich ihrer bemächtigt, wenn man sie beherrscht und sie gegen ihre eigene Herkunft ausspielt. Das ist ja das Eigentümliche der *Entstehung*: sie ist nicht das notwendige Ergebnis dessen, was seit langem vorbereitet ist, sondern die Bühne, auf der sich die Kräfte aufs Spiel setzen, auf der sie triumphieren, auf der sie aber auch überwältigt werden können. Der Entstehungsort der Metaphysik war die athenische Demagogie, das plebejische Ressentiment des Sokrates, sein Glaube an die Unsterblichkeit. Platon hätte sich dieser Sokratischen Philosophie bemächtigen und sie gegen sie selbst wenden können – und sicher war er versucht, es zu tun. Seine Niederlage besteht darin, daß er zu ihrem Gründer wurde. Im 19. Jahrhundert stellt sich das Problem, für die plebejische Askese der Historiker nicht das zu tun, was Platon für die Sokratische getan hat. Es gilt, sie nicht in einer Philosophie der Geschichte zu fundieren, sondern sie in ihre Bestandteile zu zerlegen; es gilt, sich zum Herrn der Historie zu machen und von ihr einen genealogischen, d. h. strikt antiplatonischen Gebrauch zu machen. Dann kann sich der historische Sinn von der überhistorischen Historie befreien.

7.   Der historische Sinn umfaßt drei Arten der Historie, die sich jeweils deren platonischen Spielarten entgegensetzen: die wirklichkeitszersetzende Parodie widerstreitet der Historie als Erinnerung oder Wiedererkennung; die identitätszersetzende Auflösung stellt sich gegen die Historie als Kontinuität oder Tradition; das wahrheitszersetzende Opfer stellt sich gegen die Historie als Erkenntnis. In jedem Fall geht es darum, die Historie für immer vom – zugleich metaphysischen und anthropologischen – Modell des Gedächtnisses zu befreien. Es geht darum, aus der Historie ein Gegen-Gedächtnis zu machen und in ihr eine ganz andere Form der Zeit zu entfalten.

Die Historie als Parodie und Possenspiel. Dem Europäer, der ein anonymer Mischmensch ist und der nicht weiß, wer er ist und welchen Namen er zu tragen hat, bietet der Historiker Ersatzidentitäten an, welche anscheinend individueller und wirklicher sind als seine eigene. Aber der Mensch mit historischem Sinn muß sich über diesen ihm angebotenen Ersatz nicht täuschen: es handelt sich lediglich um eine Verkleidung. Der Französischen Revolution hat man die römische Toga umgehängt, der Romantik die Waffenrüstung des Ritters, der Wagnerepoche das Schwert des germanischen Helden. All das ist nur Flitterwerk, dessen Unwirklichkeit unsere eigene Unwirklichkeit durchscheinen läßt. Es sei niemandem benommen, diese Religionen zu verehren und in Bayreuth das Gedächtnis eines neuen Jenseits zu feiern; es sei jedem freigestellt, sich auf dem Trödelmarkt fehlender Identitäten zu betätigen. Der gute Historiker, der Genealoge, weiß, was er von dieser Maskerade zu halten hat. Nicht, daß er sie zurückweist, weil sie ihm zu wenig ernst ist; vielmehr möchte er sie bis zum Äußersten treiben: er möchte einen großen Karneval der Zeit veranstalten, in dem die Masken unaufhörlich wiederkehren. Anstatt unsere blasse Individualität mit den starken Identitäten der Vergangenheit zu identifizieren, geht es darum, uns in so vielen wiedererstandenen Identitäten zu entwirklichen. Indem wir diese Masken aufgreifen – etwa die von Friedrich von Hohenstaufen, Cäsar, Jesus, Dionysos, Zarathustra –, indem wir das Possenspiel der Geschichte von neuem beginnen, nehmen wir in unsere Unwirklichkeit die noch unwirklichere Identität Gottes hinein. »Vielleicht, daß wir hier gerade das Reich unserer *Erfindung* noch entdecken, jenes Reich, wo auch wir noch original sein können, etwa als Parodisten der Weltgeschichte und Hanswürste Gottes«[47]. Darin erkennt man die Parodie dessen, was die zweite *Unzeitgemäße Betrachtung* die »monumentalische Historie« genannt hat: die Historie, deren Aufgabe es war, die großen Gipfel des Werdens in einer immerwährenden Gegenwart festzuhalten, die Werke und die Taten in ihrer intimen Handschrift zu bewahren. Während Nietzsche 1874 dieser ganz der Verehrung gewidmeten Historie vorwarf, den Energien des gegenwärtigen Lebens den Weg zu versperren, geht es ihm später darum, sie zu parodieren, um zu enthüllen, daß sie nur Parodie ist. Die Genealogie ist die Historie als Karneval großen Stils.

Die Historie kann auch der systematischen Auflösung unserer Identität dienen. Denn diese Identität, die wir unter einer Maske notdürftig wahren wollen, ist selber nur eine Parodie: der Plural regiert sie, unzählige Seelen machen sie einander streitig; die Systeme durchkreuzen sich und beherrschen einander. Wenn man die Geschichte studiert hat, fühlt man sich »glücklich, im Gegensatz zu den Metaphysikern, nicht ›eine unsterbliche Seele‹, sondern *viele sterbliche* Seelen in sich zu beherbergen«[48]. Und in jeder dieser Seelen entdeckt die Historie nicht eine verschollene Identität, die jederzeit wieder aufleben kann, sondern ein komplexes System von vielfältigen, unterschiedenen Elementen, welche von keiner synthetischen Kraft zusammengehalten werden: »Es ist ein Zeichen überlegener Kultur, gewisse Phasen der Entwicklung, welche die geringeren Menschen fast gedankenlos durchleben ... mit Bewußtsein festzuhalten ... daß wir unsere Mitmenschen als ganz bestimmte solche Systeme und Vertreter verschiedener Kulturen verstehen, das heißt als notwendig, aber als veränderlich. Und wiederum: daß wir in unserer eigenen Entwicklung Stücke heraustrennen und selbständig hinstellen können«[49]. Die genealogisch aufgefaßte Historie will nicht die Wurzeln unserer Identität wiederfinden, vielmehr möchte sie sie in alle Winde zerstreuen; sie will nicht den heimatlichen Herd ausfindig machen, von dem wir kommen, jenes erste Vaterland, in das wir den Versprechungen der Metaphysiker zufolge zurückkehren werden; vielmehr möchte sie alle Diskontinuitäten sichtbar machen, die uns durchkreuzen. Insofern ist sie das Gegenteil der »antiquarischen Historie« der *Unzeitgemäßen Betrachtungen*, in der alle Kontinuitäten erkannt werden sollten, in welchen unsere Gegenwart wurzelt: Kontinuitäten des Bodens, der Sprache, der Gesellschaft: »Indem er das von alters her Bestehende mit behutsamer Hand pflegt, will er [der antiquarische Historiker] die Bedingungen, unter denen es entstanden ist, für solche bewahren, welche nach ihm entstehen sollen«[50]. Einer solchen Historie machten die *Unzeitgemäßen Betrachtungen* den Vorwurf, daß sie im Namen der Treue jede schöpferische Tätigkeit verhindern wolle. Aber schon in *Menschliches, Allzumenschliches* wird Nietzsche zum antiquarischen Histori-

ker, wenn auch in ganz entgegengesetzter Richtung. Die
Genealogie erforscht den Boden, aus dem wir stammen, die
Sprache, die wir sprechen, und die Gesetze, die uns beherrschen, um die heterogenen Systeme ans Licht zu bringen,
welche uns unter der Maske des Ich jede Identität unter-
sagen.

Schließlich dient die Historie der Opferung des Erkenntnissubjekts. Dem Anschein oder seiner Maske nach ist das
historische Bewußtsein neutral, frei von jeder Leidenschaft
und nur der Wahrheit hingegeben. Befragt es aber sich
selbst und überhaupt jedes wissenschaftliche Bewußtsein in
seiner Geschichte, so entdeckt es die Formen und Umfor-
mungen des Willens zum Wissen, als da sind Instinkt, Leidenschaft, inquisitorische Wut, grausames Raffinement,
Bosheit; es entdeckt die Gewalttätigkeit der Parteinahmen
gegen das unwissende Glück, gegen die kräftigen Illusionen,
durch welche sich die Menschheit schützt, und der Parteinahmen für alles Gefährliche im Suchen und alles Beunruhigende im Entdecken[51]. Die historische Analyse dieses großen Wissenwollens der Menschheit macht sichtbar, daß es
keine Erkenntnis gibt, die nicht auf Ungerechtigkeit beruht
(und daß es daher in der Erkenntnis kein Recht auf Wahrheit und keine Begründung des Wahren gibt), und daß der
Erkenntnisinstinkt böse ist (daß es in ihm etwas Mörderi-
sches gibt und daß er für das Glück der Menschen nichts
tun kann und will). Wenn das Wissenwollen heute seine
größten Ausmaße annimmt, so nähert es sich nicht einer
universellen Wahrheit; es verleiht dem Menschen keine sichere und ruhige Herrschaft über die Natur; im Gegenteil,
es vervielfältigt die Gefahren, es zerstört die schützenden Illusionen; es vernichtet die Einheit des Subjekts; es befreit in
ihm alles, was auf seine Auflösung hinarbeitet. Anstatt sich
allmählich von seinen empirischen Wurzeln, von den primitiven Bedürfnissen zu lösen, um als reine Spekulation nur
mehr der Vernunft zu gehorchen, anstatt in seiner Entwicklung an die Konstituierung und Bejahung eines freien Sub-

jekts gebunden zu sein, versammelt das Wissen immer mehr Gewaltinstinkte in sich. Die Religionen forderten einst die Opferung des menschlichen Leibes; das Wissen ruft uns heute dazu auf, daß wir mit uns selber experimentieren[52], daß wir das Erkenntnissubjekt opfern. »Die Erkenntnis hat sich in uns zur Leidenschaft verwandelt, die vor keinem Opfer erschrickt und im Grunde nichts fürchtet, als ihr eigenes Erlöschen ... Vielleicht selbst, daß die Menschheit an dieser Leidenschaft der Erkenntnis zugrunde geht! ... wenn die Menschheit nicht an einer *Leidenschaft* zugrunde geht, so wird sie an einer *Schwäche* zugrunde gehen: was will man lieber? Dies ist die Hauptfrage. Wollen wir für sie ein Ende im Feuer und Licht oder im Sande?«[53] Die beiden großen Probleme, die das philosophische Denken des 19. Jahrhunderts beherrscht haben (die gegenseitige Begründung von Wahrheit und Freiheit sowie die Möglichkeit eines absoluten Wissens), diese beiden von Fichte und Hegel hinterlassenen Themen haben nun dem Gedanken zu weichen, »es könnte selbst zur Grundbeschaffenheit des Daseins gehören, daß man an seiner völligen Erkenntnis zugrunde ginge«[54]. Dies bedeutet nicht, daß der Wille zur Wahrheit durch die Endlichkeit der Erkenntnis begrenzt wird, sondern daß er jede Schranke, jede Beschränkung auf Wahrheit in der notwendigen Opferung des Erkenntnissubjekts aufgeben muß. »Und vielleicht könnte mit *einem* ungeheuren Gedanken immer noch jede andere Bestrebung niedergerungen werden, so daß ihm der Sieg über den Siegreichsten gelänge, – mit dem Gedanken der *sich opfernden Menschheit* ... Man kann bereits darauf schwören, daß, wenn jemals das Sternbild dieses Gedankens am Horizonte erscheint, die Erkenntnis der Wahrheit als das einzige ungeheure Ziel übriggeblieben sein wird, dem ein solches Opfer angemessen wäre, weil ihm kein Opfer zu groß ist. Inzwischen ist das Problem noch nie aufgestellt worden ...«[55].

Die *Unzeitgemäßen Betrachtungen* sprachen vom kritischen Gebrauch der Historie: es ging darum, die Vergangenheit rechtschaffen weiterleben zu lassen, ihre Wurzeln zu säubern, überlieferte Verehrungen einzustellen, um den Menschen zu befreien und ihm einen Ursprung zu geben, in welchem er sich tatsächlich wiedererkennen kann. Dieser kritischen Historie warf Nietzsche vor, uns von unseren wirklichen Quellen abzuschneiden und die Bewegung des Lebens der Sorge um die Wahrheit zu opfern. Wenig später betätigt sich Nietzsche selber als kritischer Historiker, jedoch in ganz anderer Absicht: nicht mehr um die Vergangenheit im Namen einer der Gegenwart vorbehaltenen Wahrheit zu beurteilen, sondern um im endlos erweiterten Willen zum Wissen die Zerstörung des Erkenntnissubjekts zu wagen.

Insofern kommt die Genealogie auf die drei Arten der Historie zurück, welche Nietzsche 1874 erkannt hat. Über die damals erhobenen Einwände kann er nun hinweggehen, da er die Spielarten der Historie metamorphosiert: die Verehrung der Monumente wird zur Parodie; der Respekt der alten Kontinuitäten wird zur systematischen Auflösung; die Kritik der Ungerechtigkeiten der Vergangenheit durch die Wahrheit des heutigen Menschen wird zur Zerstörung des Erkenntnissubjekts durch die dem Willen zum Wissen eigene Ungerechtigkeit.

Anmerkungen

1 Friedrich Nietzsche, *Die fröhliche Wissenschaft*, § 7 (F. N., *Werke*, hrsg. von Karl Schlechta, Bd. 2, München 1955, S. 42; im folgenden zit. als *W* mit Band- und Seitenzahl).
2 *Menschliches, Allzumenschliches*, § 3 (W 1, S. 448 f.).
3 *Zur Genealogie der Moral*, II, § 6 und § 8 (W 2, S. 806 und S. 811).
4 *Die fröhliche Wissenschaft*, §§ 110, 111, 300 (W 2, S. 116, S. 118 f., S. 176).
5 *Morgenröte*, § 102 (W 1, S. 1076).
6 *Die fröhliche Wissenschaft*, § 151 und § 353 (W 2, S. 138 und S. 218). Ebenso *Morgenröte*, § 62 (W 1, S. 1053); *Zur Genealogie*

der Moral, I, § 14 (W 2, S. 791); *Götzendämmerung, Die vier großen Irrtümer*, § 7 (W 2, S. 976 f.).

7 Das Buch von Paul Rée heißt *Der Ursprung der moralischen Empfindungen.*

8 § 92 von *Menschliches, Allzumenschliches* heißt »Ursprung der Gerechtigkeit«.

9 Auch im Text der *Genealogie* werden *Ursprung* und *Herkunft* häufig unterschiedslos gebraucht: Vorrede § 1, 2; II, § 8, 11, 12, 16, 17.

10 *Morgenröte*, § 123.

11 *Menschliches, Allzumenschliches*, § 34.

12 *Menschliches, Allzumenschliches*, II, Der Wanderer und sein Schatten, § 9 (W 1, S. 877).

13 Ebd., § 3 (W 1, S. 873).

14 *Morgenröte*, § 49 (W 1, S. 1045 f.).

15 *Nietzsche contra Wagner*, Epilog 2 (W 2, S. 1061).

16 *Die fröhliche Wissenschaft*, § 265 und § 110.

17 *Götzendämmerung*, Wie die »wahre Welt« endlich zur Fabel wurde.

18 Z. B.: *Die fröhliche Wissenschaft*, § 135; *Jenseits von Gut und Böse* (W 2), §§ 200, 242, 244; *Zur Genealogie der Moral*, I, § 5.

19 *Die fröhliche Wissenschaft*, § 348–349; *Jenseits von Gut und Böse*, § 260.

20 *Jenseits von Gut und Böse*, § 244.

21 *Zur Genealogie der Moral*, III, § 17 (*Abkunft* des Hemmungsgefühls).

22 *Götzendämmerung*, Die »Vernunft« in der Philosophie, § 1.

23 *Morgenröte*, § 247 (W 1, S. 1174).

24 *Die fröhliche Wissenschaft*, § 348–349.

25 *Jenseits von Gut und Böse*, § 200: »Der Mensch aus einem Auflösungs-Zeitalter«, der »die Erbschaft einer vielfältigen Herkunft im Leibe hat« (W 2, S. 656).

26 *Morgenröte*, § 42 (W 1, S. 1042).

27 *Jenseits von Gut und Böse*, § 262 (W 2, S. 735 f.).

28 *Zur Genealogie der Moral*, III, § 13 (W 2, S. 861).

29 *Die fröhliche Wissenschaft*, § 148. Einer Willenserkrankung ist auch die *Entstehung* des Buddhismus und des Christentums zuzuschreiben (§ 347).

30 *Zur Genealogie der Moral*, I, § 2.

31 *Jenseits von Gut und Böse*, § 260; vgl. auch *Zur Genealogie der Moral*, II, § 12.
32 *Menschliches, Allzumenschliches*, II, Der Wanderer und sein Schatten, § 9.
33 *Die fröhliche Wissenschaft*, § 111.
34 *Zur Genealogie der Moral*, II, § 6 (W 2, S. 861).
35 Ebd., Vorwort, § 7; *Jenseits von Gut und Böse*, § 224.
36 *Die fröhliche Wissenschaft*, § 7.
37 Ebd.
38 *Zur Genealogie der Moral*, II, § 12.
39 *Morgenröte*, § 130 (W 1, S. 1102).
40 S. Anm. 38.
41 *Menschliches, Allzumenschliches*, I, Von den ersten und letzten Dingen, § 16 (W 1, S. 458).
42 *Götzendämmerung*, Streifzüge eines Unzeitgemäßen, § 44.
43 Ebd., Die »Vernunft« in der Philosophie, § 1 und 4 (W 2, S. 957 und 958 f.).
44 *Menschliches, Allzumenschliches*, II, Der Wanderer und sein Schatten, § 188.
45 *Die fröhliche Wissenschaft*, § 337.
46 *Zur Genealogie der Moral*, III, § 26 (W 2, S. 895 f.).
47 *Jenseits von Gut und Böse*, § 223 (W 2, S. 686).
48 *Menschliches, Allzumenschliches*, II, Vermischte Meinungen und Sprüche, § 17 (W 1, S. 749).
49 *Menschliches, Allzumenschliches*, I, § 274 (W 1, S. 615).
50 *Unzeitgemäße Betrachtungen*, II, § 3 (W 1, S. 225).
51 Vgl. *Morgenröte*, § 429 und 432; *Die fröhliche Wissenschaft*, § 333; *Jenseits von Gut und Böse*, § 229 und 230.
52 *Morgenröte*, § 501.
53 Ebd., § 429 (W 1, S. 1223 f.).
54 *Jenseits von Gut und Böse*, § 39 (W 2, S. 602).
55 *Morgenröte*, § 45 (S. 1044).

EDWARD W. SAID

Krise des Orientalismus

Über etwas oder jemanden zu sagen, daß er eine *textuelle*
Verhaltensweise hat, mag seltsam erscheinen. Aber ein Lite-
raturstudent wird diesen Ausdruck leichter verstehen, wenn
er sich der Sichtweise erinnert, die Voltaire in *Candide* kritisiert, oder selbst das Verhalten zur Realität, das von Cer-
vantes in *Don Quichote* satirisch dargestellt wird.
Diese Autoren zeigen, daß es unmöglich ist, den dunklen, problematischen Zustand, in welchem Menschen leben, auf der
Basis dessen zu verstehen, was Büchertexte sagen; wer, was
man aus einem Buch lernt, wörtlich auf die Realität anwendet, riskiert Torheit und Ruin. Man würde heute nicht mehr
daran denken, mit Hilfe von *Amadis von Gallien* das Spanien des 16. Jahrhunderts (oder auch das heutige) zu verstehen, als man die Bibel benützen würde, um, sagen wir, das
Unterhaus zu begreifen. Aber offensichtlich haben Menschen darin versagt und versuchen immer noch, Texte auf
eine so einfältige Weise zu gebrauchen, denn sonst würden
Candide und *Don Quichote* die Leser heute nicht so sehr
ansprechen, wie sie es tun. Es scheint ein allgemeiner
menschlicher Fehler zu sein, die schematische Autorität eines Textes der Unsicherheit einer direkten Begegnung mit
dem Menschen vorzuziehen. Aber ist dieses Versagen dauerhaft präsent oder gibt es Umstände, die mehr als andere
dazu beitragen, das textuelle Verhalten wahrscheinlich zu
machen, ihm die Oberhand zu geben?

Zwei Situationen begünstigen ein textuelles Verhalten.
Eine davon ist die, bei der ein Mensch mit etwas relativ Un-
bekanntem aus der Nähe konfrontiert wird; mit etwas Be-
drohlichem, das zuvor entfernt war. In einem solchen Fall
nimmt man nicht nur darauf Rücksicht, was in einer früheren Erfahrung der Neuigkeit gleicht, sondern auch auf das,

was man darüber gelesen hat. Reisebücher oder Reiseführer sind eine ebenso »natürliche« Textart, so logisch in ihrer Komposition und ihrem Gebrauch, wie jedes Buch, an das man denken mag, gerade weil diese menschliche Tendenz besteht, auf einen Text zurückzufallen, wenn die Unsicherheiten einer Reise in fremde Gebiete das Gleichgewicht zu bedrohen scheinen. Viele Reisende finden, daß sie über eine Erfahrung in einem neuen Land nicht sagen können, daß sie dies erwartet haben; das heißt, es war nicht so, wie es das Buch versprach. Und natürlich schreiben viele Autoren Reisebücher und -führer, um zu sagen, daß ein Land so *ist*; oder besser, daß es farbenprächtig, teuer, interessant usw. ist. Der Gedanke lautet jeweils, daß ein Volk, ein Ort, eine Erfahrung immer durch ein Buch beschrieben werden können; so gut, daß das Buch (oder der Text) eine selbst größere Autorität und einen größeren Nutzen gewinnt als die Wirklichkeit, die es beschreibt. Die Komödie von Fabrice del Dongos Suche nach der Schlacht von Waterloo gibt nicht so sehr sein Versagen wieder, die Schlacht zu finden, sondern, daß er sie als das sucht, was Texte ihm darüber berichtet haben.

Eine zweite Situation, die das textuelle Verhalten fördert, ist der Schein des Erfolges. Wenn jemand ein Buch liest, das behauptet, daß Löwen wild sind, und einem wilden Löwen begegnet (ich vereinfache hier natürlich), sind die Chancen, daß er ermutigt wird, weitere Bücher des gleichen Autors zu lesen und diesem zu glauben, groß. Aber wenn das Löwenbuch zusätzlich belehrt, wie man mit einem wilden Löwen umgeht, und die Instruktionen perfekt anwendbar sind, dann wird man dem Autor nicht nur allgemein glauben, sondern dieser wird ebenso angeregt sein, sich auf anderen Gebieten schriftlicher Darstellung zu versuchen. Es gibt eine ziemlich komplexe Dialektik der Bekräftigung, bei der die Erfahrungen des Lesers in der Realität durch das bestimmt sind, was er gelesen hat, und dies beeinflußt wiederum die Schriftsteller, Themen aufzugreifen, die im voraus durch die Leseerfahrungen definiert werden. Einem Buch darüber, wie man mit einem wilden Löwen umgeht, kann dann eine Serie von Büchern über solche Themen folgen wie die Wildheit der Löwen, die Ursprünge ihrer Wildheit usw. Da der Fokus des Textes enger am Thema anliegt – nicht mehr die Löwen, aber deren Wildheit wird behandelt –, können wir ebenso erwarten, daß die Art, mit der empfohlen wird, der Wildheit des Löwens zu begegnen, tatsächlich nun dessen Wildheit *steigern* wird und ihn zwingen wird, wild zu sein: denn das ist es, was er ist, und dies ist es, was wir im wesentlichen über ihn wissen oder *nur* wissen können.

Ein Text, der vorgibt, Wissen über etwas Aktuelles zu enthalten, und der unter Bedingungen, die denen ähnlich sind, welche ich gerade beschrieben habe, entsteht, kann nicht einfach beiseite geschoben werden. Ihm wird eine Expertise zugesprochen; ihm kann die Autorität von Akademikern, Institutionen und Regierungen zufallen und noch größeres Prestige verleihen, als es seine praktischen Erfolge rechtfertigen. Am wichtigsten ist es, daß solche Texte nicht nur Wissen, sondern auch die eigentliche Realität, die sie zu beschreiben scheinen, *erschaffen* können. Mit der Zeit produziert ein solches Wissen und eine solche Realität eine Tradition oder was Michel Foucault einen Diskurs nennt, dessen materielle Präsenz oder materielles Gewicht, und nicht die Originalität eines bestimmten Autors, sich für den produzierten Text verantwortlich zeigt. Diese Art von Text wird aus jenen vorher existierenden Informationseinheiten geschaffen, die von Flaubert im Katalog der *idées reçues* aufgezeichnet wurden.

Betrachten wir Napoleon und Lesseps in diesem Licht. Alles, was sie mehr oder weniger über den Orient wußten, stammte aus Büchern, die in der Tradition des Orientalismus geschrieben wurden und in einer Bibliothek der *idées reçues* plaziert waren. Für sie war der Orient, wie der wilde Löwe, etwas, dem man begegnet und mit dem man sich bis zu einem gewissen Grad beschäftigen muß, *weil* Texte diesen Orient ermöglichen. Ein solcher Orient war schweigsam und für Europa zur Realisierung von Projekten verfügbar, die seine einheimischen Bewohner zwar einschlossen, aber ihnen gegenüber nie direkt verantwortlich waren. Und sie waren unfähig, den Projekten, Bildern oder nur für sie entworfenen Beschreibungen zu widerstehen. Zuvor […] habe ich eine solche Beziehung zwischen westlichem Schreiben (und seinen Konsequenzen) und dem orientalistischen Schweigen das Resultat und das Zeichen der westlichen großen kulturellen Stärke genannt; sein Wille zur Macht über den Orient. Aber es gibt da eine andere Seite der Stärke gegenüber; eine Seite, deren Existenz von dem Druck der orientalistischen Tradition und deren textuellem Verhalten zum Orient abhängt. Diese Seite lebt ihr eigenes Leben, wie Bücher über wilde Löwen es so lange tun werden, bis Löwen antworten können. Die selten untersuchte Perspektive Napoleons und de Lesseps' – um zwei der vielen Projektleiter, die Pläne für den Orient entwarfen, zu nennen – sieht sie vor allem in der dimensionslosen Stille des Orients fortfahren, da der Diskurs des Orientalismus über und jenseits der Machtlosigkeit des Orients irgend etwas mit ihnen tut, ihrer Aktivität Bedeutung gibt, Verständnis und Realität. Der Diskurs des Orientalismus und das, was ihn ermöglichte – im Fall Napoleons, ein militärisch sehr viel stärkerer Westen als Orient –, gab ihnen Orientalen, die in solchen Werken wie der *Description de l'Égypte* beschrieben werden konnten, und einen Orient, der so durchschnitten werden konnte, wie de Lesseps den Suez durchschnitt. Darüber hinaus gab der Orientalismus ihnen ihren Erfolg – zumindest von ihrem Standpunkt aus, der nichts gemein hatte mit dem der Orientalen. Erfolg, mit anderen Worten, hatte all den aktuellen menschlichen Kontakt zwischen Orientalen und Bewohnern des Westens, den ein Richter besitzt, der »sagte ich zu mir selbst« im *Trial by Jury* bemerkt.

Wenn wir einmal anfangen, den Orientalismus als eine

Art westlicher Projektion auf den Orient zu verstehen und als einen Willen, diesen zu regieren, werden wir wenige Überraschungen erfahren. Denn es ist wahr, daß Historiker wie Michelet, Ranke, Tocqueville und Burckhardt ihre Erzählungen »einfügen«, »als eine Geschichte einer besonderen Art«[1], ebenso wie Orientalisten eine orientalische Geschichte, Charaktere und ein orientalisches Schicksal für Hunderte von Jahrhunderten erfanden. Während des 19. und 20. Jahrhunderts wurden die Orientalisten eine ernsthafte Größe, weil bis dahin die Bereiche der imaginären und aktuellen Geographie abnahmen. Die orientalisch-europäische Beziehung wurde durch eine nichtaufhaltbare europäische Expansion determiniert, da Europa auf der Suche nach Märkten, Ressourcen und Kolonien war. Schließlich vollendete sich für den Orientalismus seine Selbst-Metamorphose von einem gelehrten Diskurs zu einer imperialen Institution. Hinweise auf diese Metamorphose sind schon in dem sichtbar, was ich über Napoleon, de Lesseps, Balfour und Cromer sagte. Ihre Projekte im Orient sind nur auf der rudimentärsten Ebene als die Bemühungen von Menschen mit Voraussicht und Genie verständlich, Helden in Carlyles Sinn. Tatsächlich sind Napoleon, de Lesseps, Cromer und Balfour vielmehr die *Regel*; weniger ungewöhnlich, wenn wir uns an die Schemata von d'Herbelot und Dante erinnern und zu beiden einen modernisierten, wirksamen Motor addieren (wie die europäische Staatsmacht des 19. Jahrhunderts) sowie eine positive Wendung: da man den Orient (wie es d'Herbelot und vielleicht Dante bewußt war) nicht ontologisch verschwinden lassen konnte, hat man nur die Mittel ihn einzugrenzen, zu behandeln, verbessern und radikal zu verändern.

Ich möchte hier hervorheben, daß der Übergang von einem lediglich textuellen Verständnis, einer Formulierung oder Definition des Orients zu der Anwendung all dessen im Orient tatsächlich stattfand, und daß der Orientalismus viel zu tun hatte mit diesem – wenn ich das Wort im wörtlichen Sinne gebrauchen darf – wider-, vorsinnigen (*preposte-rous*) Übergang. Insofern, als es sein rein wissenschaftliches Werk betrifft (und ich finde die Idee eines rein wissenschaft-lichen Werkes, das so desinteressiert und abstrakt ist, schwer verständlich: dennoch können wir sie uns hier erlauben), tat der Orientalismus sehr viel. Während seiner gro-ßen Zeit im 19. Jahrhundert produzierte er Gelehrte, ver-größerte die Anzahl der Sprachen, die im Westen gelehrt wurden, und die Quantität der herausgegebenen, übersetz-ten und kommentierten Manuskripte. In vielen Fällen gab er dem Orient wohlwollende europäische Forscher, die wahrhaftig an solchen Dingen wie der Grammatik des Sans-krit interessiert waren, an phönizischer Numismatik und an arabischer Lyrik. Dennoch – und hier müssen wir sehr deutlich sein – wurde der Orient vom Orientalismus über-rannt. Als ein Gedankensystem über den Orient entwik-kelte es sich immer vom spezifisch menschlichen Detail zu dem allgemeinen Überindividuellen; eine Beobachtung über einen arabischen Poeten des 10. Jahrhunderts multiplizierte sich zu einer Einstellung über die orientalische Mentalität in Ägypten, Irak oder Arabien. Ähnlich wurde ein Koranvers als bester Beweis für eine unbeirrbare Sinnlichkeit des Mos-lems betrachtet. Der Orientalismus nahm einen unveränder-lichen Orient an, der (die Gründe änderten sich von Epoche zu Epoche) vollkommen verschieden vom Westen war. Und der Orientalismus in seiner Form nach dem 18. Jahrhundert konnte sich niemals revidieren. All dies machte Cromer und Balfour als Beobachter und Verwalter des Orients unver-meidlich.

Die Nähe von Politik und Orientalismus – oder, um es vorsichtiger zu sagen, die große Wahrscheinlichkeit, daß Gedanken über den Orient, die vom Orientalismus bezo-gen wurden, in politischen Gebrauch gefaßt werden konn-ten – ist eine wichtige, jedoch auch sehr empfindliche Wahr-heit. Sie fragt nach der Prädisposition von Unschuld oder Schuld, wissenschaftlichem Desinteresse der einflußreichen

Gruppen und Komplizentum gegenüber, in solchen Gebieten zum Beispiel wie den Studien über Farbige oder Frauen. Dies provoziert notwendigerweise eine Gewissensfrage über die kulturellen, rassischen oder historischen Verallgemeinerungen, ihren Gebrauch, Wert, Grad der Objektivität und ihre grundsätzliche Absicht. Mehr als alles machen die politischen und kulturellen Umstände, in welchen der westliche Orientalismus florierte, auf die degradierte Position des Orients oder des Orientalen als Studienobjekt aufmerksam. Kann irgendeine andere als die politische Herr-Knecht-Beziehung den orientalisierten Orient produzieren, der so perfekt durch Anwar Abdel Malek charakterisiert wurde?

a) Auf der Ebene der *Problemstellung* und des Problematischen … [werden] der Orient und die Orientalen vom Orientalismus als ein Studien-»Objekt« [betrachtet], das gezeichnet ist mit Andersartigkeit – da all dies anders ist, ob es »Subjekt« oder »Objekt« sei – aber von einer konstitutiven Andersartigkeit von einem wesentlichen Charakter … Dieses Studien-»Objekt« wird, wie es üblich ist, passiv sein, teilnahmslos, mit einer »historischen« Subjektivität ausgestattet; vor allem nicht aktiv, nicht autonom, nicht souverän hinsichtlich seiner selbst: der einzige Orient oder Orientale oder »Untertan« (*subject*), der bei extremer Grenzsetzung zugelassen werden konnte, ist das philosophisch entfremdete Wesen, d. h. anders als es zu sich selbst in Beziehung gestellt, verstanden und definiert und durch andere behandelt wird.

b) Auf der Ebene des Thematischen nehmen [die Orientalen] eine essentialistische Konzeption der Länder, Nationen und Völker des untersuchten Orients an, eine Konzeption, die sich durch eine Charakterisierung ethnischer Typologie bestimmt … und damit zum Rassismus fortschreiten wird.

Für die traditionellen Orientalisten sollte ein Wesen existieren – manchmal selbst in metaphysischen Ausdrücken klar beschrieben –, das die nicht befremdliche gemeinsame Grundlage aller Betrachteten konstituieren soll. Dieses Wesen ist sowohl »historisch«, da es bis zu den Geschichtsanfängen zurückreicht, als auch grundsätzlich ahistorisch, da es eine Person festlegt, das Studien-»Objekt« innerhalb seiner nicht entfremdbaren und nicht entwickelnden Besonderheit, anstatt daß es wie alle anderen Personen, Staaten, Nationen, Völker und Kulturen definiert wird – als ein Produkt, eine Resultante des Kräfteparallelogramms, das im Feld historischer Evolution operiert.

So schließt man mit einer Typologie – die auf einer realen Besonderheit basiert, aber von der Geschichte unabhängig ist, und konsequenterweise als etwas Unberührbares, Wesentliches verstanden wird –, die aus dem studierten »Objekt« ein anderes Wesen als dasjenige macht, für das das studierende Subjekt transzendent ist. Wir werden einen homo sinicus, einen homo arabicus (und warum nicht einen homo aegypticus etc.) haben, wie einen homo africanus. Der Mensch – der »normale Mensch«, versteht sich – ist der europäische Mensch der historischen Periode, d. h. seit dem griechischen Altertum. Man sieht, wie sehr der Hegemonismus, Minoritäten zu besitzen, der durch Marx und Engels offenbart wurde, und der Anthropozentrismus, entlarvt durch Freud, vom 18. bis 20. Jahrhundert durch einen Europozentrismus auf dem Gebiet der Geistes- und Sozialwissenschaften begleitet wurde, der sich noch mehr bei jenen zeigt, die in direkter Beziehung zu nichteuropäischen Völkern stehen.[2]

Abdel Malek versteht den Orientalismus als etwas, das eine Geschichte hat, welche nach dem »Orientalischen« des späten 20. Jahrhunderts zu der oben beschriebenen Sackgasse führt. Wir wollen diese Geschichte, wie sie im 19. Jahrhundert vorlag, kurz skizzieren, damit unser Argument an Bedeutung gewinnt: der »Hegemonismus, Minoritäten zu besitzen« und den Anthropozentrismus in Verbindung mit dem Europozentrismus. Von den letzten Jahrzehnten des 18. Jahrhunderts an und für mindestens einenhalb Jahrhunderte dominierten Großbritannien und Frankreich über den Orientalismus als Disziplin. Die großen philologischen Entdeckungen in der Vergleichenden Grammatik, die von Jones, Franz Bopp, Jakob Grimm und anderen gemacht wurden, waren ursprünglich von Manuskripten abhängig, die vom Osten her nach Paris und London gebracht wurden. Fast ausnahmslos begann jeder Orientalist seine Karriere als Philologe, und die Revolution in der Philologie, die Bopp, Sacy, Bournouf und ihre Studenten hervorbrachten, war die einer Vergleichenden Wissenschaft, welche auf der Voraussetzung basierte, daß Sprachen Familien angehören, von denen die indoeuropäische und die semitische zwei große Beispiele darstellen. Von diesem Ausgangspunkt hat der Orientalismus dann zwei Spuren verfolgt: 1. ein neugefundenes wissenschaftliches Selbstbewußtsein, das sich auf der linguistischen Bedeutung des Orients für Europa gründete, und 2. eine Neigung, das Wissensgebiet zu teilen, zu unterteilen und neu zu teilen, ohne jemals die Meinung über den Orient als dem immergleichen, unwandelbaren und radikal eigenartigen Objekt zu ändern.

Friedrich Schlegel, der in Paris Sanskrit studierte, illustrierte diese beiden Züge. Obwohl Schlegel um die Zeit, in der er *Über die Sprache und Weisheit der Indier* publizierte (1808), praktisch seinen Orientalismus aufgab, glaubte er noch immer, daß Sanskrit und Persisch auf der einen und Griechisch und Deutsch auf der anderen Seite mehr Ähnlichkeit zueinander hätten als zu den semitischen, chinesischen, amerikanischen oder afrikanischen Sprachen. Darüber hinaus war die indoeuropäische Sprachfamilie kunstvoll einfach und auf eine Weise befriedigend, wie es etwa das Semitische nicht war. Abstraktionen wie diese störten Schlegel nicht, für den Nationen, Rassen, Geister und Völker als Dinge, über die man leidenschaftlich sprechen konnte – in der sich immer verengenden Perspektive des Populismus, der zuerst durch Herder skizziert wurde –, eine lebenslange Faszination behielten. Jedoch sprach Schlegel nirgends über den lebendigen, zeitgenössischen Orient. Wenn er 1800 sagte, daß es im Orient sei, wo man die höchste Romantik suchen müsse, so meinte er den Orient der *Shakuntala*, der *Zend Avesta* und der *Upanishaden*. Die Semiten, deren Sprache agglutinierend, unästhetisch und mechanisch war, waren anders, minderwertig, zurückgeblieben. Schlegels Vorlesungen über Sprache und Leben, Geschichte und Literatur sind voll von diesen Diskriminierungen, die er ohne die geringste Qualifikation machte. Hebräisch, sagte er, war für die prophetische Äußerung und Deutung geschaffen, die Moslems aber nahmen einen »gedankenleeren Theismus« und »bloß negative[n] Einheitsglauben« an.[3]

Vieles von Schlegels Rassismus in seiner scharfen Kritik der Semiten und anderer »niedriger« Orientalen war in der europäischen Kultur weit verbreitet. Aber nirgends sonst, außer später im 19. Jahrhundert unter darwinistischen Anthropologen und Phrenologen, wurde er zu einer Grundlage einer wissenschaftlichen Untersuchung gemacht, wie es in der Vergleichenden Sprachwissenschaft oder Philologie geschah. Sprache und Rasse schienen unlösbar miteinander verbunden, und der »gute« Orient lag immer in einer klassischen Periode irgendwo in einem lange vergangenen Indien; wohingegen der »schlechte« Orient im gegenwärtigen Asien lag oder in Teilen Nordafrikas und überall im Islam. »Arier« wurden auf Europa und den alten Orient beschränkt, wie Léon Poliakov gezeigt hat (ohne jedoch einmal zu bemerken, daß nicht nur Juden, sondern auch Moslems »Semiten« waren[4]). Der arische Mythos dominierte die historische und kulturelle Anthropologie auf Kosten der »geringeren« Völker.

Die offizielle intellektuelle Genealogie des Orientalismus würde sicherlich Gobineau, Renan, Humboldt, Steinthal, Burnouf, Remusat, Palmer, Weil, Dozy, Muir einschließen, um nur einige berühmte Namen des 19. Jahrhunderts fast willkürlich zu nennen. Sie würde ebenso die diffuse Kapazität der gelehrten Gesellschaften beinhalten: die Société asiatique, gegründet 1822; die Royal Asiatic Society, gegründet 1823; die American Oriental Society, gegründet 1842, usw. Aber sie darf notgedrungen den großen Beitrag der imaginativen und Reise-Literatur vernachlässigen, die die Unterteilungen, die von den Orientalisten zwischen den verschiedenen geografischen, zeitlichen und rassischen Abteilungen des Orients gemacht wurden, bekräftigte. Eine solche Vernachlässigung wäre inkorrekt, da diese Literatur für den islamischen Orient besonders reich ist und einen wesentlichen Beitrag für den Bau des orientalischen Diskurses bringt. Goethe, Hugo, Lamartine, Chateaubriand, Kinglake, Nerval, Flaubert, Lane, Burton, Scott, Byron, Vigny, Disraeli, George Eliot, Gautier gehören dazu. Im späten 19. und frühen 20. Jahrhundert können wir dann Doughty, Barrès, Loti, T. E. Lawrence und Forster hinzuzählen. All diese Schriftsteller geben eine kühnere Skizze für Disraelis »großes asiatisches Geheimnis«. Es gibt für dieses Unternehmen nicht nur beachtliche Unterstützung durch die Freilegung toter orientalischer Zivilisationen (durch europäische Archäologen) in Mesopotamien, Ägypten, Syrien und der Türkei, sondern auch durch größere geografische Übersichten, die über den ganzen Orient gemacht wurden.

Zum Ende des 19. Jahrhunderts waren diese Errungenschaften materiell durch die europäische Besetzung des ganzen Nahen Ostens (mit der Ausnahme von Teilen des Osmanischen Reiches, das erst nach 1918 eingenommen wurde) begünstigt. Die wichtigsten Kolonialmächte waren wiederum England und Frankreich, obwohl Rußland und

Deutschland ebenso eine Rolle spielten.[5] Kolonialisieren
hieß zunächst die Entscheidung – tatsächlich die Schaffung
– von Interessen, diese konnten kommerziell sein, die Kommunikation betreffen oder religiös, militärisch, kulturell
sein. Hinsichtlich des Orients und der islamischen Gebiete
beispielsweise fühlte England, daß es als christliche Macht
legitime Interessen zu schützen hatte. Ein komplexer Apparat wurde entwickelt, um diese Interessen zu leiten. So alte
Organisationen wie die Society for Promoting Christian
Knowledge (1698) und die Society for the Propagation of the
Gospel in Foreign Parts (1701) wurden abgelöst und später
durch die Baptist Missionary Society (1792), die Church
Missionary Society (1799) und die British and Foreign Bible
Society (1804) sowie die London Society for Promoting
Christianity Among the Jews (1808) begünstigt. Diese Mis-
sionen »schlossen sich offen der Expansion Europas an«.[6]
Man muß zu diesen die Handelsgesellschaften, Bildungsge-
sellschaften, geografischen Forschungs- und Übersetzungs-
fonds hinzufügen; die Einrichtung von Schulen, Missionen,
Konsulaten, Fabriken und manchmal großer europäischer
Gemeinden im Orient, und der Begriff des »Interesses«
wird viel sinnvoller werden. Seitdem wurden Interessen mit
viel Ehrgeiz und Kosten verteidigt.

Bis jetzt ist meine Skizze noch ungenau. Welche typischen Erfahrungen und Gefühle, die sowohl die wissenschaftlichen Fortschritte des Orientalismus als auch die
politischen Eroberungen, denen der Orientalismus half, be-
gleiteten, gab es? Zunächst gab es die Enttäuschung, daß der
moderne Orient überhaupt nicht mit den Texten übereinstimmte. Hier schreibt G. de Nerval an Th. Gautier im späten August 1848:

Ich habe schon Königreich nach Königreich, Provinz
nach Provinz verloren, die schönere Hälfte des Uni-
versums, und bald werde ich keinen Ort kennen, an
welchem ich Zuflucht für meine Träume finden kann.

Aber es ist Ägypten, das ich am meisten bedaure aus
meiner Vorstellungswelt vertrieben zu haben, nun da
ich es traurig in meiner Erinnerung plaziert habe.[7]

Dies stammt von dem Autor der *Voyage en Orient*. Ner-
vals Klage ist ein allgemeines Thema der Romantik (der be-
trogene Traum, wie er von Albert Béguin in *L'Âme roman-
tique et le rêve* beschrieben wurde) und von Reisenden des
biblischen Orients, von Chateaubriand bis Mark Twain.
Jede direkte Erfahrung des irdischen Orients kommentiert
ironischerweise eine solche Bewertung, wie sie in Goethes
Mahomets Gesang oder Hugos *Adieux de l'hôtesse arabe* zu
finden sind. Die Erinnerung des modernen Orients streitet
mit der Imagination, schickt ihn zur Imagination zurück als
den Ort, der für die europäische Sensibilität vorzuziehen
sei. Für jemanden, der nie den Orient gesehen hat, sagte
Nerval einmal zu Gautier, ist eine Lotusblüte immer noch
eine Lotusblüte, für mich ist sie nur eine Art Zwiebel. Über
den modernen Orient zu schreiben, heißt entweder eine
ärgerliche Demystifikation der von Texten bezogenen Bilder zu enthüllen oder sich auf einen Orient zu beziehen,
von dem Hugo in seinem ursprünglichen Vorwort zu *Les
Orientales* als dem Orient als »image« oder »pensée«
sprach, Symbolen von »einer Art allgemeiner Vorbeschäfti-
gung«.[8]

Wenn persönliche Enttäuschung und allgemeine Vorbereitung zunächst die orientalische Sensibilität ziemlich gut
abbilden, so erfordern sie dann bestimmte andere, bekann-
tere Denk-, Gefühls- und Wahrnehmungsgewohnheiten.
Der Geist lernt ein allgemeines Verständnis des Orients von
einer spezifischen Erfahrung des Orients unterscheiden.
Jede geht sozusagen einen eigenen Weg. In Scotts Roman
The Talisman (1825) kämpft Sir Kenneth (of the Crouching
Leopard) mit einem einzigen Sarazenen irgendwo in der pa-
lästinensischen Wüste in einem Unentschieden. Als der
Kreuzfahrer und sein Gegner, der Saladin in Verkleidung

ist, später miteinander sprechen, entdeckt der Christ, daß sein moslemischer Antagonist trotz allem kein so schlechter Bursche ist. Er bemerkt jedoch:

> »Ich war immer der Meinung . . . daß euer blindes Geschlecht von dem bösen Feinde abstammen müsse, ohne dessen Hilfe ihr nie imstande gewesen sein würdet, dieses gesegnete Land gegen so viele tapfere Krieger Gottes zu behaupten. Ich spreche nicht von dir insbesondere, Sarazene, sondern von deinem Volke und deiner Religion im allgemeinen. Sonderbar kommt es mir jedoch vor, nicht daß ihr von dem Bösen abstammt, sondern daß ihr euch dessen rühmt.«[9]

Denn tatsächlich rühmt sich der Sarazene, seinen Stammbaum bis Eblis zurückverfolgen zu können, dem moslemischen Luzifer. Aber was wirklich interessant ist, ist nicht der schwache Historizismus, durch welchen Scott die Szene »mittelalterlich« macht, den Christen theologisch den Moslem auf eine Weise angreifen läßt, wie es Europäer des 19. Jahrhunderts nicht tun würden (sie würden es dennoch ähnlich tun). Es ist eher die leichtfertige Zustimmung darin, ein ganzes Volk »allgemein« zu verdammen und die Beleidigung mit einem kalten »Ich spreche nicht von dir insbesondere« zu mildern.

Scott war jedoch kein Experte des Islams (obwohl H. A. R. Gibb, der es war, den *Talisman* wegen seiner Kenntnis des Islams und Saladins lobte[10]), und er nahm sich die größten Freiheiten mit der Rolle Eblis, indem er diesen in einen Helden für die Gläubigen verwandelte. Scotts Kenntnis kam wahrscheinlich von Byron und Beckford, aber man kann nie genug betonen, wie sehr der allgemeine Charakter, der den orientalischen Dingen zugeschrieben wurde, sowohl der rhetorischen wie auch der existentiellen Kraft der augenscheinlichen Ausnahmen widerstehen konnte. Es ist, als ob auf der einen Seite eine Informations-

Ablage, »orientalisch« genannt, existieren würde, in die alle autoritativen, anonymen und traditionellen westlichen Verhaltensweisen dem Osten gegenüber ohne nachzudenken hineingelegt werden konnten, während man auf der anderen Seite gemäß der anekdotischen Tradition der Geschichtsschreibung dennoch von Erfahrungen mit dem oder im Orient berichten konnte, die wenig mit der allgemeinhin dienlichen Informationsablage zu tun hatten. Aber gerade die Struktur der Prosa Scotts zeigt einen engeren Zusammenhang der beiden als diesen. Denn die allgemeine Kategorie bietet für den besonderen Fall im voraus ein begrenztes Gebiet, in dem operiert werden kann: Es macht nichts, wie groß die besondere Ausnahme ist oder wie sehr ein einzelner Orientale dem uns umstellenden Zaun entkommen kann; er ist *zunächst* ein Orientale, dann erst ein Mensch, und schließlich *zuletzt* wieder ein Orientale.

Eine so allgemeine Kategorie wie »orientalisch« ist ganz interessanter Variationen fähig. Disraelis Enthusiasmus für den Orient zeigte sich zunächst während einer Reise nach dem Osten im Jahre 1831. In Kairo schrieb er: »Meine Augen und mein Geist schmerzen noch von einer Größe, die so wenig mit uns selbst im Einklang steht.«[11] Allgemeine Grandeur und Leidenschaft inspirierte einen transzendenten Sinn für Dinge und wenig Geduld für die tatsächliche Realität. Sein Roman *Tancred* ist voller rassischer und geografischer Platitüden. Alles ist Sache der Rasse, konstatiert Sidonia, so sehr, daß Erlösung nur im Orient und unter seinen Völkern gefunden werden kann. Dort, darauf wird hingewiesen, gehen Drusen, Christen, Moslems, Juden vertraulich miteinander um, und Araber sind – wie jemand spaßte – einfach Juden zu Pferde; alle sind im Grunde Orientalen. Die Übereinstimmung wird zwischen den allgemeinen Kategorien, nicht zwischen den Kategorien und was sie beinhalten gemacht. Ein Orientale lebt im Orient, er lebt ein Leben in orientalischer Bequemlichkeit, in einem Zustand orientalischen Despotismus und orientalischer Sinnlichkeit, getränkt mit einem Gefühl orientalischen Fatalismus. Autoren, die so verschieden waren wie Marx, Disraeli, Burton und Nerval, konnten sozusagen eine längere Diskussion untereinander führen und all jene Verallgemeinerungen unwidersprochen verständlich gebrauchen.

Mit der Enttäuschung und einem verallgemeinerten – um nicht zu sagen schizophrenen – Bild des Orients gibt es gewöhnlicherweise eine andere Eigenart. Da er zu einem allgemeinen Objekt geformt wird, kann der ganze Orient zur Illustration einer besonderen Art der Exzentrizität dienen. Obwohl der individuelle Orientale die allgemeinen Kategorien nicht stören kann, die seiner Merkwürdigkeit Sinn geben, kann seine Besonderheit dennoch für sich selbst genossen werden. Hier zum Beispiel beschreibt Flaubert das Spektakel des Orients:

Um die Menge zu unterhalten, nahm Muhammed Alis Spaßmacher eines Tages eine Frau in einen Kairoer Basar, setzte sie auf den Verkaufstisch seines Geschäftes und liebte sie öffentlich, während der Geschäftsbesitzer ruhig seine Pfeife rauchte.
Auf der Straße von Kairo nach Shubra hatte ein junger Kerl vor einiger Zeit selbst mit einem großen Affen öffentlich Sodomie getrieben; wie in der obengenannten Geschichte, um sich eine gute Meinung über sich herzustellen und die Leute zum Lachen zu bringen.
Ein Marabou starb vor einiger Zeit – ein Schwachsinniger –, der lange als ein von Gott gezeichneter Heiliger galt; alle moslemischen Frauen kamen, um ihn zu sehen, und masturbierten ihn – am Ende starb er vor Erschöpfung – vom Morgen bis zur Nacht war es ein anhaltendes Ejakulieren ...
Quid dicis über die folgende Tatsache: Vor einiger Zeit pflegte ein *Santon* (ein asketischer Priester) vollkommen nackt durch die Straßen Kairos zu gehen, nur mit einer Mütze auf seinem Haupt und einer anderen auf

seinem Geschlechtsteil. Um zu urinieren, würde er seine Mütze, die sich auf dem Geschlechtsteil befand, abziehen, und sterile Frauen, die Kinder haben wollten, würden herbeilaufen, sich unter die Parabel seines Urins stellen und sich damit einreiben.[12]

Flaubert gesteht offen, daß dies eine Groteskerie besonderer Art ist. »Die ganze alte Komik« – unter der Flaubert die wohlbekannten Konventionen »des geprügelten Sklaven, des griesgrämigen Frauenverkäufers, des betrügerischen Händlers« versteht – »ist hier [im Orient] sehr jung, sehr wahr und voller Reiz.« Diese Bedeutung kann nicht reproduziert werden, sie kann nur am Ort genossen werden und nur andeutungsweise »zurückgebracht« werden. Der Orient wird *beobachtet*, da sein fast (aber nie ganz) beleidigendes Verhalten aus einem Reservoir unendlicher Eigenartigkeit stammt; der Europäer, der mit seiner Sensibilität den Orient bereist, ist ein Beobachter; nie einbezogen, immer unabhängig, immer bereit zu neuen Beispielen dessen, was die *Description de l'Égypte* »bizarre jouissance« nennt. Der Orient wird ein lebendiges Tableau von Seltsamkeiten.

Und dieses Tableau wird ganz logisch zu einer besonderen Darstellungsweise für Texte. So ist der Kreis von der Darstellung dessen, für das Texte jemanden nicht vorbereiten, vollendet, und der Orient wird als etwas zurückkehren, worüber man schreiben kann: und das auf eine disziplinierte Weise. Seine Fremdheit kann übersetzt werden, seine Bedeutung dekodiert, seine Feindlichkeit gezähmt werden; jedoch die *Allgemeinheit*, die dem Orient zugesprochen wird, die Enttäuschung, die man fühlt, nachdem man ihm begegnet ist, die ungelöste Exzentrizität, die er zeigt, werden in das wiederverteilt, was über ihn gesagt oder geschrieben werden kann. Der Islam war beispielsweise für Orientalisten des späten 19. Jahrhunderts und des frühen 20. Jahrhunderts typisch orientalisch. Carl Becker argumentierte, daß, obwohl der »Islam« (man beachte die große Verallgemeinerung) die hellenistische Tradition erbte, die griechische oder humanistische Tradition weder erfassen noch verarbeiten konnte. Darüber hinaus mußte man den Islam, um ihn zu verstehen, vor allem nicht als eine »originale« Religion sehen, sondern als eine Art verunglückten orientalistischen Versuch, die griechische Philosophie weiterzuentwickeln, aber ohne die kreative Inspiration, die wir im Europa der Renaissance finden.[13] Für Louis Massignon, den vielleicht anerkanntesten und einflußreichsten der modernen französischen Orientalisten, war der Islam eine systematische Zurückweisung der christlichen Inkarnation, und sein größter Held war weder Mohammed noch Averroës, sondern al-Hallaj; ein moslemischer Heiliger, der von orthodoxen Moslems gekreuzigt wurde, da er es wagte, den Islam an Personen zu binden.[14] Was Becker und Massignon ausdrücklich aus ihren Studien ausschlossen, war die Exzentrizität des Orients, die sie aber unterschwellig anerkannten, indem sie so sehr versuchten, ihn durch westliche Begriffe zu regulieren. Mohammed wurde hinausgeworfen, aber al-Hallaj hervorgehoben, da er sich selbst als eine Christus-Figur sah.

Als ein Beurteiler des Orients steht der moderne Orientalist ihm nicht, wie er es glaubt und selbst sagt, objektiv, distanziert gegenüber. Seine menschliche Distanz, deren Zeichen die Abwesenheit von Sympathie, gedeckt durch professionelles Wissen, ist, wiegt schwer durch all die orthodoxen Verhaltensweisen, Perspektiven und Stimmungen des Orientalismus, die ich beschrieben habe. Sein Orient gleicht nicht dem Orient, der ist, sondern dem Orient, der orientalisiert wurde. Eine ungebrochene Brücke von Wissen und Macht verbindet den europäischen oder westlichen Staatsmann mit den westlichen Orientalisten; formt den Rand der Bühne, die den Orient beinhaltet. Zum Ende des 1. Weltkrieges bildeten Afrika und der Orient nicht so sehr ein intellektuelles Spektakel für den Westen, als ein für diesen privilegiertes Gebiet. Der Bereich des Orientalismus deckte sich exakt mit dem Bereich des Empires, und es war diese absolute Übereinstimmung zwischen beiden, die die einzige Krise in der Geschichte des westlichen Denkens und Verhaltens hervorrief, die den Orient betraf. Und diese Krise hält noch an.

Seit den zwanziger Jahren und von einem Ende der Dritten Welt zum anderen war die Antwort auf das Empire und den Imperialismus dialektisch. Zu der Zeit der Bandung-Konferenz im Jahre 1955 hatte der Orient seine politische Unabhängigkeit den westlichen Mächten gegenüber gewonnen und konfrontierte eine neue Konfiguration imperialer Mächte miteinander; die Vereinigten Staaten und die Sowjetunion. Unfähig, »seinen« Orient in der neuen Dritten Welt zu erkennen, stand der Orientalismus nun einem herausfordernden und politisch gewaffneten Orient gegenüber. Alternativen eröffneten sich dem Orientalismus. Die eine war es, so zu verfahren, als ob nichts geschehen sei. Die andere, die alte Verhaltensweise der neuen anzupassen. Aber für den Orientalisten, der glaubt, daß der Orient sich nie ändert, ist das Neue lediglich das Alte, das durch das Neue verfälscht, *dis-orientalisch* (wir können uns den Neologismus erlauben) mißverstanden wurde. Eine dritte, revisionistische Alternative, den Orientalismus insgesamt aufzugeben, wurde nur von einer winzigen Minderheit vertreten.

Ein Anzeichen der Krise, nach Abdel Malek, war nicht einfach, daß die »nationalen Befreiungsbewegungen im exkolonialen Orient die orientalistischen Konzeptionen passiver, fatalistischer«, untergebener Völker zerstörten; es galt zusätzlich, daß den »Spezialisten und der Öffentlichkeit im ganzen nicht nur der Zeitverzug zwischen der orientalischen Wissenschaft und dem studierten Material bewußt wurde, sondern auch – und dies war zu bestimmen – der zwischen den Konzeptionen, Methoden und Arbeitsmitteln in den Geistes- und Sozialwissenschaften und jenen des Orientalismus«.[15] Die Orientalisten – von Renan über Goldziher und MacDonald bis zu von Grunebaum, Gibb und Bernard Lewis – sahen den Islam zum Beispiel als eine »kulturelle Synthese« (der Ausdruck stammt von P. M. Holt), die unabhängig von der Ökonomie, Soziologie und Politik der islamischen Völker studiert werden konnte. Für den Orientalismus hatte der Islam eine Bedeutung, die man, wenn man sich ihre knappste Formulierung ansah, bereits in Renans erster Abhandlung finden konnte; um am besten verstanden zu werden, mußte der Islam auf »Zelt und Volksstamm« reduziert werden. Der Einfluß des Kolonialismus, der weltlichen Bedingungen, der historischen Entwicklung: all dies war für Orientalisten ähnlich wie Fliegen für böse Jungen, zu töten – oder nicht weiter zu beachten – aus einer Laune heraus, zum Spaß; und wurde niemals ernst genug genommen, um das Wesentliche des Islams zu komplizieren. [...]

Wenn solche Tautologien, Ausdrücke und Ablehnungen Historikern, Soziologen, Ökonomen und Humanisten in jedem anderen Gebiet als dem Orientalismus nicht bekannt vorkommen, ist der Grund natürlich offensichtlich. Denn wie sein mutmaßlicher Inhalt, so erlaubte der Orientalismus nicht, daß Ideen seinen grundlegenden tiefen Ernst verletzten. Aber moderne Orientalisten – oder Gebietsexperten, um ihnen ihren neuen Namen zu geben – haben sich nicht passiv in Sprachabteilungen niedergelassen. Im Gegenteil, sie profitieren von Gibbs Ratschlag. Die meisten von ihnen sind heute nicht von anderen »Experten« und »Ratgebern« in dem verschieden, was Harold Lasswell die *policy sciences* nannte.[16] So waren die militärisch-nationalen Sicherheitsmöglichkeiten einer Allianz zwischen, sagen wir, einem Fachmann der »nationalen Charakteranalyse« und einem Experten der islamischen Institutionen bald der Zweckmäßigkeit halber anerkannt, wenn aus keinem anderen Grund. Nach alledem sah sich der »Westen« seit dem 2. Weltkrieg einem klugen, totalitären Feind gegenüber, der Alliierte für sich unter leichtgläubigen, orientalischen (afrikanischen, asiatischen, unterentwickelten) Nationen sammelte. Was für eine bessere Methode, den Feind auszuschalten, gibt es, als dem orientalischen, unlogischen Geist auf eine Weise nachzukommen, die nur ein Orientalist anweisen konnte? So kam eine solch meisterhafte List zustande wie die Zuckerbrot-und-Peitsche-Technik, die Allianz für Fortschritt, SEATO usw.; alle basieren auf einem traditionellen »Wissen«, das für eine bessere Manipulierung des angenommenen Objekts umstrukturiert wurde.

Wenn der revolutionäre Sturm den islamischen Orient ergreift, so erinnern uns die Soziologen daran, daß die Araber den »oralen Funktionen« zusprechen,[17] während Ökonomen – wiederverwendete Orientalisten – beobachten, daß für den modernen Islam weder der Kapitalismus noch der Sozialismus eine adäquate Rubrik bedeuten.[18] Während Antikolonialismus durch die gesamte orientalische Welt fegt und sie tatsächlich vereint, verurteilt der Orientalist die ganze Angelegenheit nicht nur als lästig, sondern auch als eine Beleidigung für die westlichen Demokratien. Während augenblickliche, allgemein wichtige Probleme die Welt beschäftigen – Probleme wie die nukleare Rüstung, katastrophaler Rohstoffmangel, beispiellose menschliche Forderungen nach Gleichheit, Gerechtigkeit und wirtschaftlichem Ausgleich –, werden populäre Karikaturen des Orients von Politikern benützt, deren Quelle ideologischen Nachschubs nicht nur der halbgebildete Technokrat ist, sondern auch der überaus gebildete Orientalist. Die legendären Arabisten im State Department warnen vor arabischen Plänen, die Welt zu übernehmen; der perfide Chinese, der halbnackte Inder, der passive Moslem werden als die Geier »unserer« Großzügigkeit beschrieben oder mit ihren nichtregenerierten, orientalischen Instinkten versehen: der Unterschied ist kaum bedeutend.

Diese zeitgenössischen orientalistischen Verhaltensweisen überfluten die Presse und das Volk. Araber werden zum Beispiel als Kamelreiter, Terroristen, hakennasige, bestechliche Wüstlinge verstanden, deren unverdienter Reichtum eine Beleidigung wirklicher Zivilisation ist. Immer gibt es irgendwo die Annahme, daß westliche Konsumenten, obwohl sie einer zahlenmäßigen Minderheit angehören, berechtigt sind, die Mehrzahl der Weltrohstoffe zu besitzen oder zu kontrollieren (oder beides). Warum? Denn er ist, ungleich dem Orientalen, ein wahres menschliches Wesen. Kein besseres Beispiel gibt es dafür als das, was Anwar Abdel Malek den »Hegemonismus der besitzenden Minderheiten« nennt; einen Anthropozentrismus, der mit einem Europozentrismus verbunden ist: Ein weißer Angehöriger der Mittelklasse im Westen glaubt, daß es sein menschliches Prärogativ ist, nicht nur die nichtweiße Welt zu leiten, sondern sie auch zu besitzen; gerade weil »sie« der Definition nach nicht ganz so menschlich sind wie »wir«. Es gibt kein eindeutigeres Beispiel von einem unmenschlichen Gedanken als dieses.

Im gewissen Sinn sind die Begrenzungen des Orientalismus, wie ich bereits früher sagte, die Grenzen, die einer Leugnung, einem Wesensetzen, einem Entkleiden der Menschlichkeit einer anderen Kultur, anderem Volk oder anderen geografischen Region entsprechen. Aber der Orientalismus hat noch einen weiteren Schritt getan: er betrachtet den Orient als etwas, dessen Existenz nicht nur gezeigt, sondern in Zeit und Raum für den Westen festgestellt wird. So eindrucksvoll waren die deskriptiven und textuellen Erfolge des Orientalismus, daß ganze Zeitabschnitte der kulturellen, politischen und sozialen Geschichte des Orients als einfache Antworten an den Westen gesehen wurden. Der Westen agiert, der Osten reagiert passiv. Der Westen ist der Zuschauer, der Richter und die Jury jeder Facette des orientalischen Verhaltens. Wenn die Geschichte des 20. Jhs. jedoch eine innere Wandlung im und für den Orient provoziert hat, ist der Orientalist ratlos: Er kann nicht realisieren, daß bis zu einem gewissen Ausmaß

die neuen [orientalischen] politischen Führer, Intellektuellen oder Politiker viel von der Arbeit ihrer Vorgänger gelernt haben. Ihnen wurde auch durch die strukturellen und institutionellen Veränderungen geholfen,

die in der Zwischenzeit und durch die Tatsache geleistet wurden, daß sie sehr viel freier darin sind, die Zukunft ihrer Länder zu gestalten. Sie sind auch viel ver-
trauensvoller und vielleicht ein wenig aggressiv. Sie
müssen nicht länger in der Hoffnung handeln, ein gün-
stiges Urteil von einer unsichtbaren westlichen Jury zu
erhalten. Ihr Dialog ist nicht einer mit dem Westen,
sondern einer mit ihren Landsleuten.[19]

Darüber hinaus nimmt der Orientalist an, daß das, worauf ihn seine Texte noch nicht vorbereitet haben, das Resultat entweder einer Agitation außerhalb des Orients oder der
fehlgeleiteten Seichtheit des Orients ist. Keiner der unzähl-
baren orientalistischen Texte über den Islam, einschließlich
des größten, der *Cambridge History of Islam*, kann seine
Leser darauf vorbereiten, was seit 1948 in Ägypten, Palästina, Irak, Syrien, Libanon oder Jemen geschieht. Wenn die
Dogmen über den Islam nicht einmal dem überaus vielspra-
chigen Orientalisten dienen können, dann wird ein Rekurs
auf einen orientalisierten sozialwissenschaftlichen Jargon
unternommen, und zwar zu so vermarktbaren Abstraktionen wie Eliten, politischer Stabilität, Modernisierung und
institutionaler Entwicklung. All dies trägt das Gütezeichen
orientalischer Weisheit. In der Zwischenzeit trennt eine
wachsende, immer gefährlicher werdende Kluft den Orient
vom Okzident.

Die gegenwärtige Krise dramatisiert die Kluft zwischen
Texten und Realität. In dieser Studie des Orientalismus jedoch möchte ich nicht nur die Quellen der orientalistischen
Sichtweisen darstellen, sondern auch über ihre Wichtigkeit
reflektieren. Denn der heutige Intellektuelle fühlt mit
Recht, daß einen Teil der Welt zu leugnen, der sich ihm nun
sichtlich nähert, eben bedeutet, die Realität zu leugnen. Geisteswissenschaftler haben ihre Aufmerksamkeit zu häufig
auf abgeteilte Forschungsthemen beschränkt. Sie haben weder beobachtet noch von Disziplinen wie dem Orientalis-

mus gelernt, dessen nicht nachlassender Ehrgeiz es war, eine *ganze* Welt und nicht irgendeinen leicht begrenzbaren Teil davon zu beherrschen, wie etwa einen Autor oder eine Textsammlung. Dennoch, an der Seite solcher akademischer Schutz-Decken wie »Geschichte«, »Literatur« oder »Geisteswissenschaften« und trotz seiner übergreifenden Zielsetzungen ist der Orientalismus in weltliche, historische Bedingungen einbezogen, welche er hinter einer oft pompösen Wissenschaftlichkeit und Anrufen an den Rationalismus zu verdecken suchte. Der zeitgenössische Intellektuelle kann vom Orientalisten lernen, auf der einen Seite den Bereich der Ansprüche seiner Disziplin realistisch zu begrenzen oder zu erweitern, und auf der anderen Seite den menschlichen Hintergrund zu sehen (den »foul-rag-and-bone-shop of the heart«, wie Yeats es nannte), in welchem Texte, Visionen, Methoden und Disziplinen entstehen, blühen und verkommen. Den Orientalismus zu untersuchen heißt ebenso, intellektuelle Wege vorzuschlagen, die methodologischen Probleme zu behandeln, die die Geschichte sozusagen in seinem Gebiet, dem Orient, erzeugt hat. Aber zuvor müssen wir uns tatsächlich die humanistischen Werte ansehen, die der Orientalismus durch seine Ausdehnung, seine Erfahrungen und Strukturen beinahe beseitigt hat.

Anmerkungen

1 Hayden White, *Metahistory. The Historical Imagination in Nineteenth Century Europe*, Baltimore 1973, S. 12 (dt. *Metahistory. Die historische Einbildungskraft im 19. Jahrhundert in Europa*, Frankfurt a. M. 1991).

2 Anwar Abdel Malek, »Orientalism in Crisis«, in: *Diogenes* 44 (1963) S. 107 f.

3 Friedrich Schlegel, *Über die Sprache und Weisheit der Inder. Ein Beitrag zur Begründung der Altertumskunde*, Heidelberg 1808, S. 44–59; F. Sch., *Philosophie der Geschichte. In achtzehn Vorlesungen gehalten zu Wien im Jahre 1828*, hrsg. und eingel.

von Jean-Jacques Anstett (*Kritische Friedrich-Schlegel-Ausgabe*, hrsg. von Ernst Behler, Bd. 9), München/Wien/Zürich 1971, S. 275.

4 Léon Poliakov, *Der arische Mythos*, dt. von Margarete Venjakob, Wien 1977.

5 Siehe Derek Hopwood, *The Russian Presence in Syria and Palestine, 1843–1943. Church and Politics in the Near East*, Oxford 1969.

6 A. L. Tibawi, *British Interests in Palestine, 1800–1901*, London 1961, S. 5.

7 Gérard de Nerval, *Oeuvres*, hrsg. von Albert Béguin und Jean Richet, Bd. 1, Paris 1960, S. 933.

8 Victor Hugo, *Oeuvres poétiques*, hrsg. von Pierre Albouy, Bd. 1, Paris 1964, S. 580.

9 Walter Scott, *Der Talisman*, dt. von August Schäfer, rev. von Paul Ernst, Leipzig 1911, S. 39.

10 Siehe Albert Hourani, »Sir Hamilton Gibb, 1895–1971«, in: *Proceedings of the British Academy* 58 (1972) S. 495.

11 Zit. bei B. R. Jerman, *The Young Disreali*, Princeton 1960, S. 126. Siehe auch Robert Blake, *Disraeli*, London 1966, S. 59–70.

12 Gustave Flaubert, *Correspondance*, hrsg. von Jean Bruneau, Bd. 1, Paris 1973, S. 542, und weiter: Gustave Flaubert, *Briefe*, ausgew., komm. und aus dem Frz. von Helmut Scheffel, Zürich 1977, S. 122.

13 Dieses Argument findet sich bei Carl H. Becker, *Das Erbe der Antike im Orient und Okzident*, Leipzig 1931.

14 Siehe Louis Massignon, *La Passion d'al-Hosayn-ibn-Mansour al-Hallaj*, Paris 1922.

15 Abdel Malek (s. Anm. 2), S. 112.

16 Siehe Daniel Lerner / Harold Lasswell (Hrsg.), *The Policy Sciences. Recent Developments in Scope and Method*, Stanford (Cal.) 1951.

17 Morroe Berger, *The Arab World Today*, Garden City (N. Y.) 1962, S. 158.

18 Ein Kompendium solcher Einstellungen findet sich aufgelistet und besprochen bei Maxime Rodinson, *Islam und Kapitalismus*, übers. von Renate Schubert, Frankfurt a. M. 1971.

19 Ibrahim Abu-Lughod, »Retreat from the Secular Path? Islamic Dilemmas of Arab Politics«, in: *Review of Politics* 28 (1966) S. 475.

ERIC HOBSBAWM

Das Erfinden von Traditionen

Nichts erscheint älter und stärker in unvordenklichen Zeiten verankert als der Pomp, den die britische Monarchie bei ihren öffentlichen Auftritten zur Schau trägt. Dennoch ist er, wie neuere Forschungen gezeigt haben,[1] in seiner modernen Form ein Produkt des späten 19. und 20. Jahrhunderts. ›Traditionen‹, die alt erscheinen oder vorgeben, alt zu sein, haben sehr oft eine junge Vergangenheit und sind manchmal erfunden. Jeder, der mit den Colleges der alten britischen Universitäten vertraut ist, kann sich auf die Einrichtung solcher ›Traditionen‹ auf lokaler Ebene besinnen, wobei manche durch das moderne Massenmedium Radio eine Breitenwirkung erreichen, wie zum Beispiel das jährlich an Heiligabend in der Kapelle des King's College in Cambridge stattfindende *Festival of Nine Lessons and Carols*. Diese Beobachtung bildete den Ausgangspunkt für eine von der historischen Zeitschrift *Past & Present* organisierte Konferenz, die wiederum die Grundlage für einen Sammelband[2] darstellte.

Der Begriff ›erfundene Tradition‹ (*invented tradition*) soll hier in einem weiten, aber dennoch nicht unpräzisen Sinn gebraucht werden. Er umfaßt sowohl erfundene, konstruierte und offiziell eingerichtete ›Traditionen‹, als auch solche, die auf weniger leicht nachvollziehbaren Wegen in einem kurzen und datierbaren Zeitraum auftauchen – vielleicht innerhalb weniger Jahre – und sich sehr schnell durchsetzen. Die 1932 in Großbritannien erstmals im Radio ausgestrahlte königliche Weihnachtsansprache ist ein Beispiel für die erste Form, die Entstehung und Entwicklung der mit dem Pokalendspiel des britischen Fußballbundes verbundenen Praktiken sind ein Beispiel für die letztere. Natürlich sind nicht alle diese Traditionen von gleicher Dauer, aber hier geht es vor allem um ihre Entstehung und Durchsetzung und nicht um ihre Überlebenschancen.

Der Begriff ›erfundene Tradition‹ steht hier für eine Reihe von Praktiken ritueller oder symbolischer Natur, die meist von offen oder stillschweigend anerkannten Regeln bestimmt werden. Sie versuchen bestimmte Werte und Verhaltensnormen durch Wiederholung einzuschärfen, was automatisch eine Kontinuität mit der Vergangenheit beinhaltet. Wenn möglich, versuchen sie eine Kontinuität mit einer brauchbaren geschichtlichen Vergangenheit herzustellen. Ein treffendes Beispiel dafür ist die bewußte Wahl des gotischen Stils für den Umbau des britischen Parlaments im 19. Jahrhundert und die gleichermaßen bewußte Entscheidung, das Parlament nach dem Zweiten Weltkrieg nach genau demselben Grundriß wieder aufzubauen. Die geschichtliche Vergangenheit, in die die neue Tradition eingefügt wird, muß nicht weit zurückliegen und in die vermeintlichen Nebel der Zeit zurückreichen. Revolutionen und ›fortschrittliche Bewegungen‹, die qua Definition mit der Vergangenheit brechen, haben ihre eigene relevante Vergangenheit, auch wenn diese an einem bestimmten Zeitpunkt, wie z. B. 1789, abgeschnitten wird. Gibt es jedoch Bezüge zu einer solchen geschichtlichen Vergangenheit, so sind sie im Falle der ›erfundenen‹ Traditionen durch eine fiktive Kontinuität gekennzeichnet. Es handelt sich also um Antworten auf neue Situationen, die die Gestalt eines Bezugs auf alte Situationen annehmen oder sich mittels einer quasi obligatorischen Wiederholung ihre eigene Vergangenheit schaffen. Es ist der Gegensatz zwischen der sich ständig wandelnden und erneuernden modernen Welt und dem Versuch, wenigstens einige Teile ihres gesellschaftlichen Lebens als unwandelbar und unveränderlich zu gestalten, der das ›Erfinden von Traditionen‹ so interessant macht für Historiker und Historikerinnen, die sich mit den letzten zwei Jahrhunderten beschäftigen.

›Tradition‹ in diesem Sinn muß klar unterschieden wer-

den vom ›Brauch‹, der sogenannte ›traditionelle‹ Gesellschaften dominiert. Das Ziel und das Merkmal von ›Traditionen‹ ist die Unveränderlichkeit. Die tatsächliche oder die
erfundene Vergangenheit, auf die sie sich beziehen, bestimmt ihre starren (meist formalisierten) Praktiken, wie
z. B. die Wiederholung. Der ›Brauch‹ übernimmt in traditionellen Gesellschaften sowohl die Aufgabe des Motors als
auch die des Schwungrades. Bis zu einem gewissen Grad
schließt er Erneuerung und Wandel nicht aus, obwohl dabei natürlich die Notwendigkeit, mit dem Althergebrachten
vereinbar oder sogar identisch erscheinen zu müssen, enge
Grenzen auferlegt. Auf diese Weise wird jeder erwünschte
Wandel (oder auch jeder Widerstand gegenüber Neuerungen) durch das Althergebrachte, die gesellschaftliche Kontinuität und das Naturgesetz, so wie sie sich in der Geschichte ausdrücken, legitimiert. Wer sich mit Bauernbewe-
gungen beschäftigt hat, weiß, daß der Anspruch eines Dorfs
auf Gemeindeland oder Gemeinderechte, der aus ›seit unvordenklichen Zeiten bestehenden Bräuchen‹ abgeleitet
wird, oft nicht Ausdruck historischer Tatsachen ist, sondern
Ausdruck des Kräfteverhältnisses in der ständigen Auseinandersetzung des Dorfes mit einem Grundherrn oder einem anderen Dorf. Wer die britische Arbeiterbewegung
kennt, weiß, daß der ›Brauch des Gewerbes‹ oder des
Betriebes nicht unbedingt eine alte Tradition darstellt. Darunter kann auch jede Art von Rechtsanspruch verstanden
werden, wie neu er auch sein mag, den die Arbeiter in der
Praxis entwickelt haben und nun zu verteidigen oder auszu-
bauen versuchen, indem sie sich auf seine Unwandelbarkeit
berufen. Der ›Brauch‹ kann es sich nicht leisten, unveränderlich zu bleiben, da sich selbst in ›traditionellen‹ Gesellschaften das Leben verändert. Im Gewohnheitsrecht zeigt
sich noch heute diese Kombination von inhaltlicher Beweg-
lichkeit und formalem Festhalten am Althergebrachten. Die
hier gemachte Unterscheidung zwischen ›Tradition‹ und
›Brauch‹ wird an diesem Beispiel sehr deutlich. ›Brauch‹ ist

das, was die Richter tun; ›Tradition‹ (in diesem Fall erfundene Tradition) sind die Perücke, die Robe, die weitere formale Ausstattung und die ritualisierten Praktiken, die den inhaltlichen Kern umgeben. Der Niedergang des ›Brauchs‹ verändert unweigerlich die ›Tradition‹, mit der er gewöhnlich verflochten ist.

Man muß eine zweite – wenn auch weniger wichtige – Unterscheidung treffen zwischen ›Tradition‹ in unserem Sinne und Konvention oder Routine, die an und für sich keine bemerkenswerte rituelle oder symbolische Funktion hat, auch wenn sie diese einmal zufällig erhalten kann. Es ist klar, daß alle gesellschaftlichen Praktiken, die wiederholt ausgeführt werden müssen, aus Gründen der Bequemlichkeit und der Effektivität eine Reihe dieser Konventionen und Routinen entwickeln, die de facto oder de jure formalisiert werden, um diese Praktiken an neue Fachleute weitergeben zu können. Das gilt sowohl für noch nie dagewesene Praktiken, wie z. B. die Arbeit eines Flugzeugpiloten, als auch für althergebrachte. Seit der Industriellen Revolution sind die Gesellschaften stärker als je zuvor gezwungen gewesen, ganz neue Netzwerke aus solchen Konventionen und Routinen zu erfinden, einzurichten und zu entwickeln. Da sie am besten funktionieren, wenn sie in Gewohnheiten, automatische Vorgänge oder sogar Reflexe verwandelt werden, sollten sie unveränderlich sein. Dies kann jedoch zu Konflikten mit der anderen notwendigen Grundlage der Praxis führen, der Fähigkeit, auf unvorhersehbare oder ungewöhnliche Zufälle reagieren zu können. Dies ist eine bekannte Schwäche von Routinisierung oder Bürokratisierung, die besonders auf untergeordneten Ebenen anzutreffen ist, wo im allgemeinen die unveränderliche Ausführung für das Effektivste gehalten wird.

Bei solchen Geflechten von Konvention und Routine handelt es sich nicht um ›erfundene Traditionen‹, da ihre Funktion und damit auch ihre Berechtigung eher technisch als ideologisch begründet ist (in der marxistischen Terminologie gehören sie eher zur Basis als zum Überbau). Sie sollen leicht zu definierende, praktische Vorgänge vereinfachen, und sie sind leicht zu modifizieren oder abzuschaffen, um sich den verändernden praktischen Bedürfnissen anzupassen. Dabei berücksichtigen sie das Eigengewicht, das jede Praktik im Laufe der Zeit entwickelt, und den emotionalen Widerstand gegenüber jeder Erneuerung von Dingen, an die man sich gewöhnt hat. Das gleiche gilt auch für anerkannte ›Spielregeln‹, andere bestehende Muster des gesellschaftlichen Austauschs und sonstige pragmatisch begründete Normen. Wo diese neben der ›Tradition‹ bestehen, ist der Unterschied zwischen beiden leicht festzustellen. Das Tragen von Reithelmen macht praktischen Sinn, genauso wie das Tragen von Sturzhelmen für Motorradfahrer oder Stahlhelmen für Soldaten. Das Tragen eines besonderen Helmtyps in Kombination mit einer roten Jagdtracht hat eine ganz andere Bedeutung. Wenn dem nicht so wäre, wäre es genauso leicht, die ›traditionelle‹ Kleidung eines Fuchsjägers zu verändern, wie in Armeen – eigentlich eher konservativen Institutionen – einen anders geformten Helm einzuführen, der einen besseren Schutz gewährt. Man könnte sogar meinen, daß sich ›Traditionen‹ und pragmatische Konventionen gegenseitig ausschließen. Die Schwäche einer ›Tradition‹ zeigt sich, wenn wie z. B. bei liberalen Juden Speiseverbote pragmatisch begründet werden, indem man sagt, daß die alten Hebräer Schweinefleisch aus hygienischen Gründen verboten haben. Umgekehrt ermöglicht erst die Befreiung aus den Fesseln des praktischen Gebrauchs die symbolische und rituelle Verwendung von Gegenständen und Praktiken. Die Sporen der Gardeuniformen von Kavallerieoffizieren sind für die ›Tradition‹ gerade dann wichtig, wenn es keine Pferde gibt; die Regenschirme von Offizieren der *Guards* in Zivil verlieren ihre Bedeutung, wenn sie nicht fest eingerollt (also unbrauchbar) sind; die Perücken der Rechtsanwälte könnten kaum ihre heutige Bedeutung gewonnen haben, wenn nicht andere Menschen aufgehört hätten, Perücken zu tragen.

Das ›Erfinden von Traditionen‹ wird hier als ein Formalisierungs- und Ritualisierungsprozeß verstanden, der durch seinen Bezug auf die Vergangenheit gekennzeichnet ist, auch wenn nur durch Wiederholung. Den eigentlichen Vorgang der Entstehung solcher Rituale und symbolischer Gefüge hat die Geschichtswissenschaft noch nicht ausreichend untersucht. Viel davon ist noch sehr unklar. Er zeigt sich wahrscheinlich am deutlichsten dort, wo eine ›Tradition‹ von einem einzelnen Initiator bewußt erfunden und konstruiert wurde, wie z. B. die Pfadfinder durch Baden-Powell. Man kann die Entstehung wahrscheinlich genausogut bei offiziell eingerichteten und geplanten Zeremonien nachvollziehen, da sie häufig gut dokumentiert sind, wie im Fall des Nazisymbolismus und der Reichsparteitage in Nürnberg. Es ist wahrscheinlich am schwierigsten dort nachzuvollziehen, wo solche Traditionen zum Teil erfunden und zum Teil in privaten Gruppen entwickelt wurden (wo der Vorgang oft nicht akribisch aufgezeichnet wurde) oder über eine längere Zeitspanne zwanglos aus dem Parlament oder dem Rechtswesen hervorgegangen sind. Nicht nur die Quellen, sondern auch die Untersuchungsmethode bereitet Schwierigkeiten, obwohl es sowohl esoterische Disziplinen für die Untersuchung solcher Themen gibt, die sich auf den Symbolismus und das Ritual spezialisiert haben, als auch historische Disziplinen in der Nachfolge Warburgs. Leider kennen sich die Historiker, die sich mit dem industriellen Zeitalter beschäftigen, in der Regel mit keiner von beiden aus.

Es gibt wahrscheinlich keine Periode und keinen Ort, mit denen sich die Geschichtswissenschaft beschäftigt, in denen es keine ›Erfindung‹ von Traditionen gegeben hat. Allerdings wird sie häufiger auftreten, wenn ein schneller sozialer Wandel die gesellschaftlichen Muster, für die die ›alten‹ Traditionen geschaffen wurden, schwächt oder zerstört und neue Muster hervorbringt, auf die sie nicht mehr anwendbar sind; oder wenn solche alten Traditionen und ihre institutionellen Träger nicht mehr anpassungsfähig und flexibel genug oder auf eine andere Weise ausgeschaltet worden sind: Kurz gesagt, wenn es ausreichend große und schnelle Veränderungen auf der Seite von Nachfrage oder Angebot gibt. Solche Veränderungen sind besonders kennzeichnend für die letzten zweihundert Jahre gewesen. Deshalb kann man mit Recht annehmen, daß sich diese unmittelbaren Formalisierungen neuer Traditionen in diesem Zeitraum häufen. Im Gegensatz zum Liberalismus des 19. Jahrhunderts und jüngeren ›Modernisierungstheorien‹ bedeutet dies, daß sich solche Formalisierungen nicht nur auf sogenannte ›traditionelle‹ Gesellschaften beschränken, sondern auch in ›modernen‹ Gesellschaften in der einen oder anderen Form ihren Platz haben. Im allgemeinen ist das zutreffend; jedoch muß man sich hüten, darüber hinaus anzunehmen, daß erstens ältere Gemeinschaftsformen und Autoritätsstrukturen, und damit auch die mit ihnen verbundenen Traditionen, nicht anpassungs- und überlebensfähig waren und daß zweitens die ›neuen‹ Traditionen einfach aus der Unfähigkeit entstanden, die alten zu verwenden oder anzupassen.

Alte Gebräuche wurden neuen Umständen angepaßt und alte Modelle für neue Zwecke verwendet. Alte Institutionen mit festgelegten Aufgaben, Bezügen zur Vergangenheit und rituellen Idiomen und Praktiken können gezwungen sein, sich auf diese Weise anzupassen: die katholische Kirche, die sich neuen politischen und ideologischen Herausforderungen und einem grundlegenden Wandel in der Zusammensetzung der Gläubigen (wie dem deutlich wachsenden Anteil von Frauen bei der Laienfrömmigkeit und den kirchlichen Angestellten)[3] gegenübersieht; Berufsarmeen, die sich mit der Wehrpflicht auseinandersetzen müssen; sehr alte Institutionen wie die Gerichtshöfe, die sich in einem veränderten Kontext bewegen, manchmal sogar mit veränderten Funktionen in einem neuen Kontext. Auf diese Weise haben einige Institutionen, wie z. B. die Universitäten, nominell weiterbestanden, während sie sich in etwas völlig anderes verwandelt haben. So erklärt Bahnson[4] das plötzliche Verschwinden der traditionellen Praktik des massenhaften Studentenexodus bei Konflikten und Demonstrationen an deutschen Universitäten nach 1848 mit dem veränderten akademischen Charakter der Universitäten, dem zunehmenden Alter der Studenten, ihrer Verbürgerlichung, die die Spannungen zwischen Stadt und Universität und die studentische Konfliktbereitschaft verminderten, der neuen Praxis des freien Wechselns zwischen den Universitäten, den damit verbundenen Veränderungen in den studentischen Vereinigungen, und anderen Faktoren.[5] In allen diesen Fällen ist das Neue nicht weniger neu, nur weil es sich als altertümlich darstellen kann.

Aus unserer Sicht viel interessanter ist der Gebrauch alter Materialien für die Konstruktion eines neuen Typs von erfundenen Traditionen für völlig neue Ziele. Ein umfangreicher Vorrat solcher Materialien sammelt sich in der Vergangenheit jeder Gesellschaft an, und immer steht eine ausgefeilte Sprache der symbolischen Praxis und Kommunikation zur Verfügung. Manchmal konnten neue Traditionen auf alte Traditionen aufgepfropft werden, manchmal wurden sie den gut gefüllten Vorräten des offiziellen Rituals, des Symbolismus und der moralischen Appelle entlehnt: Religion und fürstlicher Prunk, Folklore und Freimaurertum (selbst eine erfundene Tradition von großer symbolischer Kraft). Auf diese Weise hat Rudolf Braun[6] in einer ausgezeichneten Studie die Entwicklung des schweizerischen Nationalismus, parallel zur Bildung des modernen Bundesstaats im 19. Jahrhundert untersucht. Er hat den Vorteil, in einer Disziplin ausgebildet worden zu sein (der »Volkskunde«), die sich mit solchen Themen auseinandersetzt, und in einem Land, wo deren Modernisierung nicht durch die Verbindung mit Nazimißbräuchen zurückgeworfen wurde. Bestehende traditionelle Bräuche und Praktiken, wie z. B. die Volkslieder, die sportlichen Wettbewerbe und die Schießkunst, wurden für neue nationale Zwecke modifi-

ziert, ritualisiert und institutionalisiert. Traditionelle Volkslieder wurden durch neue Lieder im gleichen Idiom ersetzt.
Oft wurden sie von Schuldirektoren komponiert und in ein
Chorrepertoire übertragen, dessen Inhalte patriotisch-pro-
gressiv waren (»Nation, Nation, wie voll klingt der Ton«),
obwohl sie auch rituell wirksame Elemente religiöser Kir-
chenlieder enthielten. (Die Herausbildung solcher neuen
Gesangsrepertoires vor allem in den Schulen ist es wert, genauer untersucht zu werden.) Die Statuten des Bundesge-
sangsfestivals – erinnert uns dies nicht an das *eisteddfodau*[7]
– erklären als ihr Ziel, »die Entwicklung und Verbesserung
der Volksgesangskunst, das Erwachen erhabenerer Gefühle
für Gott, Freiheit und Vaterland und die Einheit und Brüderlichkeit der Kunstfreunde mit dem Vaterland« zu fördern. (Das Wort »Verbesserung« war charakteristisch für
den Fortschrittsbegriff des 19. Jahrhunderts.)

Diese Ereignisse umgab ein machtvoller, ritueller Komplex: Festhütten, Fahnenburgen, Gabentempel, Umzüge,
Glockengeläut, historische Bilder, Kanonendonner, Ehren-
gesandtschaften der Regierung, Festmähler, Trinksprüche
und Reden. Auch hierfür wurden wieder alte Materialien
umgearbeitet: »Unverkennbar wirken bei der Ausbildung
dieser neuen Festarchitektur barocke Fest-, Schau- und
Prunkformen nach. [...] und wie sich Staat und Kirche in
barocker Festlichkeit auf erhöhter Ebene verschmelzen, so
bilden in den neuen Festformen des Sänger-, Schützen- und
Turnerwesens religiöse und vaterländische Elemente eine
Legierung.«[8]

Hier kann nicht darauf eingegangen werden, inwieweit
neue Traditionen alte Materialien nutzen oder inwieweit sie
gezwungen sind, neue Sprachen oder Mittel zu erfinden
oder die alte symbolische Formensprache über ihre bestehenden Grenzen hinaus zu erweitern. Es ist deutlich, daß
zahlreiche politische Organisationen, ideologische Bewegungen und Gruppen – nicht zuletzt beim Nationalismus –
so neu waren, daß sogar ihre historische Kontinuität erfun-

den werden mußte, indem z. B. entweder durch Halbfiktionen (Boadicea, Vercingetorix, Armin der Cherusker) oder durch Fälschungen (Ossian, die tschechischen mittelalterlichen Handschriften) eine weit zurückreichende Vergangenheit jenseits tatsächlicher historischer Kontinuität geschaffen wurde. Es ist auch klar, daß als Teil der nationalen Bewegungen und Staaten völlig neue Symbole und Einrichtungen entstanden, wie z. B. die Nationalhymne (wobei die britische von 1740 die älteste zu sein scheint), die Nationalflagge (meist eine Variation der 1790–94 aufgekommenen französischen, revolutionären Trikolore) oder die Personifikation der ›Nation‹ als Symbol oder Bild, entweder offiziell, wie durch Marianne und Germania, oder inoffiziell, wie in den Karikaturen von John Bull, dem mageren Onkel Sam und dem »deutschen Michel«.

Wir sollten auch nicht den Kontinuitätsbruch übersehen, der manchmal sogar in den traditionellen Topoi echter Altertümlichkeit deutlich hervortritt. Lloyd zufolge[9] entstanden im 17. Jahrhundert keine volkstümlichen englischen Weihnachtslieder mehr. Sie wurden von den Gesangbuchweihnachtsliedern vom Watts-Wesley-Typ ersetzt, obwohl man bei diesen Liedern vor allem in ländlichen Religionen, wie dem primitiven Methodismus, eine volkstümliche Abänderung beobachten kann. Dennoch waren die Weihnachtslieder die ersten Volkslieder, die von bürgerlichen Sammlern wiederbelebt wurden, um »in die neue Umgebung der Kirche, der Gilde und des Women's Institute« eingegliedert zu werden und sich danach in einer neuen, städtisch volkstümlichen Umgebung »durch Straßensänger oder durch auf der Türschwelle singende heisere Jungen in der uralten Hoffnung auf Belohnung« auszubreiten. In diesem Sinn ist *God rest ye merry, Gentlemen* nicht alt, sondern neu. Ein solcher Bruch wird sogar in Bewegungen sichtbar, die sich ausdrücklich als traditionell beschreiben und die Gruppen ansprechen, die allgemein als ein Hort der geschichtlichen Kontinuität und Tradition angesehen werden,

wie z. B. die Bauern.[10] Tatsächlich verweist schon das Auftauchen derartiger Bewegungen zur Verteidigung oder Wiederbelebung von Traditionen – seien sie nun ›traditionali-
stisch‹ oder nicht – auf einen solchen Bruch. Solche Bewegungen, die bei Intellektuellen seit der Romantik üblich
sind, können niemals eine lebendige Vergangenheit schaffen
oder erhalten (es sei denn durch die Errichtung von Reser-
vaten für isolierte Winkel eines archaischen Lebens), sondern entwickeln sich zwangsläufig zu ›erfundenen Traditionen‹. Andererseits darf die Stärke und Anpassungsfähigkeit
echter Traditionen nicht mit der ›Erfindung von Tradition‹
verwechselt werden. Dort, wo die alten Lebensformen noch
lebendig sind, brauchen keine Traditionen wiederbelebt
oder erfunden werden.

Jedoch scheint es, daß man oft neue Traditionen erfindet,
nicht weil die alten Lebensformen nicht mehr zur Verfügung stehen oder nicht mehr lebensfähig sind, sondern weil
man sie mit Absicht nicht weiterverwendet oder anpaßt.
Dadurch, daß sie sich bewußt gegen die Tradition wandte
und für radikale Erneuerung einsetzte, vernachlässigte die
liberale Ideologie des sozialen Wandels im 19. Jahrhundert
systematisch die gesellschaftlichen und hierarchischen Bindungen, die in früheren Gesellschaften als selbstverständlich
galten, und erzeugte auf diese Weise ein Vakuum, das man
eventuell mit erfundenen Praktiken füllen mußte. Der erfolgreiche Gebrauch solcher alten Bindungen durch die
konservativen Fabrikherren (im Unterschied zu den liberalen) in Lancashire im 19. Jahrhundert macht deutlich, daß es
diese sozialen Bindungen noch gab und daß man sie – selbst
in der neuartigen Umwelt einer Industriestadt – benutzen
konnte.[11] Obwohl nicht zu leugnen ist, daß die vorindu-
striellen Formen langfristig nicht in der Lage waren, sich an
eine über einen bestimmten Punkt hinaus revolutionierte
Gesellschaft anzupassen, darf man dies nicht mit den Problemen verwechseln, die kurzfristig aus einer Ablehnung
der alten Verhältnisse durch diejenigen entstanden, die sie

als Hindernisse für den Fortschritt oder gar als ihre militanten Gegner ansahen.

Das hinderte aber die Erneuerer nicht daran, sich ihre eigenen erfundenen Traditionen zu schaffen. Ein Beispiel dafür sind die Praktiken des Freimaurertums. Trotzdem machte eine allgemeine Feindseligkeit gegenüber Irrationalismus, Aberglauben und Gewohnheiten, die an die dunkle Vergangenheit erinnerten, wenn sie nicht sogar direkt von ihr abstammten, die leidenschaftlichen Verfechter der Wahrheiten der Aufklärung, wie z. B. Liberale, Sozialisten und Kommunisten, für alte und neue Traditionen unempfänglich. So kamen etwa die Sozialisten dazu, einen jährlichen Maifeiertag abzuhalten, ohne selbst recht zu wissen wie. Die Nationalsozialisten beuteten solche Gelegenheiten mit liturgischer Raffinesse und Inbrunst sowie bewußter Manipulation von Symbolen aus.[12] Während der liberalen Ära in Großbritannien wurden solche Praktiken manchmal bestenfalls als ein zögerliches Zugeständnis an den Irrationalismus der unteren Schichten toleriert, solange weder die Ideologie noch die wirtschaftliche Effektivität auf dem Spiel standen. Ihre Haltung gegenüber den gesellschaftlichen und rituellen Aktivitäten der Versicherungsvereine bestand aus einer Kombination von Feindseligkeit (»unnötige Ausgaben« wie z. B. »Zahlungen für Jahrestage, Prozessionen, Kapellen und Insignien« waren gesetzlich verboten) und Toleranz gegenüber Ereignissen, wie z. B. den jährlichen Festen, mit der Begründung, daß »die Bedeutung dieser Attraktion insbesondere für die Landbevölkerung nicht zu leugnen ist«.[13] Aber der rigorose, individualistische Rationalismus dominierte nicht nur als wirtschaftliches Kalkül, sondern auch als gesellschaftliches Ideal. An anderer Stelle wird untersucht, was geschah, als man immer mehr dessen Grenzen erkannte.[14]

Diese einführenden Bemerkungen sollen mit einigen allgemeinen Beobachtungen zu den erfundenen Traditionen seit der Industriellen Revolution abgeschlossen werden.

Die erfundenen Traditionen scheinen zu drei sich überschneidenden Typen zu gehören: a) jenen, die den gesellschaftlichen Zusammenhalt oder die Mitgliedschaft in Gruppen, wirklichen oder künstlichen Gemeinschaften, herstellen oder symbolisieren; b) jenen, die Institutionen, Status oder Machtverhältnisse erzeugen oder legitimieren; c) jene, deren Hauptziel in der Sozialisation, der Einschärfung bestimmter Vorstellungen, Wertesysteme und Verhaltenskonventionen bestand. Während die Traditionen vom Typ b) und c) sicherlich entworfen wurden (wie jene, die die Unterwerfung unter die Herrschaft in Britisch-Indien symbolisierten), kann man vorerst annehmen, daß der Typ a) am weitesten verbreitet war. Die anderen Funktionen verstand man als Teil oder den Ausfluß eines Identifikationsgefühls mit einer ›Gemeinschaft‹ und/oder den Institutionen, die sie darstellten, ausdrückten oder symbolisierten, wie z. B. eine ›Nation‹.

Eine Schwierigkeit bestand darin, daß solche größeren gesellschaftlichen Einheiten keine Gemeinschaften [im Orig. deutsch] oder auch nur Systeme mit anerkannten Rangfolgen waren. Die soziale Mobilität, die Tatsachen des Klassenkonflikts und die vorherrschende Ideologie erschwerten die universelle Anwendung von Traditionen, die Gemeinschaftssinn und deutliche Ungleichheiten in formalen Hierarchien (wie z. B. in Armeen) miteinander verbanden. Das hatte keine große Auswirkung auf Traditionen des Typs c), da die allgemeine Sozialisation jedem Bürger, jedem Mitglied der Nation und jedem Untertan der Krone die gleichen Werte einschärfte und sich die funktional spezifischen Sozialisationen verschiedener gesellschaftlicher Gruppen (etwa die von Schülern an Privatschulen im Unterschied zu anderen) in der Regel nicht ins Gehege kamen. Andererseits konnten erfundene Traditionen, die Statusvorstellungen in eine vom Vertrag bestimmte Welt bzw. ein Konzept von Überlegenheit und Unterlegenheit in eine von rechtlich Gleichgestellten bestimmte Welt wieder einführten, dies nicht direkt tun. Sie konnten über die formale, symbolische Zustimmung zu einer gesellschaftlichen Organisation, die de facto ungleich war, hineingeschmuggelt werden, wie bei der Umgestaltung der britischen Krönungszeremonie.[15] Viel häufiger mochten sie das gemeinschaftliche Gefühl der *Überlegenheit* von Eliten fördern – insbesondere wenn diese aus solchen Gruppen rekrutiert wurden, die es nicht bereits mit ihrer Geburt oder durch Zuschreibung besaßen – als Untergeordneten einen Sinn für Gehorsam einzuschärfen. Einige wurden ermuntert, sich ›gleicher‹ als andere zu fühlen. Das konnte man mit der Eingliederung von Eliten in vorbürgerliche herrschende Schichten oder Amtsträger erreichen; ob in der militaristisch-bürokratischen Form, die für Deutschland kennzeichnend ist (wie etwa bei den schlagenden Studentenverbindungen) oder dem nicht militaristischen, ›moralisierten Landadel‹-Modell der britischen Privatschulen. Daneben konnten sich vielleicht der Esprit de corps, das Selbstbewußtsein und die Führerschaft von Eliten durch stärker esoterisch geprägte ›Traditionen‹ entwickeln, die für den Zusammenhalt einer hohen, offiziellen Beamtenkaste kennzeichnend sind (wie in Frankreich oder unter den Weißen in den Kolonien).

Akzeptierte man, daß ›gemeinschaftliche‹, erfundene Traditionen der grundlegende Typus sind, muß ihre Beschaffenheit noch untersucht werden. Die Ethnologie kann dabei helfen, die Unterschiede zwischen erfundenen und alten traditionellen Praktiken zu erklären. Hier können wir nur feststellen, daß Übergangsriten (Initiation, Beförderung, Ruhestand, Tod) normalerweise in den Traditionen einzelner Gruppen gekennzeichnet waren, während dies in der Regel nicht der Fall war bei den Riten, die für allumfassende Pseudogemeinschaften (Nationen, Länder) bestimmt waren, vermutlich weil diese ihren ewigen und unveränderlichen Charakter betonten – zumindest seit der Gründung der Gemeinschaft. Jedoch könnten sowohl neue politische Regime als auch Erneuerungsbewegungen versuchen, ihre eigenen Entsprechungen für die mit der Religion verknüpften traditionellen Übergangsriten zu finden (Zivilehe, Beerdigungen).

Man kann einen deutlichen Unterschied zwischen alten und erfundenen Praktiken beobachten. Während die ersteren spezifische und fest bindende gesellschaftliche Praktiken waren, tendierten die letzteren dazu, in Bezug auf die Beschaffenheit der Werte, Rechte und Verpflichtungen der Gruppenzugehörigkeit relativ unbestimmt und vage zu sein: ›Patriotismus‹, ›Loyalität‹, ›Pflicht‹, ›Spielregeln‹, ›Schulgeist‹ usw. Aber selbst wenn der Inhalt des britischen Patriotismus oder des ›Amerikanismus‹ unklar definiert war, obwohl er meist in Kommentaren, die im Zusammenhang mit rituellen Anlässen standen, genauer beschrieben wurde, waren die ihn symbolisierenden *Praktiken* beinahe obligatorisch – wie das Aufstehen beim Absingen der Nationalhymne in Großbritannien oder das Fahnenritual in amerikanischen Schulen. Dabei scheint die Erfindung emotional und symbolisch aufgeladener Zeichen der Clubmitgliedschaft ein entscheidenderes Element zu sein als die Statuten und die Ziele des Clubs. Ihre Bedeutung liegt gerade in ihrer unbestimmten Allgemeingültigkeit. »Die Nationalfahne, die Nationalhymne und das Nationalwappen sind die drei Symbole, mit denen ein unabhängiges Land seine Identität und Souveränität verkündet, und als solche verlangen sie augenblicklichen Respekt und Loyalität. In ihnen spiegelt sich der gesamte geistige und kulturelle Hintergrund einer Nation wider.«[16]

In diesem Sinn bemerkte ein Beobachter 1880, daß »die Soldaten und Polizisten jetzt für uns ihre Abzeichen tragen«, ohne jedoch ihre Wiederbelebung als Attribut der individuellen Bürger im gerade beginnenden Zeitalter der Massenbewegungen vorherzusehen.[17]

Die zweite Beobachtung ist, daß trotz vieler Erfindungen die neuen Traditionen nicht mehr als einen kleinen Teil des Raums gefüllt haben, den der säkulare Niedergang der alten

Traditionen und Bräuche zurückließ; so wie dies in der Tat in Gesellschaften zu erwarten ist, wo die Rolle der Vergangenheit als Modell oder Vorbild für den größten Teil des menschlichen Verhaltens immer unbedeutender wird. Im Privatleben der meisten Menschen und im selbstgenügsamen Leben kleiner subkultureller Gruppen nahmen selbst die erfundenen Traditionen des 19. und 20. Jahrhunderts einen viel kleineren Platz ein als die alten Traditionen in landwirtschaftlich geprägten Gesellschaften.[18] Das, ›was man tut‹, strukturiert den Tag, die Jahreszeiten und die Lebenszyklen der Männer und Frauen des 20. Jahrhunderts viel weniger, als das bei ihren Vorfahren der Fall war, und viel weniger als die äußeren Zwänge der Wirtschaft, der Technologie, der bürokratischen Staatsorganisation, der politischen Entscheidungen und der anderen Kräfte, die weder auf einer ›Tradition‹ in unserem Sinne beruhen noch eine entwickeln.

Jedoch gilt diese Verallgemeinerung nicht für den Bereich, den man den Bereich des öffentlichen Lebens der Bürger nennen kann (dieser umfaßt in einem gewissen Umfang öffentliche Formen der Sozialisation wie Schulen, im Gegensatz zu privaten Formen wie Massenmedien). Es gibt keine echten Anzeichen für eine Schwächung der neo-traditionellen Praktiken, die man mit öffentlichen Körperschaften verbindet (den Streitkräften, der Justiz und vielleicht sogar den Beamten) oder der Praktiken, die man mit der Staatsangehörigkeit verbindet. In der Tat sind die meisten Gelegenheiten, bei denen den Menschen ihre Staatsangehörigkeit bewußt wird, eng mit Symbolen und halbrituellen Praktiken verbunden (z. B. Wahlen), die meist historisch neu und überwiegend erfunden sind: Fahnen, Bilder, Zeremonien und Musik. Wenn die erfundenen Traditionen in der Ära von der Industriellen und Französischen Revolution bis in die Gegenwart hinein eine permanente Lücke gefüllt haben, dann ist es in diesem Bereich.

Schließlich mag man sich fragen, warum sich Historiker

und Historikerinnen solchen Erscheinungen widmen sollen. In einem gewissen Sinne ist diese Frage unnötig, da es eine wachsende Zahl von ihnen bereits tut, wie die Beiträge des erwähnten Bandes und die zitierte Literatur bezeugen. Deshalb sollte man die Frage umformulieren: Inwiefern profitiert die historische Forschung von der Beschäftigung mit dem Erfinden von Traditionen?

Erstens kann man sich vorstellen, daß sie wichtige Symptome und Indikatoren für Probleme darstellen, die man sonst nicht erkennen würde, und für Entwicklungen, die sonst schwer zu identifizieren und datieren sind. Sie sind Zeugnisse. Die Umwandlung des deutschen Nationalismus von seiner alten liberalen zu seiner neuen imperialistisch-expansionistischen Form wird genauer veranschaulicht durch die schnelle Ersetzung der alten schwarz-rot-goldenen durch die neuen schwarz-weiß-roten Farben (insbesondere in den 1890er Jahren) in der deutschen Turnerbewegung als durch offizielle Äußerungen der Behörden oder der Vorsitzenden von Organisationen. Die Geschichte des britischen Fußballpokalendspiels erzählt uns etwas über die Entwicklung einer städtischen Arbeiterkultur, das man aus konventionelleren Daten und Quellen nicht erfährt. Aus dem gleichen Grund kann die Erforschung der erfundenen Traditionen von der umfassenderen Erforschung der Gesellschaftsgeschichte weder getrennt werden, noch kann sie erwarten, über die einfache Entdeckung solcher Praktiken hinauszukommen, wenn sie nicht in eine umfassendere Untersuchung integriert wird.

Zweitens beleuchten sie in besonderem Maße das menschliche Verhältnis zur Vergangenheit und damit auch den Gegenstand und das Handwerk der Geschichtswissenschaft. Denn alle erfundenen Traditionen bedienen sich soweit wie möglich der Geschichte, um Handlungen zu rechtfertigen und Gruppenzusammenhalt zu zementieren. Oft wird sie das eigentliche Symbol einer Auseinandersetzung, wie in den Kämpfen von 1889 und 1896 um die Denkmäler

für Walther von der Vogelweide und Dante in Südtirol.[19]
Selbst revolutionäre Bewegungen unterstützten ihre Neuerungen durch Bezüge auf die ›Vergangenheit eines Volks‹
(Sachsen gegen Normannen, »nos ancêtres les Gaulois« gegen die Franken, Spartakus), die Traditionen der Revolution
(»Auch das deutsche Volk hat seine revolutionäre Tradition« behauptete Engels am Anfang seines *Der deutsche
Bauernkrieg*)[20] und ihre Helden und Märtyrer. James Connollys *Labour in Irish History* ist ein hervorragendes Beispiel für diese Verbindung von Themen. Das Element der
Erfindung ist hier besonders deutlich, da die Geschichte, die
Teil des Wissensfundus oder der Ideologie der Nation, des
Staates oder der Organisation wurde, eigentlich nicht das
ist, was in der volkstümlichen Erinnerung erhalten blieb,
sondern was von denen, deren Aufgabe es ist, gesammelt,
aufgeschrieben, bebildert, popularisiert und institutionalisiert wurde. Praktiker der Oral history haben oft bemerkt,
daß der Generalstreik von 1926 in der tatsächlichen Erinnerung der Alten eine bescheidenere und weniger dramatische
Rolle spielt, als die Interviewer erwartet hatten.[21] Man hat
die Herausbildung eines solchen Bildes von der Französischen Revolution in und mittels der Dritten Republik untersucht.[22] Jedoch sind alle Historiker und Historikerinnen,
was auch immer ihre sonstigen Themen sind, selbst an diesem Prozeß beteiligt, da sie – bewußt oder unbewußt – an
der Erzeugung, der Demontage und der Neustrukturierung
von Bildern der Vergangenheit beteiligt sind, die nicht nur
zur Welt der Spezialuntersuchung, sondern auch zur öffentlichen Sphäre des Menschen als politischem Wesen gehören.
Sie könnten sich durchaus dieser Dimension ihrer Aktivitäten bewußt werden.

In diesem Zusammenhang muß ein besonders interessanter Aspekt der ›erfundenen Traditionen‹ für die moderne
Geschichte und die Zeitgeschichtsschreibung betont werden. Sie sind besonders wichtig für die ›Nation‹, diese vergleichsweise junge historische Innovation in allen ihren Er-

scheinungsformen: Nationalismus, Nationalstaat, nationale Symbole, Nationalgeschichten usw. Alle diese Erscheinungen basieren auf sozialtechnologischen Anstrengungen, die oft bewußt ausgeübt werden und immer innovativ sind, wenn auch bloß, weil eine geschichtliche Neuheit bereits Innovation impliziert. Trotz aller geschichtlichen Kontinuitäten der Juden oder der Muslime des Mittleren Osten müssen der israelische und der palästinensische Nationalismus und die jeweiligen Nationen neu sein, da man in dieser Region vor einem Jahrhundert noch kaum an das Konzept des heute üblichen Typs von Territorialstaaten dachte, und dies vor dem Ende des Ersten Weltkriegs noch kein ernstzunehmendes Projekt zu sein schien. Vereinheitlichte Nationalsprachen, die in der Schule gelernt werden und von mehr als nur einer kleinen Elite geschrieben, geschweige denn gesprochen werden, sind zumeist Konstrukte unterschiedlichen, meist jedoch jungen Alters. Wie ein französischer Historiker der flämischen Sprache richtig beobachtet hat, ist das heute in der Schule gelehrte Flämisch nicht die Sprache, in der die Mütter und Großmütter Flanderns mit ihren Kindern gesprochen haben. Kurz gesagt, es ist nur im metaphorischen, nicht im wörtlichen Sinne eine ›Muttersprache‹. Wir sollten uns nicht durch ein merkwürdiges, aber verständliches Paradox irreleiten lassen: Moderne Nationen und ihr Anhang behaupten im allgemeinen, das Gegenteil von neu zu sein, nämlich in einer möglichst weit entfernten Vergangenheit zu wurzeln, und das Gegenteil von konstruiert, vielmehr menschlichen Gemeinschaften zu entstammen, die so ›natürlich‹ sind, daß sie zu ihrer Definition nur ihrer Selbstbehauptung bedürfen. Was auch immer die in der modernen Vorstellung von ›Frankreich‹ und ›den Franzosen‹ eingebetteten geschichtlichen oder sonstigen Kontinuitäten sind – und niemand wird sie leugnen wollen –, diese Vorstellungen müssen ihrerseits eine konstruierte oder ›erfundene‹ Komponente enthalten. Und da so viel von dem, was subjektiv die moderne ›Nation‹ ausmacht, aus sol-

chen Konstrukten besteht und mit passenden und im allgemeinen relativ jungen Symbolen oder eigens zugeschnitte-
nen Diskursen (z. B. ›Nationalgeschichte‹) verbunden ist,
kann das nationale Phänomen ohne die sorgfältige Berücksichtigung des ›Erfindens von Traditionen‹ nicht angemessen untersucht werden.

Abschließend sei gesagt, daß die Erforschung der Erfindung von Traditionen interdisziplinär ist. Es ist ein Forschungsgebiet, das Historiker, Ethnologen und eine Reihe
anderer Humanwissenschaftler zusammenbringt und ohne
eine solche Zusammenarbeit nicht angemessen bearbeitet
werden kann. Der erwähnte Sammelband[23] trägt vornehmlich Beiträge von Historikern zusammen. Man kann nur
hoffen, daß auch andere ihn nützlich finden werden.

Anmerkungen

1 David Cannadine, »The Context, Performance and Meaning of
  Ritual. The British Monarchy and the ›Invention of Tradition‹, c.
  1820–1977«, in: Eric Hobsbawm / Terence Ranger (Hrsg.), *The
  Invention of Tradition*, Cambridge 1984, S. 101–164 (Anm. d.
  Übers.).

2 Hobsbawm/Ranger (s. Anm. 1). (Anm. d. Übers.).

3 Siehe z. B. G. Tihon, »Les religieuses en Belgique du XVIIIe au
  XXe siècle. Approche Statistique«, in: *Belgisch Tijdschrift v.
  Nieuwste Geschiedenis / Revue Belge d'Histoire Contemporaine*
  7 (1976) S. 1–54.

4 Karsten Bahnson, *Akademische Auszüge aus deutschen Universi-
  täts- und Hochschulorten*, Saarbrücken 1973.

5 Siebzehn solcher Studentenauszüge fanden im 18. Jahrhundert
  statt, fünfzig zwischen 1800 und 1848, aber nur sechs zwischen
  1848 und 1973.

6 Rudolf Braun, *Sozialer und kultureller Wandel in einem ländlichen Industriegebiet im 19. und 20. Jahrhundert*, Erlenbach-Zü-
  rich 1965, Kap. 6.

7 Sänger- und Dichterwettbewerb in Wales (Anm. d. Übers.).

8 Braun (s. Anm. 6), S. 336 f.

9 A. L. Lloyd, *Folk Song in England*, London 1969, S. 134–138.

10 Dies muß man von der Wiederbelebung der Tradition, die eigentlich ihren Niedergang demonstriert, unterscheiden. »Die ›bäuerliche‹ Wiederbelebung (um 1900) der alten regionalen Trachten, der Volkstänze und ähnlicher Rituale zu festlichen Gelegenheiten war *weder* ein bürgerliches *noch* ein traditionalistisches Merkmal. Oberflächlich könnte man dies als eine nostalgische Sehnsucht nach der Kultur der alten Zeit ansehen, die so schnell verschwand. In Wirklichkeit war es aber eine Demonstration von Klassenidentität, durch die sich wohlhabende Bauern horizontal von der Stadtbevölkerung und vertikal von den Kleinbauern, den Handwerkern und den Landarbeitern distanzieren konnten.« Palle Ove Christiansen, »Peasant Adaptation to Bourgeois Culture? Class Formation und Cultural Redefinition in the Danish Countryside«, in: *Ethnologia Scandinavica* (1978) S. 128; vgl. auch G. Lewis, »The Peasantry, Rural Change und Conservative Agrarianism. Lower Austria at the Turn of the Century«, in: *Past & Present* (1978) H. 81, S. 119–143.

11 Patrick Joyce, »The Factory Politics of Lancashire in the Later Nineteenth Century«, in: *Historical Journal* 18 (1965) S. 525–553.

12 Helmut Hartwig, »Plaketten zum 1. Mai 1934–39«, in: *Ästhetik und Kommunikation* 7 (1976) H. 26, S. 56–59.

13 P. H. J. H. Gosden, *The Friendly Societies in England, 1815–1875*, Manchester 1961, S. 123, 119.

14 Eric Hobsbawm, »Mass-Producing Traditions. Europe, 1870–1914«, in: Hobsbawm/Ranger (s. Anm. 1) S. 263–307 (Anm. d. Übers.).

15 J. E. C. Bodley, *The Coronation of Edward the VIIth. A Chapter of European and Imperial History*, London 1903, S. 201, 204; vgl. Hobsbawm (s. Anm. 14), S. 282 f.

16 Offizieller indischer Regierungskommentar, zitiert bei R. Firth, *Symbols, Public and Private*, London 1973, S. 341.

17 Frederick Marshall, *Curiosities of Ceremonials, Titles, Decorations and Forms of International Vanities*, London 1880, S. 20.

18 Ganz zu schweigen von der Verwandlung lang bestehender Rituale und Zeichen der Uniformität und des Zusammenhalts in schnell wechselnde Moden – bei der Kleidung, der Sprache, der sozialen Praxis usw. – wie bei den Jugendkulturen der Industrieländer.

19 John W. Cole and Eric Wolf, *The Hidden Frontier. Ecology and Ethnicity in an Alpine Valley*, New York / London 1974, S. 55.

20 Zur Popularität von Büchern zu diesem und anderen militärhistorischen Themen in deutschen Arbeiterbibliotheken, siehe H.-J. Steinberg, *Sozialismus und deutsche Sozialdemokratie. Zur Ideologie der Partei vor dem ersten Weltkrieg*, Hannover 1967, S. 131–133.

21 Es gibt schlüssige Gründe dafür, daß Zeitgenossen vom unteren Gesellschaftsrand historische Ereignisse, die sie durchlebt haben, nicht so sehen wie Menschen an der Spitze der Gesellschaft oder wie Historiker. Man kann dies (nach dem Helden von Stendhals *Chartreuse de Parme*) das »Fabrice-Syndrome« nennen.

22 Z. B. Alice Gérard, *La Révolution française: mythes et interprétations, 1789–1970*, Paris 1970.

23 S. Anm. 1.

II
KULTUR MIT METHODE

ALAIN CORBIN

Zur Geschichte und Anthropologie der Sinneswahrnehmung

Es ist nun schon ein halbes Jahrhundert her, daß Lucien Febvre zu einer Geschichte der Empfindungsvermögen aufrief[1]. Sie sollte sich nach seinem Verständnis in eine Erforschung der kollektiven Psychologie einfügen, die man etwas voreilig die Geschichte der Mentalitäten[2] getauft hat. In diesem weitausholenden Entwurf, den der Autor der *Combats pour l'histoire* in mehreren Schriften erläutert hat, sollten insbesondere die Wahrnehmungsformen untersucht, eine Rangordnung der Sinne aufgespürt und schließlich »Affektsysteme« (*systèmes des émotions*) rekonstruiert werden. Der Sinnesgebrauch sollte als Bestandteil dessen erforscht werden, was nach Febvres Ansicht das »geistig-seelische Rüstzeug« ausmacht. In diesem starren Konzept hat sich die überzogene Verdinglichung niedergeschlagen, die man dem Begründer der Annales heute mit Recht vorwirft. Während Norbert Elias seine Analyse des »Zivilisationsprozesses« bereits verfeinerte und sich darum bemühte, der fortschreitenden »Zurückhaltung«, der Verinnerlichung der Normen durch die abendländische Gesellschaft nachzugehen[3], wollte Lucien Febvre untersuchen, wie das Gefühlsleben allmählich verdrängt und die Betonung auf die Rationalität der Verhaltensweisen gelegt worden sei.

Ein derartiges Unterfangen war den Einflüssen und Moden jener Zeit verpflichtet: Die Lektüre von Huizinga[4] und Georges Lefebvre[5] hatte es nahegelegt. Der Ansatz scheint heute veraltet, wenngleich eine verspätete Welle der Massenpsychologie[6], die bei Henri Wallon, Lucien Levy-Bruhl[7] und Charles Blondel[8] ihre Anregungen sucht, ihn noch einmal bemüht hat. Immerhin war es nützlich, dieses Programm in Erinnerung zu rufen, denn es hat Arbeiten angeregt, die mit

Gewinn unter dem neuen Blickwinkel einer historischen Anthropologie der Sinne gelesen werden könnten[9].

Wenn die Mitarbeiter dieser Ausgabe[10] der sinnlichen Wertordnung einer Kultur, der Hierarchie ihrer Sinnesvorstellungen und -gebräuche besondere Sorge tragen, so führt kein Weg an Lucien Febvres Eingebungen vorbei, wie unpräzise auch immer sie sein mögen. Für den Geschichtsschreiber handelt es sich in jedem Fall um einen ebenso riskanten wie faszinierenden Entwurf – oder besser noch um ein Wagnis. Ist es denn überhaupt möglich, im nachhinein eine Einsicht in die besondere Art des In-der-Welt-Seins der Menschen der Vergangenheit zu gewinnen, indem man untersucht, welche Rangordnungen oder Gleichgewichte die Sinne zu einem bestimmten geschichtlichen Zeitpunkt und in einer gegebenen Gesellschaft einnahmen? Lassen sich die Funktionen dieser Hierarchien nachweisen und somit die Zielsetzungen wiederauffinden, die den Beziehungshaushalt unter den Sinnen vorstehen? Kann man eine diachrone Durchführung dieser Untersuchung ins Auge fassen, welche die Konstanten feststellen und die Zerklüftungen und feinen Übergänge entdecken würde? Kann man die Veränderungen der Affektsysteme zutreffend mit denen in Verbindung bringen, die sich in Rangordnung und Haushalt der Sinne abspielen? Die Antwort auf solche Fragen verlangt ein Urteil über die Existenz und die Gültigkeit einer Geschichte der Empfindungen. Denn dazu wäre zuerst einmal das Bezugssystem der Gegenstände nachzuweisen, die empfunden werden und die nur innerhalb einer bestimmten Kultur und Epoche empfunden werden können.

Wählen wir ein Beispiel aus. Für das Jahrhundert zwischen 1750 und 1850 schlägt David Howes[11] eine sehr anregende Lesart vor, die freilich mit langwierigen, geduldigen Forschungen belegt werden müßte. Vom Ende des 18. Jahrhunderts zur Mitte des 19. Jahrhunderts, während die Innenzeichnung der Gesellschaftsordnung verschwimmt, haben nach seiner Ansicht die Sinne der Nähe, also der Tast-,

Geschmacks- und Geruchssinn, die das affektive Potential tiefgreifend regieren, an relativem Gewicht gewonnen. Vor allem der Geruchssinn als Sinn der Übergänge[12], der Schwellen und der Ränder, der die Verwandlungsvorgänge an den Lebewesen und Dingen offenbart, übte in dieser Zeit der Verwirrung seinen Reiz aus, während der Gesichtssinn beim Ablesen der Rangordnungen nicht dieselbe Sicherheit erreichte. All das klingt überzeugend und letztendlich recht logisch. Seit geraumer Zeit haben die Fachleute der Literaturgeschichte den Einbruch des Schattens und die Furcht vor der Undurchsichtigkeit bemerkt, dazu den zähen Kampf der damaligen Gesellschaftsbeobachter und Behörden, das reinigende Licht des Wissens und der Macht in diese »Unendlichkeit da drunten«, von der Victor Hugo spricht, hinabzuzwingen. Auf diesem Gebiet aber stößt der Historiker bei seiner Suche auf zahlreiche Hindernisse, und er muß strenge Vorsichtsmaßnahmen beachten, die ich im folgenden erörtern möchte.

Eine erste Vorgehensweise, die dem Forscher schon von der sogenannten positivischen Tradition her naheliegt, bestünde darin, in aller Naivität die Entwicklung der sinnlichen Umgebung aufweisen zu wollen, oder anders gesagt, das Inventar der Sinneseindrücke aufzustellen, die sich zu einem gegebenen historischen Zeitpunkt an jedem Ort der Gesellschaft anbieten. Guy Thuillier[13] hat sich in diesem Sinne bemüht, alle Geräusche, die um die Mitte des 19. Jahrhunderts dem Bewohner eines Dorfes im Nivernais zu Ohren kommen konnten, in einen Katalog zu fassen und ihre relative Stärke zu messen. Bei der Lektüre seiner Forschungsarbeit glaubt man das Klingen des Hammers auf dem Amboß zu hören, den dumpfen Schlag des Holzhammers in den Händen des Stellmachers, die allgegenwärtigen Kirchenglocken und das Pferdewiehern; man wird in eine akustische Umgebung versetzt, in der Motoren- oder Verstärkerlärm noch unbekannt ist.

Man sollte diesen Forschungsansatz[14] nicht von der Hand weisen. Er hilft dabei, sich in ein Dorf von damals einzufühlen, eine verständnisorientierte Perspektive zu gewinnen und die Fußangeln des Anachronismus zu umgehen. Aber diese Suche beruht ganz offensichtlich auf einem fragwürdigen Postulat. Sie setzt die Aufmerksamkeitsweisen, die Wahrnehmungsschwellen, die Geräuschbedeutungen und das aus Erträglichem und Unerträglichem geschaffene Beziehungsgefüge als ahistorisch. In letzter Konsequenz führt sie dazu, die Geschichtlichkeit dieses Gleichgewichts der Sinne zu leugnen, um das es uns hier zu tun ist. In der Darstellung des Verfassers spielt sich alles so ab, als hätte die Lebensweise des Dörflers im Nivernais auf sein Zuhören und folglich auf seinen Gehörsinn gar keinen Einfluß[15].

Guy Thuilliers Ansatz ist dennoch eine Verfeinerung wert. Es kann nämlich vorkommen, daß in einem solchen Milieu der Lärm zu einem Streitgegenstand erster Ordnung wird. Als Beispiel sei ein Ereignis aus dem Leben in Lonlay-l'Abbaye angeführt, einer kleinen Gemeinde im Hügelland der Normandie. Die Bauern hatten die Gewohnheit, ihren Arbeitsrhythmus nach den Glocken der mittelalterlichen Abteikapelle zu richten. Als der Kirchturm 1944 von den deutschen Truppen zerstört wird, muß das traditionelle Geläut durch den schrillen Alarm einer Feuerwehrsirene ersetzt werden, die auf dem Rathausdach im Dorfzentrum in Stellung gebracht wird. Die Landwirte gewöhnen sich rasch an den neuen Ton, denn er ist ja Symbol für die moderne Zeit. Dann, im Jahr 1958, erhält die Kirche ihren Turm zurück. Auf Ersuchen der Bewohner des Fleckens, die sich durch das tägliche Heulen der Sirene gestört fühlen, beschließt der Gemeinderat, zum alten Glockengeläut zurückzukehren. Ein Krieg um die Geräusche spaltet die Gemeinde mehr als ein Jahr lang in zwei Parteien[16]. Die Bauern beharren auf dem neuen Sirenenton, weil er klarer und vor allem kräftiger ist. Ihre Gegner geben der ästhetischen Qualität und dem Gefühlswert der schwingenden Bronze den Vorzug; sie sagen dem betäubenden Gedröhn der Moderne den Kampf an. Die Bauern tun sich zusammen und besetzen das Dorf. Sie werfen Steine gegen das Rathaus, verunglimpfen die Anführer der Anti-Sirenen-Fraktion und schreien sie regelrecht nieder. Der Volkszorn läßt alte Parteiungen wieder aufbrechen. Die »Gaullisten« greifen die einstmaligen »Pétainisten« an, Ehebruchsdramen und Familienfehden kommen wieder an die Oberfläche. Die Medien interessieren sich für den Konflikt; er erscheint auf der Titelseite von *France-Soir* und gibt Stoff für die Nachrichten des Radiosenders *Europe 1*. Da dem Dorfpriester seine bislang unwidersprochene Autorität unter den Händen zerrinnt, muß der Domdechant anreisen und für einen Friedensschluß im Krieg der Geräusche predigen. Der gequälte Bürgermeister erliegt kurz darauf einem Herzinfarkt. Erst als eine neutrale Persönlichkeit aus dem politischen Leben – ein früherer Abgeordneter aus dem Wahlkreis, dem der Gemeinderat nun das Bürgermeisteramt anträgt – zu Hilfe gerufen wird, gelingt es, wenn nicht die Harmonie, so doch wenigstens die Ruhe wieder einkehren zu lassen. Seitdem dröhnt jeden Mittag die Sirene, und gleichzeitig bimmeln vom Kirchturm die Glocken.

Ein solcher Vorfall, dessen eingehende Untersuchung auch die anthropologischen Strukturen einbeziehen müßte, hat sicherlich viel mit dem Symbolischen zu tun. An ihm entzündet sich außerdem die traditionelle Feindschaft zwischen dem Marktflecken und seinem Umland. Er belegt aber auch, daß noch eine andere Kluft hinzukommt: ein sozialer Gegensatz im Sinnesgebrauch, in der Wahrnehmung von Toleranzschwellen und Tonbedeutungen. Der Vorfall verweist darauf, daß die akustische Umgebung unterschiedlich analysiert wird.

Kehren wir nun zu den Schwierigkeiten zurück, auf die der Historiker stößt, wenn er die Organisation und das Gleichgewicht der Sinne erforschen will. Das offensichtlich-

ste Hindernis liegt in der Flüchtigkeit der Spur. Sicherlich
erlaubt die Kenntnis von Techniken und Werkzeug, Land-
schaftsstruktur, Eß- oder Hygienegewohnheiten eine zumindest annähernde Wiedererstellung der sinnlich wahrgenommenen Umgebung. Viel flüchtiger aber ist die Spur des
Gebrauchs der Sinne, ihrer erlebten Rangordnung und
wahrgenommenen Bedeutung. Hinzu kommt, daß die Historiker kaum Anhaltspunkte für die Entwicklung der
Wertschätzungssysteme haben[17]. Sie wissen nur sehr wenig
über das Netz wechselseitiger Beziehungen von Angenehm
und Unangenehm, von Reizvoll und Abstoßend, von Begehrt und Abgelehnt, von Geduldet und Unerträglich in der
Kultur, die sie erforschen. Meist wissen sie nichts über die
relative Rolle der einzelnen Sinne in den Austauschverfah-
ren und Verständigungsweisen. Aber gerade solche Daten
braucht man unbedingt, wenn man die gesellschaftlichen
Einteilungen begreifen will. Ohne sie gibt es keine wirkliche Geschichte der Vorstellungen von sich selbst und vom
anderen in den jeweils betrachteten Gruppen.

Dabei haben wir ergiebige Quellen, die uns über diese historischen Gegenstände Auskunft geben könnten. An erster
Stelle seien die Schriften genannt, die etwas über das System
der Normen vermitteln und somit die Techniken der Sin-
nesbeschränkung aufspüren lassen, die in den betrachteten
Gesellschaft am Werk sind. Bleiben wir im Frankreich der
beiden ersten Drittel des 19. Jahrhunderts, so unterrichten
zahlreiche Erziehungsbücher und Hygieneratgeber über das
als normativ Angesehene. Die Verfasser dieser Leitfäden
sind es sich schuldig, den *percepta* ein Kapitel zu widmen[18].
Sie haben Vorschriften über die Hygiene oder die Einübung
der Sinnesorgane auszugeben. Auf diese Weise predigen sie
eine Wertordnung der Sinne und tragen gleichzeitig dazu
bei, daß sie sich durchsetzt.

Für jeden, der diese hier zur Debatte stehenden anthropologischen Nachforschungen betreibt, bietet die Selbstumschreibung eine üppig sprudelnde Quelle. Leider handelt es

sich für die damalige Zeit um eine sozial begrenzte Praxis. Unter anderen haben Alain Girard, Béatrice Didier, Michelle Perrot und Georges Ribeill[19] gezeigt, daß die Tagebuchführung eher die Provinz als Paris betrifft, daß sie vornehmlich dem Kleinbürgertum zugehört und daß oft solche Personen zu ihr verlockt sind, die in ihrem Leben gescheitert sind oder im Dunstkreis ihrer Familie ersticken, die sich aber nicht anders äußern können als durch diese intime Schreibtätigkeit. Daher erklärt es sich, daß im großen Heer der Tagebuchschreiber die Frauen und die Homosexuellen überrepräsentiert sind. Und doch schwankt je nach Gruppenzugehörigkeit die Genauigkeit der Selbstbeobachtung und die Trennlinie zwischen dem Empfundenen und dem Unbemerkten beträchtlich. Außerdem ist diese kleinliche Buchhaltung über das Ich, diese achtsam nach dem Verfall suchende Schreibtätigkeit eine eher kurzlebige historische Erscheinung. Erst im Laufe des 18. Jahrhunderts kommt das Tagebuch auf, namentlich in Form des »therapeutischen Journals« britischer Invaliden[20], das nun an die Stelle der Haushaltsbücher und der geistlichen Meditationen tritt. Für einige Jahrzehnte kann der Historiker bestechend genau mitverfolgen, wie diese Art der Selbstprüfung immer stärker weltlichen Charakter annimmt.

Es gibt keine bessere Quelle, um hinter diesen Vorgängen einer wachsenden Feinfühligkeit, des Rückzugs in sich selbst und einer neuen Verletzlichkeit die Wunden jenes gesellschaftlichen Handgemenges zu entdecken, von dem uns Emile Durkheim[21] und Norbert Elias berichtet haben. Es gibt keine bessere Quelle für jeden, der die Geschichtlichkeit des Affektpotentials wahrnehmen, Bezugsrahmen und Funktionsablauf der Affektsysteme aufspüren oder die Einübungs- und Gebrauchsweisen der Sinne erfassen will. Überdies bringen die Tagebuchschreiber unablässig ihre allgemeinbefindlichen Eindrücke zur Sprache oder, anders gesagt, die Wahrnehmungen ihres inneren Sinnes, von dem einst Montaigne sprach: jene Regungen der Eingeweide, für

welche die Oberschichten des 19. Jahrhunderts schon vor
Aufkommen der Psychoanalyse eine besondere Aufmerksamkeit an den Tag legen[22].

Diese Selbstumschreibung gibt genaue Auskunft, um nur
ein Beispiel zu nennen, wie groß der sexuelle Genuß ist und
welche Zärtlichkeiten ausgetauscht werden. Die Männer
führen Buch über ihre Erregungszustände; und auch das
schon seltenere Gegenstück hat uns Peter Gay in der Gestalt der Loomis Todd vorgeführt, die ihre Intimpraktiken
minuziös verzeichnete[23]. Natürlich verleiten solche Dokumente dazu, die sinnlichen Vorstellungen und Betätigungen
wie auch die Gefühlsregungen derer zu überschätzen, die
mutig und sprachgewandt genug sind, um ihre Wahrnehmungen, Eindrücke und Emotionen zu belauschen und aus-
zusprechen. Darüber hinaus liefern die erwähnten Quellen
nur verstreute und bruchstückhafte Informationen, und es
liegt auf der Hand, daß sie kaum quantifizierbar sind. Es er-
übrigt sich fast zu sagen, daß es sich die Verfasser nicht zum
Ziel gesetzt haben, die Organisation ihres Sinneshaushalts
bekanntzugeben. Aber der Historiker weiß heute nur zu
gut, daß er hier auf sein ewiges Dilemma stößt: Soll er, wie
Carlo Ginzburg sagte[24], »auf dürftiger wissenschaftlicher
Grundlage zu bemerkenswerten Schlüssen gelangen oder
auf solider wissenschaftlicher Grundlage zu nebensäch-
lichen«?

Ebenso schwierig ist es, die gesammelten Daten in einen
sinnvollen Zusammenhang zu bringen, soweit nicht bestimmte Grenzsituationen ihre Kontraste bloßlegen. Wenn
nämlich unterschiedliche Wahrnehmungs- und Affektsysteme hart aufeinanderprallen, zeichnen sich die widerstreitenden Beziehungsgefüge bisweilen mit einer aufschlußrei-
chen Genauigkeit ab. So geben die Szenen der blutigen
Massaker am Ende des 18. Jahrhunderts, wie auch die weitaus selteneren aus den darauffolgenden Jahrzehnten, wertvolle Zeugnisse über den Sinnesgebrauch der handelnden
Personen. So deutlich wird der Gegensatz zwischen dem

Freudentaumel der mordenden Menge und dem Schrecken, den das empfindsame Gemüt dabei empfindet, daß die sinnlichen Verhaltensweisen lesbarer werden. Der sensible Zuschauer blickt aus der Distanz auf die Bühne; er nimmt eine Zuschauerhaltung an. Die visuelle Kenntnisnahme zwingt ihn zu dieser Revolte des Seins, die das Wesen des Entsetzens ausmacht. Der Totschläger aber steht mitten im Getümmel, er nimmt teil an den Gebärden und den Schreien des Gemetzels, saugt den Lärm und die Gerüche auf, während der dionysische Rausch der Menge ihn mitreißt. Er analysiert das Bild nicht mit den Augen; im Unterschied zum Betrachter erfühlt er das Ereignis über die sogenannten Nahsinne, über Tast- und Geruchssinn, doch das Zerstückeln der Leichen und die Schreckensszenen wüßte er nicht zu beschreiben, denn er empfindet sie gar nicht als solche[25]. Beim Pathetischen, das in jenem ausgehenden 18. Jahrhundert so häufig ist, wie auch beim Pittoresken betätigen sich ein Blickmechanismus und eine sinnliche Wertordnung, die jeweils sozial eingegrenzt bleiben.

Hier aber geraten wir unversehens in eine Falle. Der Historiker wird dazu verleitet, die Wirklichkeit des Sinnesgebrauchs mit dem von den Zeitzeugen vorgeschriebenen Bild dieses Gebrauchs zu verwechseln. Wir brauchen uns dazu nur als weiteres Beispiel vor Augen zu führen, was die damaligen Fachleute der Schiffshygiene über die Sinneswahrnehmung des Matrosen schreiben[26]. Geschmacks- und Geruchssinn dieses minderwertigen Wesens sind vom Tabak verdorben. Die Handhabe der Taue hat alle Feinheiten seines Tastsinns zerstört, sein Gehör ist durch die Schiffsartillerie geschädigt und sein Gesichtssinn durch die salzige Luft vergröbert. Kurz: Der Seemann hat seine Sinnenschärfe im wesentlichen verloren; er ist also eine fühllose Kreatur geworden.

Vergleichbare Porträts gibt es für alle Gesellschaftsklassen; sie drängen sich durch ihre innere Stimmigkeit auf und

sind doch ganz offensichtlich der Perspektive dessen verpflichtet, der sie entwirft – um nicht zu sagen dekretiert. Im
oben beschriebenen Fall glaubt der Autor, meist ein Schiffs-
arzt, er müsse die Distanz betonen, die ihn von seinem Gegenstand trennt. Mehr noch: Auch seinen Leser, mit dem er
sich über ein heimliches Einverständnis verbunden fühlt,
muß er in dieses Abgrenzungsstreben mit einbeziehen. Das
verächtliche Klischee trägt letzten Endes dazu bei, die dem
armen Matrosen aufgezwungenen Bedingungen zu rechtfertigen. Diese Legitimierungsabsicht ist sogar Louis Chevalier,
diesem bemerkenswerten Analytiker des gesellschaftlichen
Imaginären des Bürgertums[27], hin und wieder entgangen.

Auch abgesehen von den Geboten des Standesbewußt-
seins gestaltet der Verfasser sein Porträt unwillkürlich nach
dem damaligen wissenschaftlichen Kenntnisstand. Diese
Zeit ist von der wiederauflebenden hippokratischen Lehre
geprägt, derzufolge Erscheinungsbild und Empfindungen
des einzelnen normalerweise aus der Beschaffenheit des ihn
umgebenden Bodens, der Luft und der Gewässer (*circum-
fusa*) abgeleitet werden, aus den verzehrten Nahrungsmit-
teln (*ingesta*), aus den ihn bedeckenden Kleidungsstücken
(*applicata*) sowie aus den Tätigkeiten, denen er nachgeht
(*gesta*). Dieser enge Zusammenhang[28] spiegelt sich wie in
der Körnung seiner Haut auch darin, wie er seine Sinne gebraucht. Es gehört zu den Binsenweisheiten dieser Zeit, daß
man dem Bauern einen abgestumpften Tastsinn zuschreibt[29]. Das Tagewerk hat die Haut des Landarbeiters
rauh gemacht, wenn nicht sogar »wie mit einer Art Schup-
pen«[30] überzogen. Die Verrohung dieses Sklaven der
Scholle paßt in den umfassenden Gesellschaftsentwurf, auch
ohne daß wir den Realitätsbezug seiner einzelnen Bestandteile von vornherein abstreiten müßten.

Dieses Bild vom anderen wird nicht nur mit aller Autorität zu Ende gedacht; es wird auch den herrschenden Moralvorstellungen unterworfen. Und das führt nun dazu, daß
man über den jeweiligen Gebrauch der einzelnen Sinne ein

Werturteil abgibt. Die Historiker der frühen Neuzeit haben vorzüglich dargestellt, wie die »Bußfertigen« (wohl entsprechend den Mahnungen der Beichtväter) im einzelnen die verschiedenen Sünden aufschlüsseln, zu denen die fünf Pforten des Teufels sie verführt haben[31]. Um jeglicher Versuchung durch die aufgezeigten Gefahren des Gesichtssinns aus dem Wege zu gehen, mußte man die Augen bekanntlich entweder niederschlagen oder zur himmlischen Ruhestatt erheben: Die fromme Seele erlernte dadurch, den horizontalen Blick auf die lauernde Welt zu fürchten, und betrachtete sie höchstens zu dem Zweck, ihr erschreckendes Elend einer mitleidigen Bestandsaufnahme zu unterziehen[32].

Nicht anders folgt die Beschreibung des Sinnesgebrauchs (zweifellos auch der Sinnesgebrauch selbst, aber wie weit?) den Bildern von Gesundheit und Krankheit, mithin also den von den Ärzten vorgezeichneten Trennlinien zwischen beidem. Die Hysterie hat am Ende des 19. Jahrhunderts einen solchen Stellenwert in den Vorstellungen vom Gesunden und Ungesunden, daß der Geruchssinn in Verruf gerät; man will nämlich jeden Verdacht auf Hyperosmie ausräumen, die zu dieser Zeit als Symptom einer hysterischen Überempfindlichkeit gilt.

Zumeist mit einiger Verspätung kommen alle diese Denkweisen in der Belletristik wieder zum Vorschein. In der vielgerühmten Romanserie *Die Rougon-Macquart* hält sich Zola an die gesellschaftlichen Einteilungsmuster, die ihm die Wissenschaftler und Gesellschaftsbeobachter liefern, mögen sie auch schon einige Jahrzehnte alt sein. Bei Zola regiert in den Unterschichten der Tastsinn, was sie in die Nähe zu den Tieren rückt: Mann und Frau packen einander, um sich brutal zu vereinigen. Unter Bürgern und Aristokraten setzt die Verführung eine Distanz voraus. Man streichelt sich mit zarten Blicken und verströmenden Düften, kurzum, man muß die unterstellte Feinfühligkeit im Sinnesgebrauch beweisen.

Aus diesen vielleicht etwas raschen Überlegungen erge-

ben sich Vorsichtsmaßregeln, die sich der Historiker aufer-
legen sollte. Bevor er seine Untersuchung beginnt, sollte er
wissen, wie System und Funktionsweisen der Sinne vorgestellt wurden. Kurz gesagt, er muß in der Lage sein, alle
Hinweise darauf zu entschlüsseln und die innere Logik der
Quellen bloßzulegen, wo diese sich den in der untersuchten
Epoche vorherrschenden wissenschaftlichen Auffassungen
unterordnen. Es versteht sich, daß ein Text, dem die carte-
sianische Theorie von den «Lebensgeistern» zugrunde liegt,
nicht nach demselben Raster analysiert werden kann wie einer, der von Paul Brocas Zerebraltopographie ausgeht. Für
das Verständnis der Schriften eines Autors ist es entscheidend zu wissen, wo er den zentralen Sitz der Empfindung
ortet und einordnet und wie sich nach seiner Ansicht der
Botschaftenumlauf durch die Nervenbahnen vollzieht. Dem
nämlich ordnet sich seine Wahrnehmung der Sinneshierar-
chie implizit unter. Wenn etwa im Laufe der Jahrhunderte
der Geruchssinn in der Theorie bald auf-, bald abgewertet
wird, so zeigt es sich, daß dies durch das Bild bedingt ist,
das man sich vom Nervensystem macht. Die Ideen einiger
Physiologen aus dem 18. Jahrhundert über die Funktionen
des Zwerchfells prägen die Vorstellungen von der relativen
Rolle der Sinnesbotschaften bei der Entfesselung der Gefühle. All dies ergibt ein Gewebe von Beobachtungen, das
noch nicht genügend berücksichtigt wird. Diese Art der
Vorkehrungen verlangt um so mehr methodische Strenge
und Subtilität, als das Auge des Forschers in einem und
demselben Text zumeist eine verworrene Mischung aus
Spuren von mehreren wissenschaftlichen Systemen erkennt.

Beim historischen Rückblick kommt es nicht nur darauf an, die Grundhaltung zu berücksichtigen, die zwischen
dem Wahrgenommenen und dem Unbemerkten die Grenze
zieht. Noch wichtiger sind die Normen, nach denen die
Trennung zwischen dem Gesagten und dem Ungesagten
festgelegt wird. Man sollte sich nämlich davor hüten, das

Ungesagte mit dem Unbemerkten zu verwechseln. Der Historiker wird also nie mit letzter Gewißheit entscheiden können, ob eine bestimmte, bei der Quellenlektüre festgestellte Neuerung auf Veränderungen in den Formen des Sinnesgebrauchs und des Affektsystems hinweist oder ob sie nicht einfacher auf die Herausbildung neuer rhetorischer Figuren zurückgeführt werden kann, die mit ihrer Verbreitung unweigerlich auf die Verhaltensmuster zurückwirkt.

Während der Anthropologe durch Augenschein und Rückfrage diesen Gefahren ausweichen und damit den Fallen entgehen kann, die in der stets konservativen Sprache lauern, verfügt der Historiker bei seiner halsbrecherischen Zeichensuche über keinerlei wirkliches Prüfverfahren. Wie der über den Schlamm gebeugte Jäger, der die Spur des unsichtbaren Wildes befragt, muß er das Verhalten des anderen aus winzigen, feinsten Indizien erschließen[33].

An dieser Stelle leitet sich die Geschichtsschreibung eindeutig nicht aus wissenschaftlicher, sondern aus konjekturaler Erkenntnis ab. Der Forscher kann bestenfalls den Zeitpunkt objektiv aufweisen, an dem ein bestimmter Diskurs oder Spurenkomplex auftaucht. Der Historiker wird nie genau wissen, was in der großen Welle des Pittoresken am Ende des 18. Jahrhunderts auf das Überhandnehmen einer rhetorischen Gattung oder malerischen Technik zurückgeht und was andererseits die Erarbeitung und Verbreitung einer Blickmechanik anzeigt. Nichts beweist uns, daß ein Wertungsmodus nicht existiert hat, bevor er zur Sprache gebracht oder gar in eine Theorie überführt wird. Klar ist nur eins: Die Ausbreitung eines Diskurses und das Normengefüge, das er verficht, tragen umgekehrt zur Bestimmung der späteren Gebrauchsweisen bei.

Da nun der Historiker in einem noch stärkeren Maße als der Anthropologe ein Gefangener der Sprache ist, muß er sich wenigstens darum bemühen, das aufzuweisen, was die Grenze zwischen dem Gesagten und dem Ungesagten absteckt. Er muß wissen, daß das allzu Gängige dem Schweigen nicht minder oft anheimfällt als die Wahrnehmung eines neuen Reizes, dessen Bewußtwerdung noch nicht sehr klar und dessen Ausdrucksmittel noch nicht wirklich entwickelt sind. Der Kraftfahrzeuglärm verschwindet heute immer mehr aus den Stimmungsbildern und Beschreibungen von großen Städten, ohne daß man genau wüßte, ob er wegen seiner Allgegenwart und des mangelnden Aufsehens, das er erregt, schon nicht mehr wahrgenommen wird oder ob man ihn etwa vorsätzlich verschweigt, weil er halt so grenzenlos banal ist.

Im Gegenzug verleitet der unbewegliche Sprachgebrauch dazu, nach wie vor zu sagen, was man nicht wahrnimmt oder schon nicht mehr empfindet. Für den sorglosen Forscher hat der metaphorische Sprachgebrauch seine Fallen. Selbst das ausgezeichnete Buch von Anne Vincent-Buffault über die Geschichte der Tränen[34] leidet ein wenig darunter, daß die Autorin metaphorische Formeln oder bloße Anstandsfloskeln mitunter wortwörtlich auffaßt, obwohl diese keineswegs die Wirklichkeit von Verhaltensweisen belegen können.

Zur Arbeit über die Dokumente aus der Vergangenheit gehört auch die vorgängige Kenntnis der Gebote der Scham, der Figuren des Obszönen und der Konturen des Unsäglichen, denn sie haben ja ihrerseits eine Geschichte. Das Verbot, das im 19. Jahrhundert darüber verhängt war, die körperliche Wollust der Umarmung samt ihren Geschmäckern, Gerüchen und Geräuschen zu beschreiben, könnte zur abwegigen Folgerung führen, den Vorrang des Visuellen zu überschätzen, das diesem Schweigegebot einfach in geringerer Weise unterliegt.

Der Historiker ist dem Anthropologen gegenüber im Nachteil, denn er hat, um es nochmals zu betonen, kaum andere Quellen zur Verfügung als die sprachlichen. Dennoch ließe sich erkunden, was in den Riten und Techniken der gesellschaftlichen Verständigung die Gebrauchsweisen der Sinne verrät. Vom Händedruck zu den Verfahren der

Informationsübermittlung zeichnet sich der Forschung hier ein Feld ab, das noch kaum urbar gemacht ist. So wäre es beispielsweise vergeblich, die Bauernschaft um die Mitte des 19. Jahrhunderts erforschen zu wollen, ohne aufmerksam die Mechanismen der Weitergabe von Gerüchten zu analysieren[35]. An den Marktnachmittagen entfaltet sich aus Wort- und Blickwechseln, Gesten- und Geruchsaustausch ein ganzes Gesellschaftstheater im heißen, dumpfen Mit- und Durcheinander der Herbergen dicht bei den Marktständen.

Alles, was der Geschichte sinnlicher Verhaltensweisen und Affekthaltungen angehört, kann schlechterdings nur einen Horizont für die Forschung abstecken. Man sollte sich dessen bewußt bleiben und trotzdem, worauf ich schließen möchte, nicht dem Pessimismus verfallen. Solche Untersuchungen, so vage sie auch sein mögen, offenbaren Zerklüftungen auf anthropologischem Gebiet. Die Westeuropäer des 19. Jahrhunderts (und dieses Beispiel ist mir allein durch mein zeitlich-räumliches Forschungsgebiet nahegelegt) schreiben, wenn sie die Gesellschaft in den Blick nehmen, der Untersuchung der sinnenfälligen Umgebung und der Beschreibung der Gebrauchsweisen der Sinne eine solche Bedeutung zu, daß sie zur Erforschung dieses schwierigen Gegenstandes geradezu auffordern. Man würde diese Epoche kaum verstehen, wenn man es mit der Erforschung von Status und Rang, von Vermögensgrößen oder Standessymbolen bewenden ließe. Die wirkungsmächtigsten Spaltungen gehen zu jener Zeit, wenn auch nicht auf die Biologie[36], so doch auf die zugrundeliegende Lebenshaltung zurück; und einer der Grundbestandteile im Entwurf des gesellschaftlichen Imaginären ist die Ordnung des Sinneshaushalts – was nicht heißen soll, daß diese nun etwas in sich Einheitliches wäre. Ganz im Gegenteil: Sie ist Ergebnis einer andauernden Spannung zwischen widerstreitenden Überzeugungen. Wohl scheinen die damals sogenannten »sozialen« Sinne, Gesicht und Gehör, auch die edelsten zu sein, aber der Tastsinn ist andererseits für die Erfahrung der

Gegenstände grundlegend, während Geschmack und Geruch, die Sinne des Überlebens, über das wahre Wesen der Dinge Aufschluß geben.

Die Risse durch die Gesellschaft folgen eben dieser Gegensätzlichkeit. Die Rangordnung der Sinne verordnet und spiegelt jene andere, die innerhalb der Gesellschaft funktioniert. Die Art, wie jeder einzelne Gespür, Geruch, Geschmack, Gehör und Gesicht benutzt, erlaubt eine Unterscheidung zwischen 1) denen, die sich durchgängig gegen den Widerstand der Materie stemmen müssen, welche die Erfahrung der abstumpfenden Arbeit gemacht haben und dazu fähig sind, mit ihrem Fleisch die spontane, animalische Lust zu erleben, die aus der Berührung erwächst, und 2) denen, die es durch Einübung und Gewohnheit im sozialen Verkehr und dank der Befreiung von der körperlichen Arbeit dazu gebracht haben, die Schönheit der Objekte zu genießen, die eigene Feinfühligkeit zu beweisen, den Instinkt der Affektsinne zu beherrschen und eine durchdachte Zeitverschiebung zwischen das Verlangen und seine Erfüllung zu setzen. Der verordnete Sinneshaushalt begründet die Logik der gesellschaftlichen Unterteilungen; er überformt und rechtfertigt die Rangordnung der Entscheidungsträger.

Das 19. Jahrhundert wird allzu eilig als das Jahrhundert des Geldes definiert. Und dennoch, seine bedeutendsten gesellschaftlichen Zerklüftungen beruhen auf der Unterscheidung zwischen der Unverzüglichkeit und der jeweils auferlegten Verzögerung, zwischen dem Angewiesensein auf unmittelbaren Kontakt und der Fähigkeit, Distanz zu halten. Als entscheidendes Standeskriterium erweisen sich in letzter Instanz, wie zart die Hände sind, wie gut oder schlecht man Schweigen oder Abgehobenheit wahren kann, wie hoch die Toleranzschwelle liegt, wie empfindlich man für Ekelgefühle und wie empfänglich man für Begeisterung ist – kurzum, die suggestiven Zeichen der Verfeinerung, die allesamt unmittelbar die sinnliche Wertordnung einbeziehen.

Anmerkungen

1 Lucien Febvre, »Psychologie et histoire«, in: *Encyclopédie française*, Bd. 8, *La vie mentale*, Paris 1938, und »Comment restituer la vie affective d'autrefois? La sensibilité et l'histoire«, in: *Annales d'histoire sociale* 3 (1941). Beide Aufsätze wurden nachgedruckt in: L. F., *Combats pour l'histoire*, Paris 1953, S. 207–238 (dt. *Das Gewissen des Historikers*, übers. von Ulrich Raulff, Berlin 1988).

2 Zur Kritik dieses Begriffes siehe die Beiträge, die im Rahmen der Tagung »Histoire des sciences et mentalités« an der Universität Paris I am 19. März 1983 vorgetragen und in der *Revue de synthèse* (111/112) 1983 abgedruckt wurden, insbesondere Roger Chartier, »Histoire intellectuelle et histoire des mentalités, trajectoires et questions«, in: ebd., S. 277–307.

3 Norbert Elias, *Über den Prozeß der Zivilisation* (1939), 2 Bde., Frankfurt a. M. 1977.

4 Johan Huizinga, *Herfsttij der middeleeuwen* (1919) (dt. *Herbst des Mittelalters. Studien über Lebens- und Geistesformen des 14. und 15. Jahrhunderts in Frankreich und in den Niederlanden*, Stuttgart ⁹1965).

5 Georges Lefebvre, *La grande peur de 1789*, Paris 1932, ebd. 1988.

6 Robert A. Nye, *The Origins of the Crowd Psychology. Gustave Le Bon and the Crisis of Mass Democracy in the Third Republic*, London / Beverly Hills 1975; Susanna Barrows, *Distorting Mirrors. Visions of the Crowd in Late Nineteenth Century France*, Yale 1981; Serge Moscovici, *L'age de foules. Un traité historique de psychologie de masses*, Paris 1981.

7 Lucien Levy-Bruhl, *La mentalité primitive*, Paris 1922.

8 Charles Blondel, *Introduction à la psychologie collective*, Paris 1928.

9 So zum Beispiel Robert Mandrou, *Introduction à la France moderne. Essai de psychologie historique, 1500–1640*, Paris 1961.

10 Der vorliegende Beitrag entstand für das Heft *Les »Cinq« sens* der Zeitschrift *Anthropologie et sociétés* (14, 1990, H. 2) das aus einem Projekt der kanadischen Universität Concordia, »The Varieties of Sensory Experience« hervorgegangen war (Anm. d. Übers.).

11 David Howes, »Scent and Sensibility«, in: *Culture, Medicine and Psychiatry* 13 (1989) S. 81–89; D. H. / M. Lalonde, »The History of Sensibilities. Of the Standard Taste in Mid-Eighteenth Century England and the Circulation of Smells in Post-Revolutionary France« (unveröffentlichtes Manuskript, undatiert).

12 David Howes, »Olfaction and Transition. An Essay on the Ritual Use of Smell«, in: *Revue canadienne de sociologie et d'anthropologie* 24 (1987) S. 398–416.

13 Guy Thuillier, *Pour une histoire du quotidien au XIXe siècle en Nivernais*, Paris / Den Haag 1977, S. 230–244.

14 Er ist bei Jacques Léonard wiederzufinden, *Archives du corps. La Santé au XIXe siècle*, Rennes 1986.

15 Es sei angemerkt, daß Guy Thuillier seine Untersuchung seither entscheidend verfeinert hat. In seinem eindrucksvollen Aufsatz über die Blicke in *L'imaginaire quotidien au XIXe siècle*, Paris 1985, berücksichtigt er einige dieser Vorbehalte.

16 Ich beziehe mich auf diesen Streitfall, weil ich ihn selbst miterlebt habe. Guy Thuillier betont, daß im 19. Jahrhundert »die Dorfchronik sehr reich an Glockengeschichten ist« (Thuillier, s. Anm. 13, S. 242).

17 Widersinnigerweise haben die Altgeschichtler, die seit langem auf anthropologische Literatur zurückgreifen, auf diesem Gebiet bessere Kenntnisse erworben als die Historiker, die das 19. Jahrhundert erforschen. Ich denke zum Beispiel an das vortreffliche Buch von Marcel Detienne, *Les jardins d'Adonis. La mythologie des aromates en Grèce*, Paris 1972.

18 So zum Beispiel Michel Levy, *Traité d'hygiène publique et privée*, Paris 1844.

19 Alain Girard, *Le journal intime et la notion de personne*, Paris 1963; Béatrice Didier, *Le journal intime*, Paris 1976; Michelle Perrot / Georges Ribeill (Hrsg.), *Le journal intime de Caroline B.*, Paris 1985. Ich habe diese Frage angeschnitten im Kapitel »Coulisses« der *Histoire de la vie privée*, hrsg. von Philippe Ariès und Georges Duby, Bd. 4, *De la Révolution à la Grande Guerre*, hrsg. von Michelle Perrot, Paris 1987, S. 413–611 (dt. *Geschichte des privaten Lebens*, Bd. 4, *Von der Revolution zum Großen Krieg*, aus dem Frz. von Holger Fliessbach und Gabriele Krüger-Wirrer, Frankfurt a. M. 1992).

20 Alain Corbin, *Le territoire du vide. L'occident et le désir du rivage, 1750–1840*, Paris 1988 (dt. *Meereslust. Das Abendland*

und die Entdeckung der Küste, aus dem Frz. von Grete Osterwald, Berlin 1990).

21 Emile Durkheim, *Le suicide* (1897), Paris 1930, S. 264–311 (dt. *Der Selbstmord*, übers. von Sebastian und Hanne Herkommer, Frankfurt a. M. [10]1995).

22 Siehe Jean Starobinski, »Brève histoire de la conscience du corps«, in: *Revue française de psychoanalyse* 45 (1981) S. 261–279; François Azouvi, »Quelques jalons dans la préhistoire des sensations internes«, in: *Revue de synthèse* 105 (1984) H. 113/114, S. 113–133.

23 Peter Gay, *The Bougeois Experience. Victoria to Freud*, Oxford 1984.

24 Carlo Ginzburg, *Mythes, emblèmes, traces*, Paris 1989, S. 179.

25 Über alles vorhin Gesagte siehe Alain Corbin, *Le village des cannibales*, Paris 1990 (dt. *Das Dorf der Kannibalen*, aus dem Frz. von Brigitte Burmeister, Stuttgart 1992).

26 Siehe Alain Corbin, *Le miasme et la jonquille. L'odorat et l'imaginaire social, XVIIIe–XIXe siècle*, Paris 1982, S. 172–174 (dt. *Pesthauch und Blütenduft. Eine Geschichte des Geruchs*, aus dem Frz. von Grete Osterwald, Frankfurt a. M. [3]1991, S. 195 f.). Zahlreiche Autoren des 19. Jahrhunderts schreiben der Berufsausübung einen besonderen Sinnesgebrauch zu. Ohne diesen Einfluß der Erwerbstätigkeit leugnen zu wollen, muß doch daran erinnert werden, daß die Gesellschaftsbeobachter des 19. Jahrhunderts mit ihrem Hang, die Berufe zu klassifizieren, den Einfluß dieser Art Kriterium leicht überschätzen. Wenn beim Polizisten vor allem der Riecher verlangt ist, muß man die dürftigen Identifizierungsmethoden berücksichtigen; und für diese Epoche der klinischen Medizin macht der diagnostische Blick den Arzt aus. Beides sind bei alldem gute Beispiele für den Einfluß des Berufes auf die Sinne, wenn man auch das Ergebnis rein handwerklicher Fertigkeit dabei nicht übersehen darf.

27 Louis Chevalier, *Classes laborieuses et classes dangereuses à Paris pendant la première moitié du XIXe siècle*, Paris 1958.

28 Die Entsprechung zwischen der Beschreibung des Lebensraumes und der Gesellschaft zeigt Marie-Noëlle Bourguet auf, *Déchiffrer la France. La statistique départementale à l'époque napoléonienne*, Paris 1988.

29 Nichtsdestoweniger unterstreicht man, daß das Volk besonders intensiv auf diesen niedern Sinn zurückgreife.

30 Diese Stellungnahme gibt der Marquis de Mallet 1866 über die Bauern im Norden des Département Dordogne ab (zit. bei Corbin, s. Anm. 25).

31 Siehe Jean Delumeau, *Le péché et la peur. La culpabilisation en occident, XIIIe–XVIIIe siècle*, Paris 1983, S. 222–272, und Odile Arnold, *Le corps et l'âme. La vie des religieuses au XIXe siècle*, Paris 1984.

32 Guy Thuillier (s. Anm. 15, S. 6–12) unterstreicht, daß diese alte »Blickpolizei« in den Klöstern und Mädchenpensionaten bis um die Mitte des 19. Jahrhunderts andauerte. Erst danach setzte eine »Befreiung des Blicks« und vor allem des Blicks auf sich selbst ein, wobei das Fernsehen dann neue Formen seiner »Fesselung« vorgab.

33 Ginzburg (s. Anm. 24), S. 151.

34 Anne Vincent-Buffault, *Histoire des larmes*, Marseilles 1986.

35 Siehe hierüber die Sondernummer der Zeitschrift *Genre humain* 5 (1982), unter dem Titel *La Rumeur.*

36 In diesem Sinne hat Antoine de Baecque das Aufkommen einer biologischen Verunglimpfung im antiaristokratischen Diskurs dargelegt; »La discours anti-noble (1787–1792). Aux origines d'un slogan: »Le epeuple contre le gros«, in: *Revue d'histoire moderne et contemporaine* 36 (1989) S. 3–28.

PETER JELAVICH

Methode? Welche Methode?
Bekenntnisse eines gescheiterten Strukturalisten

*Es ist gleich tödlich für den Geist,
ein System zu haben, und keins zu haben.
Er wird sich also wohl entschließen müssen,
beides zu verbinden.*

Friedrich Schlegel

Die Bitte der Veranstalter dieser Tagung, ich solle einige
Gedanken über meine eigenen Methoden der kulturgeschichtlichen Forschung ausführen, hat mich einigermaßen
in Verlegenheit gebracht.[1] Meine Arbeit läßt sich nicht eindeutig auch nur einem der vorherrschenden Trends in der
Kultur- und Ideengeschichte der letzten 30 Jahre zuordnen,
beispielsweise der Sozialgeschichte der Ideen, der historischen Anthropologie oder dem *linguistic turn*. Ebensowenig eignet sie sich für eine Systematisierung sui generis. Aus
diesem Grunde kann ich kaum annehmen, daß meine Arbeit paradigmatischen Wert für andere Wissenschaftler hat.
Allerdings hat sie einen gewissen symptomatischen Wert,
weil ich nämlich das scheinbare Fehlen einer kohärenten
Methodik bei vielen kulturhistorischen Forschungsprojek-
ten für repräsentativ halte. Ich möchte hier meine eigene
Forschung vorstellen, gleichzeitig aber versuchen, der
grundsätzlichen Frage gerecht zu werden, warum es so
schwer ist, übergreifende Methoden für die Kulturgeschichte zu entwickeln.

Lassen Sie mich mit einer Anekdote beginnen. Die Frage
nach meiner »Methodologie« macht mir schon seit gut zehn
Jahren Kopfzerbrechen, und ich kann den Beginn dieses
Problems sogar präzise auf die ersten Tage des Oktobers
1984 datieren, am Anfang eines Jahres als Fellow am Wis-

senschaftskolleg zu Berlin. Am Morgen nach meiner Ankunft aus Amerika zwang ich mich trotz starker Müdigkeit
durch die Zeitumstellung um acht Uhr aus dem Bett (für
mich war es natürlich noch immer zwei Uhr morgens) und
erschien am gemeinsamen Frühstückstisch. Außer mir war
dort nur eine weitere Person, nämlich eine Slavistin aus der
Bundesrepublik. Nach den üblichen Vorstellungsritualen –
Name, Universität – stellte sie mir als dritte Frage: »Was ist
Ihre Methodologie?«

Meine ersten Gedanken waren: 1) Ich bin wieder in
Deutschland! und 2) Wann geht der nächste Flug zurück
nach Amerika?

Als Antwort stammelte ich ein paar Worte über Max Weber und entzog mich weiteren Nachfragen mit dem Hinweis auf meine extreme Jet-Lag-Müdigkeit. Ich habe diesen
Vorfall nie vergessen können, denn er belegt für mich, um
wieviel mehr die deutsche akademische Welt sich um Fragen der Methode sorgt als die amerikanische. Zum Teil ist
die Frage eine ›disziplinäre‹, denn indem man seine Methode benennt, ordnet man sich auch einer Fachrichtung zu.
Aber darüber hinaus gibt es einen tiefergehenden Grund
für die Sorge um Methode in Deutschland – nämlich den
Anspruch, daß Forschung ›wissenschaftlich‹ sein soll, d. h.
systematisch in ihrer Präsentation, mit sauber definierten
Strategien bei der Fragestellung und dem Erarbeiten von
Antworten. Daß die deutsche Geschichtswissenschaft sich
so ungemein gegen eine Kulturgeschichte gestemmt hat,
wie sie in Frankreich, England oder den USA betrieben
wird, liegt zum Teil daran, daß vieles an ihr so ›unwissenschaftlich‹ wirkt. Es ist ein leichtes, deutsche Historiker
dazu zu bringen, kulturhistorische Köder zu schlucken, solange diese in ein sozialwissenschaftliches Mäntelchen gehüllt, beispielsweise als Kulturanthropologie etikettiert
werden. Aber sogar dieser Weg wird in dem Maße verbaut,
in dem die Kulturwissenschaften, einschließlich (und insbesondere) die Kulturanthropologie, sich mitten in einem ra-

dikalen Prozeß der Selbstkritik und ›Dekonstruktion‹ befinden.

Ein wichtiger Grund, warum Kulturgeschichte sich schwerlich standardisieren läßt, liegt darin, daß sie sich im Niemandsland zwischen Interpretation und kausaler Erklärung, zwischen ›humanistischen‹ und ›wissenschaftlichen‹ Bereichen bewegt. Das trifft natürlich für alle Geschichts- und Sozialwissenschaften zu, wie Quentin Skinner und andere argumentiert haben.[2] Aber das Problem stellt sich für *Kultur*geschichte besonders deutlich, weil sich die Geisteswissenschaftler – unsere Kollegen aus den Fachbereichen für Literatur, Kunst usw. – traditionell auf Interpretation, auf ›reine‹ Textualität konzentrieren, während Historiker sich mit dem Wandel im Laufe der Zeit beschäftigen, was stets Kontext und Kausalität beinhaltet.

Der Kniff bei der Kulturgeschichte besteht darin, Interpretation und kausale Erklärung miteinander zu verbinden, ohne sie ineinander aufgehen zu lassen. Wir müssen einerseits ›reduktive‹ Interpretationen vermeiden, die ein künstlerisches Schaffen *ausschließlich* als Äußerung individueller Intention, als Ausdruck einer sozialen Klasse, oder als Zeichen für etwas über das Kunstwerk selbst Hinausweisendes versteht (letzteres ist die Gefahr bei der ›Sozialgeschichte der Ideen‹ oder anderen autor- und kontextorientierten Ansätzen der Kulturgeschichte). Andererseits kann aus überzogenen Formen Durkheimscher Soziologie, strukturalistischer Anthropologie oder Foucaultscher Theorie das gegenteilige Extrem erwachsen, nämlich eine Reduzierung auf Kultur allein; dann erscheint Kultur (Text, Diskurs etc.) als eine Kraft, die das Individuum vollständig umschließt und determiniert. Eine dritte Möglichkeit ist, Autor und Kontext beiseite zu lassen; allerdings finden wir uns dann in einer Sphäre freischwebender Interpretation wieder, die sicherlich ein legitimer Bereich von Spekulation, aber keine ›Geschichtswissenschaft‹ mehr ist.

Meines Erachtens präsentiert sich Kulturgeschichte in ihrer stärksten Form, wenn sie die Schnittstelle dieser drei Kreise besetzt. Sie beschreibt dann, wie Menschen Kultur schaffen, artikulieren und benutzen; sie zeigt, wie uns Kultur über unsere Intentionen und unser bewußtes Verständnis hinaus manipuliert; und es bleibt genug Raum für etwas darüber Hinausgehendes – für eine essayistische Art der Interpretation, für ästhetischen Genuß, für etwas Spielerisches. Diese drei Bereiche passen nicht nahtlos zusammen, letzteres ist sogar vollkommen ›unwissenschaftlich‹. Deshalb stehen wir auch vor einem methodologischen Schlamassel.

Zu diesem Ergebnis bin ich nicht durch abstraktes Abwägen gewichtiger Theorien gelangt – obwohl ich mehrere Spielarten der Kulturtheorie gelesen und gelehrt habe, sogar von ihnen angeregt worden bin –, sondern eher durch konkrete kulturgeschichtliche Forschung. Vor fünfzehn Jahren begann ich meine Arbeit in dem festen Glauben, daß Kulturgeschichte sich mit künstlerischen Werken, Kontexten, Intentionen und – ja – Strukturen befaßt. Heute sehe ich die Grenzen dieser Herangehensweise, aber ich verwerfe sie nicht völlig. Ich möchte hier skizzieren, wie sich meine Art, Kulturgeschichte zu betreiben, gewandelt hat, um damit einige Herausforderungen für die kulturgeschichtliche Forschung aufzuzeigen und um zu verdeutlichen, wie Kulturgeschichte oftmals anderen Bereichen der Geschichtsforschung Steine in den Weg legt.

Um mit dem Untersuchungsgegenstand zu beginnen: Meine Auffassung von Kultur setzte mit der traditionellen Vorstellung ein, die Kultur als ›Hochkultur‹ begreift – Texte, Aufführungen und auf eine Bildungselite ausgerichtete Kunstwerke (hier machte sich offensichtlich der Einfluß meines Doktorvaters Carl Schorske bemerkbar[3]). Mein Ausgangspunkt war stets das Kunstwerk selbst bzw. ein Konglomerat von Kunstwerken: modernes Theater im München der Prinzregentenzeit, Kabarett in Berlin von 1901 bis 1944, und mittlerweile Rundfunk und Film im

Berlin der Weimarer Republik. Der Grund für die Themenwahl ist (ehrlich gesagt) ästhetischer Natur – die Themen entspringen meinem persönlichen Geschmack: Ich schätze Wedekind und mag Panizza, ich bewundere Riemerschmids Schauspielhaus und genieße Kabarett. Diese Art der Motivation bedeutet, daß ich mich mit viel Energie und Enthusiasmus in meine Forschung stürzen kann, allerdings bringt sie methodologische Nachteile mit sich. Zu Beginn eines größeren Forschungsprojektes verfüge ich oft über keinen klaren Fragenkatalog, da mein Ausgangspunkt von der persönlichen Faszination mit dem Forschungsobjekt (bzw. einem Konglomerat von Objekten) und nicht von kulturhistorischen Fragestellungen geprägt ist. Die Erkenntnis, worin diese Faszination begründet liegt, ist das Ziel meiner Forschung. Zum *Historiker* macht mich dabei die Überzeugung, daß diese Faszination erklärt werden kann – daß man die Quelle kultureller »Energie« aufdecken kann, um mit Stephen Greenblatt zu sprechen⁴ – indem man untersucht, wie das Kunstwerk entstanden ist.

Es mag egozentrisch erscheinen, meinen persönlichen Geschmack an den Beginn einer Forschungsarbeit zu stellen. Allerdings bin ich der Meinung, daß die Bearbeitung eines jeglichen Forschungsgegenstandes (sei er ein künstlerischer oder nicht) zu allgemeingültigen Ergebnissen führen kann, die auch andere Wissenschaftler als bedeutsam akzeptieren können. Aber wie ist das zu erreichen? Meines Erachtens hängt viel davon ab, für neue Perspektiven offen zu bleiben und es sozusagen zuzulassen, sich von den eigenen Ergebnissen an die Hand nehmen und auf neue Pfade leiten zu lassen. Dieses Verfahren läßt sich schwer erklären, und vielleicht verbindet sich hier gelehrte Intuition mit ästhetischen Neigungen. Für mich ist dieses Entdecken neuer Territorien bzw. die Neuerschließung bekannter Gebiete einer der aufregendsten Aspekte der Forschung.

Gleichzeitig ist es unmöglich, sich einem Thema mit einer gedanklichen Tabula rasa zu nähern. Die vorgefertigten

Schablonen, die ich anwende, stammen aus den jeweils aktuellen Kontroversen in der Kulturgeschichte oder Kulturtheorie; sie stellen das Bindeglied zwischen meiner Forschung und der breiteren Forschergemeinde dar. Dieses Vorgehen ist einleuchtend und weit verbreitet. Jedoch denke ich, daß es einen Unterschied macht, ob man sich erst einer kulturhistorischen Fragestellung zuwendet und dann Kunstwerke sucht, an denen diese Frage zu testen ist; oder ob man statt dessen an einem künstlerischen Erzeugnis ansetzt und die sich daraus ergebenden Problemfelder betrachtet. Ich bevorzuge letzteres, weil es zu komplexeren Problemstellungen führt und mir ermöglicht, mich in ein weiteres Feld wissenschaftlicher Debatten einzuklinken. Darüber hinaus eröffnet dieses Vorgehen mir auch eher unerwartete Perspektiven.

Die wissenschaftlichen Debatten, an denen ich mich beteiligt habe, befassen sich mit der Moderne, der Unterscheidung zwischen Eliten- und Volkskultur, städtischer Kultur, Zensur und der Vermarktung von Kunst. Im folgenden werde ich kurz und etwas eklektizistisch diese Themen kommentieren, um zu zeigen, wie problematisch sie an sich sind, während sie gleichzeitig andere Bereiche der Geschichtsforschung problematisieren.

1) Eine Reihe von historischen Studien haben sich mit der *Moderne* in Europa befaßt, jener bedeutenden Kulturbewegung von 1880 bis 1930 (und darüber hinaus). Von ihrem grundsätzlichen Erforschungswert einmal abgesehen, kann die Moderne meines Erachtens Erkenntnisse darüber vermitteln, wie Geschichte im allgemeinen und Kulturgeschichte im besonderen betrieben werden sollte. Anders formuliert, es besteht eine Art von Rückkoppelung zwischen dem Untersuchungsobjekt und der Methode, mit es untersucht wird. Eines der wichtigsten Anliegen der Moderne war, die einer bestimmten Kunstform eigenen Charakteristika und Potentiale aufzuspüren. Die Beschäftigung des modernen Künstlers mit dem Wesen seines Mediums

klärte den eigenen Standpunkt und förderte Experimentierfreudigkeit und Innovation. Soweit das Medium des Historikers der geschriebene Text oder die mündliche Präsentation ist, finden sich sehr moderne Züge in der Arbeit von Wissenschaftlern wie beispielsweise Hayden White, der zu erklären sucht, wie literarische Formen das Schreiben angeblich ›objektiver‹ oder zumindest ›wissenschaftlicher‹ Texte vorherbestimmt.[5] Natürlich kann eine ausschließliche Beschäftigung mit dem Medium auch in eine Sackgasse führen: So wie sie im kulturellen Bereich in eine Ästhetik des *L'art pour l'art* münden kann – Anathema für all jene, die glauben, Kultur sollte außerkünstlerische Funktionen haben –, so kann sie im historischen Bereich in übertriebener, ja ausschließlicher Theoretisierung enden. Im extremen Falle erzürnt das dann jene Historiker, die meinen, wir sollten ab einem bestimmten Punkte aufhören herumzudrucksen und uns statt dessen bemühen herauszufinden, ›wie es eigentlich gewesen‹ ist.

Trotz dieser Falle bin ich davon überzeugt, daß Historiker offen sein müssen für die Implikationen der narrativen Formen und rhetorischen Mittel, die sie selbst anwenden. Für Kulturhistoriker ist es jedoch noch wichtiger, die Möglichkeiten und Implikationen der jeweiligen Kunstrichtungen zu erfassen, die sie untersuchen. Zu Beginn eines neuen Forschungsvorhabens – das zumindest bei mir stets auch ein neues Medium beinhaltet – stelle ich zuerst immer ›formalistische‹ Fragen: welches sind die Charakteristika dieser Kunstgattung, die sie von anderen unterscheidet? Was kann sie ausdrücken? Wie funktioniert sie nach innen und nach außen? Diese Fragen müssen gestellt werden, wenn wir unser Grundanliegen klären wollen, nämlich wie wir Kultur instrumentalisieren und wie Kultur uns instrumentalisiert.

2) Die *Wechselwirkung zwischen Elitenkultur und Volkskultur* entwickelte sich in den 1970er Jahren unter Historikern der europäischen Frühen Neuzeit zu einem wichtigen Forschungsthema, und ich hatte den Eindruck, es könne

auch auf die Moderne angewandt werden. Das erschien etwas paradox, denn die Moderne ist in wissenschaftlichen Abhandlungen meist als ultra-elitäre Angelegenheit dargestellt worden. Ich habe mich stets dagegen gesträubt, diese These zu übernehmen, denn wohin ich auch blickte, sah ich moderne Künstler in Volkskultur schwelgen: nicht nur Exzentriker wie Wedekind und Panizza, sondern auch ›etepetete‹ Zeitgenossen wie Kandinsky. Ich kam zu dem Schluß, daß ein Großteil der Innovation moderner Kunst auf dem bewußten Anwenden populärkultureller Formen basierte, mit dem Ziel, so den idealisierten Pseudo-Realismus der klassischen und akademischen Kultur zu untergraben. Aber das bedeutete nicht, die modernen Künstler hätten ein breiteres Publikum gesucht (obwohl einige unter ihnen dies getan haben); moderne Kunst konnte der Form nach populär sein, blieb aber elitär in ihrer Wirkung. Zunächst habe ich den Schluß gezogen (und in einigen Publikationen Anfang der 80er Jahre auch so argumentiert[6]), daß die getrennten Sphären der Eliten- und Volkskultur um die Jahrhundertwende im Schmelztiegel der modernen Kunst vermischt wurden, was die Kluft noch vertiefte: Avantgarde auf der einen, Massenkultur auf der anderen Seite – wobei die Avantgarde Elemente der Eliten- und der Volkskultur aufnahm und es der Massenkultur überließ, etwas völlig Neues zu entwickeln. Meine Forschung erlaubte mir, diese Vermischung am Fin de siècle sehr deutlich zu erfassen, aber ich stützte mich für die Zeit davor auf französische Studien, für die Zeit danach auf Arbeiten der Frankfurter Schule.

Mittlerweile sehe ich die Dinge etwas anders, besonders was die Zeit ›danach‹ angeht. Je länger ich (und natürlich viele andere) die Massenmedien wie Rundfunk und Film untersuche, desto mehr erkenne ich, daß diese Medien sehr komplex und heterogen strukturiert sind. Um keine Mißverständnisse aufkommen zu lassen: Es sind zwar kontinuierlich Statusdifferenzierungen am Werk; dennoch haben Avantgarde und Massenkultur seit der Jahrhundertwende gegenseitig ihre Stilrichtungen und Thematiken geplündert, so wie sie auch über den Fundus früherer Eliten- und Volkskulturen hergefallen sind. Nähert man sich dem Ende des 20. Jahrhunderts, wird deutlich, daß entgegen früheren Befürchtungen von Kulturkritikern die Massenmedien nicht zu einer Nivellierung des Geschmacks geführt haben, sondern eher zu einer Aufteilung in verschiedene Geschmacks-Märkte. Das heißt, wenn Kategorien wie ›Elite‹ und ›Masse‹ um 1900 schon problematisch waren, so sind sie es heute erst recht.

3) Der räumliche Kontext, in dem ich meine Forschung ansiedele, ist stets eine *Großstadt*: erst München, dann Berlin. Der urbane Kontext wird oft vorausgesetzt, man denke nur an die vielen Bücher über Kunst in Wien, Paris, London, New York. Es spricht vieles ohne Frage für einen solchen Kontext. In der modernen Metropole sammelten sich Künstler und Publikum zu einer kritischen Masse, die kulturelle Bestrebungen in großem Rahmen ermöglichte und Raum für künstlerische Innovation schuf. Entscheidungen über Aufführung, Ausstellung, Finanzierung und Zensur künstlerischer Arbeit wurden oftmals vor Ort getroffen. Außerdem lieferten Großstädte auch regelmäßig die Themen der modernen Kunst.

Natürlich wirkt die Begründung einer Themenwahl durch den räumlichen oder geographischen Kontext etwas künstlich, aber ich halte die Großstadt immer noch für die bessere Alternative. Zum Beispiel: Ich habe den paradoxen Schluß gezogen, daß deutsche Kulturgeschichte vielerlei darstellt, aber eines ist sie sicherlich nicht, nämlich ›deutsch‹. Damit meine ich, daß der deutsche Nationalstaat kaum einen angemessenen Kontext zur Erforschung ›deutscher‹ Kultur abgibt (es sei denn, man befaßt sich explizit mit kulturellen Bestrebungen, nationale Identität zu stiften; in dem Falle wäre aber ein Fokus auf den Nationalstaat tautologisch). Einerseits findet man sich über die Reichsgrenzen hinaus verwiesen: es wäre eine künstliche Trennung, ›deutsche‹ Literatur bearbeiten zu wollen, ohne die Entwicklungen in der Schweiz und in Österreich mit einzubeziehen, denn schließlich definiert sich das Feld der Literatur durch die Sprache. Legt man den Schwerpunkt auf Stilrichtungen, muß man den geographischen Rahmen sogar noch weiter spannen, weil Länder wie Frankreich, Belgien, Schottland, Norwegen und Rußland ins Bild rücken. Andererseits muß man sich einer schmaleren Einheit als des deutschen Nationalstaates bedienen, wenn man eine hohe Erklärungsdichte für die Entstehung einer Kunstrichtung anstrebt. Manchmal reichen die Einzelstaaten dafür aus (z. B. Preußen oder Bayern), weil die Zensurgesetze sowie bestimmte Entscheidungen der Regierung über Kunstförderung auf dieser Ebene getroffen wurden. Ich bleibe aber dabei, daß der ergiebigste Kontext für eine dichte Erklärung immer noch die Großstadt ist.

Die Tatsache, daß der deutsche Nationalstaat als Rahmen für kulturgeschichtliche Untersuchungen relativ nutzlos ist, ist einer der Gründe, warum es so schwierig ist, Kulturgeschichte in den allgemeinen Kontext deutscher Geschichtsschreibung zu integrieren (man denke an die verschiedenen Handbücher zur deutschen Geschichte: die Kapitel zur Kultur, falls vorhanden, haben nur einen peripheren Status). Sich auf städtische Kultur zu konzentrieren, eröffnet darüber hinaus eine Perspektive, die gegen den Strich eines Großteils der nationalstaatsfixierten Forschung geht. Von dieser urbanen Perspektive aus erscheint die deutsche Elite extrem bourgeois; man erfährt, daß lokale Identität oftmals mißtrauisch und konfliktbereit der nationalen Identität gegenübersteht; und man beginnt zu verstehen, daß Kultur – die Bildung, die Künste – als ›ideelle Interessen‹ im Weberschen Sinne[7] hochgehalten wurde und so mit anderen Werten (wirtschaftlichen, poltischen, religiösen) kollidierte. Synthetisierende und strukturalistische Zusammenfassungen, die deutsche Geschichte von oben betrachten, übersehen diese Perspektive. Die deutsche Bürgertumsforschung der letzten zehn Jahre scheint zu ähnlichen Ergebnissen zu kommen, und ich bin gespannt, ob solche Ergebnisse in umfassendere, synthetisierende Sichtweisen deutscher Geschichte integriert werden können, ohne den analytischen Bezugsrahmen des Nationalstaates grundlegend zu modifizieren.

4) Wie bereits erwähnt, begann ich meine Arbeit dem allgemeinen Trend der 1970er Jahre gemäß mit der Suche nach Strukturen, die die Entstehung von Kunstprodukten erklären sollten, und zwar konzentrierte ich mich auf die Zensur und den Markt (die Auswahl dieser Themen war hauptsächlich durch Arbeiten von Robert Darnton beeinflußt[8]). Ich bin nach wie vor der Meinung, daß man wichtige Einblicke gewinnen kann, sobald man kulturelles Schaffen als ›Spiel‹ begreift, das die Grenzen von Zensur und Markt überschreitet. Um dieses Spiel zu spielen, benötigt man die Kategorien der Intentionalität und *Agency*, von denen ich keine aufzugeben bereit bin. Ich habe genug private Korrespondenzen von Schriftstellern und Künstlern gelesen, um beurteilen zu können, daß viele von ihnen sehr bemüht waren, ihre Arbeit so zu gestalten, daß sie sich einerseits der Zensur entzog, sie vermied oder unterlief, dabei aber andererseits kommerzielle Anziehungskraft behielten. Dies impliziert, daß kulturelles Schaffen – zumindest in einem gewissen Umfang – ein bewußter Prozeß ist, der kontextuelle Strukturen mit einbezieht. Womit nicht gesagt sein soll, daß der Künstler alle Aspekte seines Schaffens unter Kontrolle hat, oder daß das Ergebnis dieses Schaffens Intentionen angemessen ausdrückt; nicht intendierte Konsequenzen spielen in Kunst und Geschichte eine überragende Rolle. Dennoch bleibt Intentionalität ein grundlegendes, obgleich nicht ausschließlich determinierendes Element historischer sowie kultureller Bedeutung.

Die Zensur gehört zu jenen Praktiken, die immer komplexer und paradoxer werden, je länger ich sie untersuche. Das grundlegende Paradox der Zensur besteht darin, daß sie gerade jenen Gegenstand, den sie zum Schweigen bringen will, durch ihre Aufmerksamkeit aufwertet und ins Rampenlicht rückt. Dieser Mechanismus funktioniert auf einer allgemeinen und auf einer besonderen Ebene. Allgemein tendiert die Zensur dazu, auf die ›heißen‹ Themen wie Religion, Politik und Sex fixiert zu sein. Das trägt zur Aura dieser Bereiche bei und unterstreicht ihren Status als ideelle Interessen. Das Paradox wird noch deutlicher, wenn man das Schicksal spezieller Kunstwerke betrachtet. Jeglicher Versuch, ein Kunstwerk zu unterdrücken, wird dessen Reiz nur erhöhen; Zensur ist eine der effektivsten Formen von Werbung – und das auch noch kostenlos. Auf diese Weise kann Zensur höchst kontraproduktiv sein, es sei denn, sie verfährt so drakonisch, daß jegliche Opposition verstummt.

Da einzelne Schriftsteller und Künstler unterschiedlich auf Zensur reagieren, lassen sich spezifische Reaktionen schwer voraussagen, aber die Existenz von Zensur umreißt das Terrain kulturellen Schaffens (und wechselt mit den verschiedenen Regimen – Wilhelminismus, Weimar, NS-Zeit, DDR, BRD). Zensur kann stilistische Auswirkungen haben, indem sie ein Aufblühen von Formen und Gattungen hervorruft, die sich der Satire oder äsopischer Sprache bedienen. Sie kann die literarische und künstlerische Gemeinde auch in divergierende Lager spalten: eine Gruppe wird auf der sicheren Seite bleiben und zu den verbotenen Themen schweigen, während die andere Gruppe diese Themen gerade deshalb aufgreifen wird, weil sie verboten sind. Diese zweite Gruppe wird sich durch Zensur radikalisieren und die Unterstützung liberaler und linksorientierter Bürger mobilisieren, für die Meinungsfreiheit einen Wert darstellt. Dies ist der direkteste Weg, auf dem die Zensur zu einem Gegenstand der öffentlichen Debatte wird. Daneben existiert sie aber auch als fortwährendes Hintergrundgeräusch, an dem sich die Bürger – oftmals indirekt oder auf Umwegen – darüber orientieren können, welche Vorstellungen mit den Werten der Herrschenden übereinstimmen (nicht nur regierender Politiker, sondern auch von Meinungsmachern wie den Kirchen oder moralisierenden Interessengruppen – man betrachte die Vereinigten Staaten heutzutage). Deshalb sind Debatten über die Unterdrückung einer bestimmten künstlerischen Arbeit auch so erhitzt: es geht um mehr als ›nur‹ um ein Kunstwerk.

Zensur ist demnach nicht nur wichtig, um kulturelles Schaffen zu begreifen, sondern auch, um die politischen und sozialen Konsequenzen geistiger Tätigkeit zu erfassen. Dadurch wird Zensur zu einer möglichen Brücke zwischen Kulturhistorikern einerseits und Sozial- und Politikhistorikern andererseits – ein Mittel, um die Wirkungsmacht von ideellen Interessen zu betonen und sie bis zu einem gewissen Grade der empirischen Untersuchung zugänglich zu machen. Gleichzeitig zwingen uns jedoch die mannigfaltigen Auswirkungen sowie die internen Spannungen und Widersprüche innerhalb des Phänomens ›Zensur‹ dazu zu fragen, in welchem Maße es überhaupt systematisch oder strukturell konzipiert werden kann.

5) Eine weitere Struktur, die das kulturelle Schaffen deutlich beeinflußt, ist der *Markt*, dessen Mechanismen noch komplexer und anscheinend widersprüchlicher sind als die der Zensur. Der Markt für Kultur verfolgt zwei vorrangige Ziele: Er erlaubt die Verbreitung der Kunstwerke in der Öffentlichkeit und eröffnet eine Einkommensquelle. Prinzipiell müßten alle Kulturproduzenten ihn begrüßen, da die Ausweitung eines Marktes für künstlerische Produkte seit dem 18. Jahrhundert die Anzahl der Menschen, die von Künstlern und Schriftstellern erreicht werden können, stark vergrößert und somit auch deren Einkommensmöglichkeiten beachtlich gesteigert hat. Trotzdem stehen viele kreativ tätige Menschen dem Markt oder zumindest seinen Mechanismen ablehnend gegenüber, weil er ihrer Ansicht nach eine Verkörperung des vulgären Geschmacks ist. Leider haben viele Theoretiker modernen Kulturschaffens sich diese Position ebenfalls zueigen gemacht, beispielsweise Vertreter

der Frankfurter Schule, die die »Kulturindustrie«[9] als homogene und homogenisierende Kraft betrachteten; und für viele Jahre haben ihre Arbeiten viele Wissenschaftler (einschließlich meiner selbst) irregeführt.

Tatsächlich ist der Markt für Kulturgüter ungemein vielseitig, im Bereich der Massenkultur sogar noch weit vielseitiger als im Bereich der Elitenkultur. Auf allen Ebenen gibt es vorherrschende Geschmacksrichtungen und Stile, und weniger innovative Künstler kopieren diese; aber da die meisten Künstler so verfahren, ist der Wettbewerb gerade im Bereich der konventionellen Kultur besonders hart. Innovation ist lukrativer, aber sie zahlt sich nur dann aus, wenn man auch den Nutzen daraus zu ziehen versteht: Dazu muß man aber nicht nur eine neue Art von Kunst schaffen, sondern auch ein Publikum für diese Kunstrichtung erziehen. Auf der Ebene von Elitenkultur können kulturelle Innovationen aufgebaut werden, wenn Künstler oder Schriftsteller sich zusammenschließen, um mit entsprechend theoretisierender Programmatik einen neuen ›-ismus‹ zu proklamieren. Die Entstehung eines kleinen, aber zuverlässigen Publikums, das eine solche selbsternannte Avantgarde durch Sponsoring fördert, hat diese Masche zu einem festen Bestandteil modernen Kulturschaffens gemacht. Dasselbe Prinzip greift im Bereich der Massenkultur, wobei hier Werbung die Manifeste substituiert. Eine wichtige Rolle in diesem Prozeß spielen Mittelsmänner des kulturellen Schaffens (Herausgeber, Galeristen) und Geschmacksmacher (Kritiker, Werbeleute).

Natürlich ist es unmöglich, im voraus zu wissen, welche Innovationen sich durchsetzen werden und welche nicht. Aber allein die Tatsache, daß Geschmacksrichtungen und Publikum bei der künstlerischen Gestaltung Beachtung finden, macht den Markt (wie die Zensur) zu einer strukturierenden Struktur des kulturellen Schaffens. Aber es gibt auch einen Rückkoppelungsmechanismus, denn jeder erfolgreiche Eingriff in den Markt (neue Stile, neue Geschmacksrichtungen) verändert ihn auch – dadurch wird der Kunstmarkt selbst zur strukturierten Struktur.[10]

Ich habe Zensur und Markt als ›Strukturen‹ bezeichnet und bin der festen Überzeugung, daß man über die Art ihres Funktionierens allgemeine Aussagen machen kann. Dabei machen mir allerdings zwei Probleme mehr und mehr zu schaffen – und hier werde ich wohl doch ›poststrukturalistisch‹: Zum einen unterhöhlen sich diese Strukturen ständig gegenseitig; zum anderen sehe ich, je mehr ich Strukturen wahrnehme, desto schärfer auch das Chaos, in das sie eingebettet sind.

a) Ich habe bereits einige Paradoxa der Zensur aufgezeigt, ihr kontraproduktives Wesen (und es gibt noch weit mehr Paradoxa als jene, die ich hier nennen konnte). Der Markt ist ebenfalls ein widersprüchliches Stückwerk, in dem gegensätzliche Tendenzen sich ständig gegenseitig auszuschalten versuchen. Sobald man beide Spiele – Zensur und Markt – verbindet, kann man noch ein höheres Niveau an Widersprüchlichkeit erreichen. Wie bereits erwähnt, kann Zensur, die ja eigentlich einen Schriftsteller einschränken will, einen *succès de scandale* für den Autoren hervorbringen und ihm somit einen Markterfolg bescheren. Im umgekehrten Falle, wenn die Nachfrage am Markt eine Vermehrung von beispielsweise sexuell eindeutigem oder anderweitig anstößigem Material verlangt, könnten aufgestachelte Interessengruppen die Regierung zwingen, eine strengere Zensur aufzuerlegen. In beiden Fällen wirken Zensur und Marktmechanismen gegeneinander. Soweit man diese gegenläufigen Wirkungen analysieren kann, lassen sie sich vielleicht als Strukturen begreifen (als Regelmäßigkeiten oder Verhaltens- und Interaktionsmuster); aber angesichts der ständig vorhandenen Spannungen, Widersprüche und Wandlungen erscheint mir das Wort ›Struktur‹ der historischen Realität doch zuviel rhetorische Stabilität zu verleihen.

b) Selbst wenn man Zensur und Markt als komplexe, aber dennoch analytisch zu bewältigende Systeme darlegt, steht man immer noch vor dem Chaos des Inputs: Was leitet die (bewußten oder unbewußten) Intentionen und Geschmacksrichtungen des Künstlers oder Schriftstellers? Wie erklärt man die Haltung des Staates und der Zensoren? Wie wird Publikumsgeschmack geformt und ausgedrückt? Man könnte diese Fragen mit dem Hinweis auf andere Spezialgebiete umgehen (z. B. jeweils [Psycho-]Biographie, Politikgeschichte, Kultursoziologie). Falls die Widersprüche und Paradoxa in den Bereichen jedoch auch nur annähernd jenen ähneln, mit denen ich es in meinen Spezialgebieten immer mehr zu tun habe, dann nehme ich an, daß wir einer historischen Gleichung gegenüberstehen, die zu viele Variablen enthält, um noch aufzugehen.

Aus solchen Gründen kommen viele von uns langsam zu dem Schluß, daß das Zentrum nicht stabil ist, und daß es tatsächlich von vornherein nie ein Zentrum gegeben hat. Dies erklärt die Attraktivität der unterschiedlichen poststrukturalistischen oder dekonstruktivistischen Theorien. Solche Ideen werden nicht einfach deshalb ernst genommen, weil sie gerade in Mode sind, sondern sie sind in Mode, weil sie bei uns Fronarbeitern in den Archiven, die wir auszogen, um nach Strukturen zu graben, und mit Matsch in den Händen wieder zurückkamen, eine vertraute Saite anklingen lassen. In ideen- und kulturgeschichtlichen Arbeiten der letzten zehn Jahre trifft man ständig auf Schlagwörter, die dem historischen Gewebe jegliche Festigkeit absprechen: »Bricolage« (Lévi-Strauss), Paralogie und «Skepsis gegenüber Metaerzählungen« (Lyotard), »Dissemination« von Bedeutung, Mißtrauen gegenüber ihrer »Schließung« (Derrida), dezentrierte »Mikrophysik der Macht« (Foucault), die »Identität des Nicht-Identischen« und die »Gleichzeitigkeit des Ungleichzeitigen« (Bloch).

Ich persönlich habe eine eingefleischte Abneigung gegenüber Schlagwörtern; man wird sie deshalb auch nicht in meinen Büchern und Essays finden. Aber ich sehe trotzdem die dahinterstehenden Probleme. Besonders schwierig erscheint es mir mittlerweile, eine angemessene Art des Schreibens zu finden. Mein erstes Buch über modernes Theater in München[11] kann mit seinen expliziten Variablen und Kausalfaktoren meines Erachtens als ein Beispiel ›struktureller‹ Kulturgeschichtsschreibung gelten. Aber schon als ich dieses Buch verfaßte, war ich unzufrieden, weil ich Material fortlassen mußte, das ich für interessant und wichtig hielt; es paßte nicht in die analytische Matrix, die ich anwendete. In meinem neuesten Buch – über Berliner Kabarett[12] – beschäftige ich mich immer noch mit der Zensur und dem Markt, allerdings beharre ich weniger auf ihrer kausalen Wirkung. Vor allem habe ich mich so weit von meinem Erklärungsmodell gelöst, daß es fast schon nicht mehr als ›Modell‹ durchgehen kann. In der Einleitung habe ich geschrieben: »Theoretiker der Ästhetik haben lange diskutiert, ob die Form den Inhalt reflektieren solle oder nicht. Wenn die Struktur dieses Buches sein Thema, Kabarett, spiegeln sollte, dann würde es aus einer Reihe unverbundener Nummern bestehen. Da mir das gegen mein erzählerisches Gefühl geht, schlage ich vor, das Buch eher wie eine Revue zu lesen: Es hat mehrere Themen, die aber nur locker ineinander verwoben sind; sie brechen manchmal abrupt ab und werden am Ende nicht synthetisch zusammengeführt.« Natürlich ist dies nur ein allzu schlauer Versuch zu sagen, daß die historischen Versatzstücke nicht sauber zusammenpassen, und ich behaupte auch nicht mehr, daß dies der Fall sei. Was das Buch zusammenhält, ist nicht eine langfristige Analyse von Ursache und Wirkung – obgleich es viel ›Mikro-Analyse‹ enthält – sondern Erzählung.

Was geschieht, wenn wir die Erzählung fallenlassen? Wir finden uns mit »einer Reihe unverbundener Nummern« wieder. Bewußt oder unbewußt sind viele Kulturhistoriker wohl zu diesem Ergebnis gekommen, sofern man als Indikator werten kann, daß Sammelbände die Oberhand gegenüber Monographien zu gewinnen scheinen. Ich finde diese Aussicht ebenfalls sehr verführerisch. Aber dann denke ich doch, daß irgendwo auf dem schnellen Weg in das Reich der Fragmentierung die Bremse gezogen werden muß. Die Alternative dazu ist allerdings nicht eine grandiose Kulturtheorie. Es scheint uns eher in ein recht nebulöses Niemandsland verschlagen zu haben, das von provisorischen analytischen Strukturen besiedelt wird, die sowohl von ›Wahlverwandtschaften‹ im Weberschen Sinne als auch von verschiedenen erzählerischen Einfällen zusammengehalten werden. Etliche dieser erzählerischen Strategien werden konventionell sein, andere nicht, je nachdem, wie experimentierfreudig wir uns als Geschichtsschreiber zeigen.

Diese Situation ist nicht vollauf befriedigend, aber für den Augenblick ist es der beste Weg, kausale Erklärung mit Interpretation zu vereinbaren und so das Ziel zu erreichen, *ein System zu haben und keins zu haben*. Mir scheint, die Alternativen – Struktur oder Chaos – sind *gleich tödlich für den Geist*.

Anmerkungen

1 Dieser Aufsatz entstand 1994 als Beitrag zu einer Tagung zum Thema »Cultural History / Cultural Studies« am Center for European Studies, Harvard University; vgl. dazu das gleichnamige Themenheft von *New German Critique* 65 (1995).

2 Vgl. Skinners Aufsätze in James Tully (Hrsg.), *Meaning and Context. Quentin Skinner and his Critics*, Princeton 1988.

3 Carl Schorske, *Wien. Geist und Gesellschaft im Fin-de-siècle*, Frankfurt a. M. 1980.

4 Stephen Greenblatt, *Verhandlungen mit Shakespeare. Innenansichten der englischen Renaissance*, aus dem Amerik. von Robin Cackett, Berlin 1990.

5 Hayden White, *Metahistory. Die historische Einbildungskraft im 19. Jahrhundert in Europa*, Frankfurt a. M. 1991; H. White, *Auch Klio dichtet oder die Fiktion des Faktischen. Studien zur Tropologie des historischen Diskurses*, Stuttgart 1986.

6 Peter Jelavich, »Popular Dimensions of Modernist Elite Culture: The Case of Theater in Fin-de-Siècle Munich«, in: Dominick

LaCapra / Steven Kaplan (Hrsg.), *Modern European Intellectual History. Reappraisals and New Perspectives*, Ithaca 1982, S. 220–250.

7 »Interessen (materielle und ideelle), nicht: Ideen, beherrschen unmittelbar das Handeln der Menschen. Aber: die ›Weltbilder‹, welche durch ›Ideen‹ geschaffen wurden, haben sehr oft als Weichensteller die Bahnen bestimmt, in denen die Dynamik der Interessen das Handeln fortbewegte.« Max Weber, »Die Wirtschaftsethik der Weltreligionen. Vergleichende religionssoziologische Versuche. Einleitung«, in: M. W., *Gesammelte Aufsätze zur Religionssoziologie*, Tübingen ³1934, S. 252.

8 Robert Darnton, *Glänzende Geschäfte. Die Verbreitung von Diderots Enzyklopädie oder Wie verkauft man Wissen mit Gewinn*, Berlin 1993; R. Darnton, *Literaten im Untergrund. Lesen, Schreiben und Publizieren im vorrevolutionären Frankreich*, München/Wien 1985; R. Darnton, *Das große Katzenmassaker. Streifzüge durch die französische Kultur vor der Revolution*, München/Wien 1989.

9 Z. B. »Kulturindustrie. Aufklärung als Massenbetrug«, in: Max Horkheimer / Theodor W. Adorno, *Dialektik der Aufklärung*, Frankfurt a. M. 1971, S. 108–150.

10 »Unter Dualität von Struktur verstehe ich, daß die strukturellen Eigenschaften sozialer Systeme gleichzeitig das Medium und das Ergebnis der Praktiken sind, durch die jene Systeme konstituiert werden.« Anthony Giddens, *Central Problems in Social Theory. Action, Structure and Contradiction in Social Analysis*, Berkeley 1979, S. 69. Anders formuliert: »Unter *Dualität von Struktur* verstehe ich, daß gesellschaftliche Strukturen sowohl durch das menschliche Handeln konstituiert werden, als auch zur gleichen Zeit das *Medium* dieser Konstitution sind.« Anthony Giddens, *Interpretative Soziologie. Eine kritische Einführung*, Frankfurt a. M. / New York 1984, S. 148.

11 Peter Jelavich, *Munich and Theatrical Modernism. Politics, Playwriting, and Performance, 1890–1914*, Cambridge (Mass.) 1985.

12 Peter Jelavich, *Berlin Cabaret*, Cambridge (Mass.) 1993.

JOHN TOSH

Was soll die Geschichtswissenschaft mit Männlichkeit anfangen?

Betrachtungen zum 19. Jahrhundert in Großbritannien[1]

Jedwede Aufforderung an die historische Zunft, Männlichkeit als historische Kategorie ernst zu nehmen, trifft auf Einwände aus drei Richtungen: Sie kann als unwillkommener Übernahmeversuch verworfen, als subversiv abgelehnt oder als irrelevante Modeerscheinung abgetan werden. Obwohl keiner dieser drei Einwände eine ausformulierte Kritik hervorgebracht hat, sind sie deshalb nicht weniger wirksam; zusammengenommen scheinen sie verantwortlich zu sein für das Widerstreben der historischen Zunft, das Potential dieser neuen Perspektive zu ergründen.

Der erste Einwand wird von jenen ins Spiel gebracht, die die Geschichte der Männlichkeit als plumpen Versuch sehen, Frauengeschichte zu infiltrieren und ihr die polemische Spitze nehmen zu wollen. Eine angemessene Antwort hat Natalie Zemon Davis schon 1975 gegeben. An ein feministisches Publikum gerichtet, bemerkte sie:

> Wir sollten uns meines Erachtens für die Geschichte sowohl von Frauen als auch von Männern interessieren und uns nicht nur um das unterdrückte Geschlecht kümmern, genausowenig wie jemand, der die Geschichte sozialer Klassen untersucht, sein Augenmerk lediglich auf Bauern richten kann. Unser Ziel muß es sein, die Bedeutung *der Geschlechter*, von Geschlechtergruppen in der historischen Vergangenheit zu erfassen.[2]

Diese Analogie soll nicht Symmetrie oder Gleichgewicht bedeuten, sondern weist auf die Notwendigkeit hin, ein soziales System *als Ganzes* zu begreifen – Klasse als einen ersten Gesichtspunkt, Gender als einen zweiten. Davis argumentierte, daß ohne ein Studium der Machtverhältnisse, in denen Frauen gelebt haben, die Wirklichkeit ihrer historischen Situation immer verschleiert bleiben wird. Allein aus diesem Grunde muß die Erforschung von Männern unter Gender-Gesichtspunkten unerläßlich sein für jede seriöse feministische Geschichtsforschung. Sicherlich gibt es nach wie vor Studierende, die sich gegen die Eingliederung von Männerstudien in Kurse zur Frauenforschung wenden, jedoch haben im universitären Bereich feministische Historikerinnen und Historiker Davis' Punkt wiederholt aufgegriffen.[3]

Ein Grund, warum sie sich mittlerweile mit dem Studium von Männlichkeit etwas angefreundet haben, liegt darin, daß dessen volles subversives Potential langsam zum Vorschein kommt. Diese Einsicht provoziert den zweiten Einwand gegen das Studium von Männlichkeit. Ein Problem der Frauengeschichte bestand immer darin, daß ihre Forschungsergebnisse die Bereiche von Familie, Philanthropie und feministischer Politik betrafen und von traditionellen Historikern als Minderheiteninteresse mit einem Schulterzucken als irrelevant für die eigene Arbeit abgetan werden konnten (letztere irren sich natürlich). Die Geschichte der Männlichkeit kann aber nicht auf diese Weise beiseite geschoben werden. Entweder muß man sie ablehnen oder in die traditionelle Geschichtsschreibung integrieren. In einem vor drei Jahren erschienenen Sammelband, *Manful Assertions*, legten Michael Roper und ich Aufsätze zu Arbeit, Wirtschaft, Religion, Bildung und nationaler Identität im Großbritannien der letzten 200 Jahre vor, und würden wir den Band jetzt noch einmal zusammenstellen, könnten wir Material zu institutioneller Politik hinzufügen.[4] Mit anderen Worten: Wer Männlichkeit untersucht, kann ohne weiteres zeigen (und nicht nur behaupten), daß Gender allen Aspekten des sozialen Lebens innewohnt, ob nun Frauen physisch anwesend sind oder nicht.

Die wahrscheinlich häufigste Reaktion unter Fachleuten ist eine allzu bekannte müde Skepsis. Aus dieser Sicht erscheint Männlichkeit lediglich als das neueste Glied in einer Kette von ideologischen Ablenkungsmanövern, das nichts zu dem beitragen wird, was wir schon über Identität, soziales Bewußtsein und soziale *Agency* in der Vergangenheit wissen – und das schlimmstenfalls gesichertes Wissen verwässert. Man kann diese Haltung leicht als intellektuelle Ermüdung abtun. Tatsächlich hängt sie aber zusammen mit einem wichtigen Aspekt von Männlichkeit in den meisten der uns bekannten Gesellschaften, ganz sicher jedenfalls den modernen westlichen, nämlich mit der relativen Unsichtbarkeit von Männlichkeit. Männer waren die Norm, an der Frauen und Kinder gemessen werden sollten. Frauen waren ›Träger‹ von Geschlecht, weil ihre reproduzierende Aufgabe als ausschlaggebend für ihre soziale Stellung und ihren Charakter betrachtet wurde. Männlichkeit blieb hauptsächlich deswegen unsichtbar, weil die Geschlechtszugehörigkeit von Männern sie in keiner Weise einschränkte. Oder, um mit Rousseau zu sprechen: »Der Mann ist nur in gewissen Augenblicken Mann, die Frau aber ihr ganzes Leben lang Frau, oder wenigstens ihre ganze Jugend hindurch.«[5] Diese Ansicht erwies sich als erstaunlich langlebig. Verglichen mit der Menge an Literatur zur weiblichen Spezifizität, die in der spätviktorianischen Blüte der wissenschaftlichen Gläubigkeit an die Geschlechterunterschiede produziert wurde, erhielt die spezifische Biologie des Mannes und die daraus eventuell resultierenden Charaktermerkmale zu derselben Zeit wenig Aufmerksamkeit.[6] Die Natur des Mannes wurzelte in seiner Vernunft, nicht in seinem Körper. Ein tiefreichender Dualismus im westlichen Denken hat dazu beigetragen, das Scheinwerferlicht von Männern fernzuhalten. In den geschichtlichen Zeugnissen ist es so, als sei Männlichkeit überall und nirgends.

1

Angesichts dieser eher frustrierenden Situation überrascht es wenig, daß diejenigen, die sich um eine geschlechtergeschichtliche Männergeschichtsschreibung bemühten, nach allem gegriffen haben, was den Eindruck einer expliziten Ideologie von Männlichkeit erweckt. Deshalb auch das erneute Interesse an den Regeln von Ritterlichkeit und Ehre.[7] Für die Geschichte des 19. Jahrhunderts ist die Situation auf den ersten Blick besonders deswegen ermutigend, weil Hunderte von Bänden dem Thema »Mannhaftigkeit«[8] gewidmet wurden; falls es je eine ausgefeilte Ideologie von Männlichkeit gegeben hat, hier ist sie. Sie wurde sorgfältig ausgearbeitet, ständig wiederholt, umkämpft und angepaßt – von Predigern, Schulmeistern und Romanciers. Sie wurde als Essenz bürgerlicher Tugend und als Wurzel heldenhafter Leistungen behandelt, gleichzeitig aber auch für den kleinen Mann auf eine im alltäglichen Leben handhabbare Größe reduziert. Als ein Schlüsselkonzept im moralischen Universum der Viktorianer wirkt Mannhaftigkeit wie zugeschnitten auf die Fertigkeiten von Ideen- und Kulturhistorikern. In seinem Klassiker *The Victorian Frame of Mind* (1957) streift Walther Houghton das Thema zwar nur, aber schriebe er das Buch heute noch einmal, so würde er der Mannhaftigkeit höhere Bedeutung zumessen. David Newscome erschloß das Feld mit seiner ausgezeichneten, bahnbrechenden Studie zur Kultur der Privatschulen. J. A. Mangan ging dem Verhältnis zwischen Mannhaftigkeit und Athletik nach. Norman Vance und Claudia Nelson haben den Stellenwert von Mannhaftigkeit in viktorianischer Erzählliteratur untersucht, und Stefan Collini hat die Bedeutung der Mannhaftigkeit für einige der wichtigen liberalen Denker der Zeit bestimmt.[9]

Diese Arbeiten dokumentieren nicht nur einige wichtige Stränge innerhalb des Konzepts von Mannhaftigkeit, sondern zeigen auch eine breite Verschiebung innerhalb der viktorianischen Ära von der ernsten, ausdrucksstarken Mannhaftigkeit der Evangelisten zur kräftigen, steifen Variante der Zeit eines Kitchener und Baden-Powell. Mannhaftigkeit vermittelt hervorragend die wichtige Einsicht, daß Jungen nicht einfach zu Männern reifen, indem sie älter werden, sondern indem sie eine Reihe männlicher Qualitäten und männlicher Kompetenzen im Verlaufe eines Bewußtwerdungsprozesses annehmen, der keine offensichtliche Parallele in der traditionellen Erfahrung junger Frauen hat. (Man versuche nur, den Ausspruch »Sei ein Mann!« beim anderen Geschlecht anzuwenden.) Wenn Männer das dominierende Geschlecht einer Gesellschaft sind, müssen sie einem Code folgen, der ihre Männlichkeit bestätigt. Als ein solcher Code wurde viktorianische Mannhaftigkeit nicht nur von Gelehrten und Predigern ernst genommen; sie wurde auch von unzähligen jungen Männern gelebt, die darin einen Ausdruck ihres Mann-Seins sahen, das zu ihren religiösen Überzeugungen oder ihren sozialen Ambitionen, oder zu beidem auf einmal paßte. Für diejenigen, die Männlichkeit historisieren wollen, ist Mannhaftigkeit demnach ein naheliegender Ausgangspunkt – ich selbst habe mich dem Thema ebenfalls auf diese Art genähert.[10]

Die Ergebnisse dieser Herangehensweise sind sehr unterschiedlich. Das Problem liegt nicht darin, daß Mannhaftigkeit eher eine kulturelle Repräsentation von Männlichkeit war als eine Beschreibung tatsächlichen Lebens. Moderne Gender-Theoretiker messen solchen Repräsentationen zu Recht viel Macht bei, und ihre Argumentationsweise ist nur teilweise bedingt durch die heutige Allgegenwart der Massenmedien.[11] Fallstudien zum 19. und frühen 20. Jahrhundert haben gezeigt, wie gelebte männliche Identitäten auf ein Repertoire kultureller Formen zurückgegriffen haben – ich denke dabei an die Arbeiten von Graham Dawson über die psychologische Bedeutung militärischer Helden, von Joseph Bristow über Abenteuerromane und Kelly Boyds Arbeit über Zeitschriften mit Kurzgeschichten für Jungen.[12]

Das Problem liegt eher darin, daß viktorianische Mannhaftigkeit ein Phänomen der *Elite*kultur war, oft plump didaktisch. Deshalb ist es solch eine Erleichterung, vom moralisierenden Ton von *Tom Brown's Schooldays* und *John Halifax Gentleman* zu den entspannteren Abenteuerromanen von Rider Haggard und G. W. Henty überzugehen. Aber diese spätviktorianischen Bestsellerautoren waren durchdrungen von den Werten eines sich entwickelnden Codes imperialer Mannhaftigkeit, und ihre Rolle bei der Propagierung dieser Werte gegenüber einem Massenpublikum ist offensichtlich. Es wäre ein großer Fehler anzunehmen, die kulturelle Repräsentation viktorianischer Männlichkeit sei ausschließlich eine Angelegenheit der Elite gewesen, allerdings unterläuft dieser Fehler häufig, da wissenschaftliche Arbeit in der Regel in diese Richtung gegangen ist. Wir müssen noch weit mehr erfahren über Gender-Modelle, die die Musik von Varieté-Theatern vermittelte – wie zum Beispiel Peter Baileys lehrreicher Bericht von ›Champagne Charly‹, jenem populären Dandy der späten 1860er Jahre, mit all seinem Narzißmus, seiner unbeschwerten Konsumhaltung und anmaßenden Sexualität.[13] Und bis wir mehr wissen, sollten wir vorsichtig damit sein, eine weite Verbreitung der dominierenden Werte von Mannhaftigkeit über die Kreise der unteren Mittelklasse hinaus anzunehmen.

Ein weiteres Problem von Mannhaftigkeit ist seine zerebrale und blutleere Qualität, bedingt durch die elitäre Herkunft des Konstrukts. Während man Mannhaftigkeit theoretisch als eine Mischung aus ethischen und physiologischen Elementen definieren könnte,[14] hinterließ ein Großteil der zeitgenössischen Literatur den überwältigenden Eindruck, männliche Identität sei nicht im Körper, sondern im Leben der Seele verwurzelt (stark überlagert vom Bewußtsein). Ende des 19. Jahrhunderts war dies sicherlich so nicht mehr der Fall, als sich eine wachsende Spannung zwischen den moralischen und physischen Kriterien von Mannhaftigkeit bemerkbar machte.[15] Aber während eines Großteils der viktorianischen Ära behielten jene Moralisten die Oberhand, die entweder glaubten, der Körper würde sich selbst regulieren, oder ›mannhafte Übungen‹ ob ihrer heilsamen moralischen Wirkung befürworteten. Selbst Thomas Hughes, Schöpfer des lebhaften Tom Brown und Befürworter des Boxkampfes für Arbeiter, behauptete, bei Mannhaftigkeit gehe es um moralische Vortrefflichkeit, die sich in einem schwachen genauso wie in einem starken Körper finden könne.[16] Die Aristokratie, die ihren Anspruch aufrechterhielt, eine militärische und zugleich eine herrschende Kaste zu sein, nahm sportliche Ertüchtigung und körperliche Ausdauer weit ernster, aber der Einfluß ihres Codes von Mannhaftigkeit nahm seit den 1830ern stetig ab. Lediglich in Zeiten öffentlicher Besorgnis über die militärische Bereitschaft der Nation, wie in den späten 1850ern und 60ern,[17] sowie im ersten Jahrzehnt des 20. Jahrhunderts,[18] tauchten Rudimente der aristokratischen Mannhaftigkeit auch außerhalb des Adels wieder auf. Meistens nahm der viktorianische Code der Mannhaftigkeit den Körper kaum zur Kenntnis.[19]

Natürlich machte sich diese Verzerrung nirgends so deutlich bemerkbar wie im Hinblick auf Sexualität. Öffentlicher Unterricht zum Thema Mannhaftigkeit schärfte jungen Männern fast einstimmig Keuschheit ein und warf einen Schleier über Sexualität innerhalb der Ehe. Die Spannung des 18. Jahrhunderts zwischen Mannhaftigkeit als Vergnügen und Mannhaftigkeit als Abstinenz wurde nachdrücklich aufgehoben.[20] Die Variante von Mannhaftigkeit, die der Anerkennung des sexuellen Impulses am nächsten kam, war Charles Kingsleys lebhafte Verteidigung der ›Göttlichkeit eines ganzheitlichen Mannseins‹,[21] allerdings war sein Einfluß nur gering. Neben dieses massive Schweigen muß man allerdings das unübersehbare Phänomen der weitverbreiteten Prostitution stellen. Unter den Pietäten des Diskurses konfligierte Prostitution weniger mit der Unverletzlichkeit des Ehegelübdes als mit der Keuschheit der jungen Männer.

Jene stellten wahrscheinlich die große Mehrheit der Freier: Junggesellen, die die Ehe aufschoben, bis sich ihre Aussichten verbesserten, junge Männer der Mittelklasse, die die Warnungen ihrer Ärzte über die Gefahren vollkommener Enthaltsamkeit beachteten, Soldaten und Matrosen, junge Wanderarbeiter und so weiter.[22] Das bedeutet, daß kommerzieller Sex – außer für jene Männer, die aus einer frommen oder aus anderen Gründen hochmoralischen Familie kamen – eine männliche Reifeprüfung und in vielen Fällen ein gängiges Ventil erotischer Wünsche war. Nach wie vor ist es aber ausgesprochen schwierig, diesen Umstand in unser Bild der Viktorianer einzufügen. Das ›vergnügte Leben‹ war sehr weit verbreitet, blieb aber unsichtbar.

Was das Eheleben betrifft, so hat Peter Gays Versuch, die bürgerlichen Viktorianer zu rehabilitieren, nahegelegt, daß ihre Mannhaftigkeit in einem entspannteren Verhältnis zur Erotik stand als bisher angenommen.[23] Wenngleich zu wenige der Fallstudien Gays sich auf England beziehen, um diese Hypothese zu belegen, so möchte ich doch jene beiden bürgerlichen Männer erwähnen, mit denen ich mich ausführlich beschäftigt habe – Edward Benson und Isaac Holden aus Bradford. Beide besaßen ein starkes und schuldfreies Verlangen nach erotischer Befriedigung innerhalb der Ehe trotz tiefgehender religiöser Überzeugung in beiden Fällen.[24] Interessant ist auch, daß Personen öffentlichen Interesses, wie John Stuart Mill oder John Ruskin, von denen man weithin annahm, sie lebten eine abstinente Ehe, einen Teil ihrer männlichen Reputation einbüßten. Hiermit möchte ich deutlich machen, daß unsere Unwissenheit auf diesem Gebiet verstärkt wird durch eine Tendenz, Mannhaftigkeit mit Männlichkeit gleichzusetzen. Wenn man die Diskurse des 19. Jahrhunderts über Mannhaftigkeit wörtlich nimmt, bleibt kein Raum, die Bedeutungen von sexueller Identität und sexuellem Verlangen zu ergründen, die für Männlichkeit grundlegend sind.

Das Hauptproblem liegt aber darin, daß ›Mannhaftigkeit‹

erst in zweiter Instanz die Beziehungen von Männern zu
Frauen betraf. Natürlich schloß es Vorstellungen von Ritterlichkeit mit ein – also den Schutz, der Schwestern zustand, dann Ehefrauen, und darüber hinaus jeder respekta-
blen Frau.[25] Anna Clark sieht es zu Recht als zentral für
die frühe viktorianische Männlichkeit an, daß dieses Ideal
anstelle von Sittenlosigkeit in den Vordergrund rückte.[26]
Aber der öffentliche Diskurs zum Thema ging nicht hauptsächlich in diese Richtung. Wer über Mannhaftigkeit
schrieb, beschäftigte sich hauptsächlich mit dem inneren
Charakter des Mannes und dem Verhalten, das diesen
Charakter nach außen hin erkennen ließ. Der dominierende Code viktorianischer Mannhaftigkeit, mit seiner Betonung von Selbstkontrolle, harter Arbeit und Unabhängigkeit, gehörte zur Welt der freien Berufe und der Wirtschaft, und mannhaftes Benehmen (neben anderen Dingen)
etablierte einen Mann gegenüber seinen Peers und seinen
Untergebenen als Mitglied einer bestimmten sozialen
Klasse. Natürlich war, wie Leonore Davidoff und Catherine Hall betont haben, die Arbeit und Unterstützung
weiblicher Familienmitglieder grundlegend für diese Präsentation nach außen,[27] aber zu den erklärten Grundsätzen
der Mannhaftigkeit gehörte dieser Umstand nicht. Auch
die offensichtlichen Unterschiede zwischen den Geschlechtern wurden von den Gelehrten nicht besonders hervorgehoben. Die Linie, die sie zogen (Dr. Arnold aus Rugby fol-
gend), verlief zwischen Jungen und Männern; Sorgen über
Unreife waren viel gewichtiger als die Furcht vor weibi-
scher Verweichlichung, zumindest bis in die 1880er Jahre.[28]
Vielleicht sind aus diesem Grund so viele jüngere historische Untersuchungen zum Thema Mannhaftigkeit von
Gender-Fragen eher unberührt geblieben. Diese Studien
sind insofern sicherlich hilfreich, als sie einige historische
Besonderheiten der Vorstellungen von Männlichkeit liefern. Jedoch vermitteln sie auch den völlig falschen Eindruck, man könne Männer auf hinreichende Weise zum

Gegenstand der Betrachtung machen, ohne Frauen mit einzubeziehen – so wird die entscheidende *relationale* Qualität aller Männlichkeitskonzepte verschleiert. Mannhaftigkeit ist ein naheliegendes Thema für Gender-Historikerinnen und Historiker, allerdings führt es völlig in die Irre. Es ist sicherlich nicht der Generalschlüssel, der das Rätsel viktorianischer Männlichkeit erschließen wird.

2

Diese Begrenzungen gelten mehr oder weniger für die meisten Ideologien von Männlichkeit, und die Erklärung dafür ist simpel: sie basieren alle auf der unumstößlichen Tatsache der sozialen Macht von Männern. Als Faustregel läßt sich festhalten, daß jene Aspekte der Männlichkeit, die am direktesten der Aufrechterhaltung dieser Macht dienen, mit größter Wahrscheinlichkeit nicht betont werden. Um noch deutlicher zu werden: Männer haben selten erkennen lassen, inwieweit Autorität über Frauen ihr Selbstgefühl als Männer stützte. Selbst bei sichtbaren Konflikten zwischen den Geschlechtern wie der Wahlrechtsfrage haben Männer gegen Reformen eher die Bestimmung der Frau oder weibliche Minderwertigkeit als Argumente angeführt, als sich nachdrücklich auf ihren Anteil bei der Machtverteilung zwischen den Geschlechtern zu beziehen.[29] Daß diese Dinge nicht zur Sprache kamen, ist aber noch lange kein Grund, ihre Wichtigkeit anzuzweifeln; eher das Gegenteil scheint der Fall zu sein. Ein Grund für John Stuart Mills ausgesprochene Unbeliebtheit in konservativen Kreisen liegt darin, daß er unangenehme Wahrheiten in eben diesem Gebiet laut aussprach – wie seine Behauptung in *The Subjection of Women*, daß »das männliche Geschlecht in seiner großen Mehrzahl nun einmal den Gedanken nicht ertragen kann, an der Seite eines gleichstehenden Wesens zu leben«.[30] Die Vehemenz, mit der die bescheidenen Reformen in Fragen des

Sorgerechts begegnet wurde, ist ein Maßstab für das Ausmaß, in dem Männer ihre Identität an die Ausübung häuslicher Autorität gebunden sahen.[31]

Was macht nun die historische Verbindung zwischen Patriarchat[32] und Männlichkeit aus? Die Antwort, die neuere Arbeiten zu Mannhaftigkeit hier bieten, heißt: nicht viel. Um über diese eher trockene Feststellung hinwegzukommen, müssen wir statt auf Männlichkeit als Raster kultureller Attribute auf Männlichkeit als sozialen Status blicken, wie er in spezifischen sozialen Kontexten demonstriert wird. Ich sage bewußt ›demonstriert‹, weil öffentliche Bekräftigung absolut zentral für den männlichen Status war und immer noch ist. An dieser Stelle lohnt es sich, frühe Ergebnisse der feministischen Anthropologie mit einzubeziehen. Michelle Rosaldo verwies auf den entscheidenden Unterschied in der Erziehung von Mädchen und Jungen in fast allen Gesellschaften. Während von Mädchen erwartet wird, daß sie unter Aufsicht und Anleitung der Mütter in einer häuslichen Umgebung zur Frau reifen, müssen Jungen für ein anspruchsvolleres und härteres Umfeld vorbereitet werden. Ihre Qualifikation für das Leben eines Mannes unter Männern – kurz: für eine Rolle im öffentlichen Leben (*public sphere*) – hängt von der Anerkennung ihrer Männlichkeit durch Gleichaltrige während der Pubertät, des jungen Erwachsenenalters und darüber hinaus ab. Wie Rosaldo es ausdrückt:

> Eine Frau wird eine Frau, indem sie in die Fußstapfen ihrer Mutter tritt, während ein Mann in seiner Entwicklung einen Bruch erfahren muß. Damit ein Junge zum Mann wird, muß er sich und seine Männlichkeit unter Gleichaltrigen bewähren. Und obwohl alle Jungen zum Mann reifen, behandeln die Kulturen diese Entwicklung als etwas, was der einzelne selbst geleistet hat.[33]

Was im einzelnen geleistet werden muß, ist von Kultur zu Kultur verschieden, aber in modernen westlichen Gesellschaften läuft die öffentliche Hervorhebung der Männlichkeit in drei verschiedenen Bereichen ab – im Hause, bei der Arbeit und in ausschließlich von Männern gebildeten Zusammenschlüssen. Ich möchte näher auf die geschlechterspezifische Bedeutung dieser drei Bereiche im England des 19. Jahrhunderts eingehen, denn ich meine, daß sie zusammengenommen die Begründung dafür liefern, warum Männlichkeit für Sozialhistorikerinnen und -historiker wichtig sein sollte.

In den meisten uns bekannten Gesellschaften gilt die Einrichtung eines eigenen Haushaltes als unerläßliche Qualifikation für das Mann-Sein. Wer für abhängige Familienmitglieder sprechen, seinen Namen und sein Vermögen nachfolgenden Generationen vermachen kann, gilt als ganzer Mann. Diese Schwelle wird um so klarer, sobald man erkennt, daß Heirat die Einrichtung eines ganz neuen Haushaltes erfordert, nicht nur die Bildung einer Untereinheit im Elternhaus. Im 19. Jahrhundert war der eigene Haushalt die notwendige Bedingung für den Übergang in das Leben der Erwachsenen. Junggesellenschaft war stets ein ambivalenter Status, obwohl seine kulturelle Anziehungskraft zu bestimmten Zeiten höher einzuschätzen ist als zu anderen – besonders am Ende des Jahrhunderts. Einmal eingerichtet, mußte ein Haushalt von den produktiven Aktivitäten des Mannes unterhalten werden. Im 18. Jahrhundert wurde diese Voraussetzung in vielen Bereichen durch die Produktion im Haushalt selbst erfüllt, wo der Mann die Arbeitskraft von Familienmitgliedern und anderen Abhängigen dirigierte.[34] Als dieses Muster im folgenden Jahrhundert seine Bedeutung verlor, stieg die Bedeutung der eigenen Arbeit des Mannes. Ungeachtet der Präsenz von Frauenarbeit in der Arbeiterklasse war der kulturelle Wert, welcher der Arbeit des *männlichen* Brotverdieners zuerkannt wurde, überwältigend. Dies schlug sich in positiver Weise in der Forderung nach einem ›Familieneinkommen‹ nieder, aber in negativer Form in der Demütigung eines arbeitslosen Mannes, der auf den Verdienst seiner Frau angewiesen war, sowie im Ärger des gelernten Handwerkers, der durch Frauenarbeit überflüssig wurde. »Wie fühlt sich ein Mann in dieser Lage?« fragte ein Teppichweber aus Kidderminster im Jahr 1894. »Führt es nicht dazu, seinen Wert zu mindern und ihn *klein* zu machen, sobald er nicht mehr der Brotverdiener der Familie ist?«[35]

Die Autorität im Haushalt war der andere entscheidende Schlüsselfaktor für männlichen Status. Die Macht des *pater familias* ist am sichersten, wenn er die Arbeitskraft von Familienmitgliedern kontrolliert, weshalb auch Familienbetriebe in der Regel patriarchalische Strukturen bedeuten. Mitte des 19. Jahrhunderts hatte die ökonomische Organisation sich deutlich verändert und den Familienbetrieb hinter sich gelassen, aber die patriarchalischen Werte blieben davon unberührt. Die von Mitgliedern evangelikaler Gemeinschaften energisch wiederbelebte Ansicht, der Haushalt sei der Mikrokosmos der politischen Ordnung, unterstrich die Wichtigkeit der Rolle des Mannes als Herr im eigenen Haus.[36] Das Gesetz blieb recht unnachgiebig. Der Ehemann war rechtlich verantwortlich für alle Mitglieder des Haushalts, einschließlich der Dienstboten, und lediglich im Falle extremer (seelischer oder physischer) Grausamkeit wurde seine Autorität über Frau oder Kinder in Frage gestellt. Auf kultureller Ebene mögen jeweils neueste Ansichten über häusliches Leben und partnerschaftliche Ehe vielleicht zu einer freieren Sphäre für die Ehefrau geführt haben, besonders in bürgerlichen Familien, jedoch stellte das nie die letztlich entscheidende Autorität im Hause zur Disposition. Wie Jim Hammerton vor kurzem gezeigt hat, brachte die partnerschaftliche Ehe den Mann sogar dazu, noch bestimmender und strenger zu sein, nicht weniger.[37] Das Haus mag die ›Sphäre der Frau‹ sein, aber ein Mann, der um des lieben Friedens willen Teile seiner Rechte aufgab, war für die Allgemeinheit ›weniger Mann‹ und machte sich zur Zielscheibe von Varieté-Witzen.[38]

Die Haushaltung auf einem Niveau, das dem eigenen sozialen Status entsprach, setzte ein dementsprechendes Einkommen voraus – das zweite Standbein männlicher Reputation. Allerdings kam nicht *jede* Arbeit in Frage. Es reichte nicht aus, daß die Arbeit zuverlässig oder sogar einträglich war – sie mußte würdig sein, und die weite Verbreitung dieser Ansicht ist eines der charakteristischsten Merkmale der Geschlechterordnung im 19. Jahrhundert. Damit bürgerliche Arbeit als würdig gelten konnte, mußte sie völlig frei sein von allen Andeutungen der Servilität oder Abhängigkeit von Patronage. »Suche den Erfolg nicht in Zuwendungen, Parteilichkeit, Freundschaft oder was man Interessen nennt«, verkündete William Cobbett; »verinnerliche statt dessen, daß du nur von deinem eigenen Verdienst und deinen eigenen Anstrengungen abhängst.«[39] Weder die Ausübung eines Berufes noch die Leitung eines Betriebes wurde als eine reine Belastung dargestellt. Es kann in bestimmten Fällen eine werden – falls man sich in einem unangemessenen Beschäftigungsverhältnis wiederfand oder durch zu viel Arbeit gesundheitlich ruinierte –, aber grundsätzlich war die Beschäftigung eines Mannes in seinem Leben seine ›Berufung‹, die oft auch als Schicksal begriffen wurde. Die Vorstellung, daß die Beschäftigung eines Mannes in seinem Arbeitsleben der direkte Ausdruck seiner Individualität sei, war eines der charakteristischsten und stabilsten Merkmale bürgerlicher Männlichkeit.[40]

In der Arbeiterklasse waren diese Werte natürlich weniger verbreitet. Aber die Vorstellung, daß das Kapital eines Mannes in seinem fachlichen Können lag, das er während der Lehrjahre oder unter dem prüfenden Auge des Vaters erlernt hatte, war mit ähnlichem moralischem Gewicht belegt. Auf dieser Grundlage forderten die Gewerkschaften auch die Fortsetzung traditioneller Beziehungen zwischen Arbeitgebern und Arbeitnehmern ein, die auf der Achtung vor dem männlichen Können der fachlich ausgebildeten Arbeiter aufbaute.[41] Es ist sehr wahrscheinlich, daß auch unter Arbeitern in viktorianischer Zeit die aggressive Zurschaustellung körperlicher Kraft als ein exklusives Markenzeichen von Männlichkeit, wie es Paul Willis in den 70er Jahren beschrieben hat, vorherrschte.[42] Der arme Büroangestellte saß dagegen zwischen zwei Stühlen: aus bürgerlicher Sicht war seine Beschäftigung servil, während die Arbeiter seine zarten Hände und schwächliche Statur verachteten.[43] In jedem dieser Fälle verlangte männliche Selbstachtung den Ausschluß von Frauen. Die geschlechterspezifische Codierung der Arbeitswelt konnte die Realität von Frauenarbeit als Dienstboten im häuslichen Rahmen oder Heimarbeiter tolerieren. Aber der Eintritt von Frauen in formale Arbeitsverhältnisse außerhalb des Hauses – in Spinnereien zu Beginn oder als weibliche Büroangestellte zum Ende des Jahrhunderts – brachte stets Reibungen hervor, nicht nur, weil dadurch Arbeit (bzw. gut bezahlte Arbeit) für Männer verlorengehen könnte, sondern auch weil ihre männliche Identität als arbeitendes Geschlecht gefährdet wurde.[44]

Das dritte Standbein sozialer Identität von Männern ist weniger vertraut und sicherlich weniger in theoretischer Literatur entwickelt. Aber Zusammenschlüsse von Männern gehören untrennbar zu jeder Vorstellung von Patriarchat außerhalb des Haushaltes dazu. Sie verkörpern den privilegierten Zugang der Männer zum öffentlichen Leben, wobei sie gleichzeitig die Beschränkung der Frauen auf Haushalt und Nachbarschaft unterstrichen. Diese Gegebenheit hat kaum ihren Weg in die historische Erforschung westlicher Gesellschaften gefunden. »Männerbünde« (*male bonding*) wäre eine griffige Bezeichnung, würde sie nicht etwas Grundlegendes und Trans-historisches implizieren.[45] Denn bei diesen Zusammenschlüssen handelt es sich um eine breite Palette sozialer Formen. Einige, wie zum Beispiel die Handwerksgilden, Handelskammern oder Berufsverbände, bestanden, um wirtschaftliche Unternehmungen zu fördern und könnten deshalb unter dem vorherigen Aspekt dieser Darstellung – Arbeit – abgehandelt werden. Aber es gibt zu viele Zusammenschlüsse von Männern, die nur einen geringen oder gar keinen Bezug zur Arbeitswelt aufweisen. Ich denke an Vereine und Interessengemeinschaften, deren Stimmen zusammen die ›öffentliche Meinung‹ ausmachten, sowie an Gruppen in Klubs, Schenken und Pubs, die Freundschaften, Politik und Freizeit (sowie Geschäft) in Schwung hielten.

Die Bedeutung all dieser Gruppen wird teilweise durch den Lebenszyklus bestimmt. Reine Männergeselligkeit spricht vermutlich am meisten Junggesellen an, denen für eine gewisse Zeit die vollen Privilegien der Männlichkeit verwehrt sind, in der Vereinigung der Handwerksgesellen, der Straßengang, dem Sportklub. Schulbildung verstärkt dies häufig. Im der zweiten Hälfte des 19. Jahrhunderts waren Privatschulen patriarchalische Einrichtungen, nicht nur, weil sie Frauen ausschlossen, sondern auch, weil sie eine bleibende Vorliebe für Männergeselligkeit einflößten. Aber die Attraktivität von Vereins- und Verbindungsleben bleibt weit über das junge Erwachsenenalter hinaus bestehen. Im 19. Jahrhundert war das am deutlichsten in den Vereinigten Staaten zu beobachten, wo nach dem Bürgerkrieg der Zugriff von Bruderlogen auf die Freizeit und das Portemonnaie städtischer Männer aller sozialen Schichten wirklich erstaunlich war.[46] Großbritannien hatte eine stattliche Reihe von Einrichtungen für Männer jeden Alters aufzuweisen, vom Pub, über den Versicherungsverein und den Arbeiterklub hin zu den bürgerlichen Vereinen und Klubs des West End.[47] Alle diese Einrichtungen wurden in ihrer Funktion, das Gebäude ausschließlich männlicher Macht zu zementieren, zeitweise von Frauen richtig eingeschätzt. Die Einrichtungen stützen den machtvollen Mythos, daß es bei Männlichkeit um das Miteinander allein von Männern gehe, und die meisten Arbeitsstrukturen untermauern dies. Was die Literaturkritikerin Eve Sedgwick »homosoziale Allianz«

genannt hat, ist ein fundamentales Element männlicher Privilegien. Gleichzeitig, so Sedgwick, bewegt sich diese Allianz aber in klaren Grenzen, denn um den Schlüssel zum Funktionieren patriarchalischer Strukturen, die Institution der Ehe, zu bewahren, kann homoerotisches Verlangen nicht geduldet werden; über Kameradschaft darf die Allianz nicht hinausgehen. Während Männerbünde also vorgesehen sind, bleibt Homosexualität verboten.[48] Es war kein Zufall, daß die erste moderne Kampagne gegen Homosexualität in den 1880ern auftrat, als die Mode der Klubs unter den begüterten Schichten besonders ausgeprägt war und das Heiratsalter (um 30 Jahre bei Männern) beispiellos spät lag. Jegliche Andeutung über erotische Bindungen oder emotionale Exzesse unter Männern, wie sie noch eine Generation zuvor in der feinen Gesellschaft gang und gäbe waren, riefen nun Mißtrauen hervor. W. T. Steads Bemerkung zu Eward Carpenter im Jahre 1895 – »ein paar Fälle mehr wie jener Oscar Wildes und unsere Freiheit des kameradschaftlichen Miteinanders wird ernsthaft gefährdet sein« –, traf den Nagel auf den Kopf.[49] Reine Männer-Zusammenschlüsse stützten geschlechtsspezifische Privilegien und disziplinierten gleichzeitig die Individuen im Interesse der Stabilität patriarchalischer Strukturen.

Indem ich die Bedeutung von Haus, Arbeit und Männerzusammenschlüssen als Mindestkomponenten männlicher Identität betont habe, habe ich zweifellos nichts bahnbrechend Neues gesagt. Diese Zusammenfassung war aber deshalb angebracht, um die interessantere Behauptung vorzubereiten, daß der genaue Charakter männlicher Entwicklung jeweils weitgehend bestimmt ist durch das Gleichgewicht, das *zwischen* diesen drei Komponenten austariert wird. Mittlerweile hat man meines Erachtens erkannt, daß die ständige Betonung der getrennten Lebenssphären (*separation of spheres*) von Männern und Frauen irreführend ist, zum Teil deshalb, weil die privilegierte Möglichkeit des Mannes, problemlos zwischen dem öffentlichen und privaten Leben zu pendeln, unerläßlich war für den Erhalt der sozialen Ordnung. Und ein wenig Komplementarität ist stets enthalten in jenem entscheidenden Indikator für Männlichkeit, der ›Unabhängigkeit‹, die sich zusammensetzte aus einer ehrenvollen Arbeit, der Fähigkeit, allein eine Familie zu unterhalten, und dem freien Zusammenschluß mit anderen Männern auf einer gleichberechtigten Ebene. Allerdings kommt es selten vor, daß diese drei Elemente als ein miteinander verbundenes System betrachtet werden – wie jedes System charakterisiert durch Widersprüchlichkeit und Instabilität. Aber gerade diese Betrachtungsweise scheint mir der vielversprechendste Weg zu sein, die soziale Dynamik von Männlichkeit zu erfassen.

Man denke zuerst an die viktorianische Mittelklasse. Vorstellungen einer soliden bürgerlichen Männlichkeit sind hier nicht haltbar. Das Gleichgewicht der von mir angeführten drei Komponenten war ausgesprochen instabil und zeigte deutliche Anzeichen von Spannung. Dies lag insbesondere an der Ideologie der Häuslichkeit, die dem Leben im Hause weit mehr Bedeutung zukommen ließ, als ihm Männer traditionellerweise bis dahin in ihrem Leben zugestanden hatten, und erhellte so in akuter Form den Konflikt zwischen den privaten und öffentlichen Anteilen an Männlichkeit. Schon in Cobbetts Schriften kann man die Spannung zwischen Familienleben und dem »Gebrabbel und Unsinn von Klub oder Kneipe« erkennen.[50] Mitte des Jahrhunderts, als im guten Ton der Mittelklasse für Schenken kein Platz mehr war, trat dieser Konflikt weniger hervor. Die schickliche Unterhaltung von Vorträgen und Konzerten, ganz zu schweigen von gemeinnützigen Unternehmungen, schien weniger mit häuslichen Werten zu kollidieren, obwohl den wahren Anhängern häuslichen Komforts hin und wieder in Erinnerung gerufen werden mußte, daß öffentliche Verpflichtungen persönliche Opfer mit sich bringen könnten.[51] Bedeutsamer war die Kollision zwischen Arbeit und dem Zuhause. In welchem dieser Bereiche war ein Mann wirklich er selbst? Die Implikationen der Arbeitsethik in ihrer unnachgiebigen viktorianischen Form waren deutlich, und Carlyle hatte enormen und bleibenden Einfluß, als er sie formulierte. Aber es gab eine starke Gegenbewegung. Das Sprichwort »an Englishman's home is his castle«, das in den 1850ern weit verbreitet war,[52] sprach doppeldeutig vom Besitz als Schutz gegen Neuankömmlinge sowie als Hort und Zufluchtsort vor der Welt ›da draußen‹. Diese zweite Bedeutung sprach besonders jene Männer der Mittelklasse an, die die Arbeitswelt als entfremdend oder moralisch verwerflich empfanden. Von Froude über Dickens bis zu William Hale White vermittelte viktorianische Literatur die Ansicht, daß nur daheim ein Mann wirklich er selbst sein könne; Froude formulierte das in *The Nemesis of Faith* (1849) wie folgt: »Wir legen unsere Maske ab und die Werkzeuge beiseite, und sind nicht länger Anwälte, Matrosen, Soldaten, Politiker oder Kleriker, sondern einfach Männer.«[53] Und damit niemand denke, daß Historiker dieser Entfremdung entgehen konnten, sei auf Coventry Patmore verwiesen, der, gleichgestimmt, besonders den Wissenschaftler mit einbezog, der »seinen Verstand über trockenem Pergament ermüdet«.[54]

In den 1880ern hatte sich das Gleichgewicht verschoben. Zumindest in den höheren Berufsständen assoziierte man Häuslichkeit zunehmend mit Langeweile, Routine und Beengung durch die Frauen,[55] weswegen Ehelosigkeit, Klub-Mitgliedschaft und ›Abenteuerlust‹ anstiegen – als lebensechter Nervenkitzel beim Bergsteigen und bei anderen harten Sportarten und auch in dem, was Sir Arthur Conan Doyle bewundernd die »moderne männliche Erzählung« eines Robert Louis Stevenson und Rider Haggard nannte.[56] Für Männer der Mittelklasse waren gegen Ende des Jahrhunderts die jeweiligen Anreize des Zuhauses und der homosozialen Welt weit ausgeglichener, als dies noch für die Generation ihrer Großväter der Fall gewesen war. Wahrscheinlich gibt es dafür keinen deutlicheren Beleg als die enorme Attraktivität von Pfadfindergruppen für Jungen und die Leitung einer solchen Gruppe für erwachsene Männer: das Lagerfeuer stand für all das, was der häusliche Kamin nicht zu bieten hatte.[57]

In der Arbeiterklasse war die Bindung der Männer an das Zuhause noch komplizierter. In den meisten Fällen hatte es natürlich weniger zu bieten, um den Arbeiter dort zu halten. Falls sein Zuhause gleichzeitig die Werkstatt war, bot es in der Regel nicht jene Menge an Annehmlichkeiten, die ihn an den häuslichen Herd hätten ziehen können. War er ein Angestellter mit durchschnittlichem Einkommen oder noch weniger, erhöhten die Hausarbeit und die Enge im Haus die Attraktivität der Kneipe. Manch einer innerhalb der Arbeiterklasse mißbilligte diesen Zustand. Anna Clark hat die Aufmerksamkeit auf eine Richtung innerhalb des Chartismus gelenkt, die eine häusliche Männlichkeit befürwortete, die – wie die London Working Men's Association – jenen Männern, welche ihre Pflichten als Väter und Ehemänner vernachlässigten, die »Kennzeichen und Charakter von wahren *Männern*« vorenthielt.[58] Mit den 1870ern war der Anspruch auf ein würdiges Zuhause in das Repertoire von Gewerkschaftsführern übergegangen.[59] Es scheint klar, daß zum Ende der viktorianischen Ära eine wachsende Minorität von vergleichsweise gut bezahlten Facharbeitern den Haushalt voll unterstützte und einen Großteil ihrer Freizeit dort verbrachte. Außerhalb dieser privilegierten Gruppe konnte die Realität aber ganz anders aussehen. Ellen Ross und Carl Chinn beschreiben eine städtische Arbeiterwelt, aus der das Patriarchat im privaten Leben fast vollständig verschwunden war. Dem Ehemann wurde oft das Gefühl vermittelt, Elefant im Porzellanladen zu sein, ausgeschlossen vom emotionalen Leben der Familie. Als Junge hätte er sich in solch einer Umgebung wahrscheinlich häusliche und pflegerische Fähigkeiten angeeignet, aber ein wichtiger Teil seiner Erziehung zum Mann hatte darin bestanden, eben diese Fähigkeiten zu ›vergessen‹. Die Ehefrau dagegen war diejenige, die wichtige nachbarschaftliche Kontakte pflegte, die mit Vermietern und Sozialarbeitern verhandelte und die die Schulbildung der Kinder überwachte. Selbst Umzüge gingen oftmals auf ihre Entscheidung zurück. Londoner Richter sprachen manchmal von der Ehefrau als ›Führung des Hauses‹. Solche Aussprüche gehören in den Kontext von häuslicher Gewalt – sicherlich ein Symptom akuter Unsicherheit von Männern hinsichtlich ihres männlichen Status, wenn sie mit Frauen verheiratet waren, die den häuslichen Bereich so effektiv unter Kontrolle hatten.[60] Man kann sich darüber streiten, ob nun die Beliebtheit gemeinsamen Trinkens unter Arbeitern Ursache oder Folge der Unbehaglichkeit in ihrem Zuhause war, aber eine traurige Figur in der Kneipe abzugeben war sicherlich ein weniger ambivalentes Zeichen für maskulinen Status als einem Haus vorzustehen. Das Auf und Ab männlicher Verpflichtung gegenüber häuslichem Leben, ob nun innerhalb der Arbeiterklasse oder dem Bürgertum, enthüllt nach wie vor viel über die Dynamik von Männlichkeit.

4

Auch wenn dies keine umfassende Darstellung werden kann, sollte deutlich werden, daß Männlichkeit im 19. Jahrhundert multiple soziale Bedeutungen hatte. Diese Art von historischen Quellen zu zitieren, hat sich beim Studium von Gender zu einem Standardvorgehen entwickelt, wenn es darum geht, Männlichkeit in ihrer Vielschichtigkeit hervorzuheben.[61] Ganz offensichtlich ist es wichtig, ein für allemal das Argument zu entkräften, Männlichkeit sei ›natürlich‹ und somit dem historischen Zugriff entzogen. Jedoch wirft gut dokumentierte Vielfalt das gegenteilige Problem auf: Männlichkeit erscheint lediglich als ein zweitrangiges Phänomen und bereits in anderen sozialen Identitäten enthalten; das Spiel von Männlichkeit aus dem Chartismus oder

der bürgerlichen Arbeitsethik herauszukitzeln, kann unserem Bild mehr Farbe geben, aber es zeigt keine neue Dynamik auf.

Trotzdem hat dies einiges für sich. Zum Beispiel darf man Davidoffs und Halls *Family Fortunes* entnehmen, daß, geschlechterspezifisch ausgedrückt, domestizierte Mannhaftigkeit vornehmlich das Charakteristikum der frommeren und materiell abgesicherteren Mittelklasse war. Bestimmte soziale Schichten werden manchmal mit einer charakteristischen Männlichkeit assoziiert. Im 19. Jahrhundert mußten soziale Aufsteiger sich an unterschiedliche Erwartungen an ihre Männlichkeit anpassen, so etwa der Handwerker, der es zur ›Respektabilität‹ gebracht hatte,[62] oder der junge Thomas Carlyle, der über die schwächliche Männlichkeit der Londoner Literaten herzog, zu denen er gehören wollte.[63] Man bekommt auch den Eindruck, die herrschenden Klassen versuchten, die ihnen charakteristischen männlichen Codes breiterer Gesellschaftsschichten zu vermitteln, genauso wie sie auch ihre politischen Werte verbreiteten. Es ist beispielsweise wiederholt darauf hingewiesen worden, daß Baden-Powell, als er die Pfadfinderbewegung ins Leben rief, die Absicht verfolgte, Jungen der unteren Mittel- und der Arbeiterklasse die Mannhaftigkeit der Privatschulen nahezubringen, als beste Grundlage für körperliche Tüchtigkeit, eine Ethik des Dienens und Patriotismus. (Man beachte die Reduktion: während Privatschulen versuchten, ihren Schülern die Fähigkeit, zu gehorchen und zu befehlen anzuerziehen, wurde der zweite Aspekt bei den Pfadfindern vernachlässigt.)[64]

Gender-Status kann aber nicht auf Klassen-Status eingeengt werden. Selbst wenn beide parallel angelegt sind, wird sich die Interpretation von Erfahrung und Handlung höchstwahrscheinlich entscheidend verändern, sobald Männlichkeit Beachtung findet. Der Verlust der Arbeit, so wird man dann feststellen, ließ Arbeiter nicht nur verarmen, sondern hatte schwerwiegende Auswirkungen auf ihre männliche

Selbstachtung (einschließlich ihrer Fähigkeit, von Frauen Respekt einzufordern). Im London des späten 19. Jahrhunderts machte die Industrialisierung der traditionellen Werkstätten nicht nur den Lohn unsicher; sie zerstörte auch die Fähigkeit des Vaters, seinem Sohn ein Handwerk oder eine Arbeitsstelle zu vermitteln und wurde deshalb abgelehnt.[65] Noch einmal: wenn man häusliche Gewalt in den Kontext unbeständiger Machtverhältnisse zwischen den Geschlechtern im Hause stellt, kann man den abgedroschenen Gemeinplatz über die Kraft von billigem Schnaps hinter sich lassen. Kurz, der Blick auf Männlichkeit (wie auf Weiblichkeit) erweitert die Palette der für die historische Erforschung sozialer Identität und sozialen Wandels relevanten Faktoren. Gerade weil Davidoff und Hall in ihrem Buch *Family Fortunes* Männlichkeit und Weiblichkeit in den Mittelpunkt rücken, haben wir nun ein anderes Wissen über die Mittelklasse im frühen 19. Jahrhundert; ihr Verdienst besteht nicht darin, den Klassen die jeweiligen, schon bekannten Gender-Charakteristika zuzuordnen, sondern Gender in den Mittelpunkt der Klassenformierung selbst zu stellen.

Es gibt aber einen weiteren Grund dafür, weswegen Männlichkeit sich schwerlich in andere soziale Kategorien einordnen läßt. Sie hat ihre eigene Hackordnung, die sich vornehmlich um den Erhalt patriarchalischer Macht und weniger um eine bestimmte soziale Ordnung kümmert. Herrschende Gruppen werten nicht nur bestimmte Aspekte ihres eigenen männlichen Codes auf; sie marginalisieren und stigmatisieren andere männliche Züge auf eine Art und Weise, die über die Grenzen bekannter sozialer Hierarchien hinweggeht. Dies wird deutlich, wenn man die beiden am stärksten unterdrückten Gruppen betrachtet: Junggesellen und Homosexuelle. Gelinde gesagt, wohnt jungen Männern in den meisten Gesellschaften eine leicht entzündbare Energie inne, wenn sie zwar die körperliche Reife erreicht haben, aber noch nicht in einer Position sind, die Pflichten und Privilegien eines erwachsenen Mannes zu übernehmen. Sie provozieren dadurch, daß sie verfrüht die männlichen Verhaltensweisen Erwachsener in überspitzter und verzerrter Form nachleben. Seit der Blütezeit des ungehorsamen Lehrlings steht die Bezeichnung ›junger Mann‹ für Rauferei, Trunkenheit, sexuelles Experimentieren und Frauenhaß (die letzten beiden sind natürlich völlig kompatibel). Lyndal Roper führt dies in ihrer Arbeit über Augsburg im 16. Jahrhundert deutlich vor Augen.[66] In der Moderne haben Gesellschaften unterschiedlichste Wege gefunden, mit diesem Phänomen umzugehen, manchmal indem sie wie in Frankreich den Spielraum für einen Bohème-Lebensstil ließen, manchmal indem sie eine Kombination aus Kontrolle und Ableitung anwendeten wie in den englischen Mittelklasse.[67]

Die auf Homosexuelle gerichteten sozialen Kontrollmechanismen waren historisch gesehen natürlich weit spezifischer. Erst im späten 19. Jahrhundert nahm die heute vertraute Polarisation zwischen dem ›normalen‹ Heterosexuellen und dem ›abweichenden‹ Homosexuellen endgültig Form an. Wann genau Homosexualität (gemeint ist das Konzept, nicht das Verhalten) ›entstanden‹ ist, wurde in den letzten Jahren zu einer umstrittenen Frage in der Forschung. Es besteht kaum Zweifel, daß es in London im frühen 18. Jahrhundert eine lebendige homosexuelle Subkultur gab, oder daß die ›Freudenhäuser‹ in regelmäßigen Abständen drakonische Strafen auf sich zogen.[68] Aber die Stigmatisierung der Homosexuellen als verirrte, nicht ›normale‹ Kategorie von Männern scheint sich erst in einer sehr spezifischen Konstellation im späten 19. Jahrhundert entwickelt zu haben: als die medizinische Theorie ein »drittes Geschlecht« mit einem Geburtsfehler entdeckt haben wollte, als eine Bewegung für soziale Hygiene Homosexualität als eine Metapher für nationalen Niedergang gebrauchte, und als Homosexuelle selbst eine emanzipatorische Identität entwickelten. Von diesem Moment an diente die Figur des Homosexuellen als Sündenbock für das Patriarchat – einer, der die Wurzeln der Familie angriff, die Arbeitsethik zersetzte und die

Kameradschaft in den Zusammenschlüssen der Männer unterlief.[69]

Man kann also sagen, daß die dominierende Männlichkeit
in Opposition zu untergeordneten Konzepten von Männlichkeit konstruiert wird; letzteren wird vorgehalten, das
Patriarchat von innen her zu untergraben und in den Augen
von Frauen zu diskreditieren. Manchmal, wie im Falle der
Homosexuellen, wird eine bestimmte Personengruppe dä-
monisiert, manchmal bestimmte Formen männlichen Verhaltens herausgegriffen. Körperliche Gewalt gegen die Ehefrau ist ein gutes Beispiel für diese zweite Kategorie. Im
Verlauf des 19. Jahrhunderts wurde häusliche Gewalt mehr
und mehr inakzeptabel für diejenigen, die als ›respektabel‹
gelten wollten. Bekanntlich kulminierte eine von Frances
Power Cobbe angeführte Kampagne im *Matrimonial Causes Act* von 1878. Aber der Kampf im Parlament wurde von
Henry Labouchere geführt, der im Schlagen der Ehefrau einen verdammenswerten Makel der männlichen Ehre sah.[70]

Die Disziplinierung untergeordneter Konzepte von
Männlichkeit und die Modifizierung von geschlechterspezifischen Normen, die der Mehrzahl von Männern auferlegt
wurde, zeigt, wie das, was manchmal als «hegemoniale
Männlichkeit» bezeichnet wurde, funktionierte. Dieses
Konzept entwickelte die Soziologe R. W. Connell, der damit die geschlechterspezifische Struktur zeitgenössischer
Gesellschaften erklären wollte. Connell behauptet, daß eine
vernachlässigte Erklärung für das Überleben und die erfolgreiche Anpassung des Patriarchats in der Solidarität der
Männer zum Erhalt dieser Struktur besteht – alle sitzen in
einem Boot. ›Hegemoniale Männlichkeit‹ greift jene Ausdrücke von Männlichkeit zustimmend heraus, die – wie ex-
klusive Heterosexualität, doppelte Moral oder die Annahme, bezahlte Arbeit sei das Geburtsrecht eines Mannes
– am effektivsten dem Ziel dienen, die Macht der Männer
über Frauen in der Gesellschaft als ganzer aufrechtzuerhalten. Von diesem Standpunkt aus betrachtet, gelten als domi-

nierende Formen von Männlichkeit jene, die Männer mit verschiedensten Interessen im Namen der Verteidigung des Patriarchats zusammenscharen.[71] Die historische Anwendung von Connells Theorie wird allerdings eingeschränkt durch die zentrale Rolle, die er den von den Massenmedien verbreiteten machtvollen Bildern einer konventionellen Männlichkeit beimißt, aber sie wird von den 1880er Jahren an immer wichtiger, als die Rolle der Theaterbühne und des gedruckten Wortes bei der Formung von Geschlechteridentitäten sich bereits zeigte.[72] »Hegemoniale Männlichkeit« ist deshalb ein praktikabler Terminus, weil er uns daran erinnert, daß Männlichkeit massiv ideologisch befrachtet ist und sozial verkrüppelnde Unterscheidungen nicht nur zwischen Männern und Frauen trifft, sondern auch zwischen verschiedenen Kategorien von Männern – Unterscheidungen, die durch Macht erhalten und durch kulturelle Mittel bestätigt werden müssen.

5

Sobald wir erkennen, wie männliche Identitäten von Klassenidentitäten abweichen und unter welchen Umständen sie diese überlagern, fällt es leichter zu verstehen, warum männliche Unsicherheit solch weitgehende soziale Auswirkungen in der Vergangenheit hatte und heute noch hat. Männlichkeit ist auf zwei Arten unsicher: ihre soziale Anerkennung basiert auf materiellen Errungenschaften, die unerreichbar sein können; und ihr hegemonialer Anspruch trifft auf den Widerstand sowohl von Frauen als auch von Vertretern untergeordneter Männlichkeiten. (Es gibt noch eine dritte Art, in der Männlichkeit zur Unsicherheit neigt, die sich aus ihrer psychischen Verfassung ergibt, auf die ich im nächsten Abschnitt eingehe).

Indem ich auf die Bedeutung von Haus, Arbeit und Männerzusammenschlüssen verwiesen habe, habe ich gezeigt, wie die soziale Definiton von Männlichkeit vom Gleichgewicht dieser Elemente determiniert war – und wie dieses Gleichgewicht stets variabel war. Meine Überlegung muß jedoch noch einen Schritt weitergehen. Jede dieser Komponenten männlicher Identifikation war in sich unsicher. Dies galt besonders für die ersten beiden. Eine angemessene Arbeit und ein lebensfähiger Haushalt waren durch das Auf und Ab des wirtschaftlichen Zyklus leicht verletzlich. Einzelne Männer mögen durch das Fehlen einer Unterkunft, den Mangel an Lehrstellen, eine Kündigung und so weiter einen akuten Verlust männlicher Selbstachtung erfahren haben. Es ist Historikern wie Sonya Rose und Keith McClelland zu verdanken, daß wir nun eine Vorstellung haben von den geschlechterspezifischen Implikationen dieser bekannten Fährnisse im Arbeiterleben.[73] Es geht hier nicht darum, daß Männlichkeit *immer* als ungewiß und verletzlich erlebt wurde. Man kann sich problemlos Gruppen von Männern vorstellen, die nie einen Grund hatten, ihre sozialen Qualifikationen für Männlichkeit zu bezweifeln, sobald sie das Erwachsenenalter erreicht hatten. Auch sollte man jene Männer nicht vergessen, die aus der Not ihres Gender-Nonkonformismus eine Tugend machten, also den Bohemien, den ständigen Klubgänger, das Mitglied eines homosexuellen Zirkels.[74] Worauf es mir aber hauptsächlich ankommt, ist der Umstand, daß für jene Männer, die relativ wenig soziale und wirtschaftliche Macht ausübten, der Verlust männlicher Selbstachtung ein ähnliches Berufsrisiko war wie der Verlust des Einkommens.

Was die hegemoniale Männlichkeit angeht, so ist jedes hegemoniale System per Definition der Unsicherheit ausgesetzt. Die Gefahr von Disput und Subversion entsteht immer, sobald an Formen von Männlichkeit festgehalten wird, die das Patriarchat stützen sollen. Dies war letztlich die Stoßrichtung weiblicher Aktivitäten im öffentlichen Leben – besonders der aufeinanderfolgenden Kampagnen zur Reform des Eherechts und der Kreuzzug für Sozialhygiene.[75]

Die Neue Frau wurde natürlich als Bedrohung der patriarchalischen Ordnung verstanden. Von größerer Bedeutung waren vielleicht aber die weiblichen Kläger bei Scheidungsverfahren nach 1857. Der Mut der Klägerinnen, ihre schmerzlichen Umstände der Öffentlichkeit zu enthüllen, half (wie Hammerton gezeigt hat) langfristig den Standard sozial akzeptablen Verhaltens von Ehemännern anzuheben.[76] Zu bestimmten Zeiten während des 19. Jahrhunderts wurden auch die Vertreter untergeordneter Männlichkeiten, die ich bereits erwähnte, als Bedrohung wahrgenommen. In ihrem unterschiedlichen Auftreten als Flegel, Faulenzer und Randalierer wurden die unverheirateten jungen Männer ständig verurteilt – entweder als Gefahr für die patriarchalische Ordnung der Gegenwart oder (um die Jahrhundertwende) als Degenerierte, die die männliche Lebenskraft zukünftiger Generationen bedrohten.[77] Während des 19. Jahrhunderts war der Spielraum für homosexuelle Männer, Veränderungen in der Organisation des Patriarchats zu erwirken, weit geringer als in den vergangenen dreißig Jahren, aber in den 1880er Jahren begann die moderne Typisierung von Homosexuellen als all das, was die Vorkämpfer des Patriarchats nicht waren.

Dies ist der Kontext, in dem man die sogenannte ›Männlichkeitskrise‹ betrachten muß. In der heutigen Theoriediskussion bezeichnet der Begriff eine Situation, in der die traditionell dominierenden Formen von Männlichkeit sich derartig verwischt haben, daß Männer nicht länger wissen, was einen ›wirklichen Mann‹ ausmacht – entweder aufgrund struktureller Veränderungen oder herausfordernder Kritik oder einer Kombination von beidem.[78] Von ›Krise‹ zu sprechen, bringt den Nachteil mit sich, daß man ansonsten Stabilität impliziert. Aber es besteht ein Unterschied zwischen der Unsicherheit des Individuums und dem Untergraben von Männlichkeit innerhalb einer breiten sozialen Schicht, vor allem, wenn dies offen formuliert und entsprechend gehandelt wird.

Elaine Showalter hat anhand der kulturellen Herausforderung durch die Neue Frau und den in Erscheinung tretenden Homosexuellen die Vorstellung von einer »Männlichkeitskrise« in Großbritannien am Ende des Jahrhunderts herausgearbeitet.[79] Ich möchte ein kurzes Beispiel anführen, das die Aufmerksamkeit stärker auf die soziale Verankerung von Männlichkeit in derselben Periode lenkt – nämlich die breite Unterstützung für den Imperialismus. Imperialismus liefert einen vielversprechenden Kontext, denn die männlichen Konnotationen des Empire waren außerordentlich stark, und ein Gutteil seiner Bedeutung für die Briten ergab sich aus der Umlenkung innenpolitischer Sorgen. Wichtige Träger der chauvinistischen Stimmung waren die männlichen Büroangestellten der unteren Mittelklasse, die bekannt waren für ihre hemmungslose Teilnahme an der »Nacht von Mafeking«, für ihren Eintritt in freiwillige Armee-Einheiten – und auch für ihre Vorliebe für imperiale Abenteuerromane.[80] Sie sind allerdings ein klassisches Beispiel einer Randgruppe in prekärer Balance zwischen Arbeiterklasse und Bürgertum und bekannten sich erwartungsgemäß zu dem, was sie für respektable oder patriotische Werte hielten. Aber wir müssen auch ihre männlichen Ängste hinsichtlich ihrer Arbeit beachten. Seit den 1880er Jahren wurde Büroarbeit zunehmend an Frauen vergeben – in manchen Städten bis zu einem Viertel – und die männlichen Angestellten wehrten sich gegen diesen Makel an ihrer Männlichkeit.[81] Eine tiefgehende, vor allem *körperliche* Identifikation mit dem grundsätzlich männlichen Ethos des Empire war ein effektives Mittel, diesen Schandfleck zu tilgen. So gesehen, waren männliche Angestellte die Splittergruppe einer Klasse, die sich zu jener Zeit akut unsicher fühlten hinsichtlich ihres geschlechterspezifischen Status, und sie griffen nach dem leichtesten zu improvisierenden Mittel zur Bestätigung ihrer Männlichkeit. Als eine Art politischer Identifikation (und, so kann man auch sagen, als Karriere-Option)[82] diente das Empire dazu, die angegriffenen Männlichkeiten daheim zu stützen. Die Komponenten des männlichen Status sind meines Erachtens zu lange als eine gegebene Größe außerhalb der Erzählungen sozialen Wandels betrachtet worden. Ist diese korrigiert, werden auch andere Gesichtspunkte der historischen Landschaft, und zwar ebenso vertraute wie Imperialismus, wahrscheinlich ihre Anordnung ändern.[83]

6

Bis hierhin habe ich Männlichkeit als eine soziale Identität, als einen Aspekt der Struktur sozialer Beziehungen behandelt und dabei den in England vorherrschenden Trend der Geschichtsschreibung zum Thema Gender wiedergegeben. Aber natürlich ist das weder der einzige Zugang zum Thema, noch der herausforderndste. Männlichkeit ist mehr als ein soziales Konstrukt. Es muß auch als *subjektive* Identität betrachtet werden, normalerweise die von Männern am tiefsten empfundene. Und damit kommen die frühen Prägungen der geschlechtsbewußten Persönlichkeit durch die intimen Beziehungen innerhalb des Familienlebens ins Spiel. Was Männer später durch Anerkennung ihrer Peer-Gruppe zu bestätigen suchen, wurde während des Kleinkindalters und der Kindheit im Wechselspiel von Erziehung, Verlangen und Autorität geformt. Es ist demnach ein Fehler, Männlichkeit lediglich als eine Außenhülle oder einen ›Stil‹ zu behandeln, der je nach sozialen Umständen neu angepaßt werden kann.[84] Ebensowenig macht es Sinn, Männlichkeit nur mit jenen Reflexen gleichzusetzen, die dazu dienen, das Ungleichgewicht zwischen den Geschlechtern aufrechtzuerhalten. Subjektivität ist die andere, nicht verzichtbare Seite der Medaille. Und an dieser Stelle treten bei Begrifflichkeit und Analyse die größten Probleme auf. Trotz aller Lücken und Spekulationen in meinen bisherigen Ausführungen über Männlichkeit und Patriarchat lagen die von mir angesprochenen Probleme zumindest im Bereich der Sozial- und Ideengeschichte und konnten dementsprechend mit bereits erprobten Forschungsmethoden angegangen werden. Männlichkeit als subjektive Identität hat dagegen weit weniger Beachtung gefunden und ruft in der Historikerzunft auch viel größere Skepsis hervor. Der Treibsand psychoanalytischer Theorie, kombiniert mit ernsten technischen Problemen hinsichtlich Quellen und Stichproben, hat Historiker in Großbritannien offenbar abgeschreckt, so daß diese Fragen tendenziell den Kulturwissenschaften überlassen wurden.

Hier kann nicht näher auf die Feinheiten konkurrierender Interpretationen innerhalb der psychoanalytischen Tradition eingegangen werden – wofür ich ohnehin nicht qualifiziert wäre –, aber ich will doch die Schlüsselelemente der Psychodynamik von Männlichkeit hervorheben, die in den meisten Varianten dieser psychoanalytischen Tradition vorkommen. Alle geschlechterspezifischen Identitäten sind instabil und widersprüchlich, weil das aufwachsende Kleinkind sich den Weg durch eine doppelte Identifikation bahnen muß – mit beiden Elternteilen (oder vergleichbaren Bezugspersonen) – und weil so ein Gutteil der Erwachsenen-Identität auf diesem Wege geformt wird (stärker als durch biologische Veranlagung oder kulturelle Einflüsse). Als Resultat dieses Wachstumsprozesses haben Männer weibliche Züge (genauso wie Frauen männliche Züge haben). Der Druck der Peer-Gruppe im öffentlichen Leben zwingt sie dann dazu, ihre feminine Seite zu leugnen, wobei innerhalb dieses Prozesses dem Selbst sehr enge Grenzen gesetzt werden. Und die sich selber nicht eingestandenen weiblichen Züge im Inneren werden auf andere Kategorien von Männern projiziert, oft mit sozial repressiven Ergebnissen, wie im Falle der Homosexuellen. Der Konflikt des Mannes mit seinen weiblichen Zügen wird manchmal als ein psychisches Universalphänomen betrachtet, mit all den unheilvollen Konsequenzen, die es schwer machen, optimistisch auf eine ausgeglichenere Geschlechterordnung in der Zukunft zu hoffen. In dem Maße, in dem alle Jungen die Auflösung der Identifikation des Kleinkindes mit der Mutter durchmachen müssen, die nie vollständig sein kann, gibt es hier ein universelles Muster. Diese Perspektive verliert allerdings aus dem Auge, daß in verschiedenen Kulturen stark variiert, wieviel Bedeutung der Erziehung durch die Mutter zugemessen wird, inwieweit Männern eingeräumt wird, weibliche Züge auszuleben und wie weit eingefordert wird, daß Männlichkeit sozusagen aus einem Guß zu sein habe. Diese Fragen sind die Domäne der Geschichtswissenschaft par excellence.[85]

Wir sind noch weit davon entfernt, diese Fragen systematisch anzugehen. Aber ich möchte zwei gegensätzliche Kontexte ansprechen, in denen die Vorteile einer für psychologische Erklärungen offenen Herangehensweise sich langsam positiv bemerkbar machen. Der erste bringt mich zurück zum Thema der Mannhaftigkeit, mit dem ich mich eingangs beschäftigte. Hier finden wir einen Männlichkeits-Code vor, der als *öffentlicher* Code behandelt werden muß – ein Leitfaden zu männlichem Auftreten im öffentlichen Leben. Der Fehler liegt darin, solche Codes als ausschließlich zum öffentlichen Leben gehörend zu betrachten. Man muß die Frage stellen, wer jungen Männern Mannhaftigkeit beigebracht hat – und man muß über die offensichtlichen Antworten hinausgehen. In diesem Zusammenhang wurden immer wieder die Privatschulen angeführt.[86] Meist wird dabei übersehen, daß ein dreizehnjähriger Junge auf einer Privatschule nicht als Tabula rasa ankam; er ist vielmehr ein Junge, der seine prägenden Jahre in einem Haushalt der oberen Mittelklasse oder zumindest der Mittelklasse verlebte und der auch weiterhin einen beträchtlichen Teil jeden Jahres dort verbringen wird. Seine ersten und nachhaltigsten Lehrer in Bezug auf Mannhaftigkeit waren die Eltern.

Es macht einiges aus, welcher Elternteil dabei die Führung übernommen hat. Entscheidend ist hier die kürzlich

aufgewertete Rolle der Mutter. Während im 18. Jahrhundert
Mütter als zu nachsichtig galten, um lange mit der Erziehung des Sohnes betraut zu werden, stand um 1830 die moralische Mutterschaft höher im Kurs, zumindest in Kreisen
der Mittelklasse. Ehefrauen galten zunehmend als ihren
Männern moralisch überlegen, als das Gewissen des Hauses.[87] Dementsprechend erweiterte sich auch ihre Rolle als
Anleiterin und Lehrerin der Kinder, besonders der Jungen.
Väter mögen nach wie vor ›ernste Gespräche‹ über die Tük-
ken des Erwachsenenlebens mit ihren Söhnen geführt haben, aber Mütter, besonders solche, die mit distanzierten
Aristokraten oder überarbeiteten Männern der Mittelklasse
verheiratet waren, kontrollierten nun einen großen Teil der
moralischen Erziehung, und es ist klar, daß hierzu auch die
Mannhaftigkeit zählte. Mary Benson war mit einem Bischof
verheiratet, der sich selbst als Experten auf diesem Gebiet
betrachtete (schließlich war er dreizehn Jahre lang der Direktor einer Privatschule gewesen); aber es fiel ihr zu, ihren
zwölfjährigen Sohn 1879 mit den Worten zu drängen: »Ich
möchte, daß Du Dich mannhaft verhältst, und alles, was wir
bisher besprochen haben, sollte Dich darauf vorbereitet haben. . . . Reiß Dich also zusammen, mein Junge, und sei ein
Mann.«[88]

Bürgerliche Männer im späten viktorianischen Großbritannien sahen sich demnach einem schwierigen Übergang
zu einer männlichen Identität im Erwachsenenalter gegenüber. Sie mußten nicht nur mit dem Kleinkindtrauma fertig
werden, das durch den Verlust der Identifikationsmöglich-
keit mit der Mutter zustande kam und durch die Betonung
der mütterlichen Erziehung noch verstärkt wurde; sie waren sich auch des verwirrenden Umstandes bewußt, daß das,
was sie über Mannhaftigkeit wußten, ihnen zu einem gewissen Grad zumindest durch den Filter weiblichen Feinge-
fühls vermittelt worden war. Ihr eigener Code von Mannhaftigkeit war denn auch spröder und weniger tolerant gegenüber den inneren ›weiblichen‹ Zügen.[89] Während junge

Männer in früheren Jahrzehnten des Jahrhunderts oft noch starke Gefühle in aller Öffentlichkeit ausdrücken konnten – durch Tränen, Umarmungen und so weiter –, wurde dies unter ihren Söhnen und Enkeln immer seltener. Man kann den dominierenden Code von Mannhaftigkeit in den 1890er Jahren, mit all seiner Ablehnung von Emotionalität und seiner Intoleranz gegenüber androgynen Formen und der Homosexualität, als ein Nebenprodukt eines gestiegenen imperialen Bewußtseins interpretieren – besonders hinsichtlich der imperialen Grenze und den männlichen Qualitäten, die dort gefordert waren.[90] Aber auf diese Weise betrachtet man Mannhaftigkeit, als sei sie lediglich im öffentlichen Leben verwurzelt. Ich denke, daß die Mannhaftigkeit des späten 19. Jahrhunderts auch das nach außen sichtbar werdende Symptom jenes Bedürfnisses war, die inneren weiblichen Züge zu unterdrücken – ein psychisches Universalphänomen vielleicht, aber eines, das durch die spezifische Form der Häuslichkeit der höheren Schichten während der vorangegangenen Generation deutlich verschärft worden war. Das Psychische und das Soziale waren in diesem Vorgang untrennbar miteinander verbunden wie in so vielen anderen Aspekten von Gender.

Mein zweites Beispiel führt über die Welt von Schule und Zuhause hinaus und betrachtet einige der weitreichenden Implikationen von Projektion. Ich sage bewußt ›weitreichend‹, weil dieser Aspekt am besten verdeutlicht, warum Geschlechteridentitäten, die in intimen Erfahrungen verwurzelt sind, sich auf soziales Bewußtsein, manchmal sogar auf politisches Handeln übertragen. Jedwede Identität, vor allem eine unsichere, ist zum Teil konstruiert in Opposition zu einem dämonisierten Anderen – eine aus allen erdenklichen negativen Zutaten zusammengesetzte Identität, die dem, der ihr im richtigen Leben am nächsten kommt, angehängt wird. Historische Studien über kulturelle Konflikte und Kolonialismus fördern diese Facette männlicher Identität am deutlichsten zutage, und die Erklärungen dafür liegen auf der Hand. Konfrontiert mit Formen von Rassismus, die uns im nachhinein extrem anmuten, sind wir geneigter, Erklärungsmuster ernst zu nehmen, die über instrumentale Rationalität hinausgehen. Denn es ist klar, daß die tiefgehende Identifizierung der britischen Gesellschaft mit dem Empire sich nicht nur aus Profit- und Karrieremöglichkeiten erklärt, sondern auch aus verlockenden Herrschaftsphantasien. Und diese sprachen nicht nur kolonisierende Weiße an, die direkten Kontakt zu anderen Rassen hatten, sondern auch Männer in Großbritannien, die nie über die Grenzen Europas hinausgereist waren. Thomas de Quinceys gewaltsame Rassenphantasien (analysiert von John Barrell) sind hierfür beredtes Beispiel, und im weiteren Sinne versucht die derzeitige Arbeit von Catherine Hall (die aber weniger psychoanalytisch vorgeht) zu erhellen, wie die englischen nationalen Identitäten durch machtvolle Vorstellungen von Sexualität und rassischen Unterschieden konstruiert waren.[91] Die Bilder, die man sich von Afrika, Indien und der Karibik machte, verschoben die Bedeutungen des Weiß- oder Mann-Seins – und auch des Frau-Seins.

Die psychische Struktur des kolonialen Diskurses war natürlich nicht einheitlich. Auf einer Ebene ging es um idealisierte Männlichkeiten wie jene der sogenannten ›kriegerischen Rassen‹ (*martial races*) – diese verkörperten wünschenswerte Qualitäten, die bei den Briten ›verloren‹ gegangen oder marginalisiert worden waren und nun durch imperiale Kontrolle wiedererlangt werden konnten – ein Thema in Baden-Powells *Scouting for Boys* (1908), das auch viel von dem populären Erfolg T. E. Lawrences erklärt.[92] Alternativ dazu wurden kolonisierte Einheimische als Kinder gedacht – eine beliebte Phantasie bei paternalistischen Amtsträgern und Missionaren, trotz der langfristigen Implikationen von Gleichheit und Ablösung. Am stärksten aber war die Projektion von Weiblichkeit, denn sie verband Herabsetzung und Verlangen in einer berauschenden Mischung. Was weiße Männer im Anderen zu entdecken glaubten, verdeutlicht sowohl den Zwang, die eigenen weiblichen Züge zu leugnen, als auch die Anziehung durch eben diese weiblichen Qualitäten. Manchmal wurde ganzen Regionen Weiblichkeit zugeschrieben, wie beim lockenden Schwarzen Kontinent, der Eindringen und Beherrschung erwartete. Öfters wurden diese Züge aber speziell mit den kolonialisierten Männern verknüpft. Der koloniale Diskurs war voll von weibischen und verschlagenen Bengalen oder dem gefügigen und anhänglichen Sklaven der Westindischen Inseln. Das Ausleben der Sexualität war in Übersee spannungsfreier, die Arbeitsethik oft gar nicht vorhanden. Einheimischen Lebensstil anzunehmen, konnte für den Engländer in den Tropen oft das Ende seiner Karriere bedeuten, während er daheim als ungehemmte Phantasie beflügelte, mal in Form versteckten Verlangens, mal als heftig strafender Impuls.[93]

An dieser Stelle soll Männlichkeit als kulturelle Repräsentation wieder eingeführt werden. Denn die Kraft der Bilder des Anderen, männliche Identitäten in Großbritannien selbst (im Unterschied zu den Kolonien) zu formen, hing von ihrer Präsenz in der visuellen und literarischen Kultur ab. Mit dem Begriff Kultur meine ich an dieser Stelle natürlich nicht die explizite und reflektierte Kultur von Mannhaftigkeit, sondern eher die zufälligen und widersprüchlichen Bedeutungen, die der Kultur in ihrer Gesamtheit innewohnen, wo geschlechterspezifische Unterscheidungen reichlich in populären Formen auftauchen, sei es in Missionszeitschriften, Reise- und Abenteuerliteratur, Volksliedern oder dem Varieté. Hier findet man mit Sicherheit die imperialen Vorbilder und Helden, wie etwa in Hentys Jungen-Abenteurern oder der Figur des Allen Quartermain. Aber ich habe den Verdacht, daß der stärkste Einfluß auf männliche Identitäten von Anspielungen auf den Anderen ausging, besonders von den bereits erwähnten negativen rassistischen Stereotypen. Die Handwerker, Büroangestellten und Einzelhändler waren aufgefordert, an den imperialen Herrschaftsphantasien teilzuhaben und auf diese Weise neue Wege des Ausdrucks (vielleicht auch zur Eindämmung) der Spannungen innerhalb ihrer eigenen Geschlechtsidentität zu finden.[94] Die weit verbreitete Annahme der Überlegenheit über andere Rassen im Empire funktionierte auf einer viel tiefergehenden Ebene als nur in Form eines selbstzufriedenen Vergleichs materieller Umstände. Daraus folgt, daß die Fragen, die wir zum schnellen Anwachsen eines imperialen Bewußtseins im Großbritannien der späten viktorianischen Ära stellen müssen, sich nicht nur darauf beziehen dürfen, wie dieses Bewußtsein von Veränderungen im sozialen Unterbau von Männlichkeiten im Heimatland betroffen war. Gefragt werden muß auch, welche Veränderungen in der phantasierten Beziehung zwischen Formen der Männlichkeit in Großbritannien und dem Übersee-Empire vonstatten gingen.

7

Männlichkeit, wie ich sie in diesem Aufsatz analysiert habe, ist sowohl eine psychische als auch eine soziale Identität: psychisch deshalb, weil sie ein integraler, im Säuglings- und Kindesalter geprägter Bestandteil der Subjektivität eines jeden Mannes ist; sozial, weil Männlichkeit untrennbar verbunden ist mit der Anerkennung durch die Peer-Gruppe, die wiederum vom sozialen Auftreten abhängt. Die beunruhigende und komplexe Beziehung zwischen den psychischen und den sozialen Elementen erklärt die Kraft der Männlichkeit, Erfahrungen und Handlungen zu formen, oft über die bewußte Wahrnehmung der Beteiligten hinaus. Zum einen verfolgen Männer sehr praktische Ziele zur Vermehrung von Macht und Status ihres Geschlechts, werden gleichzeitig aber geleitet durch nicht wahrgenommene Phantasien, die die Psyche verteidigen sollen.[95] Das, so scheint mir, ist die Bedeutung von Patriarchat. In der Geschichte sind die meisten Formen von Patriarchat aus psychischen Bedürfnissen hervorgegangen, verbunden mit der Wahrnehmung des materiellen Vorteils der Herrschaft über Frauen. Die Verbindung zwischen diesen beiden Vorgängen aufzuzeigen und deren sozialen Einfluß zu gewichten, ist eindeutig eine wichtige Aufgabe der Historiker. Diese Herausforderung wurde schon vor mehr als zehn Jahren von Sally Alexander und Barbara Taylor formuliert,[96] aber bisher ist auf diesem Gebiet nur wenig Fortschritt erzielt worden.

Die andere Aufgabe für Historikerinnen und Historiker, die ich hervorheben möchte, hängt mit meiner Diskussion von männlichen Hierarchien zusammen. Es ist von großer Bedeutung, deutlich zu machen, daß diese Hierarchien ein Eigenleben hatten, das nicht reduziert werden kann auf Klassenunterschiede, Ethnizität oder Religion. Das bedeutet, daß wir die Reaktionen der historischen Subjekte nicht nur reicher kontextualisieren, sobald wir Gender in die Sozialgeschichte einführen, sondern daß wir das Gewicht der Erklärungen verschieben. Dadurch wird die Frage nach Determiniertheit noch drängender, als sie ohnehin schon ist. Welche Dynamik stand hinter dem fluktuierenden Gleichgewicht zwischen Arbeit, dem Zuhause und Zusammenschlüssen von Männern, die ich als Schlüsselbereiche männlicher Anerkennung herausgearbeitet habe? Wodurch wurden die dominierenden oder hegemonialen Verhaltensweisen von Männlichkeit in unterschiedlichen Gesellschaften geformt? Und wie sollen wir die Beziehung zwischen dem Diskursiven und dem Sozialen fassen, wenn es um Machtstrukturen geht, die in der Regel versteckt bleiben? Zur Beantwortung dieser Fragen sind sicherlich alle Ressourcen der Kultur- und Sozialgeschichte erforderlich. Ich denke, daß die Antworten nicht die Domäne eines weiteren Spezialgebietes sein werden, sondern zentral sind für die Art, in der wir über unsere Arbeit nachdenken.

Anmerkungen

1 Dieser Aufsatz ging aus einem Vortrag hervor, den ich auf Einladung Polly O'Hanlons in Cambridge gehalten habe. Ich danke ihr für ihre Kommentare. Weitere hilfreiche Anregungen verdanke ich Norma Clarke, Ann Davin, Keith McClelland, Michael Roper und Barbara Taylor.

2 Natalie Zemon Davis, »›Women's History‹ in Transition. The European Case«, in: *Feminist Studies* 3 (1975) S. 90.

3 So zum Beispiel Jane Lewis, *Labour and Love. Women's Experience of Home and Family, 1850-1940*, Oxford 1984, Vorwort des Herausgebers, S. 4; Gisela Bock, »Women's History and Gender History. Aspects of an International Debate«, in: *Gender and History* 1 (1989) S. 18.

4 Michael Roper / John Tosh (Hrsg.), *Manful Assertions. Masculinities in Britain since 1800*, London 1991. – Zu Männlichkeit und institutioneller Politik vgl. Jon Lawrence, »Class and Gender in the Making of Urban Toryism, 1880–1914«, in: *English Historical Review* 108 (1993) S. 629–652.

5 Jean Jacques Rousseau, *Emil oder Über die Erziehung*. Vollständige Ausgabe, in neuer dt. Fassung bes. von Ludwig Schmidts, Paderborn ¹⁰1991, S. 389.

6 Cynthia Eagle Russet, *Sexual Science. The Victorian Construction of Womanhood*, Cambridge (Mass.) 1989.

7 Robert A. Nye, *Masculinity and Male Codes of Honor in Modern France*, New York 1993.

8 Im Original *manliness*. Tosh verwendet die Begriffe *manliness*, *masculinity* und *manhood*. Im Deutschen drückt man alle drei Begriffe üblicherweise mit ›Männlichkeit‹ aus. Zur Unterscheidung ist hier Toshs Begriff *manliness* als Bezeichnung der viktorianischen Ideologie von Männlichkeit mit dem etwas veralteten Ausdruck »Mannhaftigkeit«, *masculinity* dagegen als biologische und umgangssprachliche Bezeichnung mit »Männlichkeit«, *manhood* als »Mannsein« übersetzt worden (Anm. d. Übers.).

9 David Newsome, *Godliness and Good Learning*, London 1961; J. A. Mangan, *Athleticism in the Victorian and Edwardian Public School*, Cambridge 1981; Norman Vance, *The Sinews of the Spirit. The Ideal of Christian Manliness in Victorian Literature and Religious Thought*, Cambridge 1985; Stefan Collini, *Public Moralists*, Oxford 1991; Claudia Nelson, *Boys Will be Girls. The*

Feminine Ethic and British Children's Fiction 1857–1917, New Brunswick 1991. Für eine repräsentative Zusammenstellung vgl. J. A. Mangan / James Walvin (Hrsg.), *Manliness and Morality: Middle-Class Masculinity in Britain and America, 1800–1940*, Manchester 1987.

10 John Tosh, »Domesticity and Manliness in the Victorian Middle Class. The Family of Edward White Benson«, in: Roper / Tosh (s. Anm. 4), S. 44–73.

11 Anthony Easthope, *What a Man's Gotta Do. The Masculine Myth in Popular Culture*, London 1986; Peter Middleton, *The Inward Gaze. Masculinity and Subjectivity in Modern Culture*, London 1992.

12 Graham Dawson, *Soldier Heroes and Adventure Narratives. Case-Studies in English Masculine Identities from the Victorian Empire to Post-Imperial Britain*, Diss., Birmingham 1991; Graham Dawson, »The Blond Bedouin. Lawrence of Arabia, Imperial Adventure and the Imagining of English-British Masculinity«, in: Roper / Tosh (s. Anm. 4), S. 113–144; Joseph Bristow, *Empire Boys. Adventures in a Man's World*, London 1991; Kelly Boyd, »Exemplars and Ingrates. Imperialism and Masculinity in the Boys' Story Paper, 1880–1930«, in: *Historical Research* 67 (1994) S. 143–155.

13 Peter Bailey, »Champagne Charlie. Performance and Ideology in the Music-Hall Swell Song«, in: J. S. Bratton (Hrsg.), *Music Hall. Performance and Style*, Milton Keynes 1986, S. 49–69.

14 Collini (s. Anm. 9), S. 113.

15 Vgl. besonders die Artikel in: Mangan / Walvin (s. Anm. 9).

16 Thomas Hughes, *The Manliness of Christ*, London 1880, S. 25.

17 Bruce Haley, *The Healthy Body and Victorian Culture*, Cambridge (Mass.) 1978, Kap. 6.

18 John Springhall, *Youth, Empire and Society. British Youth Movements, 1883–1940*, London 1977; Tim Jeal, *Baden-Powell*, London 1989.

19 Das Gegenargument zu dieser Generalisierung findet sich am deutlichsten in: Haley (s. Anm. 17).

20 John Barrell, *The Birth of Pandora and the Division of Knowledge*, London 1992, Kap. 4.

21 Charles Kingsley, *His Letters and Memories of His Life*, hrsg. von F. Kingsley, London 1877, Bd. 2, S. 186.

22 J. A. Banks, *Prosperity and Parenthood*, London 1954; J. A.

Banks and Olive Banks, *Feminism and Family Planning in Victorian England*, Liverpool 1964; J. A. Banks, *Victorian Values, Secularism and the Size of Families*, London 1981; Judith R. Walkowitz, *Prostitution and Victorian Society*, Cambridge 1980.

23 Peter Gay, *The Bourgeois Experience. Victoria to Freud*, Bd. 2, New York 1986, bes. S. 14–21, 30–34, 297–311, 419–422.

24 Über Benson s. Tosh (s. Anm. 10); über Holden s. Tosh (laufendes Projekt).

25 Vgl. Mark Girouard, *The Return to Camelot: Chivalry and the English Gentleman*, New Haven 1981.

26 Anna Clark, *Women's Silence, Men's Violence. Sexual Assault in England, 1770–1845*, London 1987, S. 23, 110–113.

27 Leonore Davidoff / Catherine Hall, *Family Fortunes. Men and Women of the English Middle Class, 1780–1850*, London 1987, bes. Kap. 6 und 8.

28 Newsome (s. Anm. 9), bes. S. 195–198, 207–211, und Nelson (s. Anm. 9).

29 Brian Harrison, *Separate Spheres*, London 1978, Kap. 4.

30 John Stuart Mill / Harriet Taylor Mill / Helen Taylor, *Die Hörigkeit der Frau. Texte zur Frauenemanzipation*, hrsg. von Hannelore Schröder, übers. von Jenny Hirsch. Frankfurt a. M. 1976, S. 200; Originalausg.: *The Subjection of Women*, London 1869. Für eine ebenso deutliche Position zur Macht des Mannes über Kinder vgl. Mill, *On Liberty* (1859), London 1974, S. 175.

31 John Killham, *Tennyson and »The Princess«*, London 1958, S. 150–166; Mary L. Shanley, *Feminism, Marriage and the Law in Victorian England, 1850–1895*, Princeton 1989, Kap. 5.

32 Ich bin mir bei meiner Verwendung des Ausdrucks »Patriarchat« der Zweifel bewußt, die der Begriff in letzter Zeit ausgelöst hat. Ich stelle keine Vermutungen über den biologischen oder transhistorischen Charakter der Macht von Männern über Frauen an; genausowenig versuche ich, speziell patriarchalische Produktionsverhältnisse zu einer bestimmten Zeit nachzuweisen. Ich benutze den Begriff, um Konstellationen zu beschreiben, in denen die Macht von Männern über Frauen und Kinder eine bedeutende Form sozialer Schichtung darstellte. Die breitere Diskussion zum Begriff kann nach wie vor verfolgt werden in der Debatte zwischen Sheila Rowbotham, Sally Alexander und Barbara Taylor, in: Raphael Samuel (Hrsg.), *People's His-*

tory and Socialist Theory, London 1981. Vgl. auch Michael Roper / John Tosh, »Historians and the Politics of Masculinity«, in: Roper / Tosh (s. Anm. 4) S. 8–11.

33 Michelle Z. Rosaldo, »Women, Culture and Society: a Theoretical Overview«, in: M. Z. Rosaldo / L. Lamphere (Hrsg.), *Women, Culture and Society,* Stanford 1974, S. 28. Für eine Fülle ethnographischer Beispiele vgl. David D. Gilmore, *Manhood in the Making. Cultural Concepts of Masculinity,* New Haven 1990.

34 Maxine Berg, *The Age of Manufactures, 1700–1820,* London 1985, Kap. 6 und 9; Bridget Hill, *Women, Work and Sexual Politics in Eighteenth-Century England,* Oxford 1989.

35 Sonya Rose, *Limited Livelihoods. Gender and Class in Nineteenth-Century England,* London 1992, S. 128. Hervorhebung vom Verf.

36 Davidoff / Hall (s. Anm. 27), Kap. 1–2.

37 A. James Hammerton, *Cruelty and Companionship. Conflict in Nineteenth-Century Married Life,* London 1992, Kap. 3–4.

38 J. S. Bratton, *The Victorian Popular Ballad,* London 1975, S. 184–188.

39 William Cobbett, *Advice to Young Men* (1830), London 1926, S. 10.

40 Davidoff / Hall (s. Anm. 27), S. 229–234.

41 Keith McClelland, »Some Thoughts on Masculinity and the ›Representative Artisan‹ in Britain, 1850–1880«, in: *Gender and History* 1 (1989) S. 164–177 (wiederabgedr. in: Roper / Tosh, s. Anm. 4, S. 74–91).

42 Paul Willis, *Learning to Labour. How Working-Class Kids Get Working-Class Jobs,* London 1977, S. 52, 148.

43 Gregory Anderson, *Victorian Clerks,* Manchester 1976.

44 Zu jungen Frauen in Spinnereien vgl. Ivy Pinchbeck, *Women Workers and the Industrial Revolution, 1750–1850,* London 1930; Jane Rendall, *Women in an Industrializing Society, 1740–1880,* Oxford 1990. Zu Frauen als Büroangestellte vgl. Anderson (s. Anm. 43).

45 Merry E. Wiesner, »Guilds, Male Bonding and Women's Work in Early Modern Germany«, in: *Gender and History* 1 (1989) S. 125.

46 Mary Ann Clawson, *Constructing Brotherhood. Class, Gender and Fraternalism,* Princeton 1989; Mark C. Carnes, *Secret Ritual and Manhood in Victorian America,* New Haven 1989.

47 Nicht alle dieser Einrichtungen waren während dieser Periode exklusiv den Männern vorbehalten; im frühen 19. Jahrhundert z. B. besuchten Frauen Pubs und hatten ihre eigenen Gruppen in den Selbsthilfevereinen, aber in der zweiten Hälfte des Jahrhunderts waren die Möglichkeiten, der männlichen Kontrolle zu entkommen, rare Ausnahmen; vgl. R. J. Morris, »Clubs, Societies and Associations«, in: F. M. L. Thompson (Hrsg.), *The Cambridge Social History of Britain 1750–1950*, Cambridge 1990, Bd. 3, S. 430–436.

48 Eve K. Sedgwick, *Between Men. English Literature and Male Homosocial Desire*, New York 1985, Kap. 1.

49 Zit. nach Jeffrey Weeks, *Coming Out. Homosexual Politics in Britain from the Nineteenth Century to the Present*, London 1977, S. 21.

50 Cobbett (s. Anm. 39), S. 170.

51 Vgl. z. B. John Angell James, *The Family Monitor, or a Help to Domestic Happiness*, Birmingham 1828, S. 22.

52 Frances Armstrong, *Dickens and the Concept of Home*, Ann Arbor 1990, S. 155, Anm. 1.

53 J. A. Froude, *The Nemesis of Faith* (1849), zit. nach Walter E. Houghton, *The Victorian Frame of Mind, 1830–1870*, New Haven 1957, S. 345–346.

54 [Coventry Patmore], »The Social Position of Women«, in: *North British Review* 14 (1851) S. 521–522.

55 Für eine vorläufige Skizze dieser Interpretation vgl. John Tosh, »The Flight from Domesticity and Imperial Masculinity in Britain, 1880–1914«, in: Timothy P. Foley [u.a.] (Hrsg.), *Gender and Colonialism*, Galway 1995.

56 Arthur Conan Doyle, zit. nach J. A. Hammerton (Hrsg.), *Stevensoniana*, London 1903, S. 243. Zur Abenteuerlust als Gegengewicht zur Häuslichkeit vgl. Martin Green, *Dreams of Adventure, Deeds of Empire*, New York 1979.

57 Dieser Aspekt der Pfadfinderbewegung muß noch bearbeitet werden, vgl. eine analoge Analyse der Pfadfinder in den USA bei Jeffrey P. Hantover, »The Boy Scouts and the Validation of Masculinity«, in: Elisabeth Pleck / Joseph H. Pleck (Hrsg.), *The American Man*, Englewood Cliffs 1980.

58 Anna Clark, »The Rhetoric of Chartist Domesticity. Gender, Language and Class in the 1830s and 1840s«, in: *Journal of British Studies* 31 (1992) S. 70 f.

59 Vgl. McClelland (s. Anm. 41).

60 Carl Chinn, *They Worked All Their Lives*, Manchester 1988; Ellen Ross, *Love and Toil: Motherhood in Outcast London, 1870–1918*, New York 1993. Vgl. auch Nancy Tomes, »A ›Torrent of Abuse‹. Crimes and Violence Between Working-Class Men and Women in London, 1840–1875«, in: *Journal of Social History* 11 (1978) S. 328–345. Eine eindringliche Darstellung für das 20. Jahrhundert bei Pat Ayers / Jan Lambertz, »Marriage Relations, Money and Domestic Violence in Working-Class Liverpool, 1919–1939«, in: Lewis (s. Anm. 3), S. 195–219.

61 Z. B. Lynne Segal, *Slow Motion. Changing Masculinities, Changing Men*, London 1990.

62 Zu einem ungewöhnlichen und erhellenden Fall vgl. Pamela Walker, »"I Live But Not Yet I For Christ Liveth in Me". Men and Masculinity in the Salvation Army, 1865–90«, in: Roper / Tosh (s. Anm. 4), S. 92–112.

63 Norma Clarke, »Strenuous Idleness. Thomas Carlyle and the Men of Letters as Hero«, in: Roper / Tosh (s. Anm. 4), S. 25–43.

64 Vgl. bes. Michael Rosenthal, *The Character Factory. Baden-Powell and the Origins of the Boy Scout Movement*, London 1984, Kap. 3; ferner Robert H. MacDonald, *Sons of the Empire. The Frontier and the Boy Scout Movement, 1890–1918*, Toronto 1993, S. 159–162.

65 Ross (s. Anm. 60).

66 Lyndal Roper, »Blood and Cod-pieces«, in: L. R., *Oedipus and the Devil. Witchcraft, Sexuality and Religion in Early Modern Europe*, London 1994.

67 John R. Gillis, *Youth and History*, 2. Aufl., New York 1981.

68 Alan Bray, *Homosexuality in Renaissance England*, London 1982, Kap. 4; Rictor Norton, *Mother Clap's Molly House. Gay Subculture in England 1700–1830*, London 1992, bes. Kap. 3–5.

69 Im Zuge der Foucault-Rezeption mag in der jüngsten Vergangenheit die Wahrnehmung einer distinkten Konstruktion von Homosexualität im späten 19. Jahrhundert von Historikern überbetont worden sein, eine qualitative Veränderung in jener Zeit ist jedoch nicht zu übersehen; Belege bei Weeks (s. Anm. 49), Kap. 1–6, 10, und Weeks, *Sex, Politics and Society*, 2. Aufl., London 1989, Kap 6.

70 Hammerton (s. Anm. 37), S. 65–67.

71 R. W. Conell, *Gender and Power*, Oxford 1987, bes. S. 183–188;

Tim Carrigan / Bob Conell / John Lee, »Toward a New Sociology of Masculinity«, in: Harry Brod (Hrsg.), *The Making of Masculinities*, Boston 1987, S. 63–100.

72 Vgl. bes. Judith Walkowitz, *City of Dreadful Delight. Narratives of Sexual Danger in Late-Victorian-London*, London 1992.

73 Rose (s. Anm. 35); McClelland (s. Anm. 41).

74 Diese Beispiele tendieren dazu, ein gutes Einkommen und soziale Stellung vorauszusetzen. Beispiele aus der Arbeiterklasse sind schwieriger zu finden. Wir müssen noch weit mehr herausfinden über diese Gemeinschaften, in denen die bezahlte Arbeit fast ausschließlich von Frauen geleistet wurde, während Männer den häuslichen Pflichten nachgingen. Anschauliche Kommentare zu Töpfereien um die Jahrhundertwende gibt Margaret Hewitt, *Wives and Mothers in Victorian Industry*, London 1958, S. 193.

75 Shanley (s. Anm. 31); Sheila Jeffreys, *The Spinster and Her Enemies. Feminism and Sexuality 1880–1930*, London 1985, S. 6–26; Frank Mort, *Dangerous Sexualities. Medico-Moral Politics since 1830*, London 1987, S. 103–136.

76 Hammerton (s. Anm. 37), S. 82–133.

77 Geoffrey Pearson, *Hooligan. A History of Respectable Fears*, London 1983; vgl. allgemeiner Gillis (s. Anm. 67).

78 Connell (s. Anm. 71), S. 158–163; Michael S. Kimmel, »The Contemporary ›Crisis‹ of Masculinity in Historical Perspective«, in: Brod (s. Anm. 71), S. 121–153; Arthur Brittan, *Masculinity and Power*, Oxford 1989, S. 25–35.

79 Elaine Showalter, *Sexual Anarchy. Gender and Culture at the Fin de Siècle*, London 1991, bes. S. 9–15.

80 Richard N. Price, »Society, Status und Jingoism. The Social Roots of Lower Middle-Class Patriotism, 1870–1900«, in: Geoffrey Crossick (Hrsg.), *The Lower Middle Class in Britain*, London 1977.

81 Anderson (s. Anm. 43), S. 56–60; Meta Zimmeck, »Jobs for the Girls. The Expansion of Clerical Work for Women, 1850–1914«, in: Angela John (Hrsg.), *Unequal Opportunities*, London 1986, S. 153–177.

82 Zum Argument, die Verminderung sexueller Möglichkeiten für junge Männer in Großbritannien während der spät-viktorianischen Ära habe den Zulauf von Rekruten für die Kolonien verstärkt, vgl. Ronald Hyam, *Empire and Sexuality. The British Experience*, Manchester 1990.

83 Chartismus ist ein gutes Beispiel. Vgl. Clark (s. Anm. 58).

84 So die Tendenz in einigen neueren amerikanischen Studien, z. B. Mark C. Carnes / Clyde Griffen (Hrsg.), *Meanings for Manhood. Constructions of Masculinity in Victorian America*, Chicago 1990.

85 Eine sehr einflußreiche Arbeit zu den psychischen Grundlagen der Männlichkeit ist Nancy Chodorow, *The Reproduction of Mothering. Psychoanalysis and the Sociology of Gender*, Berkeley 1978. Für einen allgemeinen Überblick vgl. Segal (s. Anm. 61), bes. Kap. 4 und 5.

86 Vgl. bes. Newsome (s. Anm. 9) und J. R. de S. Honey, *Tom Brown's Universe. The Development of the Victorian Public School*, London 1977.

87 Jane Rendall, *The Origins of Modern Feminism*, London 1985, bes. Kap. 2–3. Vgl. auch Ruth Bloch, »American Feminine Ideals in Transition: the Rise of the Moral Mother, 1785–1815«, in *Feminist Studies* 4 (1978) S. 101–126.

88 Zit. nach Geoffrey Palmer / Noel Lloyd, *E. F. Benson As He Was*, Luton 1988, S. 22.

89 Dieser Aspekt der Familienkultur im 19. Jahrhundert ist besonders in Arbeiten über Amerika betont worden. Vgl. bes. E. Anthony Rotundo, *American Manhood*, New York 1993. Es sollte deutlich sein, daß das Argument hier nicht darauf hinausläuft, der Mutter ›die Schuld zu geben‹: Das Muster der Kindererziehung in der Mittelklasse während der viktorianischen Ära war zu gleichen Teilen ein Werk der Väter wie der Mütter.

90 H. John Field, *Toward a Programme of Imperial Life. The British Empire at the Turn of the Century*, Oxford 1982.

91 John Barrell, *The Infection of Thomas De Quincey. A Psychopathology of Imperialism*, New Haven 1991. Catherine Hall, *White, Male and Middle Class*, Cambridge 1992, Kap. 9–10, und »From Greenland's Icy Mountains ... to Africa's Golden Sand‹. Ethnicity, Race and Nation in Mid-Nineteenth-Century England«, in: *Gender and History* 5 (1993) S. 212–243.

92 Dawson (s. Anm. 12).

93 Barrell (s. Anm. 91).

94 Vgl. Bristow (s. Anm. 12), bes. S. 130–146.

95 Oder, wie Joanna de Groot es formuliert hat, die Macht von Männern »sollte nicht nur als praktische Funktion, sondern auch als ein Definitionsprozeß des Selbst und des Anderen ver-

standen werden«. Joanna de Groot, »›Sex‹ and ›Race‹. Construction of Language and Image in the Nineteenth Century«, in: Susan Mendus / Jane Rendall (Hrsg.), *Sexuality and Subordination*, London 1989, S. 100.

96 Sally Alexander / Barbara Taylor, »In Defence of ›Patriarchy‹«, in: Samuel (s. Anm. 32), S. 372.

III

PRAKTIKEN DER BEOBACHTUNG,
RISIKEN DER DEUTUNG

ROBERT DARNTON

Philosophen stutzen den Baum der Erkenntnis: Die erkenntnistheoretische Strategie der *Encyclopédie*

Das Bedürfnis, Phänomene einzuordnen und zu klassifizieren, reichte weit über die Akten der Polizei, die Männern wie Diderot auf der Spur bleiben wollte, hinaus; es stand auch im Zentrum von Diderots größtem Unternehmen, der *Encyclopédie*. Doch als es sich schließlich in Buchgestalt niederschlug, hatte es eine Form angenommen, deren Bedeutung dem modernen Leser leicht entgehen könnte. Tatsächlich könnte der wichtigste Text der Aufklärung jeden enttäuschen, der ihn in der Erwartung zu Rate zieht, dort die ideologischen Wurzeln der Moderne zu finden. Denn auf jede Bemerkung, die traditionelle Lehren untergräbt, kommen Tausende von Worten, die davon handeln, wie man Korn mahlt, Nadeln herstellt und Verben dekliniert. Die siebzehn Foliobände enthalten ein solches Wirrwarr an Informationen über alles von A bis Z, daß man sich wundern muß, warum die *Encyclopédie* im 18. Jahrhundert einen solchen Wirbel verursacht hat. Was war es, das ihr unter all den gelehrten Kompendien, die ihr vorangingen, eine derartige Sonderstellung gab – vor dem eindrucksvollen *Dictionnaire de Trévoux* etwa oder dem noch viel umfänglicheren *Großen vollständigen Universal-Lexicon aller Wissenschaften und Künste,* das von Johann Heinrich Zedler in vierundsechzig Foliobänden publiziert wurde? War sie, mit den Worten eines Fachmanns, ein »Nachschlagewerk oder eine ›*machine de guerre*‹«?[1]

Man könnte antworten, sie sei beides gewesen, und das Problem als eine *question mal posée* abtun. Doch wirft das Verhältnis zwischen Information und Ideologie in der *Encyclopédie* allgemeinere Fragen über die Verbindung zwischen Wissen und Macht auf. Denken wir uns beispielsweise ein gelehrtes Buch völlig anderer Art, nämlich die Chinesische Enzyklopädie, wie sie sich Jorge Luis Borges vorgestellt hat und die von Michel Foucault in *Die Ordnung der Dinge* diskutiert wird. Dort werden Tiere folgendermaßen unterteilt: »(a) Eigentum des Kaisers, (b) einbalsamiert, (c) zahm, (d) Spanferkel, (e) Molche, (f) Fabeltiere, (g) streunende Hunde, (h) solche, die in diesem Klassifikationsschema enthalten sind, (i) wildgewordene Tiere, (j) unzählbare Tiere, (k) solche, die mit einem sehr zarten Kamelhaarpinsel gemalt sind, (l) *et cetera*, (m) solche, die soeben den Wasserkrug zerbrochen haben, (n) solche, die aus weiter Entfernung wie Fliegen aussehen.«[2] Dieses Klassifikationsschema ist, so argumentiert Foucault, bedeutsam aufgrund der schieren Unmöglichkeit, es zu denken. Indem es uns mit einem unvorstellbaren Kategoriensystem konfrontiert, macht es die Willkürlichkeit, mit welcher wir Dinge einordnen, kenntlich. Wir systematisieren die Welt nach Kategorien, die wir nur deshalb für selbstverständlich halten, weil sie vorgegeben sind. Sie nehmen einen Platz in der Erkenntnistheorie ein, der allem Denken vorausgeht, und deshalb haben sie ein außerordentliches Beharrungsvermögen. Wenn wir uns jedoch einer fremden Art und Weise, Erfahrung zu strukturieren, gegenübersehen, spüren wir die Brüchigkeit unserer eigenen Kategorien, und alles droht sich aufzulösen. Die Dinge halten nur zusammen, weil sie in ein Klassifikationsschema eingeordnet werden können, das selbst außer Frage bleibt. Wir klassifizieren einen Pekinesen und eine Dänische Dogge ohne Zögern zusammen als Hunde, obwohl doch vielleicht der Pekinese wohl mehr mit einer Katze und die Dänische Dogge mehr mit einem Pony gemein hat. Wenn wir jedesmal innehielten, um unsere Definition von »Hundetum« zu reflektieren oder die anderen Kategorien, nach denen wir das Leben sortieren, dann könnten wir mit ebenjenem Geschäft, das da Leben heißt, nicht mehr fortfahren.

Einordnung ist deshalb zugleich auch Machtausübung. Ein Gegenstand, der dem *trivium* statt dem *quadrivium* oder den »weichen« statt den »harten« Wissenschaften zugerechnet wird, könnte verkümmern. Ein Buch, das ins falsche Regal gestellt wird, ist vielleicht auf immer verloren. Ein Feind, der als Untermensch definiert wird, läßt sich auslöschen. Jedwedes gesellschaftliche Handeln spielt sich zwischen Begrenzungen ab, die von Klassifikationsschemata determiniert sind, seien sie nun so explizit formuliert wie Bibliothekskataloge, systematische Tabellen und Universitätsfakultäten oder nicht. Alles tierische Leben wird durch das Netz einer unbewußten Ontologie wahrgenommen. Monster wie der »Elefantenmensch« und der »Wolfsjunge« entsetzen und faszinieren uns, weil sie unsere begrifflichen Grenzen sprengen[3], und bei bestimmten Kreaturen überläuft uns eine Gänsehaut, weil sie zwischen die Kategorien fallen: »schleimige« Reptilien, die im Meer schwimmen und an Land kriechen, »eklige« Nagetiere, die im Haus leben und doch außerhalb des Bereichs der Domestizierung bleiben. Wenn wir jemanden beleidigen wollen, sagen wir wohl vielleicht »Ratte«, nicht aber »Eichhörnchen«. »Eichhörnchen« kann ein zärtlicher Ausdruck sein, wie in *Nora oder Ein Puppenheim*, wenn Helmer Nora so benennt. Und doch sind Eichhörnchen Nagetiere, ebenso gefährlich und von Krankheiten heimgesucht wie Ratten. Sie wirken weniger bedrohlich, weil sie ganz eindeutig nicht dem Bereich des Hauses zugehören. Es sind die Tiere der Zwischenbereiche, »weder Fisch noch Fleisch«, die über besondere Kräfte verfügen und deshalb Ritualwert haben: so die Kasuare (Straußenvögel) in den Mysterienkulten Neuguineas und die Kater bei den Hexentränken des Westens. Haare, Fingernägel und Fäkalien sind gleichfalls Ingredienzien des Zaubertrankes, weil sie für die fragwürdigen Körperbereiche stehen, wo der Organismus übergeht in die ihn umgebende gegenständliche Welt. Alle Grenzen sind gefährlich. Wenn man auf sie nicht aufpaßt, könnten sie niederbrechen; unsere Kategorien würden einstürzen und unsere Welt sich in Chaos auflösen.[4]

Die Aufstellung von Kategorien und ihre Überwachung ist also eine ernste Angelegenheit. Ein Philosoph, der den Versuch unternahm, die Grenzen der Welt des Wissens neu zu ziehen, mußte mit Tabus in Berührung kommen. Selbst wenn er sakrosankte Gegenstände vermied, konnte er der Gefahr nicht aus dem Wege gehen; denn das Wissen ist inhärent mehrdeutig. Wie Reptilien und Ratten kann es von einer Kategorie zur anderen schlüpfen. Es kann beißen. Diderot und d'Alembert nahmen also ein enormes Risiko auf sich, als sie die alte Ordnung des Wissens aufhoben und neue Grenzen zwischen dem Bekannten und dem Unbekannten zogen.

Gewiß, die Philosophen hatten das geistige Mobiliar seit Aristoteles' Zeiten immer wieder umgestellt. Dem *trivium* und *quadrivium*, den freien und mechanischen Künsten, den *studia humanitatis* und all den Zweigen des antiken Curriculum eine neue Ordnung zu geben, das war ein Lieblingsspiel der Systemfanatiker und Synthesesüchtigen während des Mittelalters und der Renaissance. Die Debatte über »Methode« und korrekte »Disposition« in der Gliederung des Wissens erschütterte im 16. Jahrhundert die gesamte literarische Republik. Und daraus entwickelte sich eine Tendenz, das Wissen in Schemata zu pressen, üblicherweise typographische Diagramme, welche die Zweige und Gabelungen von Disziplinen nach den Prinzipien Ramistischer Logik illustrierten. Ein Drang zum Diagramm – eine Neigung, Segmente des Wissens kartographisch zu umreißen und räumlich darzustellen – lag ja überhaupt dem Zug zum Enzyklopädismus zugrunde, der sich von Ramus bis hin zu Bacon, Alsted, Comenius, Leibniz, Chambers, Diderot und d'Alembert erstreckte.[5] Doch stellte das Diagramm, der berühmte Baum des Wissens, der sich von Bacon und Chambers herleitete, zu Beginn der *Encyclopédie*

Diderots etwas Neues und Kühnes dar. Statt zu zeigen, wie sich Disziplinen innerhalb eines etablierten Musters hin- und herschieben ließen, drückte sich darin ein Versuch aus, eine Grenze zu ziehen zwischen dem, was man wissen, und dem, was man nicht wissen kann, und zwar derart, daß das meiste, was den Menschen heilig war, aus der Welt der Gelehrsamkeit verstoßen wurde. Wenn man den *philosophes* bei ihrem großangelegten Versuch folgt, den Baum des Wissens zu stutzen, den sie von ihren Vorläufern ererbt hatten, kann man sich eine klarere Vorstellung davon machen, um wieviel es in der aufklärerischen Version des Enzyklopädismus ging.

Diderot und d'Alembert stießen ihre Leser auf die Tatsache, daß es ihnen um Gewichtigeres zu tun war als nur ramistische Kritzeleien, indem sie ihr Werk als eine Enzyklopädie oder eine systematische Darstellung der »Ordnung und Verkettung menschlichen Wissens«[6] bezeichneten und nicht nur schlicht als ein weiteres Wörterbuch oder Kompendium von Informationen, die nach der unschuldigen Ordnung des Alphabets arrangiert waren. Das Wort Enzyklopädie, so erläuterte Diderot im *Prospectus,* leite sich von dem griechischen Begriff für Kreis her, womit die »Verkettung *(enchaînement)* der Wissenschaften gemeint ist«.[7] Bildlich gesprochen drückte sich darin die Vorstellung einer Welt des Wissens aus, in welcher die Enzyklopädisten herumnavigieren und die sie kartographisch erfassen konnten. »*Mappemonde*« war eine zentrale Metapher in ihrer Beschreibung ihrer Arbeit. Noch wichtiger war die Metapher vom Baum des Wissens, die die Vorstellung vermittelte, daß das Wissen zu einem organischen Ganzen zusammenwachse, trotz der Verschiedenheit seiner Zweige. An Schlüsselstellen verschränkten Diderot und d'Alembert diese Metaphern miteinander. So wollte d'Alembert den Unterschied zwischen einer Enzyklopädie und einem Wörterbuch erläutern und beschrieb die *Encyclopédie* als eine Art von Weltkarte, die die wichtigsten Länder, ihre Lage, ihre gegenseitige Abhängigkeit und die Straße, die direkt vom einen zum anderen führt, zeigen soll. Diese Straße wird immer wieder von Tausenden von Hindernissen versperrt, die in jedem Land nur den Einwohnern oder den Reisenden bekannt sind und sich ausschließlich auf einzelnen, höchst detaillierten Landkarten darstellen lassen. Diese individuellen Landkarten werden die verschiedenen Artikel der *Encyclopédie* sein, und der Baum oder das Systematische Schaubild wird ihre Weltkarte sein.[8]

In der Verschränkung der Metaphern versinnbildlicht sich die verwirrende Wirkung der Verschmelzung der Kategorien. Denn eben der Versuch, eine neue Ordnung über die Welt zu stülpen, brachte den Enzyklopädisten die Willkürlichkeit jeglichen Ordnens zu Bewußtsein. Was der eine Philosoph zusammengefügt hatte, konnte der andere trennen. So mochte es doch sein, daß die *Encyclopédie* das Wissen nicht bleibender fixierte, als es die *Summa* des Thomas von Aquin getan hatte. Durch die Sprache des *Prospectus* schimmert so etwas wie erkenntnistheoretische Angst hindurch, und das selbst dort, wo der aggressivste Anspruch erhoben wird, daß nämlich die *Encyclopédie* die älteren Synthesen obsolet mache:

Dieser Baum des menschlichen Wissens läßt sich auf mannigfache Weisen gestalten, entweder indem das vielfältige Wissen den unterschiedlichen Fähigkeiten unseres Verstandes zugeordnet wird oder indem es den Dingen zugeordnet wird, die es zum Gegenstand hat. Die Schwierigkeit war am größten, wo die meiste Willkür gegeben war. Doch wie sollte es dort keine Willkür geben? Die Natur bietet uns nur besondere Einzeldinge, unbegrenzt an Anzahl und ohne festgefügte Unterteilungen. Alles geht in nicht wahrzunehmenden

Nuancen ineinander über. Und wenn auf diesem Ozean von Objekten, die uns umgeben, einige auftauchen sollten, die die Oberfläche zu durchbrechen und das übrige zu dominieren scheinen wie der Kamm eines Riffs, dann verdanken sie diesen Vorteil nur besonderen Systemen, vagen Konventionen und gewissen Ereignissen, die nichts mit der physischen Anordnung der Wesen und mit den wahren Institutionen der Philosophie zu tun haben.[9]

Wenn der enzyklopädische Baum nur einer aus einer unendlichen Anzahl möglicher Bäume war, wenn keine Landkarte die unbestimmte Typographie des Wissens festlegen konnte, wie konnten Diderot und d'Alembert dann hoffen, die »wahren Institutionen der Philosophie« zu etablieren? Im wesentlichen deshalb, weil sie glaubten, sie könnten die Domäne des zu Wissenden eingrenzen und eine bescheidene Vielfalt von Wahrheit festhalten. Wahre Philosophie lehrte Bescheidenheit. Sie legte dar, daß wir nichts wissen können, als was sich durch Sinneswahrnehmung *(sensation)* und Selbstbeobachtung *(reflection)* erschließt. Locke machte praktikabel, was Bacon begonnen hatte, und Bacon hatte begonnen, indem er einen Baum des Wissens entwarf. So konnte die Lockesche Version von Bacons Baum als Modell für die moderne *Summa* all dessen dienen, was der Mensch weiß.

Diderot und d'Alembert hätten sich andere Bäume aus dem Wald von Symbolen für systematisches Wissen aussuchen können. Porphyrios und Ramón Lull hatten Bacon antizipiert, und Hobbes war ihm gefolgt. Und noch direkter fand sich ein voll entwickelter Baum am Anfang von Ephraim Chambers' *Cyclopaedia,* die Diderot und d'Alembert als Hauptquelle diente. Sie begannen ihr Werk nicht nur als Übersetzung des seinigen, sie leiteten auch ihr Konzept einer Enzyklopädie von ihm ab. Diderot drückte im *Prospectus* deutlich aus, wie sehr sie sich ihm verpflichtet wußten:

Wir erkannten bei unserem englischen Autor, daß der erste Schritt, den wir in Richtung der rationalen und wohlverstandenen Ausführung einer Enzyklopädie gehen mußten, die Erstellung eines Stammbaumes aller Wissenschaften und aller Künste war, und zwar eines solchen, der die Ursprünge eines jeden Wissenszweiges und seine Verbindungen untereinander und mit ihrem gemeinsamen Stamm zeigen und uns helfen würde, die verschiedenen Artikel ihren Hauptrubriken zuzuordnen.[10]

Chambers selbst hatte betont, wie wichtig es sei, das Wissen systematisch und nicht als eine ungeordnete Masse von Information darzustellen:

Die Schwierigkeit lag in der Form und der praktischen Anlage, also eine derartige Vielfalt von Material so zu organisieren, daß nicht ein wirrer Haufen unzusammenhängender Teile entstünde, sondern ein konsistentes Ganzes ... Frühere Lexikographen haben sich in ihren Werken selten um so etwas wie eine Struktur bemüht und scheinen sich auch nicht bewußt gewesen zu sein, daß ein Wörterbuch mit Maßen durchaus auch die Vorzüge eines fortgesetzten Diskurses haben kann.[11]

Kurz, Chambers zeichnete sich vor seinen Vorgängern dadurch aus, daß er eine Vorstellung des Wissens als integriertes Ganzes entwarf. Er wollte nicht nur ein »Wörterbuch« erstellen, das von *A* bis *Z* ging, sondern eine »*cyclopaedia*«, die den gesamten Umkreis der Gelehrsamkeit umfassen sollte.

Wie Bacon stellt Chambers die Abteilungen des Wissens als Zweige eines Baumes dar, die er von den drei Grundfähigkeiten des Verstandes ableitete: dem Gedächtnis, als Quelle historischen Wissens; der Einbildungskraft, als Quelle der Dichtung; und der Vernunft, als Quelle der Philosophie. Diese Fähigkeiten jedoch verschwanden, als er den Baum in einem Schaubild darstellte. Das Schaubild zeigte nur, wie sich das Wissen in ein üppiges Blattwerk von siebenundvierzig Künsten und Wissenschaften verzweigte und verästelte. Die Theologie zum Beispiel wuchs aus dem Hauptstamm, dem »Wissen«, auf folgende Weise hervor[12]:

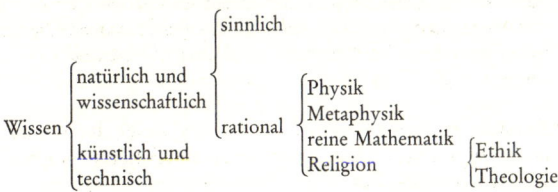

Konnte solch ein Bild der Theologie bei den Enzyklopädisten auf Zustimmung stoßen? Denn wenn es sie auch nicht gerade zur Königin der Wissenschaften erhob, so stellte es die Theologie doch als die Krönung einer Reihe von Verzweigungen dar, die schematisch auf die althergebrachte ramistische Weise entwickelt werden. Auch wurde die Theologie mit mehr Artikeln bedacht als jedes andere Thema, wie der Leser den Anmerkungen entnehmen konnte, die jedem Zweig der Wissenschaften beigegeben waren. Zwar ließe sich erwarten, daß einem Freidenker wie Diderot ein System zugesagt hätte, in welchem offenbar die Theologie aus den rationalen und »wissenschaftlichen« Zweigen des Denkens abgeleitet wurde. Doch der Zweig, der als »rational« rubriziert war, setzte sich in vier Unterteilungen fort, in welchen jenen Wissenschaften, deren Stellenwert er verringern wollte, also Metaphysik und Religion, die gleiche Würde zuerkannt wurde wie jenen Wissenschaften, deren Position er aufwerten wollte, nämlich Mathematik und Physik. Und noch schlimmer, der Baum sah keinen eigenen Zweig für die Philosophie als solche vor. Sakrales und Profanes durchliefen gemeinsam alle seine Verzweigungen.

Und in dieser allgemeinen Verwirrung ging ein wesentlicher Ansatz Bacons verloren: Die Künste und Wissenschaften schienen auseinander hervorzuwachsen – sie waren nicht aus den Operationen des Verstandes abgeleitet. Diderot und d'Alembert wollten aber das Wissen in der Erkenntnistheorie verwurzeln; deshalb schworen sie ihrer unmittelbaren Quelle, Chambers, ab und griffen auf Bacon zurück.

Zu Bacon zurückzukehren hieß, Locke zu überspringen. Wie d'Alembert im *Discours préliminaire* vermerkte, bediente sich Bacon noch einer scholastischen Sprache, suchte noch nach Licht in den Tiefen mittelalterlicher Finsternis.[13] Und doch hatte ein Großteil des Baconschen Denkens – die Betonung der Induktion, die Unterscheidung zwischen Perzeption und Reflexion, die Abkehr von metaphysischen Systemen und Hinwendung zur unmittelbaren Welt sinnlicher Erfahrung – beträchtliche Affinität zu dem Empirismus, der sich später bei Locke entwickeln sollte. Bacons Baum des Wissens suggerierte anders als der von Chambers wirklich, daß die Künste und Wissenschaften aus den Fähigkeiten des Verstandes hervorwuchsen. Bacon bot Diderot und d'Alembert also das Modell, das sie brauchten, und sie folgten ihm so treu, daß man ihr Werk als Plagiat bezeichnet hat.[14] Doch wichen sie an mehreren bedeutsamen Stellen von Bacon ab, wie sie wiederholt im *Prospectus* und im *Discours préliminaire* betonten. Sie entwarfen eine *mappemonde*, die ihren eigenen Zwecken diente, so wie Bacon »einen kleinen Globus der intellektuellen Welt« schuf, der den seinen diente.[15] Indem man ihre Landkarte über die seine legt, lassen sich Verschiebungen in der Topographie des Wissens erkennen, die als Schlüssel zum Verständnis der Strategie dienen können, die der *Encyclopédie* zugrunde lag.

Wie Bacon begannen Diderot und d'Alembert mit der Geschichte, also dem Wissenszweig, der sich vom Gedächtnis herleitete; und wie er unterteilten sie ihn in vier Verästelungen: Kirchengeschichte, politische Geschichte, Kultur- und Naturgeschichte. Doch die Proportionen ihres Schemas wichen von dem seinen grundlegend ab. Für sie war die Kirchengeschichte ein unbedeutender Zweig, den sie im Hauptteil des *Discours préliminaire* mit einem Satz abtaten und in dem Kommentar zu Bacons Baum am Ende des *Discours* nicht einmal erwähnten. Für Bacon hatte die Kirchengeschichte ein mannigfaltiges Spektrum an Unterteilungen, darunter die Geschichte der Vorsehung, in welcher belegt wurde, wie die Hand Gottes in die menschlichen Verhältnisse hineinwirkte, »zur Widerlegung derer, die in der Welt leben, als gäbe es keinen Gott«.[16] Der Stellenwert der Naturgeschichte ist bei den beiden Bäumen genau der spiegelbildlich entgegengesetzte. Für Bacon stellte sie einen »unzulänglichen« Zweig dar, der noch der Entwicklung bedurfte, insbesondere auf dem Gebiet der mechanischen Künste.[17] Diese Künste besetzten einen riesigen Bereich des enzyklopädischen Baumes und bildeten den umfangreichsten und originellsten Teil der *Encyclopédie* selbst. Diderot und d'Alembert suchten nicht nach der Hand Gottes in der Welt, sondern studierten lieber die Menschen bei der Arbeit, mit welcher sie ihr eigenes Glück schmiedeten.

Gewiß, auch Bacon vertrat das Studium der Arbeitswelt, doch trennte er sie nicht von der Vorsehung ab, während die Enzyklopädisten ihre Verbesserung einzig dem Einfluß von Intellektuellen, wie sie selbst es waren, zuschrieben; daher denn ihre Version der Unterscheidung zwischen politischer Geschichte und Kulturgeschichte: »Die Geschichte des Menschen hat entweder seine Handlungen oder sein Wissen zum Gegenstand und ist folglich politisch oder kulturell. Mit anderen Worten, sie teilt sich zwischen den großen Nationen und den großen Geistern, zwischen den Königen und den Männern der Gelehrsamkeit, zwischen den Eroberern und den Philosophen.«[18] Diese Formulierung weist den *philosophes* eine grandiose Rolle zu. Die Geschichte folgte einem ruhmreichen Geistesflug von den Philosophen der Renaissance zu den Philosophen der Aufklärung – so skizzierte es d'Alembert im *Discours préliminaire*.

Für Bacon jedoch offenbarte sich in der Kulturgeschichte (der »wohlbegründeten Geschichte der Gelehrsamkeit« im Gegensatz zur »Poesie« oder den Künsten der Einbildungskraft)[19] keinesweg der Fortschritt der Vernunft. Sie war so unzulänglich, daß sie eigentlich gar nicht existierte: »Die Geschichte der Welt erscheinet mir wie die Statue des Polyphem, ohne Auge; womit der Teil fehlt, in welchem sich am trefflichsten der Geist und das Leben der Person ausdrückt.«[20] Diderot und d'Alembert zogen aus derselben Metapher einen ganz anderen Schluß, indem sie sie aus taktischen Gründen absichtlich mißverstanden: »Die Wissenschaften sind das Werk der Reflexion und der natürlichen Erleuchtung der Menschen. Lordkanzler Bacon hatte deshalb ganz recht, wenn er in seinem bewunderungswürdigen Werk *De dignitate et augmento scientiarum* sagt, daß die Geschichte der Welt ohne die Geschichte der Gelehrten die Statue Polyphems sei, der das Auge herausgerissen sei.«[21] Wo Bacon Dunkelheit sah, da sahen sie Licht und glorifizierten ihre Rolle als Vermittler der erleuchtenden Aufklärung.

Die Künste, die sich von der Einbildungskraft herleiteten – ein wenig irreführend Dichtung genannt –, sehen bei beiden Bäumen recht ähnlich aus, nur daß die *Encyclopédie* ihre Verzweigungen bis hin zur Bildhauerei verfolgt, die Bacon gar nicht erwähnt. Die größten Unterschiede erscheinen in den Wissenschaften, die sich von der Vernunft ableiten, das heißt, der Philosophie, der dritten Hauptabteilung des Wissens. In der Verteidigung des enzyklopädischen Baumes gegen die Angriffe des jesuitischen Journalisten Guillaume-François Berthier unterstrich Diderot die Originalität des »philosophischen Zweiges, welcher der umfänglichste, der wichtigste unseres Systems ist und von welchem sich bei Lordkanzler Bacon nahezu gar nichts findet«.[22] Die Bemerkungen zu Bacons Baum am Ende des *Discours préliminaire* stellen dasselbe heraus und fügen die kryptische Bemerkung an: »Es obliegt den Philosophen, und das heißt:

einer sehr kleinen Anzahl von Menschen, in dieser Frage über uns zu urteilen.«[23] Für einen Philosophen vom Schlage Diderots wäre diese Frage völlig klar gewesen, denn bei dem Baum der *Encyclopédie* war die Philosophie nicht so sehr ein Zweig als vielmehr der Hauptstamm selbst. Und aus ihr wuchs auf einem recht entfernten Ästlein die »Offenbarungstheologie«, und zwar inmitten einer Traube zweifelhafter Gegenstände: »Aberglauben«, »Wahrsagerei«, »Schwarze Magie«, »die Wissenschaft von guten und bösen Geistern«. Die Enzyklopädisten drückten ihr Anliegen zuweilen durch schlichte Zuordnung von Gegenständen aus, wie bei den berüchtigten Querverweisen in ihren Artikeln (zum Beispiel *Anthropophagie* [Menschenfresserei]: »Siehe *Hostie, Kommunion, Altar* etc.«[24]). In der Kartographie des Wissens hatte sich eine neue Dimension herausgebildet. Die Bedeutung steckte in der Form, und die Morphologie wurde zur Ironie.

Dadurch, daß Diderot und d'Alembert sich darauf beriefen, ihren Baum dem Bacons nachgebildet zu haben, konnten sie zugleich ihr Anliegen verschleiern. Wie er unterteilten sie die Philosophie in drei Abschnitte: göttlich, natürlich und menschlich; und indem sie die göttliche Wissenschaft an oberste Stelle setzten, schienen sie ihr weiterhin den Platz als Königin unter den Wissenschaften zuzuweisen. Tatsächlich jedoch unterminierten sie Bacons System vollständig. Er führte unter der Philosophie nur heidnische »Naturtheologie« auf und betonte ihre Unvollkommenheit. Sie genügte jedoch, um den Atheismus zu widerlegen, weil die Kontemplation der Werke Gottes zwangsläufig die Anerkennung Seiner Existenz voraussetzte. Doch induktives, von beobachteten Phänomenen ausgehendes Räsonnement – von der Anlage her Argument für den Theismus – konnte mitnichten zur Erkenntnis des wahren, christlichen Gottes führen. »Wir sollten nicht versuchen, Gottes Mysterien zu unserer Vernunft herabzuziehen oder sie ihr zu unterwerfen«, so warnte Bacon. Folglich trennte er die Religion von der Philosophie und unterstrich »das schärfste Vorurteil, das sowohl Religion wie Philosophie auf sich gezogen haben, indem beide miteinander vermischt wurden; da solches zweifellos eine ketzerische Religion und eine phantastische und sagenhafte Philosophie hervorbringt«.[25]

Nichts konnte dem Denken Diderots und d'Alemberts ferner liegen. Dadurch, daß sie die Religion der Philosophie unterordneten, entchristlichten sie sie auf wirksame Weise. Natürlich gaben sie vor, orthodoxe Lehren wiederzugeben. Sie hielten daran fest, daß Gott sich in »heiliger Geschichte« offenbart habe. Offenbarung war also eine unbestreitbare Tatsache, die aus dem Gedächtnis hervorgeholt und wie alles andere der Vernunft unterworfen werden konnte: »Die Theologie von der Philosophie zu trennen [wie Bacon es getan hatte], hieße folglich, den Sproß von dem Stamm zu schneiden, mit welchem er von seinem Wesen her verbunden ist.«[26] Die Prämissen klangen fromm, doch die Konklusion sah nach Ketzerei aus, denn sie ordnete die Theologie offensichtlich der Vernunft unter, die sie nach Art Lockes beschrieben, so nämlich, als könne man dadurch zur Erkenntnis Gottes gelangen, daß man sinnliche Wahrnehmungen zu immer komplexeren und abstrakteren Ideen ausbaue. Und wirklich trugen Diderot und d'Alembert, als sie in ihrer Darstellung des Wissensbaumes zur »Wissenschaft von Gott« gelangten, ein Argument vor, das direkt *An Essay Concerning Human Understanding* hätte entnommen sein können:

Das natürliche Fortschreiten des menschlichen Denkens besteht darin, von Individuen zur Spezies aufzusteigen, von Spezies zu Gattungen, von eng miteinander verwandten zu entfernt verwandten Gattungen und dabei auf jeder Stufe eine Wissenschaft zu begründen; oder zumindest einer Wissenschaft, die schon existiert, einen neuen Zweig anzufügen. So die Vorstellung, der wir in der Geschichte begegnen und welche uns die Heilige Geschichte verkündet, nämlich von einer ungeschaffenen und unendlichen Intelligenz etc.[27]

Die Induktion so weit zu treiben, war Bacon zufolge nicht mehr fromm. Er schob solchem Denken einen Riegel vor, indem er die »göttliche Gelehrsamkeit« auf einen anderen Baum verpflanzte, der mit »menschlicher Gelehrsamkeit« und den Fähigkeiten des Verstandes keinerlei Verbindung hatte. Und so sah Bacon tatsächlich zwei Bäume des Wissens vor, einen für Offenbarungstheologie und einen anderen für natürliche Theologie, während die Enzyklopädisten Offenbarungstheologie und natürliche Theologie zusammen an einem einzigen Baum ansiedelten und beide der Vernunft unterordneten.

Die Implikationen all dieses Stutzens, Aufpfropfens und Entwurzelns des Baconschen Baumes wurden in d'Alemberts *Discours préliminaire* deutlich. D'Alembert erläuterte und entwickelte den Baum des Wissens im Hauptteil seines Essays, der mit den systematischen Verbindungen der Künste und Wissenschaften befaßt war. Er gab diesem Abschnitt seinen Platz zwischen einer Untersuchung der Genesis des Wissens im individuellen Verstand einerseits und der Darstellung der Entwicklung des Wissens in der Gesellschaft andererseits. So kann man den *Discours préliminaire* als ein Triptychon betrachten, dessen Mitteltafel ein morphologisches Bild des Wissens bietet, während auf den Seitentafeln erkenntnistheoretische und historische Ansichten dargestellt sind.

Diese dreigliedrige Struktur des *Discours préliminaire* ist jedoch nicht leicht zu entdecken. Wenngleich der Essay gewiß verdient, zu den zentralen Manifesten der Aufklärung gezählt zu werden, ist er kein Vorbild an Klarheit. Wie Bacon zog d'Alembert aus, eine *mappemonde* zu erstellen, indem er sich durch die Welt des Wissens navigierte; doch bei seinem Versuch, sich einen Pfad durch all das zu bahnen, was sich seit Bacons Zeiten angesammelt hatte, wich er vom Wege ab, verrannte sich in Widersprüche und stolperte in Unvereinbarkeiten. Es waren diese Schwierigkeiten, die die Reise so folgenreich machten. Und deshalb lohnt es sich, ihre Zickzackbewegungen auch zuweilen bis ins Detail nachzuvollziehen.

D'Alembert schlug eine kühne lockesche Richtung ein. Alles Wissen leite sich von Sinneswahrnehmung und Selbstbeobachtung ab, so erklärte er. Die Ideenbildung beginne mit den mannigfachen Sinneseindrücken und nicht mit dem introspektiven Bloßlegen angeborener Ideen: Ich fühle, also bin ich. Von der Erkenntnis des eigenen Selbst schreite ich fort zur Erkenntnis äußerer Objekte, zur Erfahrung von Lust und Schmerz und so zu den Moralbegriffen. Offenbar verwurzelte d'Alembert an dieser Stelle die Ethik in einer Art von Utilitarismus, und er wandte sich von der Untersuchung des Ursprungs der Ideen im Individuum der Frage zu, wie Individuen Gesellschaften bilden. Dieser Weg führte ihn bis in die Anfangszeiten zurück, zum Menschen im Naturzustand. Die vorgesellschaftlichen Menschen lebten wie die Hobbesschen Wilden »nach dem barbarischen Gesetz der Ungleichheit, das Recht des Stärkeren genannt«[28], statt nach Lockeschem Naturrecht. Doch ihre Erfahrung von Unterdrückung weckte ihr Moralgefühl und brachte sie dazu, für ihre legitimen Rechte einzutreten, indem sie sich in Gesellschaften organisierten. Sowie sie ein gesellschaftliches Leben eingegangen waren, fingen sie an, nach der Quelle ihrer neuerworbenen Moralität zu fragen. Aus der physischen Welt konnte sie nicht kommen, also mußte sie einem inneren geistigen Prinzip entspringen, das uns dazu gebracht hat, über Gerechtigkeit und Ungerechtigkeit nachzudenken. Wir erkennen, daß zwei Prinzipien beteiligt sind, der Verstand und der Körper; und im Akt der Erkenntnis empfinden wir unsere Unvollkommenheit, was aber einen vorausgehenden Begriff von Vollkommenheit impliziert. Und so gelangen wir am Ende zu einer Vorstellung von Gott.

Es war eine seltsame Argumentation. Nach einem kurzen Scharmützel mit Hobbes, das eine Antizipation Rousseaus darstellte, verwickelte sich d'Alembert in den Cartesianismus. In seinem Vorgehen wechselte er von hypothetischer Geschichte zu erkenntnistheoretischer Introspektion über. Er argumentierte, daß das Heraufdämmern ethischen Denkens die Menschen dazu brachte, ihre eigene Denksubstanz, ihre Seele, zu erforschen, die, wie sie sogleich erkannten, nichts mit dem Körper gemein hat. Das heißt, daß d'Alembert den Dualismus Descartes' induktiv entwickelte; und im nächsten raschen Sprung leitete er schon Descartes' Gott ab: »Diese gegenseitige, von uns so gänzlich unabhängige Sklaverei [des Körpers und der Seele] und die Reflexionen, die wir über das Wesen der beiden Prinzipien und über ihre Unvollkommenheit anzustellen gezwungen sind, erheben uns zur Kontemplation einer allmächtigen Intelligenz, der wir unser Dasein verdanken und folglich unsere Verehrung schulden.«[29]

D'Alembert hatte einen lockeschen Weg zu einem cartesianischen Gott genommen. Nachdem er Lockes Argumentation von der Kombination zunehmend komplexer und abstrakter Ideen nachskizziert hatte, stellte er den Gedankengang auf den Kopf und gelangte nach Art Descartes' zur höchsten Abstraktion, indem er direkt von dem Bewußtsein der Unvollkommenheit zum logischen Apriori eines Begriffes der Vollkommenheit sprang. Von dieser hohen ontologischen Basis war Descartes ausgegangen, um die Welt in extenso abzuleiten, und er endete, wo Locke anfing. D'Alembert ging in umgekehrter Richtung vor und begann, wo auch Locke anfing; insofern bewegte sich seine Erkenntnistheorie vorwärts, während seine Metaphysik rückwärtsgewandt war. Tatsächlich liest sich die Zusammenfassung seines Argumentes wie eine Serie von Fehlschlüssen:

Daher ist es evident, daß die rein verstandesmäßigen Begriffe von Laster und Tugend, das Prinzip und die Notwendigkeit der Gesetze, die Spiritualität der Seele, die Existenz Gottes und unsere Pflichten ihm gegenüber – mit einem Wort, die Wahrheiten, deren wir am unmittelbarsten und am unbedingtesten bedürfen – die Frucht der ersten reflektierten Ideen sind, welche von unseren Sinneswahrnehmungen hervorgerufen werden.[30]

D'Alembert mag auf religiösem Gebiet recht unorthodox gewesen sein, ein Narr war er jedoch nicht. Warum also komprimierte er derart unvereinbare Sätze zu einem einzigen Argument? Der eher zwanglose Stil seiner Gedankenentwicklung läßt darauf schließen, daß der *Discours préliminaire* nicht als förmlicher Philosophietraktat gelesen werden sollte. Er sollte als Einleitung zu einer Enzyklopädie dienen, und deshalb legte d'Alembert ein rasches Tempo vor. So merkte er an, daß sich eine perzeptive Erkenntnis der Seele »ganz natürlich« von Betrachtungen der Moralität ableite, als könnte man ohne weiteres von einem ethischen zu einem erkenntnistheoretischen Argument überwechseln. Und er fügte hinzu: »Es ist unnötig, in diese Materie tiefer einzudringen«, um den Dualismus zwischen Körper und Seele zu erkennen.[31] Descartes' Beweis für die Existenz Gottes erledigte er in einem Satz, gleichsam als Anmerkung in Parenthese. Die raschen Gedankenwendungen erwecken den Eindruck, daß der moderne Philosoph sich metaphysischer Fragen schnell entledigen konnte oder zumindest daß er sich nicht mit ihnen aufzuhalten brauchte. Malebranche und andere hatten den Cartesianismus zu einer neuen Orthodoxie ausgebaut. Indem d'Alembert ihre Argumente anklingen ließ, etablierte er seine eigene Glaubwürdigkeit als guter Katholik; und indem er die Argumente widersprüchlich aneinanderfügte, untergrub er sie, und das vielleicht auch absichtlich. Wie schon oben gezeigt, endete der *Discours préliminaire* mit einer revidierten Version des *Prospectus*, in welcher von Gott gehandelt wird, als glossiere sie *An Essay Concerning Human Understanding*. Während die *Encyclopédie* an der einen Stelle verworren cartesianisch erscheint, klingt sie an der anderen verwegen nach Locke. Der Leser konnte seine eigenen Schlußfolgerungen ziehen.

Doch wäre es falsch, den Schluß zu ziehen, d'Alembert habe absichtlich seine Argumentation vernebelt, indem er sie mit unvereinbaren Aussagen trübte. Die Argumente platzen oft vor Unvereinbarkeiten aus allen Nähten, doch das nicht etwa, weil ihr Autor es beabsichtigte, sondern weil er sich unbewußt verschiedener Begrifflichkeiten bediente. D'Alembert schrieb zu einer Zeit, als sich im philosophischen Diskurs die Sprache der Scholastiker, die Descartes' und die Lockes gegenseitig bedrängten. Er glitt leicht von einer Begrifflichkeit in die andere, wenn er nicht auf der Hut war oder sich um einen schwierigen Punkt herumlavieren mußte. Tatsächlich paßte ein gewisses Maß an Ausrutschern ganz gut zum verwickelten Charakter des *Discours préliminaire*. In dem seiner erkenntnistheoretischen Darstellung des Wissens folgenden Abschnitt sprach sich d'Alembert gegen eine allzu strikte Kohärenz der wissenschaftlichen Methode aus. Statt ein streng konsistentes Gerüst aus Prämissen zusammenzustellen und von ihnen aus deduktiv vorzugehen, so führte er aus, sollten die Philosophen die Natur so nehmen, wie sie sie vorfänden, sollten ihre Phänomene auf die ihnen zugrundeliegenden Prinzipien zurückführen und dann diese Prinzipien systematisch rekonstruieren. Dieser *esprit systématique* beruhte auf dem Postulat, daß zugrundeliegende Prinzipien wirklich existierten, doch nahm er ihre Existenz nicht zum Ausgangspunkt, wie der *esprit de système*. Doch ließe sich immer noch einwenden, daß d'Alemberts Postulat – das sich am dramatischsten in seiner Behauptung ausdrückt, daß »das Universum für jemanden, der es von einem einzigen

Blickpunkt aus erfassen könnte, sozusagen nur ein einziges Faktum und eine große Wahrheit wäre«[32] – eine Frage des Glaubens sei, nicht eine des Wissens. Woher wollte er wissen, daß das Wissen letztlich kohärent sein würde?

Statt sich dieser Frage direkt zu stellen, versuchte d'Alembert, die Kohärenz der Künste und Wissenschaften zu demonstrieren, indem er einen Überblick über all ihre Zweige gab. Er wechselte von einer erkenntnistheoretischen zu einer morphologischen Argumentationsweise über, die in seiner Abhandlung über den Baum des Wissens gipfelte. Gleichwohl schwankt die Argumentation hier weiterhin zwischen unvereinbaren Vorgehensweisen. Zuweilen wird eine »philosophische Geschichte«[33] der Künste und Wissenschaften entwickelt, worin sich die frühere Abhandlung über ihren Ursprung aus dem Naturzustande fortsetzt. Dann wiederum werden Künste und Wissenschaften nach ihrer »philosophischen Ordnung«[34] oder ihrer logischen Verwandtschaft angegangen.

D'Alembert fing mit der Logik selbst an, weil ihr seiner Ansicht nach von ihrer Wichtigkeit her die erste Stelle gebührte, wenn sie auch in der Reihenfolge der Erkenntnisfindung nicht an erster Stelle rangierte. Zugleich verkündete er seine Absicht, die Wissenschaften gemäß einer hypothetischen Chronologie ihrer Entwicklung zu behandeln. In dieser inkonsequenten Weise fortfahrend, bahnte er sich seinen Weg durch Grammatik, Rhetorik, Geschichte, Chronologie, Geographie, Politik und die schönen Künste, bis er zum enzyklopädischen Baum gelangte. Dieser bot ihm einen Überblick über alles, weil er emblematisch die Gesamtheit des Wissens sowohl nach »der enzyklopädischen Ordnung« wie nach »der genealogischen Ordnung«[35] darstellte, das heißt, er vereinigte die beiden Argumentationsweisen, die schon von Anbeginn den *Discours préliminaire* zu sprengen drohten. Bacon hatte gezeigt, wie dieser Trick funktionierte. Sein Baum demonstrierte, daß das Wissen zu einem organischen Ganzen zusammenwuchs, während er sich aus den Fähigkeiten des Verstandes herleitete. Doch war der Baum nicht gerade die Illustration eines ausgereiften erkenntnistheoretischen Argumentationsablaufes. Sofern er überhaupt an Erkenntnistheorie erinnerte, beschwor er Begriffe von Aristoteles und Thomas von Aquin herauf. D'Alembert und Diderot wollten den alten Wissenszweig der Psychologie auf den neuesten Stand bringen. Deshalb stutzten sie Bacons Baum auf lockesche Weise und brachten dadurch die Morphologie in Übereinstimmung mit der Erkenntnistheorie.

Dieser zweite Trick verstärkte die Kraft der Argumentation beträchtlich, weil er alles Wissen ausschloß, das sich nicht von Sinneswahrnehmung und Reflexion ableiten ließ. Zwar war d'Alembert klug genug, unter der Rubrik Geschichte einigen Platz für »geoffenbarte Fakten«[36] zu lassen, doch unterstellte er die Offenbarung der Vernunft, indem er sie unter der Philosophie, der wichtigsten Abteilung des Wissens, einordnete. Gewiß ließe sich einwenden, daß Thomas von Aquin nichts Geringeres vollbracht habe. Doch Thomas' *Summa* nahm alles auf, was in das Prädikat eines Syllogismus paßte, während die *Summa* von Diderot und d'Alembert alles ausschloß, das nicht vermittels der Sinne zur Vernunft vordringen konnte. Anders als bei Bacon wurde bei ihrem Baum der »natürlichen Theologie« (ausgeglichen durch »Religion«) derselbe Platz zugewiesen wie der »Offenbarungstheologie« (ausgeglichen durch den »Aberglauben«). Es war schwierig, für die traditionellen Lehren der Kirche überhaupt einen Platz zu finden. Auch wenn das Gedächtnis sie aus der Geschichte hervorziehen konnte, wollten sie doch nicht vernünftiger aussehen als Stoizismus oder Konfuzianismus im Bereich der Philosophie. Tatsächlich hatten sie aufgehört, überhaupt noch zum Wissen zu gehören. Die morphologischen und erkenntnistheoretischen Argumente verbanden sich miteinander, um orthodoxe Religionsleh-

ren von der Landkarte zu tilgen, sie dem Bereich des Nicht-
wißbaren zu überantworten und damit aus der modernen
Welt der Gelehrsamkeit zu verbannen.

Die historische Argumentation tat ein übriges. D'Alembert stellte die Geschichte als den Triumph der Zivilisation
dar und die Zivilisation als das Werk der Gelehrten. Der
letzte Abschnitt des *Discours préliminaire* entwarf so etwas
wie ein Bild der Geschichte als Werk großer Männer, in
welchem alle großen Männer Philosophen waren.[37] Nachdem das finstere Mittelalter beklagt und die Renaissance ge-
bührend gerühmt worden ist, konzentriert sich die Abhandlung auf die Größten der Großen: Bacon, Descartes,
Newton und Locke.

Bacon erschien in diesem großen Tableau als Ahnherr der
Philosophie, als erster, der Licht in die Dunkelheit gebracht
und die Vernunft auf die ihr gemäße Sphäre beschränkt
hatte, nämlich auf das Studium der Naturphänomene. Doch
brach er noch nicht gänzlich mit der Scholastik. Diese Aufgabe fiel Descartes zu, der die Ketten zerbrach, die die Philosophie seit den Zeiten des Thomas von Aquin, wenn
nicht gar seit Aristoteles, umfangen hatten. Dabei war es
Descartes, der Zweifler, nicht Descartes, der Metaphysiker,
den d'Alembert pries. Die Lehre von den angeborenen
Ideen stelle eigentlich einen Rückschritt dar, so erläuterte er,
denn sie führe die Vernunft auf einen Irrweg in eine Welt
jenseits sinnlicher Erfahrung, während doch die Scholastiker zumindest »von der Sekte der Peripatetiker die einzige
Wahrheit, die diese gelehrt hatten, nämlich die des Ursprungs der Ideen aus den Sinnen, beibehalten hatten«.[38]
Wenngleich diese Formulierung Thomas von Aquin eher
im Sinne Lockes zu interpretieren schien, hatte sie den Vorteil, die Neoorthodoxie in der Metaphysik zu untergraben;
und sie machte den Weg frei für Newton, der »der Philosophie eine Form gab, die sie sicherlich behalten dürfte«.[39]
D'Alemberts Newton diente als der vollkommene moderne

Philosoph, nicht nur weil er das fundamentale Gesetz des Sonnensystems entdeckte, sondern weil er die Philosophie auf das Studium beobachtbarer Phänomene beschränkte. Anders als Descartes, der alles zu wissen versuchte, begrenzte er das Wissen auf das Wißbare; er war Newton, der Bescheidene. Von diesem Newton, eher dem Newton der *Lettres philosophiques* von Voltaire als dem des Buches der Offenbarung, war es nur noch ein Schritt zu Locke und der »Experimentalphysik der Seele«.[40] Locke stellte das Äußerste an Bescheidenheit dar, die endgültige Zügelung der Philosophie, da er die letzten Grenzen des Wißbaren festlegte. Indem er alles Wissen auf Sinneswahrnehmung und Reflexion beschränkte, verbannte er endlich außerirdische Wahrheit aus der Welt der Gelehrsamkeit.

Nachdem diese großen Männer erst einmal die Grenzen des Wissens abgesteckt hatten, blieb es ihren Nachfolgern vorbehalten, die Lücken auszufüllen. D'Alembert gab einen Überblick über die führenden Ränge der Wissenschaftler und Philosophen, wobei er in rascher Folge von Galilei, Harvey, Huyghens und Pascal zu Fontenelle, Buffon, Condillac, Voltaire, Montesquieu und Rousseau gelangte. Es war eine eindrucksvolle Aufstellung, doch hatte d'Alembert einige Schwierigkeiten, seine Leute auf Vordermann zu bringen. Er suggerierte, daß jeder der Denker einen Teil des Territoriums absicherte, das von Bacon, Descartes, Newton und Locke erobert worden war; so daß die Geschichte seit der Renaissance den fortschrittlichen Vormarsch der Vernunft demonstrierte. Doch einige der Philosophen waren den vier *chefs de file* vorangegangen, und andere marschierten, wenngleich sie auch folgten, nach einer ganz anderen Musik. Pascal konnte eigentlich kaum als Partisan der Naturreligion durchgehen und ebensowenig Leibniz als Gegner des *esprit de système.* Und so erschien Pascal als Experimentalphysiker mit einer Schwäche für Theologie und Leibniz als Mathematiker, der sich in die Metaphysik verirrt hatte. Rousseau stellte ein besonders peinliches Problem dar, weil sein *Discours sur les sciences et les arts* eigentlich die ganze enzyklopädische Unternehmung untergrub. D'Alembert umging diese Schwierigkeit mit der Bemerkung, daß Rousseaus Mitarbeit an der *Encyclopédie* auf wirksame Weise seine paradoxe Negierung des Wertes der Künste und Wissenschaften widerlege. Trotz aller Differenzen schien also die gesamte Bevölkerung der Philosophenwelt in dieselbe Richtung zu marschieren, mit dem Aberglauben aufzuräumen und im Triumph die Aufklärung vor sich herzutragen, bis in die unmittelbare Gegenwart – und das heißt, bis zur *Encyclopédie* selbst.

Für d'Alembert war es eine bewegende Geschichte, auch wenn sie dem modernen Leser ein wenig zu geradlinig vorkommen mag. Der *Discours préliminaire* strotzt von gewalttätigen und heroischen Metaphern: Da werden Ketten zerbrochen, Vorhänge zerrissen, Doktrinen zerschlagen und Zitadellen erstürmt. So etwa bei Descartes:

> Descartes hat es wenigstens gewagt, den verständigen Geistern zu zeigen, wie sie das Joch der Scholastik, der öffentlichen Meinung, der Autorität, kurz, der Vorurteile und Barbarei abschütteln könnten ... Man kann ihn als Anführer einer Verschwörung betrachten, der als erster den Mut aufbrachte, sich gegen eine despotische und willkürliche Macht zu erheben, und der in der Vorbereitung einer folgenreichen Revolution den Grund zu einer gerechteren und glücklicheren Regierung legte, deren Einsetzung er nicht mehr erleben konnte.[41]

Diese Version der Vergangenheit schrieb den *philosophes* eine heroische Rolle zu. Verfolgt oder verachtet, waren sie einsame Kämpfer, die für künftige Generationen fochten, welche ihnen die Anerkennung zollen würden, die ihnen ihre Zeitgenossen versagt hatten. D'Alembert war sich offenkundig bewußt, daß es wirkliche Generale gab, die wirkliche Kriege führten, doch schrieb er so, als gäbe es keine Geschichte neben der Geistesgeschichte und als wären die *philosophes* ihre Propheten.

Dieses Thema ging Hand in Hand mit dem Kult des *philosophe,* der die gesamte Literatur der Aufklärung um die Mitte des 18. Jahrhunderts durchzog. D'Alembert behandelte das Thema in seinem *Essai sur la société des gens de lettres et les grands* noch ausführlicher, der ein Jahr nach dem *Discours préliminaire* erschien. Auch hier wieder pries er den Mann der Gelehrsamkeit als einsamen Krieger im Kampf für die Zivilisation und fuhr mit einer Unabhängigkeitserklärung für die *gens des lettres* als gesellschaftliche Gruppe fort. Obgleich sie erniedrigt und ignoriert worden seien, hätten sie sich um die Menschheit verdient gemacht, weil sie das Anliegen der Aufklärung seit der Renaissance befördert hätten, und insbesondere seit der Regierungszeit Ludwigs XIV., als der »philosophische Geist« begonnen habe, in feiner Gesellschaft den Ton anzugeben.[42] Diese Sicht der Geschichte war in großem Maße Voltaire verpflichtet, der in den *Lettres philosophiques* (1734) die Bedeutung der Gelehrten (*hommes de lettres*) verkündet und diese dann mit den fortschrittlichen geschichtlichen Kräften in *Le siècle de Louis XIV* (1751) gleichgesetzt hatte. Voltaires eigene Beiträge zur *Encyclopédie,* vornehmlich der Artikel *Gens de lettres,* entwickelten dasselbe Thema und verdeutlichten seine Implikationen. Die Geschichte schreite fort durch die Vervollkommnung der Künste und Wissenschaften; die Künste und Wissenschaften entwickelten sich durch die Anstrengungen der Gelehrten; und die Gelehrten stellten die Bewegkraft für den ganzen Prozeß dar, indem sie als *philosophes* agierten. »Es ist dieser philosophische Geist, der offenbar den Charakter der Gelehrten ausmacht.«[43] Der Artikel *Philosophe* hatte weitgehend dieselbe Aussage. Er war eine Adaption des berühmten Traktats von 1743, *Le Philosophe,* in welchem ein Idealtypus kreiert wurde – der Gelehrte, der sich dem Anliegen der Aufklärung verpflichtet wußte.[44] Während der gesamten fünfziger Jahre des 18. Jahrhunderts trugen Pamphlete, Schauspiele, Zeitschriften und Traktate dazu bei, daß die *philosophes* als eine Art von Partei anerkannt oder geschmäht wurden, als weltliche Apostel der Zivilisation, in Gegnerschaft zu den kämpferischen Vertretern von Tradition und religiöser Orthodoxie.[45] Viele von ihnen lieferten Beiträge für die *Encyclopédie* – tatsächlich so viele, daß *encyclopédiste* und *philosophe* praktisch zu Synonymen wurden, und diese beiden Bezeichnungen wiederum schlugen ihre Mitbewerber auf dem semantischen Gebiet, welches der allgemeine Ausdruck *gens de lettres* abdeckte – *savant, érudit, gens d'esprit* –, aus dem Feld.[46] D'Alembert trug zu dieser Bedeutungsverschiebung bei, indem er am Ende des *Discours préliminaire* seine philosophischen Mitstreiter als höchste Kategorie der *gens de lettres* glorifizierte, als Erben von Newton und Locke. Die gesamte *Encyclopédie* erhob auf ihrer Titelseite für sich selbst den Anspruch, das Werk einer »Gelehrtengesellschaft« zu sein, während ihre Freunde wie ihre Feinde sie gleichermaßen mit *philosophie* gleichsetzten.[47] Sie schien die Gleichung: Zivilisation = *gens de lettres* = *philosophes* zu verkörpern und alle progressiven Strömungen der Geschichte der Partei der Aufklärung zuzuschlagen.

Auf diese Weise vollendete die historische Argumentation des *Discours préliminaire* das Werk, das die erkenntnistheoretische und morphologische Argumentation begonnen hatte. Sie stellte eine Legitimation der *philosophes* dar, indem sie sie mit den *gens de lettres* gleichsetzte und die *gens de lettres* wiederum als die bewegende Kraft der Geschichte darstellte. So wie die ersten Abschnitte des Essays dargelegt hatten, daß es kein legitimes Wissen jenseits der Zweige des Baconschen Baumes gab, so zeigte der letzte Teil, daß es keine legitimen *gens de lettres* außerhalb des Kreises der *philosophes* gab. Teil zwei hatte den Baum gestutzt, um den Erfordernissen einer auf die sinnliche Wahrnehmung rekurrierenden Erkenntnistheorie zu entsprechen, und Teil eins hatte alles Wissen, das nicht auf empirische Erfahrung gegründet war, ausgeschlossen. Nichtempirisches Wissen, also die von der Kirche verkündeten Doktrinen, war jenseits der Grenzen verbannt worden, und die Grenzwächter, so stellte es sich in Teil drei heraus, waren die *philosophes.*

Trotz ihrer widerstrebenden Tendenzen und Unvereinbarkeiten verfolgen die Abschnitte des *Discours préliminaire* doch mit einer bestimmten Strategie ein gemeinsames Ziel. Und das war die erfolgreiche Entthronung der alten Königin der Wissenschaften und die Erhebung der Philosophie auf ihren Platz. Weit davon entfernt, ein neutrales Kompendium von Informationen zu sein, gestaltete also die moderne *Summa* das Wissen so, daß es dem Klerus entrissen und in die Hände von Intellektuellen gelegt wurde, die der Aufklärung verpflichtet waren. Der letztliche Triumph dieser Strategie stellte sich mit der Säkularisierung des Erziehungswesens und der Einrichtung der modernen Schulfächer während des 19. Jahrhunderts ein. Doch der eigentliche Kampf fand um die Mitte des 18. Jahrhunderts statt, als die Enzyklopädisten erkannten, daß Wissen Macht ist und sich, indem sie die Welt des Wissens kartographisch erfaßten, daranmachten, diese zu erobern.

Anhang

Die folgende schematische Darstellung der Gesamtheit des menschlichen Wissens entstammt der *Encyclopédie* von Diderot und d'Alembert (Quelle: D. Diderot, *The Encyclopedia. Selections,* hg. u. übers. von St. J. Grendzier, New York 1967). [Sie wird hier in Absprache mit dem Autor gekürzt wiedergegeben. Anm. d. Hrsg.]

(s. Schema S. 236/237)

Der Baum Diderots und d'Alemberts
Detailliertes System des menschlichen Wissens

Erkenntnis

Vernunft

Philosophie

Allgemeine Metaphysik, oder Ontologie, oder Seinslehre.
Allgemein, Potentiell, der Existenz, der Dauer etc.

- Lehre von Gott
  - Naturtheologie
  - Offenbarungstheologie
  - Lehre von guten und bösen Geistern
    - Wahrsagerei
    - Schwarze Magie

- Seelenlehre
  - rational
  - sinnlich

Pneumatologie, oder Geisteslehre, oder spezielle Metaphysik

Lehre vom Menschen

Logik

- Denkkunst
  - Wahrnehmen | Ideenlehre
  - Urteilen | Aussagenlehre
  - Reflexion | Induktion
  - und Methode | Beweis
    - Analyse
    - Synthese

- Kunst des Behaltens
  - Gedächtnis
    - Natürlich → Vorurteil
    - Künstlich → Emblem → Kunst des Schreibens, Druckens, Lesens, Entzifferns → Orthographie
  - Gedächtnisstützen
    - Schreiben / Drucken → Alphabet / Zahlen

- Kunst des Mitteilens
  - Lehre von den rhetorischen Mitteln
    - Grammatik
      - Signale
      - Prosodie
      - Gliederung
      - Syntax
      - Philologie
      - Textkritik
      - Pädagogik
    - Gestik
      - Pantomime
      - Deklamation
    - Zeichen
      - Bilderschrift
      - Hieroglyphen
      - Heraldik oder Wappenkunde
    - Wahl des Faches
    - Art des Unterrichtens
  - Lehre von den rhetorischen Qualitäten
    - Rhetorik
    - Technik des Dichtens oder der Versifikation

Lehre vom Menschen

Ethik

Allgemein — Lehre von Gut und Böse, allgemein, von allgemeinen Pflichten, Tugenden, von der Notwendigkeit, tugendhaft zu sein

Speziell — Lehre von den Gesetzen der Jurisprudenz

- Natürlich — zivile Architektur*
- Ökonomisch
  - Schiffsarchitektur
  - Binnen- und Außenhandel
  - zu Lande, zu Wasser
- Politisch
  - Militär Kunst*
    - Taktik
    - Befestigungen oder Militärarchitektur, militärische Pyrotechnik

Philosophie

Lehre von der Natur

Metaphysik der Körper oder Allgemeine Physik der räumlichen Ausdehnung. Undurchdringlichkeit, Bewegung, das Vakuum etc.

Mathematik

Rein

Arithmetik
- Numerisch
- Algebra
  - Elementar
  - Infinitesimal
    - Differential
    - Integral

Geometrie
- Elementar — Militärarchitektur, Taktik
- Transzendental — Theorie der Kurven

angewandt

Mechanik
- Statik
  - eigentliche Statik
  - Hydrostatik
- Dynamik
  - eigentliche Dynamik
  - Ballistik
  - Hydrodynamik
    - Hydraulik
    - Navigation
    - Marinearchitektur

Geometrische Astronomie
- Kosmographie
  - Uranographie
  - Geographie
  - Hydrographie
- Chronologie
- Gnomonik

Optik
- eigentliche Optik
- Dioptrik, Perspektivlehre
- Katoptrik

Akustik
Pneumatik
Kunst der Konjektur, Wahrscheinlichkeitsanalyse

Physiko-Mathematik

---

* Diese Abteilungen können auch zu dem Zweig der Mathematik gerechnet werden, der sich mit ihren Prinzipien befaßt.

Anmerkungen

Das Kapitel geht auf einen Vortrag zurück, den ich im Mai 1981 in der Herzog-August-Bibliothek in Wolfenbüttel gehalten habe.

1 John Lough, The ›Encyclopédie‹, New York 1971, S. 61.
2 Michel Foucault, The Order of Things. An Archeology of the Human Sciences, New York 1973, S. XV (dt. Die Ordnung der Dinge. Eine Archäologie der Humanwissenschaften, übers. von U. Köppen, Frankfurt a. M. 1971).
3 Siehe Roger Shattuck, The Forbidden Experiment. The Story of the Wild Boy of Aveyron, New York 1980.
4 Zu einer vollständigeren Darstellung dieser Diskussion siehe: E. R. Leach, »Anthropological Aspects of Language. Animal Categories and Verbal Abuse«, in: New Directions in the Study of Language, hrsg. von E. H. Lenneberg, Cambridge (Mass.) 1964; Mary Douglas, Purity and Danger. An Analysis of Concepts of Pollution and Taboo, London 1966; R. N. H. Bulmer, »Why Is the Cassowary Not a Bird? A Problem of Zoological Taxonomy Among the Karam of the New Guinea Highlands«, in: Man 2 (1967) S. 5–25, und S. J. Tambiah, »Animals Are Good to Think and to Prohibit«, in: Ethnology 8 (1969) S. 423–459.
5 Zur »Methode« und den frühen Schemata für eine Ordnung der Künste und Wissenschaften siehe: Walter Ong, Ramus, Method, and the Decay of Dialogue. From the Art of Discourse to the Art of Reason, Cambridge (Mass.) 1958; Neal W. Gilbert, Renaissance Concepts of Method, New York 1960; Paul Oskar Kristeller, »The Modern System of the Arts«, in: P. O. K, Renaissance Thought II. Papers on Humanism and the Arts, New York 1965, S. 163–227; Frances Yates, The Art of Memory, London 1966; Leroy E. Loemker, Struggle for Synthesis. The Seventeenth Century Background of Leibniz' Synthesis of Order and Freedom, Cambridge (Mass.) 1972, und Paolo Rossi, Philosophy, Technology and the Arts in the Early Modern Era, New York 1970. Zu Enzyklopädien vor der Encyclopédie von Diderot siehe: Robert Collison, Encyclopaedias. Their History throughout the Ages, New York 1964, und Notable Encyclopedias of the Seventeenth and Eighteenth Centuries. Nine Predecessors of the Encyclopédie, hrsg. von Frank A. Kafker, Oxford 1981 (Studies on Voltaire and the Eighteenth Century. 194). Zu einem neueren, jedoch recht

oberflächlichen Überblick über Systeme zur Klassifizierung des Wissens siehe: Fritz Machlup, *Knowledge. The Branches of Learning*, Princeton 1981. Anthony Grafton verdanke ich wertvolle bibliographische Hinweise und kritische Anleitung bei meinen Bemühungen, diesen Themenkreis sinnvoll zu untersuchen.

6 Discours préliminaire, in: *Encyclopédie, ou Dictionnaire raisonné des sciences, des arts et des métiers, par une société de gens de lettres*, Paris 1751–72, Bd. 1, S. i. Alle folgenden Verweise auf den *Discours préliminaire* beziehen sich auf die erste Ausgabe der *Encyclopédie*.

7 *Prospectus de l'Encyclopédie*, in: Denis Diderot *Œuvres complètes*, Paris 1969, Bd. 2, S. 281. Zu der Vorstellung einer Enzyklopädie als Kreis oder einer großen Kette des Wissens, siehe auch Diderots Schlüsselartikel »Encyclopédie« in *Encyclopédie*, Bd. 5, nachgedr. in Diderot, *Œuvres complètes*, Bd. 2, S. 365–463.

8 *Discours préliminaire* (s. Anm. 6), S. xv.

9 *Prospectus* (s. Anm. 7), S. 285–286.

10 Ebd., S. 285.

11 Ephraim Chambers, *Cyclopaedia or an Universal Dictionary of Arts and Sciences*, London ⁵1741, Bd. 1, S. ii.

12 Ebd., S. iii.

13 *Discours préliminaire* (s. Anm. 6), S. xxiv.

14 Siehe die Artikel in den *Mémoires de Trévoux*, Jan. und Febr. 1751, nachgedr. in: Diderot (s. Anm. 7), S. 325–332 und 352–355.

15 Francis Bacon, *The Advancement of Learning*, hrsg. von W. A. Wright, Oxford 1876, S. 268.

16 Ebd., S. 99.

17 Ebd., S. 86.

18 *Discours préliminaire* (s. Anm. 6), S. xxvii.

19 Bacon (s. Anm. 15), S. 86.

20 Ebd., S. 85.

21 *Discours préliminaire* (s. Anm. 6), S. xlvii.

22 *Lettre de M. Diderot au R. P. Berthier, jésuite*, in: Diderot (s. Anm. 7), S. 334.

23 *Discours préliminaire* (s. Anm. 6), S. li.

24 *Encyclopédie* (s. Anm. 6), Bd. 1, S. 498.

25 Bacon (s. Anm. 15), S. 109–110. Bacon räumte zwar die Kraft induktiven Nachsinnens über Gott ein, doch hielt er es für gefährlich: »Aus der Kontemplation der Natur oder aufgrund mensch-

lichen Wissens induktiv eine Wahrheit oder Überzeugung über Dinge des Glaubens abzuleiten, ist nach meinem Urteil eine unsichere Angelegenheit« (S. 109).

26 *Discours préliminaire* (s. Anm. 6), S. iii.

27 Ebd., S. xlviii. Zu Lockes Version dieses Argumentes siehe: *An Essay Concerning Human Understanding*, hrsg. von A. S. Pringle-Pattison, Oxford 1960, S. 154–174 (Buch II, Kap. 23).

28 *Discours préliminaire* (s. Anm. 6), S. iii.

29 Ebd., S. iv.

30 Ebd., S. iv.

31 Ebd., S. iii.

32 Ebd., S. ix.

33 Ebd., S. xiv.

34 Ebd., S. ix.

35 Ebd., S. xiv.

36 Ebd., S. xvii.

37 Siehe auch d'Alemberts *avertissement* zum dritten Band der *Encyclopédie* (s. Anm. 6, Bd. 3, S. iv): »In diesem Werk wird man nicht finden . . . die Eroberer, die die Erde verwüstet haben, sondern die unsterblichen Genies, die sie erleuchtet haben. Noch [wird man finden] eine Versammlung von Souveränen, die aus der Geschichte hätten verbannt werden sollen. Nicht einmal die Namen von Fürsten und großen Persönlichkeiten haben ein Anrecht auf einen Platz in der *Encyclopédie*, es sei denn, um des Guten willen, das sie für die Wissenschaft geleistet haben, denn die *Encyclopédie* verdankt alles dem Talent und nichts den Titeln. Sie ist die Geschichte des menschlichen Geistes, nicht der Eitelkeit der Menschheit.«

38 *Discours préliminaire* (s. Anm. 6), S. xxvi.

39 Ebd., S. xxvi.

40 Ebd., S. xxvii.

41 Ebd., S. xxvi.

42 D'Alembert, *Essai sur la société des gens de lettres et des grands, sur la réputation, sur les Mécènes, et sur les récompenses littéraires*, in: *Mélanges de littérature, d'histoire et de philosophie*, Amsterdam 1773 (1. Aufl., 1752), S. 330.

43 *Encyclopédie* (s. Anm. 6), Bd. 7, S. 599.

44 Zu den Metamorphosen dieses Essays, den Voltaire auch in *Les Lois de Minos* (1773) neu abdrucken ließ, siehe: Herbert

Dieckmann, *Le Philosophe. Texts and Interpretation,* Saint Louis 1948.

45 Zu einer Dokumentation dieses Gegenstandes, der noch weiterer Erforschung bedarf, siehe: Ira Wade, »*The Philosophe« in the French Drama of the Eighteenth Century,* Princeton 1926.

46 Zu einem vorläufigen Überblick zu *philosophe* und *encyclopédiste* als Begriffen, die während des 18. Jahrhunderts en vogue waren, siehe: Ferdinand Brunot, *Histoire de la langue française des origines à nos jours,* Bd. 4, Tl. 1, S. 3–27, Paris 1966.

47 Das hob d'Alembert auch in dem *avertissement* (*Encyclopédie,* s. Anm. 6, Bd. 3, S. iv) hervor: »So ist es vornehmlich der philosophische Geist, hinsichtlich dessen wir dieses Wörterbuch zu etwas Herausragendem zu machen versuchen.«

Landschaft und Erinnerung

Wenn schon die Vorstellung, die ein Kind von der Natur hat, mit komplizierten Erinnerungen, Mythen und Bedeutungen befrachtet sein kann, wieviel verwickelter konstruiert ist dann der Rahmen, durch den unsere Erwachsenenaugen die Landschaft betrachten. Denn wenn wir auch gewohnt sind, Natur und menschliche Wahrnehmung in zwei Bereiche zu scheiden, sind sie in Wirklichkeit nicht voneinander zu trennen. Bevor die Landschaft je ein Refugium für die Sinne werden kann, ist sie schon das Werk des Geistes. Ihre Szenerie ist ebenso aus Schichten der Erinnerung zusammengesetzt wie aus Gesteinsschichten.

Objektiv betrachtet agieren natürlich die verschiedenen Ökosysteme, die das Leben auf diesem Planeten aufrechterhalten, unabhängig von menschlichem Wirken, genau wie sie das vor dem hektischen Aufstieg des *Homo sapiens* getan haben. Doch es ist auch wahr, daß es schwerfällt, an ein einziges derartiges natürliches System zu denken, das nicht, zum Guten oder zum Bösen, durch menschliche Kultur in seinem Wesen verändert wurde. Das ist auch nicht erst das Werk des Industriezeitalters. Es geschieht seit den Tagen des alten Mesopotamiens. Diese Tätigkeit ist ebenso alt wie die Schrift, wie die Gesamtheit unserer sozialen Existenz. Und diese unwiderruflich modifizierte Welt, von den Polkappen bis zu den Wäldern am Äquator, ist die ganze Natur, die wir besitzen.

Henry David Thoreau und John Muir, die Väter des modernen Umweltschutzgedankens, verhießen uns die Rettung in der Wildnis. Sie nahmen an, die Wildnis liege dort draußen, irgendwo im westlichen Herzen Amerikas, wo sie der Entdeckung harrte, und sie würde das Gegenmittel gegen die Gifte der Industriegesellschaft sein. Doch natürlich war die heilende Wildnis ebenso ein Produkt der Sehnsucht und des kulturellen Sinnsystems wie jeder andere imaginäre Garten. Nehmen wir das erste und berühmteste amerikanische Eden: Yosemite. Auch wenn der Parkplatz fast so groß ist wie der Park selbst und Bären in den McDonald's-Verpackungen wühlen, stellen wir uns Yosemite immer noch so vor, wie es Albert Bierstadt gemalt hat oder wie es Carleton Watkins und Ansel Adams fotografiert haben: ohne eine Spur menschlicher Gegenwart. Doch setzt natürlich schon der Akt, den Ort zu identifizieren (vom Fotografieren ganz zu schweigen), unsere Anwesenheit voraus, und mit uns all das schwere kulturelle Gepäck, das wir mit uns schleppen.

Die Wildnis ortet sich schließlich nicht, sie gibt sich keinen Namen. Es war ein vom amerikanischen Kongreß im Jahre 1864 verabschiedetes Gesetz, welches das Yosemite-Tal zu einem heiligen Ort für die Nation machte, und zwar geschah dies während des Krieges, der den Sündenfall im amerikanischen Garten Eden markierte.[1] Und die Wildnis konnte sich auch nicht selbst verehren. Es bedurfte heiligender Heimsuchungen von Predigern aus Neuengland wie Thomas Starr King, von Fotografen wie Leander Weed, Eadwaerd Muybridge und Carleton Watkins, von Malern in Öl wie Bierstadt und Thomas Morgan und von Malern in Prosa wie John Muir, um das Tal als den heiligen Park des Westens darzustellen – als die Stätte einer neuen Geburt, eine Erlösung für die nationale Seelenpein, eine Neuschöpfung Amerikas. Die seltsam unirdische Topographie des Ortes – mit seinen leuchtenden Wiesen, die das Tal wie mit einem Teppich bedecken, aus dem ohne Übergang die steilen Felswände des Cathedral Rock aufsteigen, mit dem Merced River, der sich durch das hohe Gras schlängelt – eignete sich perfekt für diese Vision eines demokratischen Paradieses auf Erden. Und die Tatsache, daß Besucher zum Talboden *hinabsteigen* mußten, verstärkte nur das religiöse Gefühl, ein ummauertes Heiligtum zu betreten.

Wie alle Gärten setzte Yosemite Barrieren gegen das

Tierische voraus. Doch seine Beschützer kehrten die Konventionen um, indem sie die Tiere drin und die Menschen draußen hielten. So wurden sowohl die Bergwerksgesellschaften, die in diesen Teil der Sierra Nevada vorgedrungen waren, als auch die vertriebenen Ahwaneechee-Indianer sorgfältig und mit Gewalt aus der Idylle entfernt. Der Wildnisprophet John Muir war es, der Yosemite als »Parktal« charakterisierte und seine Ähnlichkeit mit einem »künstlich angelegten Landschaftsgarten ... mit lieblichen Hainen und Wiesen und Dickichten blühender Büsche« pries. Am Fuße der Berge, die sich über den »Park« erhoben, lagen Tannenwälder und leuchtend smaragdgrüne Wiesen, und ihre Häupter ragten in den Himmel auf; sie waren »in Licht gebadet, in Ströme singenden Wassers getaucht, während Schneewolken hinabstürzen und die Winde sie glätten und um sie brausen und toben, während die Jahre dahingehen, so als hätte sich die Natur bemüht, in diesen Bergregionen ihre kostbarsten Schätze zu versammeln, um die, welche sie lieben, in enge und vertrauliche Gemeinschaft mit sich zu ziehen.«[2]

Doch die Natur tut nichts dergleichen. Wir tun es. Ansel Adams, der Muir bewunderte und zitierte und sein Bestes tat, um seine Verehrung in spektakuläre Naturikonen zu übersetzen, erklärte 1952 dem Direktor der Nationalpark-Verwaltung, er habe Yosemite so fotografiert, wie er es getan habe, um »eine religiöse Idee« zu feiern und in seiner eigenen Seele der Frage nachzuspüren, »was urtümliche Natur wirklich bedeutet«. »Letztendlich«, schrieb er, »ist der Half Dome nichts weiter als Stück Felsen ... Es gibt da eine tief in mir verwurzelte Essenz aus innerer Vorstellung und Begrifflichkeit, die diese konkreten irdischen Fakten in eine transzendentale emotionale und geistige Erfahrung umwandelt.« Das »spirituelle Potential« von Yosemite zu schützen hieß, so glaubte er, die Wildnis rein zu halten; »unglücklicherweise müssen wir sie, um sie rein zu halten, in Besitz nehmen.«[3]

An dieser Inbesitznahme gibt es nichts, wofür man sich wirklich schämen müßte. Selbst die Landschaften, von denen wir meinen, sie seien im höchsten Maße frei von unserer Kultur, können sich bei näherem Hinsehen als deren Produkte erweisen. Und die Ansicht, die *Der Traum von der Wildnis*[4] vertritt, ist es, daß dies kein Anlaß zu Schuldgefühlen und Reue ist, sondern gefeiert zu werden verdient. Wäre es uns lieber, wenn Yosemite, trotz all seiner Überfüllung und übermäßigen bildlichen Repräsentation, *niemals* identifiziert, kartographisch erfaßt und in einen Park verwandelt worden wäre?

Die leuchtenden Wiesen, die ihre ersten Bewunderer an ein urtümliches Eden gemahnten, waren in Wirklichkeit das Ergebnis regelmäßiger Brandrodung durch die Ahwahnee-chee-Indianer, die dort wohnten. Auch wenn wir also einräumen (und das müssen wir tun), daß die Wirkung der Menschheit auf die Ökologie der Erde kein reiner Segen war, ist doch die lange Beziehung zwischen Natur und Kultur auch keine ununterbrochene und unausweichliche Reihe von Katastrophen. Zumindest muß man wohl anerkennen, daß es unsere formende Wahrnehmung ist, die den Unterschied zwischen »roher Natur« und »Landschaft« ausmacht.

Das lehrt uns schon das Wort. In die englische Sprache gelangte das Wort *landscape* am Ende des 16. Jahrhunderts als holländischer Import zusammen mit den Wörtern für Hering und gebleichtes Leinen. Und *landschap* bezeichnete wie seine deutsche Wurzel *Landschaft* eine Einheit menschlicher Besiedelung, ja einen Gerichtsbezirk, ebenso wie etwas, das einen erfreulichen Gegenstand anschaulicher Darstellung bilden konnte.[5] So war es sicher kein Zufall, daß die niederländischen Polder – selbst der Ort eindrucksvoller menschlicher Technik – der Bereich waren, an dem eine Gemeinschaft die Vorstellung von einer *landschap* entwickelte, was dann in der englischen Umgangssprache der damaligen Zeit zu *landskip* wurde. Ihre italienischen Pendants, die ländlichen Idyllen mit Bächen und von goldenen Weizenfeldern bedeckten Hügeln, hießen *parerga*, sie waren das »Beiwerk« im Hintergrund für die vertrauten Motive der klassischen Mythologie und der Heiligen Schrift. In den Niederlanden jedoch war die menschliche Planung und Nutzung der Landschaft – wie sie sich in den Fischern, den Viehtreibern, den einfachen Fußgängern und Reitern ausdrückt, die beispielsweise die Bilder eines Esaias van de Velde bevölkern – die Hauptsache und sich auf überraschende Weise selbst genug.

Als die Mode »holländischer« Landschaften in England Fuß gefaßt hatte, nahm der gelehrte Künstler Henry Peacham in sein Handbuch der Zeichenkunst, *Graphice*, die erste praktische Anweisung für seine Landsleute auf, wie man eine solche zu komponieren habe. Damit aber niemand meine, man habe nichts anderes zu tun, als irgendwie die Gegenstände der Anschauung in zweidimensionale Form zu überführen, erläuterte Peachams Emblembuch *Minerva Britannia*, das im selben Jahr erschien, die Sache genauer.[6] Neben ein Bild des britischen Arkadien gesetzt, machte Peachams Emblembezeichnung *Rura mihi et silentium* deutlich, daß das Landleben als moralisches Korrektiv für die Übel von höfischem und städtischem Leben zu schätzen war – wegen der medizinischen Qualitäten seiner Pflanzen, wegen der christlichen Assoziationen mit Kräutern und Blumen und vor allem darum, weil es die erstaunliche Güte des Schöpfers verkündete. Was sein Emblem heraufbeschwören sollte, war die zutiefst englische Szene: »Ein schatt'ger Hain am holden Themsestrand / Wie er beim schönen Richmond steht.«[7] Doch der Holzschnitt, den der Zeichenmeister als Illustration lieferte, sieht viel mehr nach dem Arkadien des Dichters aus als nach dem Tal der Themse. Er versammelt die Standardmerkmale des glücklichen Tales, wie es die Humanisten sahen: sanfte Hügel, auf denen ungestört wollige Schafe grasen und die von lieblichen lauen Lüften umweht werden. Das war das prototypische Bild, das auf zahllosen Gemälden, Stichen, Postkarten, Fotos in Eisenbahnzügen und Kriegsplakaten reproduziert wurde und unweigerlich Loyalität zu der milden, gesegneten Insel heraufbeschwor.

Der Rahmen von Peachams Holzschnitt ist auffallend aufwendig gestaltet, wie das bei solchen gedruckten Emblemen häufig der Fall war. Das wirkte als eine Art visuelles Signal für den aufmerksamen Betrachter, daß man die Wahrheit des Bildes eher poetisch denn buchstäblich aufzufassen habe, daß eine ganze Welt von Assoziationen und Empfindungen die Szene umschloß und ihr Bedeutung verlieh. Und das extremste Beispiel für ein derartiges bewußtes Einrahmungsverfahren war der sogenannte Claude-Spiegel, der im 18. Jahrhundert sowohl Künstlern als auch Touristen zur Betrachtung »pittoresker« Szenerien empfohlen wurde. Das war ein kleiner, tragbarer, mit einer dunklen Folie hinterlegter Spiegel, benannt nach dem französischen Maler, der klassische Architektur, laubreiche Haine und fernes Wasser am vollkommensten miteinander in Einklang brachte. Wenn der Blick in den Spiegel diesem Claudeschen Ideal nahekam, betrachtete man ihn als genügend »pittoresk«, um ihn zu genießen oder sogar zu zeichnen. Spätere Variationen färbten das Glas mit dem Licht einer strahlenden Morgenröte oder eines rosenroten Sonnenuntergangs. Doch was aus bloßer Geologie und Vegetation eine Landschaft macht, war immer die überkommene Tradition, die bis zu den Mythen von Arkadien, dem von Nymphen und Satyrn bevölkerten fruchtbaren Reich Pans, zurückreichte.

»So sehen wir die Welt«, behauptete René Magritte 1938 in einem Vortrag, in dem er seine Version der *Condition humaine* erklärte: Ein Bild steht vor der Aussicht, die es abbildet, so daß beide ineinander übergehen und nicht voneinander zu unterscheiden sind. »Wir sehen sie außerhalb unserer selbst und haben doch eine Darstellung von ihr in uns.«[8] Was jenseits der Fensterscheibe unserer Wahrnehmung liegt, sagt Magritte, bedarf einer Gestaltung, bevor wir seine

Form richtig abgrenzen, geschweige denn an seiner Wahrnehmung Vergnügen finden können. Und vorgenommen wird diese Gestaltung von der Kultur, der Konvention und der Kognition; sie versehen den Eindruck auf der Netzhaut mit der Qualität, die wir als Schönheit erfahren.

Genau das ist die Art von Annahme, an der viele zeitgenössische Landschaftsmaler Anstoß nehmen. Anstatt daher der malerischen Tradition das Diktat über die Natur zu überlassen, bemühen sie sich intensiv, das künstlerische Ich in einem natürlichen Prozeß aufzulösen.[9] Ihr Ziel ist es, eine Anti-Landschaft zu produzieren, in der der Eingriff des Künstlers auf das geringfügigste und vergänglichste Zeichen reduziert wird, das möglich ist. Die britischen Künstler Andy Goldsworthy und David Nash beispielsweise schaffen Werke, die die Natur beschwören, ohne sie in museumsgerechte Form zu zwingen: »vorgefundene« Skulpturen aus am Strand aufgelesenem Treibholz oder natürlich verkohlte Baumteile, Haufen aus Strandkieseln oder Kugeln aus Blättern und Schnee, die mit Dornen und Zweigen zusammengebunden sind und so aufgestellt werden, daß sie sich mit den natürlichen Prozessen der Jahreszeiten auflösen oder verwandeln. Doch auch wenn viele dieser minimalistischen Landschaften mitreißend und sehr schön sind, entgehen sie selten der Voraussetzung, die sie implizit kritisieren. Genau wie bei Carleton Watkins oder Ansel Adams braucht man die Kamera, um den »natürlichen Moment« einzufangen. Somit wird der organisierende Akt des Künstlers lediglich von der Hand mit dem Pinsel auf den Finger am Auslöser verlagert. Und in diesem winzigen Augenblick des Einrahmens tauchen die alten Kreaturen der Kultur wieder aus ihren Höhlen auf, mit den Erinnerungen von Generationen in ihrem Gefolge.[10]

In derselben skeptischen Stimmung haben Umwelthistoriker auch die Annektierung der Natur durch die Kultur beklagt. Zwar leugnen sie nicht, daß die Landschaft durchaus ein Text sein kann, den Generationen mit ihren immer wiederkehrenden Obsessionen neu schreiben, aber sie freuen sich keineswegs darüber. Die arkadische Idylle beispielsweise erscheint nur als eine weitere freche Lüge, aufgetischt von begüterten Aristokraten (vom sklavenhaltenden Athen bis zum sklavenhaltenden Virginia), die die ökologischen Konsequenzen ihrer Gier verschleiern wollen. Und sie betrachten es als Ehrensache, eine Unterscheidung zwischen Landschaft und »Menschschaft« wiederherzustellen und eine Geschichte zu schreiben, die nicht davon ausgeht, daß die Erde und ihre verschiedenen Arten zum ausdrücklichen und ausschließlichen Vergnügen dessen geschaffen seien, was Muir vernichtend »Lord Man«, den Gott-Menschen, genannt hat.

Besonders in den Vereinigten Staaten (wo das Wechselspiel zwischen Mensch und Umwelt seit langem im Mittelpunkt der nationalen Geschichte steht) haben die besten Umweltgeschichten dieses Ziel glänzend erreicht. Ob die Eiswelt der Antarktis, der brennende australische Busch, die ökologische Umformung Neuenglands oder die Wasserkriege im amerikanischen Westen thematisiert werden: Autoren wie Stephen Pyne, William Cronon und Donald Worster ist das Kunststück gelungen, unbelebte Topographien in historische Akteure eigenen Rechts zu verwandeln.[11] Indem diese Verfasser dem Land und dem Klima die Art kreativer Unberechenbarkeit zurückgaben, die üblicherweise menschlichen Akteuren vorbehalten ist, haben sie Geschichtsdarstellungen geschrieben, in denen der Mensch nicht das A und O der Dinge ist.

Doch auch wenn die Umweltgeschichte einige der originellsten und provokativsten historischen Arbeiten liefert, die zur Zeit geschrieben werden, erzählt sie doch unweigerlich dieselbe trostlose Geschichte: von der Besetzung, Ausbeutung und Erschöpfung des Landes; von der Vertreibung der traditionellen Kulturen – denen man nachsagt, sie hätten ihr Leben in heiliger Ehrfurcht vor dem Boden geführt – durch den rücksichtslosen Individualisten, den kapitalistischen Aggressor. Die Stimmung dieser historischen Darstellungen ist verständlicherweise von Bedauern geprägt, doch gehen die Meinungen darüber, wann das Abendland aus dem Stand der Gnade fiel, auseinander. Für einige Historiker waren es die Renaissance und die wissenschaftlichen Revolutionen des 16. und 17. Jahrhunderts, die die Erde dazu verdammten, vom Abendland als Maschine behandelt zu werden, die nie kaputtgehen würde, wie rücksichtslos man sie auch gebrauchte und mißbrauchte.[12] Für Lynn White Jr. war die Erfindung des Pfluges mit festem Geschirr das Ereignis, das im 7. Jahrhundert n. Chr. das Schicksal der Erde besiegelte. Das »Messer« des neuen Gerätes »attackierte das Land«; aus Landwirtschaft wurde ökologischer Krieg. »Früher war der Mensch ein Teil der Natur gewesen; jetzt war er der Ausbeuter der Natur.«[13]

Die intensive Landwirtschaft soll also moderne Übel aller Art möglich gemacht haben. Sie nötigte die Erde, Bevölkerungen zu ernähren, deren Bedürfnisse (ob nach Notwendigem oder Luxus) wieder weiter technische Neuerungen provozierten, die ihrerseits die natürlichen Ressourcen erschöpften, was den wahnsinnigen Ausbeutungskreislauf zu immer hektischerer Rotation antrieb, weiter und weiter durch die ganze Geschichte des Abendlandes.

Und vielleicht nicht nur des Abendlandes. Vielleicht, sagen die schärfsten Kritiker, ist die gesamte Geschichte der seßhaften (nicht nomadischen) Gesellschaft, von den auf Bewässerung versessenen Chinesen bis zu den auf Bewässerung versessenen Sumerern, durch die brutale Manipulation der Natur verseucht. Nur die altsteinzeitlichen Höhlenbewohner, die uns ihre Malereien als Zeugnisse dafür hinterlassen haben, daß sie in die Natur integriert waren und nicht über sie herrschten, sind von dieser Erbsünde der Zivilisation ausgenommen. Als die archaische Kosmologie, in der die ganze Erde als heilig galt und der Mensch nur ein einziges Glied in der langen Kette der Schöpfung darstellte, zerbrochen war, war alles aus, egal ob ein paar Jahrtausende

früher oder später. Völlig ahnungslos setzte das alte Mesopotamien die globale Klimakatastrophe in Gang. Was wir
brauchen, sagt Max Oelschlaeger, ein solcher leidenschaft-
licher Kritiker, sind neue »Schöpfungsmythen«, um den
Schaden zu beheben, den unser rücksichtslos mechanischer
Mißbrauch der Natur angerichtet hat, und um das Gleichgewicht zwischen dem Menschen und den übrigen Organis-
men wiederherzustellen, mit denen er den Planeten teilt.[14]

Es bedeutet nicht, die bedrohliche ökologische Situation
zu leugnen oder die Dringlichkeit in Zweifel zu ziehen, mit
der sie repariert und in Ordnung gebracht werden muß,
wenn man sich die Frage stellt, ob wirklich neue Mythen
das Mittel der Wahl gegen unsere Krankheiten sind. Was ist
mit den alten? Denn im Gegensatz zu der in diesen Texten
allgemein vertretenen Annahme, daß die Entwicklung der
abendländischen Kultur an die Zerstörung der Naturmythen geknüpft war, sind diese in Wirklichkeit nie verschwunden. Denn wenn, wie wir sahen, unsere gesamte
Tradition in puncto Landschaft das Produkt einer gemeinsamen Kultur ist, dann ist sie ebensosehr eine Tradition aus
reichen Sedimenten von Mythen, Erinnerungen und Obsessionen. Die Kulte, die wir in anderen eingeborenen Kulturen suchen sollen – der Kult des urtümlichen Waldes, des
Flusses des Lebens, des heiligen Berges –, erfreuen sich tatsächlich bester Gesundheit und sind ständig um uns, wenn
wir nur ein offenes Auge für sie haben.

Und das versucht *Der Traum von der Wildnis* zu sein:
eine Art des Sehens – der Wiederentdeckung dessen, was
wir schon haben, was sich aber irgendwie unserer Wahrnehmung und unserer Würdigung entzieht. Es ist keine weitere
Erörterung dessen, was wir verloren haben, sondern eine
Erkundung, was wir noch finden können.

Wenn ich diese alternative Sichtweise vorschlage, bin ich
mir darüber im klaren, daß es um mehr geht als um akademische Spitzfindigkeiten. Denn wenn die gesamte Geschichte der Landschaft im Abendland wirklich nur eine

geistlose Jagd nach einem maschinengleichen Universum ist, das durch Mythos, Metapher und Allegorie nicht gestört wird, wo das Messen und nicht die Erinnerung der absolute Wertmaßstab ist, wo unsere Erfindungsgabe unsere Tragödie ist, dann sind wir wirklich im Mechanismus unserer Selbstzerstörung gefangen.

Im Mittelpunkt dieses Buches steht der hartnäckige Glaube, daß dies in Wirklichkeit nicht die ganze Geschichte ist. Diese Überzeugung entstammt keinem Wunschdenken über unsere Vergangenheit oder unsere Aussichten. Ich teile ohne jeden Abstrich das Entsetzen über den fortschreitenden Zerfall unseres Planeten und einen großen Teil der bösen Ahnungen hinsichtlich der Möglichkeiten, seine Gesundheit wiederherzustellen. Es geht mir in diesem Buch nicht darum, die Realität dieser Krise zu bestreiten. Vielmehr möchte ich dadurch, daß ich den Reichtum, das Alter und die Komplexität unserer Landschaftstradition darstelle, darauf hinweisen, wieviel wir noch zu verlieren haben. Anstelle der Annahme, daß sich abendländische Kultur und Natur gegenseitig ausschließen, möchte ich die Intensität betonen, mit der sie miteinander verbunden waren und sind.

Dieser starke Konnex liegt oft unter Schichten von Gemeinplätzen verborgen. So ist *Der Traum von der Wildnis* als Ausgrabung angelegt, die die konventionelle, sichtbare Oberfläche durchdringt und die verborgenen Adern von Mythos und Erinnerung aufspüren soll. Der »Waldesdom« beispielsweise ist ein gängiges Klischee. »Worte der Verehrung beschreiben dieses Land der ›Ahs‹«, heißt es in einem besonders atemlosen Buch über die Urwälder an der pazifischen Nordwestküste.[15] Doch unter dem Abgedroschenen liegt eine lange, reichhaltige und bedeutsame Geschichte von Zusammenhängen zwischen dem urtümlichen heidnischen Hain mit seiner Baumverehrung und den charakteristischen Formen gotischer Architektur. Eine Tradition von der nordischen Baumverehrung über die christliche Ikonographie des Baumes des Lebens und des hölzernen Kreuzes bis hin zu Bildern wie denen von Caspar David Friedrich mit ihren ausdrücklich hergestellten Assoziationen zwischen der immergrünen Tanne und der Architektur der Auferstehung mag esoterisch wirken. Doch in Wirklichkeit rührt sie unmittelbar an den Kern einer unserer stärksten Sehnsüchte: des Verlangens, in der Natur Trost für unsere Sterblichkeit zu finden. Das ist der Grund, weshalb Bäume mit ihrer jährlichen Verheißung des Erwachens im Frühling als passender Hintergrund für unsere irdischen Überreste betrachtet werden. So erweist es sich, daß das Mysterium, das sich hinter diesem Gemeinplatz verbirgt, etwas über die tiefsten Beziehungen zwischen natürlichen Formen und menschlicher Gestaltung zu sagen hat.

Die Antwort auf die Frage, ob solche Beziehungen wirklich etwas Habituelles sind – jedenfalls so habituell wie der Drang zur Beherrschung der Natur, der als Charakteristikum des Abendlandes gilt –, will ich dem Urteil des Lesers überlassen. C. G. Jung glaubte offensichtlich, daß die Universalität von Naturmythen ihre psychologische Unentbehrlichkeit bei der Bewältigung innerer Ängste und Sehnsüchte bezeugt. Und der Religionsanthropologe Mircea Eliade vertritt die Auffassung, daß sie in voller Kraft in modernen ebenso wie in traditionellen Kulturen überlebt haben.

Meine Sicht ist zwangsläufig in weitaus größerem Maßstab historisch als universell. Nicht alle Kulturen greifen mit gleichem Eifer zu Natur- und Landschaftsmythen, und bei denen, die das tun, sind Perioden größerer oder geringerer Begeisterung festzustellen. Was die Mythen vom alten Wald für die eine nationale Tradition bedeuten, ist in einer anderen vielleicht völlig anders zu interpretieren. In Deutschland beispielsweise war der Urwald der Ort der Selbstbehauptung gegen das Römische Reich, das auf Stein und (verfaßtes) Recht gebaut war. In England war der grüne Wald der Ort, an dem der König bei der Jagd seine Macht zur Schau stellte, gleichzeitig aber auch die Übergriffe seiner Beamten wiedergutmachte.

Ich habe versucht, in der langen Geschichte von Landschaftsmetaphern, die ich in diesem Buch skizziere, diese wichtigen Unterschiede in Raum und Zeit nicht untergehen zu lassen. Aber auch wenn man diese Variationen berücksichtigt, ist es doch klar, daß den ererbten Mythen und Erinnerungen, die die Landschaft zum Gegenstand haben, zweierlei gemeinsam ist: ihre überraschende Dauerhaftigkeit über die Jahrhunderte hinweg und ihre Kraft, Institutionen zu formen, in denen wir noch heute leben. Um nur das naheliegendste Beispiel zu nehmen: Nationale Identität würde ohne die Mystik einer bestimmten Landschaftstradition – ihre Topographie, kartographiert, ausgearbeitet und überhöht als Heimat – viel von ihrem gefährlichen Enthusiasmus verlieren.[16] Die poetische Tradition von *la douce France*, »süßes Frankreich«, beschreibt Geographisches ebenso wie Historisches, das liebliche Bild eines klassisch wohlgeordneten Ortes, an dem Flüsse, bestellte Felder, Obstgärten, Weinberge und Wälder alle in harmonischem Gleichgewicht miteinander stehen. Die berühmte Lobpreisung des »gekrönten Eilands«, das Shakespeare dem sterbenden John von Gaunt in den Mund legt, beschwört die klippenbewehrte Insellage als patriotische Identität, während die heroische Bestimmung der Neuen Welt im Text von »America the Beautiful« als kontinentale Expansion identifiziert wird. Und Landschaften können bewußt gestaltet werden, um die Vorzüge einer bestimmten politischen oder sozialen Gruppe zum Ausdruck zu bringen. Die Dimensionen des Denkmals von Mount Rushmore waren, wie wir sehen werden, ein entscheidendes Moment im Ehrgeiz seines Schöpfers, die kontinentale Größe Amerikas als Bollwerk seiner Demokratie zu verkünden. Und auf einer viel intimeren Ebene haben im 19. Jahrhundert Verfechter der amerikanischen Vorstadtidylle wie Frank Jesup Scott Rasenteppiche in den Vorgärten vorgeschrieben, die nicht von Zäunen unterbrochen wurden – als Ausdruck sozialer Solidarität und Gemeinschaft, als symbolisches Gegenmittel gegen großstädtische Entfremdung.

Die Bestimmung des Vorstadtgartens als Heilmittel für die Leiden städtischen Lebens kennzeichnet den Rasen als Überbleibsel eines alten pastoralen Traums, selbst wenn an die Stelle der Ziegenherden und Sensen Kanister mit Schädlingsbekämpfungsmitteln und Mähmaschinen industriellen Zuschnitts getreten sind. Und gerade weil alte Orte immer wieder einen modernen Zuckerguß erhalten (wenn beispielsweise der Urwald zum »Wildnispark« mutiert), läßt sich das ehrwürdige Alter der Mythen in deren Kern manchmal schwer ausmachen. Dennoch ist es vorhanden. Wenn man nachts auf der Interstate 84 fahrend durch Waterbury, Connecticut, kommt, die Überreste der einstigen »Messinghauptstadt Amerikas«, nimmt man ein milchiges Licht wahr, das von der Spitze des Hügels neben der Fahrbahn erstrahlt. Nach einer Kurve erkennt man dann plötzlich ein neun Meter hohes, neonbeleuchtetes Kreuz als Quelle dieses Lichts – das ist praktisch alles, was von »Holy Land, USA« übrig ist, das ein ortsansässiger Rechtsanwalt in den sechziger Jahren gebaut hatte. Vertraut wie wir mit Parks religiöser Thematik sind, scheint sich Holy Land sofort als katholische Antwort auf Disneyland einordnen zu lassen. Doch die Anlage als Wallfahrtsberg, die religiöse Mission und der bewußte, wenn auch ungeschickte Versuch, die Topographie der Passion im südlichen Neuengland nachzubilden, kennzeichnen die Anlage als letztes Exemplar eines *sacro monte,* eines der künstlichen Kalvarienberge, deren Ursprünge sich bis zu den italienischen Franziskanern im 15. Jahrhundert zurückverfolgen lassen.

Wenn man die schemenhaften Umrisse einer alten Landschaft unter der oberflächlichen Schicht der heutigen erkennt, wird einem lebhaft bewußt, wie dauerhaft die zentralen Mythen sind. Während ich dies schreibe, ist in der New York Times ein Bericht über eine alte Esche in El

Escorial bei Madrid zu lesen, wo am ersten Samstag jedes Monats einer ehemaligen Putzfrau die heilige Jungfrau erscheint, sehr zum Kummer des sozialistischen Bürgermeisters.[17] Hinter dem Baum steht natürlich der Klosterpalast Philipps II., des Allerkatholischsten Königs von Spanien. Doch hinter beiden liegen Jahrhunderte von Assoziationen, die besonders von den Franziskanern und Jesuiten gepflegt wurden, von Erscheinungen der Jungfrau in einem Baum, dessen österliche Neubelaubung die Auferstehung symbolisierte. Und hinter *dieser* Tradition stehen noch ältere heidnische Mythen, in denen alte, hohle Bäume als das Grab von Göttern (wie etwa Wotan) beschrieben wurden, die auf den Zweigen getötet und in die Rinde gehüllt wurden, um auf einen neuen Lebenszyklus zu warten.

Der Traum von der Wildnis ist um derartige Augenblicke des Erkennens herumgebaut, in denen ein Ort plötzlich seine Verbindungen zu einer alten, ganz besonderen Vision des Waldes, des Berges oder des Flusses erkennen läßt. Ein neugieriger Ausgräber von Traditionen stolpert über etwas, das aus der Oberfläche der alltäglichen Gemeinplätze herausragt. Er fängt an zu kratzen und entdeckt Bruchstücke eines kulturellen Entwurfs, der sich einer zusammenhängenden Wiederherstellung zu entziehen scheint, der ihn aber tiefer in die Vergangenheit führt. Jedes der folgenden Kapitel läßt sich als Ausgrabung ansehen, die mit Vertrautem beginnt und durch Schichten von Erinnerungen und Symbolen bis zum Grundgestein hinuntergräbt, das vor Jahrhunderten oder sogar Jahrtausenden entstand, und sich dann wieder an das Licht des heutigen Erkennens emporarbeitet.

Meine Grabungen durch den Boden der Zeit folgen natürlich den Gängen, die viele andere gewissenhafte Maulwürfe bereits angelegt haben, wobei sie ihre Spuren für den Historiker hinterließen. Viele von den Geschichten, die in diesem Buch erzählt werden, feiern deren Ausdauer und Leidenschaft. Einige besonders eifrige Hüter einer Land-

schaftssymbolik – wie etwa Julius von Brincken, der unter
Zar Nikolaus I. den polnischen Urwald von Białowieża ver-
waltete, oder Claude François Denecourt, der in den Wäldern von Fontainebleau die romantische Wanderung erfand
– waren so sehr in einer bestimmten Landschaft verwurzelt,
daß sie zu ihrem Genius loci wurden. Andere ernannten
sich selbst zu Hütern einer alten Tradition – wie der pro-
duktive Jesuit Athanasius Kircher, der es unternahm, für die
Päpste der Barockzeit die Hieroglyphen auf ägyptischen
Obelisken zu entziffern, so daß sich deren Verpflanzung als
Taufe des heidnischen Nils durch das christliche Rom auffassen ließ, oder wie Sir James Hall, der Weidenruten zu-
sammenband, um zu beweisen, daß der spitzbogige gotische
Stil in verschlungenen Zweigen seinen Ursprung hat.

So farbige Charaktere viele dieser Anhänger von Naturmythen waren, waren sie doch ganz bestimmt nicht einfach
eine zusammengewürfelte Sammlung von Exzentrikern, die
sich auf der Straße der Traditionen tummelten. Sie alle
glaubten, daß ein Verständnis der alten Überlieferungen um
die Landschaft eine wesentliche Erhellung für die Gegenwart und die Zukunft darstellte. Aus dieser Überlegung
heraus waren sie nicht so sehr Antiquare, sondern eher Historiker oder sogar Propheten und Politiker. Sie entwickelten eine Leidenschaft für bestimmte Orte, weil sie glaubten,
sie könnten die Leere des zeitgenössischen Lebens heilen.
Ich bin ihnen in die wilden Wälder gefolgt, stromaufwärts
entlang den Flüssen des Lebens und des Todes, hinauf in
die hohen Berge, nicht im Geiste eines Kulturtouristen,
sondern weil so viele Kernideen unseres modernen Lebens
– Nation, Freiheit, Unternehmerideologie, Diktatur – Topographien ins Feld führen, um ihren leitenden Gedanken
den Anschein des Natürlichen zu geben.

Der amerikanische Dichter, Handelsagent, Diplomat und
Mythenforscher Joel Barlow war nur einer von diesen
Scouts, die die Leidenschaften ihrer Zeit mit alten Naturob-
sessionen verknüpften. Er suchte die Ursprünge des Frei-

heitsbaums im altägyptischen Mythos von der Auferstehung des Osiris, weil er das in der amerikanischen wie in
der französischen Revolution wichtigste Sinnbild der Freiheit in einem Kult der Natur verankern wollte. Das schien
ihm den Drang nach Freiheit zu etwas zu machen, das keine
bloße moderne Vorstellung war, sondern ein alter, unwider-
stehlicher Instinkt, ein wahrhaft *natürliches* Recht.

Barlow folgte dem, was ein Jahrhundert später der große
Kunsthistoriker und Ikonograph Aby Warburg den Weg
des »sozialen Gedächtnisses« nannte.[18] Wie man von einem
Gelehrten, der in seiner Tradition ausgebildet war, erwarten
konnte, ging es Warburg primär um die Wiederkehr antiker
Motive und expressiver Körpergesten in der Kunst der Renaissance und des Barock. Doch er hatte die Anthropologie
und die frühe Sozialpsychologie ebenso eingehend studiert
wie die Kunstgeschichte. Darum führten ihn seine Untersuchungen weit über die rein formale Frage des Überlebens
bestimmter Gesten und Konventionen in Malerei und Bildhauerei hinaus. Für Warburg waren das nur die Indikatoren, die auf etwas zutiefst Überraschendes und sogar Be-
unruhigendes in der Herausbildung der abendländischen
Gesellschaft verwiesen. Unter ihren Ansprüchen, eine ver-
nunftgegründete Gesellschaft aufgebaut zu haben, lag, so
glaubte er, ein mächtiger Rest mythischer Unvernunft. Genau wie Klio, die Muse der Geschichte, ihre Anfänge ihrer
Mutter Mnemosyne verdankte, einer instinkthafteren und
urtümlicheren Person, war die Vernunftkultur des Abendlandes mit ihren gefälligen Entwürfen der Natur irgendwie
anfällig für die dunklen Demiurgen, für irrationale Mythen
von Tod, Opfer und Fruchtbarkeit.

Nichts hiervon bedeutet, daß wir, wenn wir uns ebenfalls
auf den Pfad des »sozialen Gedächtnisses« begeben, unweigerlich an Orte gelangen, an die wir in diesem Jahrhundert
des Schreckens lieber nicht gehen sollten, an Orte, die die
allgemeine Tragödie verstärken, anstatt ein Entfliehen zu ermöglichen. Doch wenn wir das zwiespältige Vermächtnis

der Naturmythen eingestehen, dann verlangt das von uns zumindest die Erkenntnis, daß Landschaften nicht immer bloße »Orte der Freude« sind – Szenerie als Sedativum, als Augenweide arrangierte Topographie. Denn der Blick ist, wie wir entdecken werden, selten von den Eingebungen des Gedächtnisses frei. Und die Erinnerungen haben nicht immer idyllische Picknicks zum Inhalt.

Schließlich gehörte eine auffällige Zahl entschlossener Erkunder von Naturmythen (wie Nietzsche und Jung) nicht zu den begeistertsten Anhängern der pluralistischen Demokratie. Und auch heute entwickeln die eifrigsten Freunde der Erde eine verständliche Ungeduld angesichts der Tricks, Raufereien und Kompromisse in der Politik, wenn der bevorstehende Tod der Natur beschworen wird und die trostlose Alternative »Erlösung oder Auslöschung« heißt. An diesem Punkt – wenn die Gebote der Umwelt mit einer heiligen, mythischen Qualität versehen werden, von der es heißt, sie verlange eine Hingabe, die reiner und kompromißloser ist als das, was die Gewohnheiten der Menschheit üblicherweise bieten – kann das Gedächtnis dabei helfen, das Gleichgewicht wiederherzustellen. Denn was ich im *Traum von der Wildnis* zu zeigen versuche, ist, daß die kulturellen Gewohnheiten der Menschheit immer Platz für eine Heiligung der Natur gelassen haben. Alle unsere Landschaften und Landschaftserlebnisse, vom Stadtpark bis zur Bergwanderung, tragen in Wirklichkeit den Stempel unserer hartnäckigen, unentrinnbaren Obsessionen. Um die vielen und verschiedenartigen Krankheiten der Umwelt ernst zu nehmen, ist es daher, glaube ich, nicht erforderlich, unser kulturelles Erbe oder dessen Nachleben gegen etwas anderes einzutauschen. Es verlangt vielmehr, daß wir es einfach als das sehen, was es in Wahrheit war und ist: nicht eine Mißachtung der Natur, sondern ihre Verehrung.

Der Traum von der Wildnis ist nicht als billiger Trost in der ökologischen Katastrophe gedacht. Und das Buch erhebt auch keinen Anspruch, die tiefgreifenden Probleme zu lösen, mit denen immer noch jede Demokratie zu kämpfen hat, die den Mißbrauch der Umwelt beseitigen und zugleich die Freiheit bewahren will. Wie alle Geschichtsbücher ist dieses Buch weniger ein Rezept zum Handeln als eine Einladung zur Reflexion, es ist mehr als Beitrag zur Selbsterkenntnis gedacht denn als Strategie für die ökologische Rettung. Doch wenn dieses Buch dadurch, daß es die Auffassung vertritt, daß im Laufe der Jahrhunderte kulturelle Gewohnheiten mit der Natur etwas anderes getan haben, als sie lediglich auszubeuten, plausibel zu machen vermag, daß Hilfe für unsere Krankheiten aus dem Innern unserer gemeinsamen geistigen Welt kommen kann und nicht von außen bezogen zu werden braucht, dann hat es vielleicht nicht vergebens guten Zellstoff verbraucht.

Ordnen Sie das Buch zwischen Optimismus und Pessimismus ein – wie sie zufällig von zwei anderen Arten von Holz-Büchern repräsentiert werden. Die Bände der *xylothèque*, der »hölzernen Bibliothek«, sind das Produkt einer Zeit, in der wissenschaftliche Forschung und poetische Sensibilität zwanglos und geistvoll verbunden schienen: der Aufklärung des 18. Jahrhunderts. In der deutschen Kultur, in der die moderne Forstwissenschaft begann, kam ein Enthusiast auf den Gedanken, es besser zu machen als die botanischen Bücher, die die Taxonomie der Bäume nur beschrieben. Statt dessen sollten die Bücher selbst aus dem Stoff hergestellt werden, von dem sie handelten, so daß beispielsweise der Band über *Fagus*, die gemeine europäische Buche, in die Rinde dieses Baumes gebunden wurde. Sein Inneres enthielt Proben von Bucheckern und Samen des Baumes; und seine Seiten waren buchstäblich Blätter. Doch die hölzernen Bücher waren keine bloße Laune, ein nettes Wortspiel mit dem, was Kultivation bedeutet. Indem die hölzerne Bibliothek dem pflanzlichen Stoff ihre Reverenz erwies, aus dem sie und mit ihr sämtliche Literatur besteht, machte sie eine brillante Aussage über die notwendige Verbindung von Kultur und Natur.

Zweieinhalb Jahrhunderte später, nachdem die strahlende Zuversicht der Aufklärung in der Katastrophe untergegangen war, nachdem malerische und erhabene Landschaften von Krieg verwüstet und mit dem Blut und den Knochen ungezählter Toten gedüngt worden waren, schuf ein anderer Deutscher eine andere Art von hölzernem Buch. Doch auf die Seiten von Anselm Kiefers Buch ist die Geschichte mit Lettern aus Feuer geschrieben, und der Optimismus der Naturverehrung des 18. Jahrhunderts ist in Rauch aufgegangen. Die Blätter des Bandes, den der Künstler *Ausbrennen des Landkreises Buchen* nannte, sind versengt vom Brand des totalen Krieges, von der Vollendung der Natur im Grauen.

Wir können uns Feuer nicht anders denken denn als Element der Vernichtung. Doch sowohl Mythographen als auch Naturgeschichtler wissen es besser: daß aus dem Scheiterhaufen der Phönix aufsteigt, daß durch eine Ascheschicht ein Schößling wiedererweckten Lebens sprießen kann. Wenn dies also ein Buch der Erinnerungen ist, ist es doch nicht als Klage über die Einäscherung unserer Hoffnungen gedacht. Vielmehr ist es eine Reise durch Räume und Zeiten, mit offenen Augen; sie mag uns helfen, auf eine Zukunft auf diesem zähen, schönen alten Planeten zu vertrauen.

Anmerkungen

1 Zu den Assoziationen des Yosemite-Nationalparks mit dem Garten Eden siehe John F. Sears, *Sacred Places. American Tourist Attractions in the Nineteenth Century*, Oxford 1989, S. 133 ff.

2 John Muir, *The Mountains of California*, New York 1894, S. 3.

3 Ansel Adams, *Nationalparks*, München 1993, S. 113 ff.

4 Der vorliegende Text ist der Einleitung von *Der Traum von der Wildnis. Natur als Imagination*, München 1996, entnommen. Der Buchtitel wird im folgenden mehrfach aufgegriffen.

5 Für eine Erörterung der Etymologie siehe den Aufsatz von John Brinckerhoff Jackson in: *Discovering the Vernacular Landscape*, New Haven 1984, S. 3–8; ebenso John R. Stilgoe, *Common Landscape of America*, 1580–1845, New Haven / London 1982, S. 3 f. Eine tiefgründige und überzeugende Darstellung der Herausbildung des Naturgedankens findet sich bei Neil Evernden, *The Social Creation of Nature*, Baltimore, London 1992. Eine aufschlußreiche Kritik der Annahmen, die hinter Naturkonzepten stehen, bietet Luc Ferry, *Le Nouvel Ordre écologique. L'arbre, l'animal et l'homme*, Paris 1992. Zu einer gedankenreichen vergleichenden Betrachtung der Konzeptualisierung der Landschaft siehe Augustin Berque u. a., »Au-delà de paysage moderne«, in: *Le Débat* 65 (1991) S. 4–133.

6 Henry Peacham, *Minerva Britannia; or, A Garden of Heroical Devices, furnished and adorned with Emblemes and Empresas of sundry natures. Newly devised, moralised and published*, London 1612.

7 Ebd., S. 185.

8 Zitiert bei Sara Whitfield, *Magritte*, London 1992, S. 62.

9 Siehe die einleitenden Aufsätze von Simon Cutts und David Reason in: *The Unpainted Landscape*, London 1987.

10 David Reason, »A Hard Singing of Country« (s. Anm. 9), S. 24–34, sieht das Dilemma und erhebt – wie ein großer Teil der in der Ausstellung vertretenen Künstler – keinen Anspruch auf *totale* Versenkung des Malers in die Landschaft.

11 Stephen J. Pyne, *The Ice. A Journey to Antarctica*, Ames, Iowa 1986; William J. Cronon, *Changes in the Land. Indians, Colonists, and the Ecology of New England*, New York 1978; Donald Worster, *Rivers of Empire. Water, Aridity and the Growth of the American West*, New York 1986 / Oxford 1992. Zu einem Überblick über die Hauptfragen der Umweltgeschichte wie auch über die Probleme ihrer Methodologie siehe Donald Worster (u. a.), »Environmental History. A Round Table«, in: *Journal of American History* (1990) Sonderh. März, S. 1087–1147.

12 Zum Thema wissenschaftliche Revolution und Umwelt siehe Carolyn Merchant, *Radical Ecology. The Search for a Livable World*, New York / London 1992, S. 41–59; C. Merchant, *Ecological Revolutions. Nature, Gender and Science in New England*, Chapel Hill 1989. Victor Ferkiss, *Nature, Technology, and Society. Cultural Roots of the Current Environmental Crisis*, New

York / London 1993, ist eine faktenorientierte Geschichte der Polarisierung zwischen Technologie und Natur. David Rothenberg, *Hand's End. Technology and the Limits of Nature*, Berkeley, Los Angeles 1993, liefert eine überzeugende und subtile Kritik der gängigen Idee einer Gegnerschaft von Wissenschaft und Natur.

13 Lynn White, Jr., »The Historical Roots of Our Ecological Crisis«, in: *Science* 155, Nr. 3767 (10. 3. 1967), S. 1203–07. – Die klassische, monumentale Darstellung der Beziehung zwischen menschlicher Selbstwahrnehmung und der Natur ist Clarence J. Glacken, *Traces on the Rhodian Shore. Nature and Culture in Western Thought from Ancient Times to the End of the Eighteenth Century*, Berkeley / Los Angeles 1967; siehe auch die brillante Erörterung bei Keith Thomas, *Man and the Natural World. Changing Attitudes in England, 1500–1800*, London 1983.

14 Max Oelschlaeger, *The Idea of Wilderness*, New Haven 1991, S. 1–67 und passim.

15 David Middleton, *Ancient Forests*, San Francisco 1992, S. 13.

16 Die Verwendung der Landschaft in der Schöpfung nationaler Mythologien ist ein zentrales Thema vieler neuerer Veröffentlichungen auf dem Gebiet der Kulturgeographie. Siehe insbesondere Denis Cosgrove / Stephen Daniels (Hrsg.), *The Iconography of Landscape. Essays on the Symbolic Representation, Design and Use of Past Environments*, Cambridge 1988; Stephen Daniels, *Fields of Vision. Landscape Imagery and National Identity in England and the United States*, Princeton 1993; ebenso die Aufsätze von W. J. T. Mitchell, Ann Jensen Adams, Ann Bermingham und Elizabeth Helsinger in: W. J. T. Mitchell (Hrsg.), *Landscape and Power*, Chicago 1994.

17 Alan Riding, »El Escorial Journal; Holy War: Virgin's Devotees vs. Doubting Mayor«, in: *New York Times*, 15. März 1994, S. A 4.

18 Siehe E. H. Gombrich, *Aby Warburg. Eine intellektuelle Biographie*, Frankfurt a. M. 1984, S. 356. Siehe auch S. 323.

ELISABETH BRONFEN

Vorbereitung einer Autopsie

> *Die Frau ist vervollkommnet*
> *Ihr toter*
> *Körper trägt das Lächeln der Vollendung*
> Sylvia Plath

Die bildliche Darstellung toter Frauen war in der europäischen Kultur des 18. und 19. Jahrhunderts derart verbreitet, daß sich dieser Topos um die Mitte des letzten Jahrhunderts bereits gefährlich am Rande des Klischees bewegte. Das Gemälde *Der Anatom* von Gabriel von Max ist ein Beispiel dafür, denn es scheint auf den ersten Blick typisch für die Salonmalerei des neunzehnten Jahrhunderts zu sein: banal, pompös und kitschig. Bei genauerer Betrachtung aber tritt ein Bedeutungsgeflecht hervor, an dem sich die komplexe Thematik der Darstellung des weiblichen Sterbens und des weiblichen Todes aufzeigen läßt. Dafür muß man allerdings die diversen hermeneutischen Schichten offenlegen, die die dargestellte Leiche impliziert, ohne dabei jedoch aus dem Blick zu verlieren, daß es sich hierbei wirklich um eine weibliche Leiche handelt. Denn wie der *entwendete Brief* in Edgar Allan Poes gleichnamiger Geschichte, scheinen die Darstellungen weiblichen Sterbens und weiblichen Todes nach dem Prinzip zu funktionieren, so übermäßig offensichtlich zu sein, daß sie eben deshalb unserer Beachtung entgehen. Gerade weil uns diese Repräsentanzen so vertraut, so evident sind, sind wir kulturell blind für sie. Und obwohl allerorten sichtbar, sehen wir sie nur mit Mühe.

Gabriel von Max' Gemälde, erstmals 1869 auf der internationalen Kunstausstellung in München gezeigt, dokumentiert das zweifache Interesse dieses deutschen Künstlers: seine Beschäftigung mit positivistischer Anthropologie

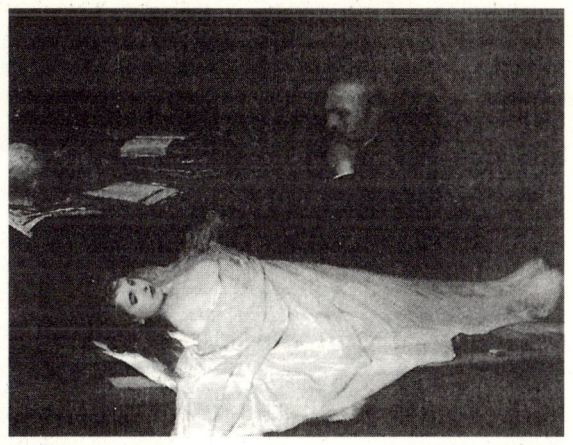

Gabriel von Max, Der Anatom

und der materiellen Natur einerseits sowie seine Begeisterung für spiritistische Spekulationen und sein Studium einer Existenz jenseits des materiellen Lebens andererseits. Als eifriger Leser Darwinscher Evolutionstheorien wie auch der parapsychologischen Arbeiten des Karl du Prel beschäftigte er sich sowohl mit der Anatomie des menschlichen Körpers als auch mit jenem Teil des menschlichen Organismus, der durch das Sezieren nicht zu entdecken ist: mit seinem immateriellen Kern, der Seele.[1]

Bewegt von der Frage nach einem vom Körper unabhängigen Leben der Seele und ihrem Überleben nach dem materiellen Tod, malte Gabriel von Max wiederholt Menschen an der Schwelle zwischen Leben und Tod oder in Kontakt mit Toten. Er war dabei nachweisbar von spiritistischen Praktiken seiner Zeit beeinflußt. So vermuteten die Spiritisten beispielsweise, daß das hypnotisierte, meist weibliche Medium in seinem todähnlichen Zustand Zugang zum Reich der Toten habe, daß es in einen Dialog mit den Verstorbenen eintreten könne. Sie glaubten, daß am Körper einer solcherart nicht lebendigen Frau das immaterielle Reich des Jenseits sichtbar werden und sich die Grenze zwischen dem Hier und dem Jenseits verwischen würde. Die Anatomen wiederum hofften, durch das Öffnen einer Leiche bei der Sektion das unsichtbare Reich des menschlichen Körperinneren sichtbar machen und ihre Theorien über die Sexualität am Körper einer wirklich toten Frau verifizieren zu können.[2] So wurde auch für von Max, der im Spiritismus die höchste Stufe menschlicher Entwicklung sah, der Leichnam zum Knotenpunkt seiner naturgeschichtlichen und parapsychologischen Forschungen, zum Ort der sichtbaren und unsichtbaren Seiten der menschlichen Existenz.

Das Gemälde *Der Anatom* spiegelt diese Bedeutungsvielfalt wieder, denn die dargestellten Gegenstände, die Szenerie und die Figuren ermöglichen zahlreiche, scheinbar widersprüchliche, ambivalente Sinnzuschreibungen. Doch nur, wenn man das Gemälde in Verbindung mit seinem Titel betrachtet, läßt sich die männliche Figur und ihr Vorhaben eindeutig interpretieren: ein Anatom, der sich auf eine Sektion, eine Leichenöffnung vorbereitet.

Als würde er über ein rätselhaftes und begehrenswertes Objekt meditieren oder sinnieren, scheint er den Blick auf den oberen Teil der Leiche der jungen Frau zu richten. Man ist daher versucht, bedingt durch das exzessive Weiß ihrer Haut und den grellen, mittels Lichtführung bewirkten Kontrast zwischen Körper und Hintergrund, die Leiche für den Hauptgegenstand des Bildes zu halten. Doch während die Leiche als das Sujet des Bildes erscheint, ist der Anatom das eigentliche Subjekt der Aktion. Denn es ist sein Blick, der unsere Aufmerksamkeit auf die eine entblößte Brust lenkt. Sie wirkt künstlich erhöht und durchbricht die natürliche Perspektive. Doch auch hier ist es der Anatom, ge-

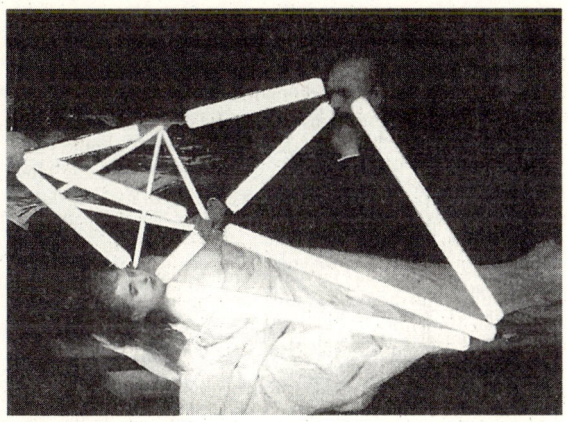

Der Anatom. Die Bezugsachsen

nauer seine Hand, in der Mitte der Vertikalachse des Bildes plaziert, der alle anderen Bildgegenstände zueinander in Beziehung setzt.

Von Max will in seinem Gemälde den Augenblick festhalten, da sich Schönheit im Kontrast zu ihrer Zerstörung definiert. Zwar hat die Seele den Körper der Frau verlassen, ihre Schönheit aber ist vom natürlichen Prozeß der Auflösung noch unberührt geblieben, ebensowenig wie der Anatom die Vorbereitungen zur Sektion abgeschlossen hat, in deren Verlauf er die Konturen ihres vollendet geformten Körpers zerschneiden und zerstören wird. Das Gemälde inszeniert denn auch einen entscheidenden Moment des Zögerns, wobei die Drapierung durch das Leichentuch diese ästhetisierende Darstellungsweise unterstreicht, indem sie an die Enthüllung denken läßt. Der weibliche Körper erscheint dabei als perfekte und makellose Form, gerade weil er ein toter Körper ist, erstarrt zu einem Kunstobjekt. Zusätzliche Wirkung erfährt diese ästhetisch so ansprechende Ganzheit und Vollkommenheit aus unserem Wissen, daß sie demnächst zerstückelt werden wird. Dieses Bild einer Frauenleiche repräsentiert damit einen Begriff von Schönheit, der das Werk des Todes in den Dienst der Ästhetik stellt. Diese Art der Schönheit nämlich setzt den Übergang eines beseelten Körpers in einen unbeseelten voraus. Sie fasziniert nicht nur, weil sie unnatürlich ist, sondern ebenso, weil sie gefährdet ist.[3]

Denn auch wenn das Gemälde Ruhe, Ganzheit und Vollkommenheit ausdrückt, kündigt es zugleich die Auflösung der sie bedingenden Attribute an. So wird die Beziehung zwischen Schönheit und Tod nicht allein durch den Übergang ins Unbeseelte definiert, sondern auch durch die Tatsache, daß diese reine, reglose Schönheit bereits ihre Zerstörung in sich birgt, die Auflösung in ihre Bestandteile.

Der Moment des Zögerns provoziert drei Fragen: Wie lassen sich die höchst ambivalenten Handgebärden des Anatomen deuten? Wie ist die Beziehung zwischen der Leiche, den toten Objekten zur Linken ihres Kopfes und dem lebendigen Falter neben ihrer Wade zu interpretieren? Und schließlich: Zeigt das Bild wirklich einen toten Frauenkörper, oder lädt es den Betrachter nicht vielmehr dazu ein, über diesen Körper hinauszublicken, auf ein Wissen um Tod, Sexualität und spirituelles Überleben?

Das Bild wird durch eine Reihe von Dreiecken strukturiert, die sich um zwei zentrale, sich kreuzende Achsen ordnen. Die erste Achse verbindet den Kopf des Anatomen mit dem der toten Frau, unterbrochen durch dessen Hand. Die zweite Achse verläuft von den toten Objekten, den Schädeln, Büchern und Manuskripten, bis zum Falter. Sie durchschneidet den Körper der toten Frau und bezieht auf ihrer Bahn zwei wichtige Punkte ein – wiederum die Hand des Anatomen und zudem die verhüllten Genitalien der Leiche, hervorgehoben durch Aussparung.[4]

Zugleich wurde das sichtbare Geschlechtsmerkmal der Leiche nach oben verlegt, zur einen entblößten Brust, gleich unterhalb der Hand des Anatomen.

Daraus entstehen zwei parallele Dreiecksrelationen, deren eine sich ergibt, wenn man den Kopf des Anatomen und den der Leiche entweder mit dem lebendigen Falter oder mit den toten Objekten verbindet. Die andere konstituiert sich, wenn man die entsprechenden Linien zwischen dem Falter, den Schädeln und entweder dem Kopf des Anatomen oder dem der Leiche zieht. Die Hand des Anatomen ist in jedem Fall das Zentrum des Gemäldes, denn hier kreuzen sich die Diagonalachsen.

Wie sind diese Relationen nun semantisch kodiert? Ikonographisch verweist die Verknüpfung von Leichnam und totem Objekt zurück auf die *Vanitas* des Barock. Dieser Leseart zufolge würde der tote Frauenkörper sowohl als Ersatz für den aus den allegorischen Vanitas- oder Melancholia-Darstellungen geläufigen weiblichen Torso bzw. der dort anzutreffenden Frauengestalt stehen als auch für die traditionellen Früchte- oder Tierobjekte der *nature morte*. Bei dieser Art von Grabskulpturen wiederum erzeugt der Tod eine stabile Relation zwischen Subjekten und Objekten[5], und tatsächlich hat diese Leiche etwas von einer Statue.

Als Gegenstand im Blickfeld des Anatomen gehört der tote Körper aber auch zum Paradigma der Schrift, des Schreibens, der Einschreibung. Er erschließt dem Betrachter nicht nur die Analogie zwischen Leiche und Kunstobjekt, sondern auch die zwischen dem entseelten Körper und dem Corpus der toten Buchstaben, dem Text: Die Leiche wird zu einer »hermeneutischen Aufgabe«[6]. Die Verbindung zwischen dem Körper der Toten und den Paraphernalien des Anatomen suggeriert nämlich die Verheißung einer Antwort auf das Rätsel von Sterblichkeit, Sexualität und dem Ursprung der menschlichen Existenz.

Der Leichnam ist zwischen drei Gruppen von Signifikatoren plaziert – zwischen die Bücher, die Schädel und die

Manuskripte des Anatomen. Die Leiche steht daher als Kodex von Zeichen in Beziehung und im Vergleich zu diesen anderen Texten, diesen anderen entschlüsselbaren Objekten. Noch bedeutsamer aber ist, daß die *über diese Leiche* produzierten Zeichen eben die Schriften des Anatomen sein werden. Und weil Signifikation durch das Ersetzen eines Objekts durch ein Zeichen geschieht, hat man sie als Ergänzung und auch als Ersatz ihrer materiellen Bezugsobjekte, in diesem Fall des Körpers, aufzufassen. Sie setzt nämlich den abwesenden Körper voraus, ist sogar die Ursache für die Abwesenheit des bezeichneten Körpers. Der tote Körper als Text dient als Metapher der Beziehung zwischen Bezeichnung, Interpretation und Abwesenheit.

Doch der Moment des Zögerns, der in diesem Gemälde inszeniert ist, will die Unbestimmtheit beschwören, die jedem Versuch einer klaren Unterscheidung zwischen ursprünglichem Modell und Kopie innewohnt. Schon das griechische Verb *mimesthai* ist mit Doppelsinn befrachtet, insofern es sich sowohl auf die Schaffung eines neuen Objekts, als auch auf die Imitation eines bereits existierenden bezieht.[7] Die Leiche wird denn auch dazu dienen, die Schriften des »Anatomen« zu ergänzen und wiederzubeleben, ja neue Texte entstehen zu lassen, sie wird aber auch durch diese ersetzt werden. Als Vermittlungspunkt zwischen Rezeption und Reproduktion fungiert die Leiche als der Ort, wo ein bestimmter Bereich in einen anderen *übersetzt* wird, eine andere, neue Form erhält, zu einem Text wird, der das Signum des Anatomen trägt, dem er seinen Blick, seine Analyse einschreibt. Die Leiche steht für diese Mimesis in komplexem Sinn.

Das Wort »Übersetzung« verweist dabei auf einen weiteren Zusammenhang zwischen Leichnam und Textualität, denn *translatio* bedeutete einst unter anderem auch die Entrückung in den Himmel oder in einen nichtzeitlichen Zustand, der keinen Tod kennt. Der Leichnam in seinem Zwischenzustand ist insofern destabilisiert und gespalten, als die Seele den Körper zwar verlassen hat, dieser indes noch nicht verwest ist. Den Abschluß des Todesprozesses markiert eine erfolgreiche Trennung der Seele vom Körper sowie eine Übersetzung, eine Umgestaltung des verwesenden Körpers. Das vergängliche Fleisch und mit ihm der destabilisierende Prozeß der Veränderung verschwinden vollständig. Erhalten bleibt das Totengebein und die immaterielle Seele. Die Leiche ist hier das Verbindungsglied zwischen dem beseelten Körper des Überlebenden, den Schädeln als sichtbaren Spuren des Todes und dem Text als Produkt einer Wiederbelebung, die diese tote Frau ersetzen und repräsentieren wird, nachdem ihr natürlicher Leib seziert und sie zur Abwesenheit aufgelöst ist. Ihr Ende, der abgeschlossene Prozeß des Todes, bedeutet die Aufhebung der Kluft zwischen Körper und Seele, und außerdem die *translatio* in den immateriellen, den spirituellen Bereich, bzw. den materiellen Bereich des Textes.

Die Metapher wiederum läßt sich als rhetorisches Korrelat zum abgeschlossenen Todesprozeß auffassen. Denn wie die Wurzel *metapherein* besagt, überprüft die Metapher ein Wort in einen semantisch anderen, wenn auch ähnlichen Zusammenhang, so daß der daraus sich ergebende bildliche Ausdruck beide semantischen Bereiche gleichzeitig artikuliert.

Die Diagonale zwischen dem Körper des Anatomen und dem Körper der Toten sei daher die metaphorische Achse genannt. Doch die Metapher wie auch der Text, den der Anatom zu schreiben beabsichtigt, haben ein Moment des Zögerns in den Gestus ihrer Darstellung eingeschrieben. Sie verdoppeln den abwesenden Körper durch eine Repräsentation, doch sie verdoppeln ihn, ohne eine vollkommene Identität mit ihm, dem verlorenen oder übertragenen Objekt, der Leiche selbst, herzustellen. Der Unterschied bleibt nämlich insofern erhalten, als das beabsichtigte Manuskript sowohl die Tote in ihrer Abwesenheit repräsentieren als auch auf seinen eigenen Status als Repräsentation hinweisen wird. Denn das Hinzukommen des zweiten Bedeutungsträgers, des Anatomen, bewirkt, daß die Selbstreflexivität Teil der Äußerung wird.

Diese Dreiecksbeziehung umfaßt aber noch einen weiteren, beunruhigenden Aspekt, denn sie impliziert, daß der Anatom sich nur in Relation zu den anderen toten Objekten als ein überlebendes, analysierendes und schreibendes Subjekt konstituiert. Seine Subjektstellung ist also intermediär und von zwei anderen Gruppen von Signifikanten abhängig – den Texten und der Leiche / den Schädeln. Diese Trias, die eine metaphorische Analogie zwischen Leiche und Text bekräftigt, drückt die Fähigkeit des Überlebenden aus, ein vergängliches Objekt der Anschauung in stabile Zeichen zu übersetzen, die zudem sein Signum tragen werden. Diese Leiche stabilisiert also sein Selbstgefühl, nicht nur aufgrund des Gefühls der Macht, das jeder Überlebende angesichts des Todes eines anderen empfindet, sondern auch, weil das Umsetzen dieses Todes in Text für ihn eine Art Selbstvergewisserung bedeutet. Diese wird allerdings insofern untergraben, als seine Autorschaft nur eine sekundäre ist – seine Geltung ist nun einmal abhängig von den eigentlichen, zeitlich vorhergehenden Signifikanten (Text, Schädel, Leichnam). Also, selbst wenn sein Text das Bild eines Todes zu vermitteln vermag, der eine stabilisierende Selbstdarstellung erzeugt, ist die daraus resultierende Selbst-Konstruktion weder originell und einmalig noch authentisch.

Mit der zweiten Dreiecksbeziehung kommt die Figur des Nachtfalters ins Spiel, und damit eine völlig andere Art von Unbestimmtheit. Während das erste Dreieck die Verwandtschaft von Schreiben und Auslöschung untersucht, spricht dieser Teil des Gemäldes die Wechselbeziehung zwischen Sterblichkeit und Sexualität an. Im Gegensatz zu der passiv horizontalen Lage der Leiche, die den toten Körper völlig dem Blick und der Berührung des Anatomen ausliefert, signalisiert dessen aufrechte Haltung Kontrolle und Herrschaft, wie sie gemeinhin nicht nur dem Überlebenden zugeschrieben werden, sondern auch dem Mann beim Liebesakt. Durch den Nachtfalter wird freilich ein weiterer rhetorischer Modus eingeführt, nämlich der allegorische.[8]

Der Nachtfalter – auch ›Totenvogel‹ genannt, weil die Zeichnung auf seinem Leib an die Form eines Totenschädels gemahnt – wird in der europäischen Folklore ikonographisch als Sinnbild des Todes und der Unsterblichkeit verstanden. In der klassischen griechischen Überlieferung erscheint dieser Schmetterling der Nacht, den man oft über Gräbern schweben sah, als Sinnbild für die vom toten Körper scheidende Seele (›Psyche‹). Er galt aber auch als Symbol für die Seelen im Fegefeuer oder für gute oder böse Geister der Verstorbenen, die ruhelos auf der Erde wandern und zu denen auch Hexen und Dämonen gehören können. Schließlich sah man in ihm den Boten, der Orakelsprüche und Omina überbringt, und, wiederum aufgrund seiner Farbzeichnung, hielt man ihn für einen Vorboten von Krankheit.[9]

Welche dieser Bedeutungen soll der Betrachter dem Nachtfalter zuschreiben, der in seiner Beziehung zum Totenschädel eine Achse bildet, die wir als die »allegorische« bezeichnen wollen? Soll er in ihm die Seele der toten Frau sehen, soeben dem vergänglichen Körper entwichen, oder eher die Seele eines anderen Verstorbenen, als Hinweis darauf, daß der Anatom den Körper der toten Frau als Medium für seinen Dialog mit den Toten benutzen wird? Und tatsächlich ähnelt die Leiche, ganz im Einklang mit den spiritistischen Interessen des Malers, einem hypnotisierten Medium in Trance. Ihr Gesicht ist noch nicht oder nicht mehr so bleich wie ihr übriger Körper, als wäre er durch den Blick des Anatomen wiederbelebt. Vielleicht aber ist der Falter nur ein Bote des Todes? In diesem Fall würde er, da die Frau bereits tot ist, den Tod des Anatomen ankündigen. Gestützt wird diese Deutung durch die Ähnlichkeit in der Farbgebung von Schädel und Falter, und auch durch die Ähnlichkeit in der Form von Totenschädel und Kopf des Anatomen.

Geht man einmal davon aus, daß in dem ersten, »positivistischen« Dreieck die Transformation ihres Körpers in seine Schriften dargestellt ist, wobei diese Transformation im Bereich des Materiellen bleibt, wird durch das Beziehungsgeflecht im zweiten, »spiritistischen« Dreieck das Immaterielle, das Spirituelle, veranschaulicht und somit die Verbindung zweier völlig getrennter Sphären geleistet. Thematisiert wird der Übertritt entweder ihrer Seele ins Jenseits oder, faszinierender noch, der seinen – und das hieße, das Ereignis eines Dialogs mit Toten oder das Ereignis des eigenen Todes.

Das Nebeneinander von Nachtfalter und Leiche zeigt den Anatomen als eine Existenz an der Schwelle zwischen Leben und Tod, zwischen materieller und spiritueller Welt. Max Raphael schreibt in seinem Buch über die Farbe Schwarz, daß sie bei der Porträtmalerei dem Unbestimmten, dem Ungebundenen, dem Immateriellen zuzuordnen ist, während Weiß das Bestimmte, Gebundene, Konstante ausdrückt. Der Kontrast zwischen dem Schwarz des Anatomen und seiner Umgebung und dem Weiß der Leiche läßt sich denn auch als Position der Unbestimmtheit deuten, aus der ein überlebendes Subjekt den Tod betrachtet.[10]

Ort der Handlung ist das Studierzimmer, fern der öffentlichen Welt. Es gibt zwar Bücher, aber keine anatomischen Instrumente. Die Haltung des Anatomen, Zitat des hl. Hieronymus und Figuren barocker Melancholia, ist die eines Mannes der Kontemplation und Analyse, nicht der Aktion. Die Beleuchtung läßt seine Pose fast körperlos erscheinen, auf Hände und Blick reduziert. Es ist ein Raum, frei von gesellschaftlichen Zwängen, denn, wie der Ring an seiner Hand zeigt, ist er zwar verheiratet, doch diesen Frauenleib darf er straflos berühren. In der Öffentlichkeit wäre dieser Ring Zeichen für sein sexuelles Wissen, und auch für die ihm kulturell auferlegte Hemmung des Begehrens, eine ihm nicht angetraute Frau zu berühren. So erklärt sich seine ratlose Geste, denn er hat diese doppeldeutige Beschränkung zu überwinden und zugleich zu erhalten. In diesem Moment (dem Moment des Übertritts) – und nur jetzt – ist es ihm gestattet, sexuelle Kenntnis vom Körper dieser Frau zu erlangen (sie zu berühren), denn sie ist tot; doch da sie tot ist, ist dieses sexuelle Wissen letztlich nur ein analytisches. Folge dieses Erkennens werden Schriften sein (statt Nachkommenschaft), eine zölibatäre, selbst hervorgebrachte und selbstbezogene Form der Reproduktion.

Gleichgültig, ob ihm die Inspiration vom Nachtfalter (als Sinnbild der Seele eines Toten) oder von ihrer Leiche (als Sinnbild entseelten Lebens) zuteil wird, diese Art der Kenntnis der Frau bringt ihn in eine Lage, die den Toten näher ist als der Welt der Lebenden. Das Studium des Todes erfordert und impliziert eine gewisse Identifikation mit dem toten Objekt, veranschaulicht durch die halb geschlossenen Augen der Leiche und des Anatomen. Er kann ihn schauen, *den Anderen,* den Tod, nicht durch einfaches Sehen, sondern aufgrund der »Blindheit«, die Paul de Man aller allegorischen Erkenntnis zuschreibt. Denn selbst, wenn seine Analyse aus der Position des Überlebenden erfolgt, wenn er das Wissen um die menschliche Sterblichkeit der toten Frau aufbürdet und den Tod stellvertretend nur an ihr untersucht, bringt ihn sein Tun selbst in eine todähnliche Lage. Nicht nur die Leiche ist passives Medium, durch das er Wissen und Schrift erlangt, auch er selbst ist abhängig, und zwar als Empfänger dieses andersartigen Wissens um Tod und Sexualität, das er nur durch die tote Frau erlangen kann.

Er schwebt zwischen zwei Begierden. In den unterschiedlichen Gebärden beider Hände wird dies deutlich: die Linke stützt das Kinn, den unpersönlichen, distanzierten, sicheren Blick, während die Rechte zu einer für ihn gefährlicheren Berührung ansetzt. Einerseits will er diese tote Frau als intaktes Objekt seines Blicks erhalten, klar von ihm selbst getrennt, andererseits aber will er diesen Körper enthüllen, aufschneiden. Wobei das letztere die Zerstörung der

Ganzheit des Körpers bedeutet, der endgültige Verlust seiner Vollkommenheit und Einheit. Er hebt zudem durch seine Tat die sichere Grenze zwischen ihm und ihr auf. Und indem er sich der Gefahr einer Infektion aussetzt, wird er sogar Tod und Weiblichkeit als Teil seiner selbst anerkennen.

Wie Freud dargelegt hat, läßt sich die Berührung sowohl vom Blick ableiten als auch als dessen natürliche Verlängerung begreifen, und so ist die Beziehung zwischen Hand und Auge eine verwandtschaftliche, keine gegensätzliche. Die Spannung zwischen der Hand, die das Kinn des in Betrachtung Versunkenen berührt, und der Hand, die das Leichentuch faßt, impliziert geradezu ein Verschmelzen von Berühren und Sehen auf zweierlei Weise. Der Blick auf den toten Körper der weiblichen Anderen ist wie eine Art Selbstberührung oder Auto-Erotik und stellt zugleich auch schon eine Form des Berührens der toten Frau dar. Für ihre Integrität jedenfalls ist er ebenso gefährlich wie der physische Kontakt, der zu ihrer Entblößung und Zergliederung führen wird.[11]

Die so unterschiedliche Gestik der Hände läßt sich auch als Ausdruck der Angst deuten, die Erfahrung völliger Unerreichbarkeit des Anderen (des Todes oder der Weiblichkeit) machen zu müssen. Das Öffnen des Körpers, das Eintreten in dieses Labyrinth des Andersseins, könnte tatsächlich nur zurückführen zur Begegnung mit sich selbst als einem Überlebenden – zu der Erkenntnis, unwiderruflich gezeichnet zu sein durch ein Wissen vom Tode, das immer wieder zurückweicht, um dann doch in greifbarer Nähe zu bleiben. Allerdings würde auch die Sicherheit, die das Bewahren des Blick-Objekts gewähren könnte, sofort durch die Erkenntnis zerstört werden, daß die aufgehobene Zeitlichkeit ebenfalls zum Tode führt, durch Stillstand.

Wenn in der ersten Dreiecksbeziehung eine metaphorische Analogie zwischen Leiche und Kunstobjekt bzw. Text vorliegt, so besagt die in diesem zweiten Dreieck abgebil-

dete allegorische Konfiguration, daß der weibliche Körper
als Sinnbild für Sterblichkeit verwendet wird. Freud nannte
›Tod‹ und ›Weiblichkeit‹ die zwei unergründlichsten Rätsel
der westlichen Kultur. Im psychoanalytischen Diskurs steht
der weibliche Körper denn auch für zwei diametral entgegengesetzte Momente – für äußerste Bestätigung wie äußerste Destabilisierung des Selbst. Der Körper der Mutter wird
vom Kleinkind als Ort von Ganzheit und Stabilität erfahren, wobei die Brust eines von mehreren Teilobjekten ist,
die ein Gefühl des Intakten erzeugen. Und selbst wenn dieses Gefühl der Ganzheit illusorisch ist, läßt sich dieser als
intakt imaginierte mütterliche Körper doch als ein Beispiel
betrachten für die Art, wie die westliche Kultur den weiblichen Körper als Symbol für Einheit und Zeitlosigkeit, für
den Sieg über Trennung und Verlust einsetzt.

Die primären weiblichen Genitalien wiederum stehen in
derselben Kultur für Mangel, Kastration und Spaltung sowie – kraft metonymischer Assoziationen – als Tropus für
Verfall, Krankheit und Tod. Das Enthüllen der Brust (trö-
stende Ganzheit bezeichnend) und die Verhüllung der primären weiblichen Genitalien (Zeichen für beunruhigende
Sterblichkeit) suggerieren die Vorstellung von einem dop-
pelten ›Bannen des Todes‹. Der beseelte Körper der Frau ist
durch den Tod in Schach gehalten, während das Voran-
schreiten des Todes, also Verwesung und Verfall, ebenfalls
angehalten wurde. Im gleichen Zug wie der Körper entse-
xualisiert wird, erfährt der Tod eine Verweiblichung. Die
tote Frau ist ein ästhetisch ansprechender Leichnam, der
Harmonie, Ganzheit und Unsterblichkeit suggeriert, denn
es handelt sich um einen »gesicherten toten Körper« (ganz
ähnlich wie die Totenschädel). Vor allem markiert seine
Schönheit die Läuterung und den Abstand von zwei Momenten der Unsicherheit – von weiblicher Sexualität und
Verfall.

Ähnlich aber wie die Figur des Nachtfalters, die die »metaphorische« Dreiecksbeziehung zwischen Leiche, Autor

und Text durchbricht, zerstört die Hand jedes stabilisierende allegorische Bild narzißtischer Reinheit, für das der weibliche Körper stehen soll, indem sie ein Moment realer Zeitlichkeit einführt. Als einziges Spannungsmoment in dem Gemälde, als Schnittpunkt der metaphorischen und der allegorischen Achse, führt die Hand die ausgeschlossene Realität des Todes ein, indem sie in die Zukunft weist: als Zerstörung der Illusion ästhetischer Ganzheit; als Ende des Zeitraums, in dem die Leiche Ganzheit verkörpern durfte. Und sie führt das narrative Moment ein, die zeitliche Folge der Ereignisse, und damit ein Durchbrechen des tödlichen Stillstandes, der durch die Unbeweglichkeit und Zeitlosigkeit der bildlichen Darstellung repräsentiert wird. Die Hand wird die beunruhigenden weiblichen Genitalien entblößen, sie wird den Körper in Teile zerschneiden, wird ihn in geschriebene Buchstaben übersetzen. Als Werkzeug der Veränderung dient sie vor allem dazu, jegliche Sicherheit zu untergraben, die eine semantisch fixierte Darstellung zu bieten vermag. Als Zeichen für diesen Prozeß zerstört sie die illusionäre Stabilität und Einheit des Bildes. Sie fungiert als ein Detail, das jeden totalisierenden oder totalisierten Bedeutungszusammenhang zerstört. Indem sie auf einen von imaginärer und symbolischer Bezeichnung ausgeschlossenen Bereich – auf den realen Tod als Prozeß – verweist, deutet sie auf die Tatsache hin, daß Ausschluß und Verhüllung, wie in dieser Darstellung vorgenommen, Gesten der Negation und Verleugnung sind, die stets auch das Verdrängte bestätigen und anerkennen müssen. Die Haltung der Hand unterstreicht, daß die zwei Metonymien für den Tod – verwesender Körper und kastrierte Genitalien – durch ihre Auslassung sichtbar werden. Sie markiert in diesem Gemälde den Punkt, wo jeglicher Versuch, einen vor der Zergliederung bewahrten Körper darzustellen, zwangsläufig sein eigenes Scheitern zu enthalten scheint. Die allegorische Rede unterstützt diese Form doppelter Artikulation, weil sie etwas anderes aussagen kann als das dadurch

Beabsichtigte – und sogar dessen Gegenteil. Weil die Allegorie von dem Anderen spricht – und von sich selbst redet, während sie von etwas anderem spricht, schließt sie die semantische Totalisierung aus.[12]

Es werden also zwei Formen des Todes dargestellt: Erstens, Tod in Form lebloser Objekte, ausgestattet mit dem Merkmal ewigen Überlebens im Reich des Materiellen, das interpretierbar ist und die Produktion weiterer Zeichen und hermeneutischer Fragen auslöst, und zweitens, Tod als realer Trennungsprozeß, ausgedrückt durch eine Figur des Übergangs, die das nicht bezeichenbare ›Andere‹ durch Negation oder Verschiebung ausspricht. Erstere betrifft und bezeichnet die positivistische, von Metaphorik durchdrungene Beziehung des Anatomen zu seinen Texten. Dieser Bezug sichert die Zeichen des überlebenden Autors, jedoch nur als ergänzende, abhängig von den Gegenständen des Todes. Die zweite findet Ausdruck in der spirituellen, allegorischen Beziehung zwischen Anatom und Nachtfalter, die seine Position als Autor destabilisiert, indem sie ihn selbst mit der Möglichkeit des Todes konfrontiert, dies allerdings nur indirekt: die Leiche ist (noch) intakt – die primären Geschlechtsmerkmale sind (noch) verhüllt. Die Einbeziehung des Nachtfalters und der Hand als Momente der Unbestimmtheit bezeichnet eine Zeitverschiebung, einen Wechsel der Bedeutungszuschreibung von dem, ›was ist‹, zu dem, ›was sein wird‹. Und, weil beide auf eine Art und Weise Zuschreibungen vornehmen, die eine semantische Fixierung verbieten – die Hand als Zeichen für den Tod als Prozeß, der Nachtfalter als Allegorie des Todes, dessen Objekt nicht bestimmt werden kann – wird letzten Endes damit ausgedrückt, daß jede Repräsentation des Todes notwendigerweise nur über unaufhörlich zurückweichende, ungreifbare Bedeutungsgehalte stattfinden kann.

Dieses Gemälde läßt sich also als eine Verbindung zweier gegensätzlicher Formen von Selbst-Aussage deuten. Die linke Trias sagt aus: »Ich werde dargestellt sein«, denn die

Texte, die der Anatom als Folge seiner Erfahrung des Todes produzieren wird, beschreiben sowohl die Leiche als auch ihre durch ihn vorgenommene Umsetzung in Schrift. Sie werden von ihrem toten Körper handeln, aber auch von seiner Schreibweise, seinem Blick, seiner Männlichkeit und seinem Überleben. Über die Leiche der toten Frau wird er seinen Status als Subjekt sichern. In der rechten Trias spricht das Gemälde dagegen im *Futurum exactum:* »Ich werde gestorben sein.« Denn selbst wenn der Anatom seine Sicht des Körpers der toten Frau in einer Geste des Triumphs über Weiblichkeit und Sterblichkeit diesem einschreibt, steht er von nun an unter dem Signum des Todes. Sein Kontakt mit dem toten Körper *der Anderen* wird zum Zeichen seiner eigenen, unvermeidlichen und ohnmächtigen Unterwerfung unter den Tod. Er begehrt die weibliche Leiche (als Bild der Ganzheit), damit zugleich aber auch seine eigene zerbrechliche und sterbliche Natur.

Jedoch – das Medium dieser Artikulation bleibt die tote Frau. Die weibliche Leiche inspiriert den überlebenden Mann zum Schreiben, dazu, den Tod zugleich zu verleugnen und anzuerkennen. Diese Repräsentation, diese Darstellung der weiblichen Leiche ermöglicht dem Betrachter sowohl die metaphorische als auch die allegorische Achse durch das Gemälde zu legen, sie führt ihn an das Thema des Gemäldes heran (an die Dialektik zwischen positivistischer und spiritueller Annäherung an den Tod), oder läßt ihn sogar mit dessen Entschlüsselung beginnen (die Dialektik zwischen der metaphorischen und allegorischen Figuration des Todes). Als hinter dem Nachtfalter stehendes Vor-Bild, können wir die Frau, die Mutter, einen Vorfahren oder den *»Anatomen«* wählen. Auch ließe sich sagen, daß das in dem Gemälde aufgespannte Kreuz widersprüchliche hermeneutische Positionen beinhaltet, sie nachgerade erzeugt, was sich im Schwanken der Gegensätze kundtut und den Verlust der Einheitlichkeit des Bildes ankündigt. Inmitten all dieser Momente der Unbestimmtheit wird sich immerhin ein Umstand als äußerst beständig erweisen: In allen möglichen Fällen ereignet sich die Sinnzuschreibung nur *über ihren toten Körper, nur über ihre Leiche.*

Anmerkungen

1 Siehe Johannes Muggenthaler, *Der Geister Bahnen. Eine Ausstellung zu Ehren von Gabriel von Max, 1840–1915*, München 1988.

2 Siehe Sander L. Gilman, *Sexuality. An Illustrated History*, New York 1989; Ludmilla Jordanova, *Sexual Visions. Images of Gender in Science and Medicine Between the Eighteenth and Twentieth Centuries*, New York / London 1989; Ruth Richardson, *Death, Dissection and the Destitute*, Harmondsworth 1989.

3 Ohne seinen Titel ließe sich ein völlig anderer Aspekt der Gefährdung in dieses Bild hineinlesen: Wüßten wir nicht, daß die männliche Figur ein Anatom ist, dann könnte man die zupackende Hand als vorbereitende Geste einer Vergewaltigung deuten. Interessant ist auch anzumerken, daß der Titel die männliche Figur zwar als Anatom identifiziert, die weibliche Figur aber anonym bleibt. Eine Bestimmung ihrer früheren Stellung im Leben bleibt gänzlich dem Betrachter überlassen. Die unter »Kunsthistorikern« geläufige Deutung, es handele sich um den Körper einer Prostituierten, die Selbstmord begangen habe, verweist denn auch eher auf die Interessen und Projektionen der Kommentatoren als auf den tatsächlichen Bildinhalt.

4 Ich gebrauche diesen Ausdruck in J. Derridas Sinn eines geschriebenen, ausgestrichenen und dann zusammen mit der Ausstreichung auf Papier gedruckten Wortes, das heißt, als Wort und als Tilgung, siehe Jacques Derrida, *Of Grammatology*, Baltimore 1976 (dt. *Grammatologie*, aus dem Frz. von Hans-Jörg Rheinberger und Hanns Zischler, Frankfurt a. M. 1983).

5 Siehe Michel Serres, *Statues. Le second livre des fondations*, Paris 1987.

6 Siehe Margaret Higonnet, »Writing from the Feminine. *Lucinde* and *Adolphe*«, in: *Annales Benjamin Constant* 5 (1985) S. 17–35.

7 Mieke Bal, »Mimesis and the Genre Theory in Aristotle's *Poetics*«, in: *Poetics Today* 3 (1982) S. 172: »Der Akkusativ, der [das Wort Mimesis] begleitet, kann auf das Vorbild wie auf die ›Kopie‹

hinweisen, auf das präexistente Objekt wie auf die nachfolgende Schöpfung«.

8 Allegorie, traditionell als erweiterte Metapher definiert, prägt dieses Gemälde in dem Sinn, daß sie alle dargestellten Beziehungen gegeneinandersetzt und in Spannung hält. Die allegorische Rede vermag es, zu gleicher Zeit zu enthüllen und zu verbergen – und verweist damit explizit auf die Unvereinbarkeit von Zeichenträger und Zeichenbedeutung. Abgeleitet vom griechischen *allos*, der Andere, bezeichnet Allegorie eine bildliche Redeweise, ein Sprechen mit anderen Worten, von anderen Dingen. Ihre rhetorische Haltung artikuliert die Schwierigkeit, eine schlüssige oder bindende Referenzbeziehung zwischen dem Zeichenträger, seiner Bedeutung und der nichtsemiotischen Realität zu bestimmen. (Paul de Man, *Blindness and Insight. Essays in the Rhetoric of Contemporary Criticism*, Minneapolis 1983; ebenso J. Hillis Miller, »The Two Allegories«, in: *Allegory, Myth and Symbol*, hrsg. von Morton Bloomfield, Cambridge 1981, S. 355–370.

9 Siehe Hanns Bächtold-Stäubli (Hrsg.), *Handwörterbuch des Aberglaubens*, 10 Bde., Berlin 1987.

10 Siehe Max Raphael, *Die Farbe Schwarz*, Frankfurt a. M. 1983.

11 Siehe Freuds Abhandlung über Voyeurismus (*Gesammelte Werke in 18 Bänden*, hrsg. von Anna Freud [u. a.], Bd. 5, *Werke aus den Jahren 1904–1905*, Frankfurt a. M. ⁷1992). Man könnte die Diskussion über den analytischen Blick des Anatomen in psychoanalytischer Richtung entwickeln. Versteht man den Titel im übertragenen Sinn, so wäre dieser Anatom leicht als Metapher für den Psychoanalytiker zu deuten, der der unbewußten Rede seiner hypnotisierten Patientin lauscht. Die Ähnlichkeit des Anatomen mit Freud ist, wenngleich gänzlich zufällig, so doch auffällig.

12 Siehe Jacques Derrida, *Mémoires: for Paul de Man*, New York 1986, S. 11 (dt. *Mémoires. Für Paul de Man*, Wien 1988).

VANESSA R. SCHWARTZ

Die kinematische Zuschauerschaft vor dem Apparat

Die öffentliche Lust an der Realität im Paris des Fin de siècle

»Kein anderes Volk der Welt liebt die Unterhaltung – oder die *distractions*, wie sie selbst es nennen – so sehr wie die Pariser. Immer gibt es etwas zu sehen – am Morgen, zu Mittag und am späten Abend, im Sommer wie im Winter; und ein großer Teil der Bevölkerung gibt sich der Jagd nach Vergnügen hin.«[1] Cassells Paris-Führer aus dem Jahr 1884 bestätigte, daß viele Besucher der französischen Hauptstadt erwarteten, sich gut zu amüsieren. Zu Beginn des letzten Drittels des 19. Jahrhunderts hatte sich Paris zum europäischen Zentrum der aufblühenden Unterhaltungsindustrie entwickelt. Von größerer Bedeutung aber als das Vergnügen war es wohl, daß Cassells Parisführer versprach: »Es gibt immer etwas zu sehen.« Ich möchte folgende These vorschlagen: Das Leben in Paris wurde in zunehmend stärkerem Maße mit einem Schauspiel identifiziert. Und das wirkliche Leben wurde genau ab dem Moment als eine Schau (*show*) erlebt, als die Spektakel zunehmend lebensechter wurden.

Indem ich ein Feld neuer kultureller Formen und Praktiken im Paris des späten 19. Jahrhunderts untersuche, hoffe ich, das frühe Kino in einen Zusammenhang mit der öffentlichen Lust an der Wirklichkeit stellen zu können. Mir geht es darum, das filmische Zuschauen weder anhand einer universalen und zeitlosen Theorie des psychischen Sehens zu verstehen, die in direkter Beziehung zur Filmapparatur konstruiert wurde, noch als eine idealisierte Sehweise, die durch Diskurse über Wahrnehmung erzeugt wurde und in technologischen Neuerungen verkörpert ist. Statt dessen erfasse ich die Zuschauerschaft zu einem bestimmten kulturellen Moment. Mit Guiliana Bruno betrachtet man das Zuschauen am angemessensten als eine verkörperte »kinetische Angelegenheit«.[2] Es läßt sich als eine Praktik begreifen, deren Geschichte verständlich wird, wenn man auf der einen Seite die Beziehung zwischen den Technologien und dem dargestellten Inhalt untersucht, die bestimmte Möglichkeiten der Betrachtung hervorbringt, und auf der anderen Seite diejenigen Diskurse, die durch die Erfahrungen mit diesen Technologien in einem bestimmten Kontext entstehen.

Ich gehe von der Voraussetzung aus, daß das Kinopublikum in seine kinematische Erfahrung Seh-Weisen einbrachte, die in einer ganzen Reihe kultureller Aktivitäten und Praktiken kultiviert worden waren. Indem ich einige solcher Praktiken betrachte, die vor und während der Frühzeit des Kinos existierten, suche ich zu zeigen, wie das Kino mehr wurde als lediglich eine weitere in einer ganzen Reihe von technischen Spielereien: es umfaßte viele Elemente, die sich schon in unterschiedlichen Aspekten des sogenannten modernen Lebens wiederfanden.

An drei Schauplätzen volkstümlicher Vergnügungen im Frankreich des späten 19. Jahrhunderts – der Pariser Morgue, dem Leichenschauhaus also, den Wachsfigurenkabinetten und den Panoramen – verorte ich die *flânerie*, die seit kurzem als Abkürzung zur Beschreibung des neuen, bewegten Blickes der vor-kinematischen Zuschauerschaft benutzt wird, in dem ihr eigenen Kontext als eine kulturelle Aktivität für alle die, die am Pariser Leben teilnahmen. Ich behaupte, daß das späte 19. Jahrhundert eine Art Flânerie für die Massen bot.[3] Zudem bringe ich diese Flânerie auch mit der neuen Massenpresse in Verbindung, die eine gedruckte Auswahl aus dem umherschweifenden Blick des Flaneurs darstellte. Zur-Schau-Stellen (*spectacle*) und Erzählen (*narrative*) waren in der aufblühenden Massenkultur von Paris zu einer Einheit verbunden, ja, der Realismus des

Spektakels setzte oftmals sogar voraus, daß das Publikum
mit den Schilderungen vorgeblich tatsächlicher Ereignisse
in den Zeitungen vertraut war.

Die Pariser Morgue

»Es gibt nur wenige Menschen, die Paris besucht haben,
aber die Morgue nicht kennen«, schrieb 1888 der Pariser
Gesellschaftskommentator Hughes Leroux.[4] Die Morgue
war praktisch in jedem Stadtführer aufgeführt, fester Bestandteil der Pariser Stadtrundgänge von Thomas Cook
und ein »Teil jedes ersten Besuchs eines gewissenhaften
Provinzlers in der Hauptstadt«[5]. In ihrer besten Zeit zog
die Morgue sowohl regelmäßige Besucher und Besucherinnen als auch riesige Mengen von bis zu 40 000 Menschen an,
wenn die Geschichte eines Verbrechens in der populären
Presse zirkulierte, so daß die neugierigen Menschen auf den
Gehwegen Schlange standen und darauf warteten, in einer
Reihe durch die *salle d'exposition* zu defilieren, um das Opfer zu sehen.

Die Besuchermassen der Morgue rekrutierten sich aus
unterschiedlichen gesellschaftlichen Schichten, aus »Männern, Frauen und Kindern«, aus Arbeitern, *petits rentiers*,
Flaneuren, Arbeiterinnen und Damen der Gesellschaft.[6]
Der Ort war sogar so gut besucht, daß sich auf den Gehwegen die Straßenhändler aufreihten, um Orangen, Plätzchen
und Kokosnußstücke zu verkaufen.[7]

Das Leichenschauhaus jener Tage wurde 1864 im Zentrum von Paris hinter der Kathedrale von Notre-Dame auf
dem Quai de l'Archevêché erbaut (dort, wo sich heute das
Denkmal für die Deportierten befindet). Es war an allen
sieben Tagen der Woche von Sonnenaufgang bis Sonnenun-
tergang für die Öffentlichkeit zugänglich. Die Institution
hatte ihren Ursprung im 18. Jahrhundert als *basse-géôle* des
Châtelet-Gefängnisses in einem dunklen, feuchten Raum,

wo die »Besucher nur einzeln nacheinander zugelassen wurden; sie mußten ihre Gesichter gegen eine schmale Öffnung drücken«[8], um die Leichen zu identifizieren, die auf öffentlichem Grund und Boden gefunden worden waren. Im späten 19. Jahrhundert bot die Morgue, deren Name sich von einem archaischen Verb herleitet, das »anstarren« bedeutet, dann eine *salle d'exposition*, in der zwei Reihen von Leichen ausgestellt wurden, jede davon auf einem eigenen Marmor-Sockel, hinter einem großen Glasfenster, an dessen beiden Seiten grüne Vorhänge hingen. Anders als in der *basse-géôle* konnten sich hier große Mengen versammeln und diese beinahe theatralische Ausstellung anstarren. Die mittlere der drei großen Vordertüren blieb verschlossen und die Besucher traten nacheinander durch die linke Tür ein und verließen den Raum durch die rechte Tür, was den Registrator der Morgue zu dem Kommentar veranlaßte, daß diese nichts weiter sei, als ein *entresort* – eine Jahrmarktsattraktion, für die man bezahlte, um danach durch eine Barracke zu marschieren und das Schauobjekt anzugaffen.[9]

Die *salle d'exposition* war anderen Ausstellungen vergleichbar, mit denen Paris in der zweiten Hälfte des 19. Jahrhunderts übersät war. Ernest Cherbuliez betonte diesen Umstand in der *Revue des deux mondes*, indem er eine Anekdote wiedergab, in der ein Mann den Boulevard Sébastopol hinunterging, vor einem Schaufenster anhielt und die Schaufensterdekorateure um Arbeit bat. Diese schlugen dem Mann vor, doch bei der Morgue nachzufragen.[10]

Meistens wurde die Morgue jedoch als öffentliches Theater gefeiert. Emile Zola bemerkte in *Thérèse Raquin*, daß die Morgue eine »Darbietung war, die sich alle leisten konnten … Die Tür steht offen, mögen alle, die wollen, eintreten«.[11] Ein Gedicht in einer populären Sammlung namens *Les Chansons de la Morgue* beschrieb eine Szene in der *salle d'exposition*: »Die Menge, fröhlich und ohne Reue, kommt ins Theater, um ihre Plätze einzunehmen.«[12] Als die Mor-

gue im März 1907 für die Öffentlichkeit geschlossen wurde,
protestierte ein Journalist:

> Unter den Theatern, die dieses Jahr ihre Schließung
> ankündigen, ist die Morgue das allererste. ... Soweit
> die Zuschauer betroffen sind, besitzen sie kein Recht,
> sich zu äußern, weil sie nicht bezahlt haben. Es gab
> keine Abonnenten, nur regelmäßige Besucher, da die
> Darbietung immer umsonst war. Sie war das erste ko-
> stenlose Theater für das Volk. Und jetzt sagen sie uns,
> daß sie gestrichen worden ist. Leute, die Stunde der so-
> zialen Gerechtigkeit ist noch nicht gekommen.[13]

Zu einer Zeit, als es mehr und mehr private und kommerzielle Unterhaltungsunternehmen gab, war die Morgue offen
und kostenlos, und die Ausstellung toter Körper war dazu
da, um von der Öffentlichkeit besucht und gesehen zu werden. Das Hauptziel der Morgue als städtischer Einrichtung
war jedoch das einer Verwahrungsanstalt für die anonymen
Toten, deren öffentliche Zur-Schau-Stellung, so hofften die
Verwalter, zur Feststellung ihrer Identität beitragen sollte.
Dennoch war die Pariser Morgue mit keiner anderen städtischen Einrichtung vergleichbar. Trotz ihrer Lage im Schatten von Notre-Dame, ihrer absichtlich wenig dramatisch
gehaltenen Fassade und ihres scheinbar düsteren Themas
war die Morgue »eine der beliebtesten Sehenswürdigkeiten
von Paris«.[14] Die Identifikation von Leichen wurde zu einer
Schau gemacht.

Warum zog dieses Spektakel so viele Menschen an? Die
historischen Quellen geben uns nicht viele direkte Antworten. Man kann jedoch versuchen, die Anziehungskraft der
Morgue zu rekonstruieren, indem man sich Beschreibungen
von ihr in der öffentlichen Presse und in der Verwaltungsli-
teratur ansieht. Die große Mehrheit der Besucher betrat die
Morgue wahrscheinlich nicht, weil sie dachte, sie könnte
vielleicht tatsächlich eine Leiche identifizieren. Unter dem

Vorwand, ihrer staatsbürgerlichen Pflicht nachzugehen, kamen sie vielmehr, um leibhaftig tote Körper anzusehen. Dies war öffentlicher Voyeurismus – *flânerie* im Dienste des Staates.

Zahlreiche Kommentatoren meinten, daß die Morgue die Lust am Sehen befriedigte und verstärkte, die im 19. Jahrhundert vieles in der Pariser Kultur durchtränkte. Clovis Pierre, der Registrator der Morgue und zugleich Gelegenheitsdichter, schrieb, daß die Besucher kamen, »um ihre Netzhäute am Fenster zu betätigen«.[15] Warum aber sollte man zur Morgue gehen, wo es doch auch sonst in der Stadt, die am häufigsten mit dem »Schauspiel des modernen Lebens«[16] in Verbindung gebracht wurde, so viel zu sehen gab?

Die Morgue diente als eine visuelle Ergänzung der Zeitung; sie inszenierte diejenigen Toten, die zum Gegenstand der detaillierten Sensationsberichte der Presse geworden waren. Das späte 19. Jahrhundert in Frankreich wird das »goldene Zeitalter der Presse«[17] genannt, und es ist sehr wichtig, die zentrale Rolle zu verstehen, die die Presse bei der Entwicklung dieser besonderen Form der visuellen Unterhaltung (*spectacle*) spielte. Tagesereignisse avancierten zur alltäglichen Kost der weitverbreiteten Pariser Tageszeitungen, deren Gesamtauflage zwischen 1880 und 1914 um 250 % zunahm.[18] Als die Welt »ins Informationszeitalter eintrat«[19], wurde in den Zeitungen Meinung durch sogenannte Wahrheit ersetzt. In der Pariser Presse spielte das politische Leben eine untergeordnete Rolle nach Theatereröffnungen, Pferderennen und Wohltätigkeitsveranstaltungen, aber vor allem die *faits divers* – Berichte über schreckliche Unfälle und sensationelle Verbrechen – füllten sowohl Kolumnen wie Kassen.

Die *faits divers* waren eine beliebte Zeitungsrubrik, die in außergewöhnlich detaillierter Darstellung sowohl verbale als auch visuelle Darstellungen einer aufsehenerregenden Wirklichkeit boten. Zusätzlich zu den Sensationsberichten der *faits divers* brachten die Zeitungen Fortsetzungsromane. Diese beliebten Erzählungen, vom Rest der Zeitung deutlich durch eine Linie am Seitenende abgesetzt, basierten oftmals auf tatsächlichen Zeitungsberichten, insbesondere den *faits divers*.

Da die Morgue in so vielen *faits divers* eine Hauptrolle einnahm, erschienen regelmäßig Berichte über sie in der Zeitung. Wie der medizinische Aufsichtsbeamte der Morgue, Alphonse Devergie, erklärte: »Sobald die Zeitungen von einem Verbrechen berichten, kann man beobachten, wie eine große Zahl Neugieriger bei der Morgue eintreffen.«[20] Und wenn sich umgekehrt eine große Menge von Menschen bei der Morgue versammelte, dann wurde *sie* zum Thema weiterer Zeitungsberichte, was wiederum die Leiche, das ungelöste Verbrechen und die Morgue im öffentlichen Blick festhielt und einen weiteren Zustrom von Menschen in den Quai de l'Archevêché sicherte.

Die Berichterstattung in der Presse erhöhte das öffentliche Bewußtsein und Interesse. Guillot zufolge stellten die Zeitungen eine Quelle dar, die das öffentliche Interesse an dem, was »im Zeitungsjargon *plat du jour* genannt wird«,[21] stimulierte. Er glaubte, daß die zahlreichen Berichte die Morgue in ein »Glashaus« verwandelten und die Zeitungen, wenn denn die Morgue als ein Theater des Verbrechens verstanden werden konnte, ihr Programm darstellten.[22] Einer der Registratoren der Morgue vertrat die Meinung, daß Arbeiterinnen durch das Lesen der Zeitungsberichte zum Besuch der Morgue veranlaßt wurden, da sich ihr Geist von den Fortsetzungsromanen der Zeitungen verfolgt fühlte.[23] Andere Kommentatoren schlugen vor, die Morgue als eine Art des Zeitungsfeuilletons zu verstehen. *L'Éclaire* zum Beispiel beschrieb die Morgue als »die lebende Illustration eines Fortsetzungskrimis«.[24]

Auch wurde die Meinung vertreten, daß die Beliebtheit der öffentlichen Besuche in der Morgue, genau wie das Interesse an den Zeitungen, von einem öffentlichen Interesse an der sogenannten Wirklichkeit herrührte. »Was, wenn sie anstelle eurer Geschichten und eurer furchterregendsten Gemälde die Wirklichkeit vorziehen – und was für eine Wirklichkeit«, vermutete Firmin Maillard, einer der ersten Historiker der Morgue.[25] Ein Bericht in *Le Paris* rühmte, daß die Morgue einen Besuch wert wäre, weil man dort eben »keine Imitationen, keine Trompe-l'œil«[26] zu sehen bekäme. Die Zeitungen mögen viele Menschen zu einem Besuch ermutigt haben. Ein Blick auf die zahlreichen Causes célèbres der Morgue enthüllt jedoch, daß die spektakuläre Schau hinter dem Fenster weitaus mehr war als eine bloße Ausstellung von Leichnamen auf Marmor-Sockeln.

Im August 1886 zeigte das Titelblatt des *Journal illustré* eine Leitfigur der Morgue, das »enfant de la rue du Vert-Bois« – ein vier Jahre altes Mädchen, das am 29. Juli 1886 in einem Treppenschacht in der Rue du Vert-Bois, Nr. 47, in der Nähe des Conservatoire des Arts et Métiers, gefunden worden war. Die Leiche, die man in die Morgue gebracht hatte, wies augenscheinlich außer einem leichten Bluterguß an der rechten Hand keinerlei Anzeichen einer Verletzung auf. Die Zeitungen berichteten, daß die Ausstellung der Leiche »eine beträchtliche Menschenmenge« angezogen hatte; bis zum 3. August wurde sie auf etwa 50 000 Besucher geschätzt.[27] Der mit einem Kleid angetane Körper war in der *salle d'exposition* »auf einen Stuhl [gesetzt], der mit rotem Stoff bezogen war und so die Bleichheit der kleinen Toten um so mehr hervorhob.«[28] *Le Matin* schrieb, daß die Menschenmasse den Verkehr trotz der erlassenen »service d'ordre« zum Erliegen brachte und die Straßenhändler, die Kokosnuß, Pfefferkuchen und Spielzeuge feilboten, den Quai de l'Archevêché in »einen regelrechten Jahrmarkt« verwandelten.[29] Am 5. August berichteten die Zeitungen von erheblichem Aufruhr: »Der Mob stürmt mit wütenden Schreien die Türen; heruntergefallene Hüte werden zertrampelt, Parasols und Regenschirme zerbrochen, und ge-

Zurschaustellung der Leiche des »Kindes aus der Rue du Vert-Bois«. Le Monde illustré, 15. August 1886

stern wurde einigen Frauen übel, die halb erstickt worden waren.«[30]

Zu diesem Zeitpunkt waren nach Schätzungen von *Le Matin* 150 000 Menschen an dem Körper vorbeidefiliert (in Gruppen von höchstens fünfzig Besuchern gleichzeitig, in Fünferreihen, denen es verboten war, vor der Glasscheibe stehenzubleiben). Jede Nacht wurde die Leiche in einen gekühlten Behälter gebracht, um sie zu erhalten. Die Angestellten, die vermeiden wollten, daß die Leiche in irgendeiner Weise verändert wurde, schnallten sie einfach auf ihrem roten Samtstuhl fest und stellten das gesamte Ausstellungsstück in den Kühlraum.

Aufgrund des mittlerweile erreichten Grads der Verwesung beschlossen die Ärzte der Morgue, am 6. August eine Autopsie vorzunehmen.[31] *Le Petit Journal* berichtete von den Gefühlen der Menschenmassen, die sich an diesem Tag versammelt hatten, nur um »die Enttäuschung zu erleben, keinen Blick mehr auf das Kind auf seinem kleinen Stuhl erhaschen zu können.[32] Die Ärzte folgerten nach der Autopsie, daß das Kind eines natürlichen Todes gestorben war – an einem Erstickungsanfall, ausgelöst durch einen verschluckten Regenwurm.

Während der gesamten Ausstellungszeit erschienen in der öffentlichen Presse immer wieder Abbildungen sowohl des Kindes als auch der Masse des Publikums. Im *Journal illustré* erschien eine bebilderte Erzählung – eine Art bebilderter Fortsetzungsroman – ein Genre, das eine Cause célèbre der Morgue oftmals begleitete. Die serielle Darstellung wird mit einer Szene eröffnet, die das Gebäude in der Rue du Vert-Bois zeigt. Anschließend entdecken zwei Männer die Leiche im Treppenhaus des Gebäudes. Die Menschenmenge vor der Morgue nimmt die Mitte der Seite ein, und darunter findet man die Szene in der *salle d'exposition*. Als die Illustrationen am 15. August erschienen, war der Fall schon teilweise gelöst, allerdings waren die gesellschaftliche Herkunft des Mädchens und die Frage, warum sie verlassen worden war, noch immer rätselhaft. Sie wurde am 17. August begraben, und obwohl weiterhin ein Photo von ihr am Eingang der Morgue zu sehen war, wurde das Kind nie identifiziert.[33]

Die Besucherinnen und Besucher der Morgue kamen weder, um Leichen zu identifizieren, noch um sie einfach aufgebahrt zu sehen. Die Morgue war zweifelsohne eine morbide Attraktion.[34] Von größerer Bedeutung ist jedoch, daß sie »ein Teil der katalogisierten Besonderheiten war, der Sehenswürdigkeiten, daß sie unter der gleichen Überschrift verzeichnet war wie der Eiffelturm, Yvette Guilbert und die Katakomben«.[35] Anders ausgedrückt: dieser öffentliche Dienstleistungsbetrieb wurde als eine der Pariser Attraktionen empfunden. Die Zeitungen brachten Geschichten über die Menschenmassen in der Morgue, und, wie die Zeitungen, repräsentierte die Morgue das Leben in Paris als ein spektakuläres Schauspiel. Die *salle d'exposition*, ihre Vorhänge, die Warteschlangen draußen, die angekleideten und auf Stühlen sitzenden Leichen und die Illustrationen in den Zeitungen stellten sicher, daß die Wirklichkeit der Morgue dargestellt, vermittelt, orchestriert und in ein Schauspiel verwandelt wurde.

Die Morgue, zum Teil als visuelle Auswahl des gedruckten Wortes zu verstehen, verwandelte das wirkliche Leben in ein Schaustück. Es ist erwähnenswert, daß die Morgue 1907 schließlich für die Öffentlichkeit geschlossen wurde – in einem Jahr also, das von Kinohistorikern oftmals als Wendepunkt bezeichnet wird und das sich in Frankreich insbesondere durch eine zahlreiche Vermehrung von Einrichtungen auszeichnet, die sich ausschließlich dem Kino widmeten.[36] Das Publikum bewegte sich, so scheint es, aus der *salle d'exposition* heraus und in die *salle du cinéma* hinein.

Beim Versuch, die Beliebtheit der Morgue zu erklären, bemerkte ihr Verwaltungsdirektor: »Die Morgue wird in Paris als ein Museum betrachtet, das noch viel faszinierender als ein Wachsfigurenkabinett ist, weil die ausgestellten Menschen aus echtem Fleisch und Blut sind.«[37] Und er war nicht der einzige, der eine Verbindung sah zwischen diesen beiden Institutionen in der Welt der Pariser Schaustellungen.

Das Musée Grévin

Als das Musée Grévin am Boulevard Montmartre, im Herzen des »modernen« Paris, 1882 eröffnet wurde, stellte eine Zeitungs-Karikatur eine Verbindung zwischen dem Wachsfigurenkabinett und der damals schon weithin bekannten Morgue her. In der Karikatur starren zwei Männer aus der Arbeiterklasse eine Wachsfigur an, die aufgebahrt ist. Einer sagt: »Mensch, man könnte denken, es wär 'ne echte Leiche.« Sein Freund antwortet: »Das macht fast genausoviel Spaß wie die richtige Morgue.«[38] Das Museum hatte sofort durchschlagenden Erfolg und zog eine halbe Million Menschen im Jahr an; es ist bis auf den heutigen Tag geöffnet. Als Sinnbild der aufblühenden Unterhaltungsindustrie war es durch eine grundlegende Beziehung zur Öffentlichkeit gekennzeichnet. So bemerkte ein Kritiker: »Das Grévin sucht Anerkennung nicht vom *Institut*, sondern von der Öffentlichkeit.«[39] Warum aber nahm ein Wachsfigurenkabinett die öffentliche Vorstellungskraft im Paris des Fin de siècle derart gefangen?

Das Musée Grévin war teilweise nach dem Muster des sehr beliebten Londoner »Madame Tussaud's« errichtet worden, das seinerseits ein direkter Nachfolger des bekannten Wachsfigurenkabinetts von Philippe Curtius war, das im Paris der revolutionären Ära populär gewesen war. Anders als »Madame Tussaud's« jedoch wurde das Musée Grévin von einem bekannten Boulevard-Blatt-Journalisten, Arthur Meyer, und dem Zeitungskarikaturisten Alfred Grévin gegründet. Beiden Männern schwebte das Museum als eine verbesserte Version der Zeitung vor, als eine wirklichkeitsnahere Art und Weise, das öffentliche Interesse an den Tagesereignissen zu befriedigen. Die Museumsgründer versprachen, daß ihre Ausstellung »die wichtigsten Tagesereignisse mit skrupelloser Wiedergabetreue und eindrucksvoller Genauigkeit wiedergeben« und so als »eine lebende Zeitung« fungieren würde.[40]

Die beiden glaubten auch, daß der geschriebene Bericht allein die Öffentlichkeit nicht vollständig zufriedenstellte. Das Vorwort zum ersten Katalog des Museums, von Albert Wolff vom *Figaro* verfaßt, erklärte:

Die illustrierten Zeitungen ... haben einen entscheidenden Fortschritt in der modernen Kommunikation eingeleitet, indem sie dem Text Bilder hinzufügten. Die Gründer des Museums nahmen mit Recht an, daß man sogar noch weiter gehen und ein *journal plastique* erstellen könnte, wo die Öffentlichkeit diejenigen Leute wiederfinden würde, auf die sich die Aufmerksamkeit gerade richtete, und zwar in einer Reproduktion, die peinlich genau der Natur entspräche.[41]

Die Kritiker sprachen immer wieder von der großen Wirklichkeitsnähe des Museums und nannten es eine Chronik in Aktion und eine bewegte Zeitung – ungeachtet der Tatsache, daß sich das Tableau nicht bewegte.

Der Realismus der Ausstellungsstücke war durch zahlreiche Mittel, die über die lebensechte Qualität der Wachsfiguren selbst hinausgingen, gewährleistet. Verschiedenes Zubehör, schmückendes Beiwerk und die Umrahmung der Szene ergaben im Zusammenspiel den Effekt des Wirklichen. Das Museum benutzte beispielsweise echte Accessoires. Die Figur Victor Hugos hielt eine von des Dichters eigenen Schreibfedern; und in dem Tableau zum Tod von Marat war tatsächlich die Badewanne zu sehen, in der er ermordet worden war (und für die das Museum die erhebliche Summe von 5000 Francs gezahlt hatte), außerdem eine echte Soldaten-Pike aus der Zeit der Revolution und eine Ausgabe des *L'Ami du peuple* von 1791, von der Zeitung also, die der ermordete Revolutionär herausgegeben hatte. Die Figur des Zola trug einen vom Autor gestifteten Anzug.

Der Realismus eines Tableaus konnte sich auch von seinem Status als authentische Kopie herleiten. Die Bibliothek des Präsidenten zum Beispiel war eine Nachbildung des Zimmers im Elysée-Palast, und das Tableau einer Szene aus der neuen Oper *Françoise de Rimini* war eine »exakte und absolute Reproduktion der Nationalen Musikakademie«, von den Kostümen über das Mobiliar bis hin zur Bühnenausstattung.[42]

Das Tableau erzeugte die angemessene Umgebung für die Figuren, eine Umgebung, die man wiedererkennen und einordnen konnte – Miniatur-Erzählungen in Form von Gucklöchern auf das Pariser Leben. Wie der Museumskatalog erklärte, war es »notwendig, daß man das Museum nicht bloß durch die genaue Ähnlichkeit der Figuren interessant gestaltete, sondern auch durch die Zusammenstellung von Gruppen, die die Individuen in ihren entsprechenden Milieus zeigen«.[43]

Verschwiegen wurde dabei jedoch, daß die Tableaus unbedingt nötig waren, damit die Öffentlichkeit die dargestellten Figuren überhaupt erkannte. Die meisten Besucher hatten wahrscheinlich die meisten der im Museum dargestellten Personen weder in einer Zeitung noch persönlich je gesehen, da die einzigen für die Massenproduktion verfügbaren Bilder farbige Stiche waren. Photographien konnten vor dem 20. Jahrhundert nur schlecht in Zeitungen reproduziert werden. Die Tableaus und ihre reichlich vorhandenen Einzelheiten – ob echte Gegenstände oder Kopien – waren für einen realitätsnahen Eindruck deswegen unentbehrlich, weil die Menge nicht dazu in der Lage war, die Ähnlichkeit der Wachsfiguren mit den unterschiedlichen dargestellten Persönlichkeiten einzuschätzen.

Neben der Lebhaftigkeit der Wachsskulpturen und den klassifizierenden Gruppierungen der Dioramen bildete das Museum ein Pantheon, das sich auf den Bekanntheitsgrad der dargestellten Personen in und ihr Wiedererkennen durch die Öffentlichkeit verließ; sein Erfolg lag also letztlich im Auge der Betrachterin und des Betrachters begründet. Im Gegensatz zu den meisten anderen Museen, die eine abgeschlossene Sammlung zeigten, über die von oben her entschieden wurde, zeigte das Musée Grévin eine sich schnell wandelnde Kollektion, deren Inhalt vom öffentlichen Interesse und der visuellen Wiedererkennung bestimmt wurde. Während sich traditionelle Pantheons durch ihre Selektivität auszeichneten, war das Musée Grévin stolz auf seinen großen thematischen Spielraum und seine Inklusivität. Der Romanschriftsteller Paul Bourget feierte das Museum: »Ist es auf drei oder vier Räume verteilt nicht eine Kurzfassung der modernen Stadt?«[44]

Als eine Ruhmeshalle mit einem weiten thematischen Spektrum ahmte das Museum die Form der Zeitung nach: Die Tableaus standen Seite an Seite, ohne besondere Beziehungen untereinander – genau wie die mit scheinbar unzusammenhängenden Geschichten gefüllten Zeitungskolumnen.[45] Die Art und Weise, wie Figuren aus Politik, Schauspiel und Kunst nebeneinanderstanden, zeugte von einer modernen Gesellschaftsordnung, die von Berühmtheit bestimmt wurde und auf Beliebtheit fußte. Berühmte Persönlichkeiten füllten dieses »Pariser Pantheon« mit einer, wie es schien, »kühnen Launenhaftigkeit«.[46] Daß die Kaffeehaus-Sängerin Yvette Guilbert und der Präsident der Republik Seite an Seite standen, ließ erkennen, daß das Wachsfigurenkabinett auch die Basis der politischen Legitimität in Frankreich der Dritten Republik widerspiegelte, wo Politiker – wie Schauspieler und Künstler – scheinbar auf Grund der Launen und Vorlieben der Menge aufstiegen und fielen. Das Wachsfigurenkabinett verkörperte diese neue gesellschaftliche Ordnung, die auf den Launen der Menge basierte.

Das Museum stellte also eine Gesellschaftsordnung dar, die im und durch den öffentlichen Blick erzeugt wurde, aber es bot dem Publikum auch ein visuelles Privileg durch die scheinbare Nähe zu den Berühmtheiten. Eine Zeitungskritik erklärte es so: »Die Abbilder unserer großen Männer, unserer berühmten Künstler oder gesellschaftlichen Berühmtheiten gefallen uns ... und die öffentlichen Massen kommen in das Musée Grévin, um sie ganz aus der Nähe zu sehen.«[47]

Neben der Darstellung von Berühmtheiten boten die Tableaus den Museumsbesuchern und -besucherinnen noch etwas ganz Besonderes: einen privaten Blick aus nächster Nähe auf Würdenträger, die – wenn überhaupt – sonst nur bei offiziellen Funktionen zu sehen waren. So zeigte etwa ein Tableau Napoleon, wie er auf seinem Rückzug aus Rußland Schutz vor dem Schnee suchte: Dargestellt war der Kaiser, wie er zusammengekauert in der Kälte ausharrte. Der Katalog erklärte: »Der Gesichtsausdruck Napoleons ist von schmerzlicher Besorgnis erfüllt: Sie können hier schon das zukünftige Schicksal des Kaiserreiches erahnen.«[48] Man suchte das Schicksal des Staates in der emotionalen Physiognomie seines Kaisers und nicht etwa auf den Schlachtfeldern. Das Publikum sah auch den berühmten Erforscher Savorgnan de Brazza, wie er sich in seinem Zelt entspannte, und das Treffen Bismarcks mit dem Generalfeldmarschall von Moltke bei einem »Privatbesuch« in Varzin, wo der Fürst »sich oft von den Strapazen der Politik erholte«.[49] Diese Tableaus personalisierten die Geschichte, transformierten die Größenordnung der Geschichte und der zeitgenössischen Politik auf ein Maß, mit dem sich die Besucher vielleicht identifizieren konnten.

Doch deren besonderes Privileg endete nicht bei der Beziehung zwischen dem Betrachter und den dargestellten Personen. Die dreidimensionalen Tableaus erzeugten eine besondere Perspektive zwischen Publikum und Ausstellungsstück, die einer der Anziehungspunkte des Museums blieb. Im Musée Grévin konnten die Besucher mehrere Perspektiven einnehmen – panoramische Ansichten –, und die Ausstellungsstücke boten ihnen oftmals zugleich einen privilegierten Zugang, der wie ein Guckloch auf das Pariser Leben funktionierte.[50]

Blick vom Eiffelturm, Musée Grévin, 1889

1889 eröffnete das Museum ein Tableau des Eiffelturms. Anstatt die Ansicht zu rekonstruieren, die man vom Marsfeld hatte, bot das Museum einen Blick auf den Besuch von Eiffel und drei Verantwortlichen, Lockroy, Alphand und Berger, auf dem halb fertiggestellten Turm. In der Szene waren auch Arbeiter zu sehen, die durch den Besuch unterbrochen worden waren und als Betrachter der offiziellen Gäste dargestellt wurden. Die Museumsbesucher und -besucherinnen sahen also etwas, was die meisten Menschen niemals gesehen hatten: den Turm im Bau – in einer Art Generalprobe. Außerdem zeigte die Szene einen Panoramablick über Paris, wie er sich von der zweiten Plattform des Eiffelturms geboten hätte. Der Katalog rühmte: »Alles ist mit einer solchen Genauigkeit wiedergegeben, die nur von den wenigen Privilegierten ausreichend gewürdigt werden kann, die diesen wunderbaren Aufstieg schon erlebt haben.«[51] Das Schaustück stellte einen privilegierten Blick auf einen privilegierten Blick auf Paris dar. Das Publikum konnte nicht nur einen Panoramablick auf die Stadt genießen, sondern auch die Schlüssellochperspektive der Arbeiter, die vom offiziellen Besuch unterbrochen worden waren. Nicht eine, sondern drei Sehenswürdigkeiten erwarteten die Museumsbesucher: der Panoramablick auf Paris, die Ansicht der offiziellen Delegation und der Blick auf die Arbeiter, die diesen Besuch beobachteten.

Über die Jahre hinweg führten die Tableaus des Musée Grévin verschiedentlich hinter die Kulissen, indem sie Perspektiven boten, die den meisten Zuschauern und Zuschauerinnen gewöhnlich nicht zugänglich waren, und einen Bereich zeigten, der meist den angeblich privilegierten Flaneuren vorbehalten blieb. Deren Voyeurismus wurde hier auf alle diejenigen erweitert, die den geringen Eintrittspreis des Museums bezahlen konnten. Das Privileg der Museumsbesucher lag in dem Angebot des Tableaus, zugleich mehr als eine Ansicht zu genießen: sowohl den Blick der Zuschauer auf eine Attraktion als auch den Blick auf andere Zuschauer.[52] So stellte das Museum beispielsweise 1885 die Loge einer Tänzerin während der Pause dar. Die Szene zeigte eine Tänzerin, die in ihrem Ankleideraum von einem eleganten Herrn besucht wird. 1890 wurde das Tableau abgelöst von »Les Coulisses de l'Opéra: Le Foyer de la danse«. Hier konnten die Besucher gleichzeitig auf und hinter die Bühne blicken. Der Katalog unterstrich noch die privilegierte Perspektive des Tableaus: »Alles wirkt hier so zusammen, daß im Zuschauer die Illusion eines Besuchs in einem so außergewöhnlichen Winkel der großen Pariser Bühne entsteht, eines Besuchs, der nur wenigen Auserwählten gestattet ist.«[53] Während solche Motive wenigstens denjenigen, die die verschiedenen Salons der Impressionisten besucht hatten, nicht unbekannt gewesen sein dürften, wur-

Eine Probe in der Comédie Française, Musée Grévin, 1887

den die Dreidimensionalität und Wirklichkeitstreue der
Ausstellungen dafür gepriesen, daß sie die Illusion von Präsenz beziehungsweise Wirklichkeit in einer Art und Weise
erzeugten, wie es Bilder einfach nicht konnten. Ein
Diorama von 1887 enthüllte weiter, was das Wachsfiguren-
museum einem Gemälde voraus hatte. »Eine Probe in der
Comédie Française« stellte die Loge des Theaterdirektors
während einer Generalprobe dar. Dort konnten die Museumsbesucher Juilette Adam, die Herausgeberin von *La
Nouvelle revue*; Ambroise Thomas, den Direktor der
Opéra; Jules Claretie, den Direktor der Comédie Française,
und Edouard Pailleron, den Autor von *La Souris*, beobachten, wie sie eine Szene aus jenem Stück verfolgen. Das Tableau war durch seine Dreidimensionalität und die Beweg-
lichkeit der Besucher strukturiert. Man ging davon aus, daß
man sich dem Tableau von links näherte, von wo es so aus-
sah, als ob die Personen in der Loge etwas beobachteten.
Wer dann weiter nach rechts ging, konnte den Ausschnitt
der Generalprobe, die betrachtet wurde, sehen. Dieser Ausschnitt war aus der Perspektive derjenigen, die in der Loge
saßen, dargestellt und konnte, aufgrund des Winkels, von
den Museumsbesuchern nicht wirklich gesehen werden, bevor sie sich nicht in eine Linie mit der Perspektive der
Wachsfiguren begaben. Das Tableau war auf einen ›Durch-
gang‹ hin entworfen und bot dem Publikum deshalb Bewegung durch eine Sequenz verschiedener Blickpunkte. Dies
gab dem Publikum nicht nur die Macht, die Szene durch eigene Bewegung in Gang zu setzen, sondern stellte auch einen einfachen Weg dar, Bewegung in das Ausstellungsstück
zu bringen – ein Effekt, den das Museum auch auf andere
Weise aktiv verfolgte. 1892 war das Musée Grévin die erste
Einrichtung, die – in der Form von Émile Reynauds »*Pantomimes lumineuses*« – die Projektion von bewegten Bildern darbot.[54]

  Wenn die Bewegung von Zuschauern in die Tableaus des
Museums mit einbezogen sein konnte, so erfüllte auch die

narrative Form die Exponate mit Bewegung. Die Reaktionen, die »L'histoire d'un crime« – der Fortsetzungsroman
des Museums – hervorrief, zeigt deutlich, wie Fortsetzungs-
erzählung und Bewegung im Musée Grévin miteinander
verwoben wurden. Das Schaustück zeigte die Wechselfälle
eines Verbrechens von seinem Anfang bis zu seinem Ende
in einer Folge von sieben Tableaus: den Mord, die Verhaf-
tung, die Gegenüberstellung von Mörder und Opfer in der
Morgue, die Gerichtsverhandlung, die Zelle des Verurteil-
ten, Vorbereitungen für die Hinrichtung und die Hinrichtung selbst. In einer frühen Besprechung hieß es, daß der
»erregende Realismus dies Exponat zu demjenigen machte,
das die Massen am meisten interessierte; es war schwierig,
sich ihm auch nur zu nähern, da die Menschenmassen so
groß waren.«[55] Ein Rezensent erklärte: »Es stellt ein *fait
divers* in sieben Tableaus dar – und zwar in einer außerordentlich realistischen Ausführung, die eine verblüffend
intensive Wirkung erzeugt.«[56] Ein anderer nannte es
schlichtweg ein »lebendiges *fait divers*«.[57]

Der gesteigerte Realismus dieser Folge von Tableaus war
in seine vertraute Erzählform eingebettet, wobei seine Se-
rienhaftigkeit durch eine Abfolge von eingefrorenen Bildern gezeigt wurde, die in Bewegung versetzt wurden
durch das vorübergehende Publikum. »L'Histoire d'un
crime« bot zudem eine bereits vertraute Form der Erzählung durch ihre Konzeptualisierung als Fortsetzungsroman,
der zu Beginn des späten 19. Jahrhunderts ein fester Bestandteil fast aller Zeitungen geworden war. »L'Histoire
d'un crime« kündigte sich als Fortsetzungsroman an, wurde
aber wie ein *fait divers* besprochen. Dies spiegelt nicht nur
das Verschwimmen zwischen Realität und Fiktion wider,
das jedes dieser Genres auszeichnete, sondern läßt auch ver-
muten, daß das, was an »L'histoire d'un crime« so verblüffend real wirkte, weder die Szenenausstattung noch die
Wachsfiguren waren, sondern vielmehr die Erzählform des
Fortsetzungsromans. Die sieben Wachs-Tableaus schienen

sogar noch realistischer zu sein als ein solcher Roman. Die Bewegung der Zuschauer erfüllte das Ausstellungsstück mit scheinbar lebensechter Qualität; diese Art der Abfolge von Bewegung stellte die Verbindung zwischen »L'Histoire d'un crime« und dem wirklichen Leben her. Es ist also nicht weiter überraschend, daß Ferdinand Zecca, ein früher Filmemacher bei Pathé, seinen Ruhm 1901 mit einem Film namens *»L'Histoire d'un crime«* begründete, der auf der Ausstellung im Musée Grévin fußte.[58]

Der Inhalt der Tableaus sowie die Art und Weise, wie sie dem Publikum ihre Plätze zuwiesen, trugen dazu bei, die Zuschauerinnen und Zuschauer in Flaneure zu verwandeln. Die Tableaus boten der Öffentlichkeit Ansichten der Orte und Perspektiven, die nur den Fanatikern des modernen Lebens zu gehören schienen. Aber das Publikum betrat im Musée Grévin auch eine formbare Zeitung – eine Welt, beherrscht von Ereignissen (die Geburt des Blick-Bites sozusagen) und ein Pantheon der Gegenwart –, wo der Wille der Menge den Inhalt der Sammlung bestimmen konnte, und wo die Mächtigen als vertraut und sympathisch dargestellt wurden. Die Technologie der Tableaus bot den Museumsbesuchern eine Welt der visuellen Beherrschung und den Zugang zu Privilegien, indem sie ihnen sowohl panoptische visuelle Felder als auch Schlüssellochperspektiven ermöglichte. Das Musée Grévin hatte sich der Lust der Öffentlichkeit an der Wirklichkeit verschrieben; die Wachsskulpturen wurden so eingesetzt, daß sie die sogenannte Wirklichkeit reproduzierten; die Ausstellungen konzentrierten sich auf Tagesereignisse und schnellen Wechsel; es gab Verbindungen sowohl zum Schauspiel als auch zur Erzählung; die Organisation der Tableaus im ausgedehnten Bewegungsraum – all dies sind Elemente, die mit dem frühen Kino in Verbindung gebracht werden und sich beim Musée Grévin doch schon lange vor der angeblichen Erfindung des Films finden lassen.

Panoramen

Während sich die Massen im Musée Grévin versammelten, machten Pariser und Touristen weitere realistische Vergnügungen ausfindig. In Cassells *Guide to Paris* von 1884 ist zu lesen: »In den letzten Jahren gab es einen regelrechten Boom von Panoramen in jedem Stadtteil von Paris.«[59] »Wir steigern uns in eine Panoramanie hinein«, verkündet ein Artikel in *Le Voltaire* anläßlich der Eröffnung des dritten Panoramas innerhalb eines Jahres.[60] Tatsächlich erlebte diese Form der Unterhaltung aus dem späten 18. Jahrhundert, die um die Jahrhundertmitte praktisch verschwunden war, in den 1880er und 1890er Jahren eine Wiedergeburt.

Panoramen und Dioramen sind oft als technologische Erfindungen des frühen 19. Jahrhunderts dargestellt worden, die man als Vorläufer des Films begreifen kann. Insbesondere hat die Forschung auf die Art und Weise aufmerksam gemacht, in der Panoramen und Dioramen den Blick arrangierten, um die Zuschauerinnen und Zuschauer in Zeit und Raum durch die Illusion einer realistischen Darstellung zu bewegen.[61] Anstatt nun aber die Analyse der Panoramen und ähnlicher Vergnügungen auf den Zeitpunkt ihrer Erfindung im frühen 19. Jahrhundert einzuschränken, möchte ich zeigen, daß die Panoramen, genau wie die Wachsfigurenkabinette, in den 1880er und 1890er Jahren boomten, weil sie den Versuch machten, eine schon bekannte Version der Wirklichkeit zu erfassen und zu re-präsentieren – eine Wirklichkeit, in der das Leben durch Bewegung eingefangen wurde. Der Realismus des Panoramas beruhte auf der Vorstellung, daß ein Schauobjekt nur lebensecht sein könnte, wenn es das Leben nicht lediglich als ein visuelles, sondern als ein körperliches Erlebnis reproduzieren würde.

In den 1880ern und 1890er Jahren breiteten sich die realistischen Details in den Panoramen stark aus. Dazu trug auch die Photographie bei. Einige Maler von Panoramen benutzten als Malvorlage Photographien; andere projizierten vergrößerte Dias auf die Leinwand und zeichneten die Umrisse der projizierten Bilder nach. Schon vor der Photographie kombinierten Panoramen dreidimensionale Gegenstände und bemalte Leinwände, um den Realismus zu erhöhen. Langlois baute in den 1830er Jahren ein echtes Bühnenbild in seine »Seeschlacht von Navarino« ein, in dem sich die Zuschauerinnen und Zuschauer auf einem echten Kriegsschiff wiederfanden. In dem Panorama »Les Cuirassiers de Reichshoffen« von 1881, das eine durch französische Truppen beigefügte Niederlage im Deutsch-Französischen Krieg zeigte, benutzte Poilpot Flittersilber und -gold für die Waffen und die Knöpfe der Militäruniformen auf der Leinwand. Der Katalog zu »Les Cuirassiers de Reichshoffen« würdigt die Leistung des Bildhauers Jules Talrich, der die Wachsfiguren beisteuerte, die »die Toten darstellen, die so erstaunlich wirklichkeitsnah auf der naturgetreuen Bühne verstreut herumliegen.«[62]

Der Karikaturist Robida machte sich in einem Cartoon, der das Panorama der Schlacht von Champigny während der Belagerung von Paris zeigte, über die zunehmende Wirklichkeitstreue der Panoramen lustig. Eine der Bildunterschriften erklärte, daß die Besucher gezwungen würden, drei Tage lang zu bleiben und in dieser Zeit nur einen einzigen geräucherten Hering zu essen bekämen, um zu begreifen, wie es bei der Belagerung wirklich gewesen wäre. Eine andere Unterschrift besagte, daß die Attraktion eiskalt sei, und die Besucher von einem simulierten Regenguß überschüttet würden. Im Hintergrund einer Karikatur explodierten Kanonengeschosse und spielte Militärmusik, während Robida folgerte, daß »man sich beim Verlassen [der Attraktion] einen militärischen Orden verdient hätte«. Obwohl kein Panorama tatsächlich so weit ging wie Robidas Parodie, war sein Argument doch deutlich: Die Menschen erfreuten sich an der realistischen Wieder-Erschaffung dieses schrecklichen Ereignisses.

Während die Panoramen des frühen 19. Jahrhunderts in

einer Welt ohne Zeitungsflut Neuigkeiten geboten haben mögen, dienten die Panoramen in den 1880er Jahren ähnlich wie die Wachsfigurenkabinette als visuelle Ergänzungen der Massenpresse.[63] Die Panoramen fingen an, besondere Augenblicke der täglichen Ereignisse darzustellen, von denen die Zeitungen berichteten, wie etwa die Krönung des Zaren oder den Besuch des Präsidenten bei der Russischen Flotte. Eine Definition der Panoramen und Dioramen aus den 1890er Jahren beschreibt ihren Realismus als von den dargestellten Themen und nicht von ihrer Technologie herrührend:

> Szenen von Tagesereignissen haben die Eigenart, die Menge anzuziehen, die noch von den Gefühlen über ein kürzlich stattgefundenes Ereignis erregt ist – einer Katastrophe, einer Hinrichtung oder der Ermordung einer bekannten Persönlichkeit. Sie begutachten den dargestellten Unfall oder das Verbrechen nochmals in einem Tableau, das den Eindruck der Realität erzeugt.[64]

Obwohl es hinsichtlich des Realismus von Panoramen weniger günstig war, Individuen anstelle von Landschaften zu zeigen, brachen die Panoramen des späten 19. Jahrhunderts mit den traditionellen, an Landschaft orientierten Darstellungen. Realismus war nicht mehr einfach nur eine Wirkung der visuellen Repräsentation. Der Erfolg des Panoramas »Le Tout Paris« von Charles Castellani lag beispielsweise an der kulturellen Faszination mit Darstellungen von Berühmtheiten, die bei den bekannten Pariser Sehenswürdigkeiten gezeigt wurden. Das Tableau gruppierte die Pariser Berühmtheiten um eines der Symbole im Herzen des modernen Paris: die Opéra. Das Publikum stand so, als ob es sich vor der Opéra befände; um sie herum waren der Boulevard des Capucines, das Grand Hôtel, die Rue du Quatre Septembre, das Café de la Paix und der Louvre am

Ende der langen Avenue de l'Opéra. Eine Besprechung feierte die Wahl des Opernplatzes: »Man hätte in diesem glanzvollen und lauten Paris keinen besseren Platz aussuchen können, um das Pariser Leben in all seiner Leidenschaftlichkeit, Vitalität und Fieberhaftigkeit darzustellen.«[65] »Le Tout Paris« war daraufhin entworfen, öffentliches Interesse und Neugier zu befriedigen, die ganz deutliche Verbindungen zur Kultur der Presse aufwiesen. Ein Bericht erläuterte, daß das Panorama viele der Leute anziehen würde, die »die Dichter, Autoren, Maler, Bildhauer, Schauspieler und Politiker immer kennenlernen und sehen wollten, deren Namen sie jeden Tag in den Zeitungen lasen«.[66] Die Galerie diente als eine Art Summa der Tageszeitungen.

Dieses Panorama enthielt keine im Vordergrund plazierten Gegenstände, wie sie zu anderen Attraktionen der Weltausstellung von 1889 hinzugefügt worden waren, allerdings nur aufgrund eines Zufalls. Obwohl auf dem eigentlichen Ausstellungsgelände an der Esplanade des Invalides gelegen, wurde die genaue Lage als ein toter Winkel des Ausstellungsgrundes betrachtet.[67] Die Geldgeber des Panoramas waren aufgrund dieser Tatsache besorgt und bestanden darauf, die Ausgaben so gering wie möglich zu halten. Das Ergebnis war folgendes, wie sich Castellani über die Attraktion beschwerte: »Wir hatten weder ausschmückende Gegenstände noch künstliches Gelände noch irgend etwas von den Dingen, die unerläßlich sind, um das zu erzeugen, was das Publikum liebt: Trompe l'œil und Illusion.«[68] Die Rezensionen legten jedoch nahe, daß die Illusion der Lebensechtheit auf anderem Wege erzeugt werden konnte.

Trotz seiner schlechten Lage war das Panorama sehr beliebt. Es blieb für die gesamte Dauer der Weltausstellung geöffnet und wurde in diesem Zeitraum von über 300 000 Menschen besucht.[69] Die Besprechungen priesen neben der großen Vielfalt und Anzahl der dargestellten Berühmtheiten die Lebensechtheit des Panoramas. Man könnte meinen, daß ein einfaches rundes Gemälde ohne Requisiten oder

Bühnenbilder hinsichtlich seiner Detailgetreuheit nicht mit den anderen Panoramen konkurrieren konnte. Trotzdem feierten die Kritiker »den erstaunlichen Ausdruck von Aktivität und Leben, der die gesamte Komposition beseelte«.[70] Es schien, als ob das Thema die Komposition selbst irgendwie belebte. Ein anderer Bericht beschrieb das Panorama, als sei es ein Standphoto, eine Momentaufnahme:

> … erfaßt, während man in der Kutsche vorbeifährt oder vorbeireitet, in Gruppen, sogar noch mit mehr Wahrheit als sie eine momentane Photographie vorstellen kann. Und mehr noch – sind dort nicht der Zauber der Farben, die Darstellung von Gesten und Blicken, der gesamte Pariser Geist, der sich auf die glitzernde und beseelte Menge überträgt, die so lebhaft ist, daß bei uns die perfekte Illusion ihrer Bewegtheit und Realität entsteht?[71]

Obwohl das Gemälde keinen tatsächlichen Augenblick darstellte, so zeigte es doch einen idealisierten und sehr wohl möglichen Moment des Pariser Lebens, so wie es sich die meisten Leserinnen und Leser der Tageszeitungen aufgrund ihrer Vertrautheit mit dem Ort und den ihn bevölkernden Menschen vorstellen konnten. Anders gesagt, das Gemälde erschien deshalb so lebensecht, weil es visuell eine Welt verkörperte, die eine vertraute und populäre Erzählung bildete: die wirkliche Welt, die man in der Pariser Presse dargestellt fand. Genauso wie beim Wachsfigurenkabinett lag der Erfolg des Panoramas im Auge und Geist der Betrachterin, des Betrachters; Realismus wurde nicht lediglich durch eine Technologie lebensechter Darstellung hervorgerufen.

Das öffentliche Interesse an Realität trieb natürlich auch zahlreiche andere Panoramen zu einem stets wachsenden Realismus in der Form von Simulation. Die Panoramen des späten 19. Jahrhunderts verließen sich weniger auf imagi-

nierte Erlebnisse und Bewegung und boten statt dessen
Simulationen von Seereisen und sich tatsächlich bewegende
Landschaften.

Das erste sich bewegende Panorama war das »Panorama
der Flotte der Compagnie Générale Transatlantique«, bei
dem die Besucher an Bord eines Nachbaus der *La Touraine*,
des neuesten Dampfschiffes der Gesellschaft, gingen.[72] Die
Attraktion wurde im Mai 1889 am Quai d'Orsay auf dem
Ausstellungsgelände der Exposition eröffnet und zog mehr
als 1,3 Millionen Menschen an.[73] Der Maler Poilpot war der
künstlerische Direktor des Ganzen, welches eine Ansicht
des gesamten Hafens von Le Havre bot, einschließlich des
Anblicks der anderen achtzig Schiffe der Gesellschaft, die
im Hafen vor Anker lagen. Die Attraktion beinhaltete auch
elf weitere Leinwände und eine Küstenlandschaft, die sich
bewegte, wenn das Schiff ›vorbeifuhr‹. Die Passagiere be-
stiegen diese originalgroße Reproduktion des Schiffs durch
eine elegante Vorhalle, gingen eine Treppe hinauf und traten dann auf das Kapitänsdeck hinaus unter den ›offenen Himmel‹. Wachsfiguren von Besatzungsmitgliedern auf
Aussichtsposten und des Kapitäns, der einem weiblichen
Passagier den Hafen erklärte, vermischten sich mit echten
Matrosen und Offizieren, die die Uniformen der Compagnie Générale Transatlantique trugen. Ein Kritiker bemerkte: »Es ist ihm [Poilpot] gelungen, Szenen vom Leben
an Bord in ihren kleinsten Einzelheiten mit überraschender
Detailtreue zu rekonstruieren. ... Der Künstler hat sein
Ziel voll und ganz erreicht; er hat Realität und Fiktion auf
eine Art und Weise vermengt, daß wir der Täuschung beinahe erliegen.«[74]

Bei so vielen Besuchern und Besucherinnen, wie sie diese
Attraktion aufwies, und dem geringen Eintrittsgeld von einem Franc pro Person kann es nicht überraschen, daß die
Besprechungen sich über die Mannigfaltigkeit der Menge
äußerten, darunter Bauern, Arbeiter (die, wie die Berichterstatter schrieben, noch niemals das Meer gesehen hatten),

Bürger und Bürgerinnen, Ladenbesitzer und Diplomaten.[75]
Angehörige der verschiedenen Klassen müssen auf der *La
Touraine* sehr unterschiedliche Erlebnisse gehabt haben.
Diejenigen bürgerlichen Besucherinnen und Besucher, die
schon einmal eine Kreuzfahrt unternommen hatten, konnten die Qualität der Simulation einschätzen. Für andere mag
es das erste Mal gewesen sein, daß sie ihren Fuß auf ein
Schiff setzten, und man kann sich vorstellen, daß die Compagnie Transatlantique hoffte, es würde nicht das letzte Mal
gewesen sein.

Poilpot führte seine Versuche fort, eine noch realisti-
schere Wirkung zu erzielen, indem er Bewegung einsetzte.
Sein Panorama von 1892, das den Untergang des französischen Schiffes *Le Vengeur* während des Krieges gegen die
Briten im Jahre 1794 darstellte, markierte einen technischen
Wendepunkt. Die Zuschauer standen an Deck des Schlacht-
schiffes *Le Hussard*, das von feindlichen Schiffen umgeben
war und der sinkenden *Vengeur* gegenüberlag. Das Deck
des *Le Hussard* stampfte auf und nieder und gab dem Publikum so das Gefühl, an Bord eines Schiffes zu sein.[76] Die
Berichterstatter feierten dies als einen Fortschritt in Richtung auf eine noch größere Illusionskraft des am 25. Mai
1892 eröffneten Panoramas. Im Juli ergänzte Poilpot dieses
Spektakel um Geräusche in Form von abgefeuerten Kanonen, einen Chor, der die Marseillaise sang, und zwei Schauspieler, die ein Gedicht über die glorreiche Vergangenheit
des sinkenden Schiffes deklamierten. Obwohl »Le Vengeur« von den Kritikern mit Beifall begrüßt worden war,
blieb es nur weniger als ein Jahr geöffnet; die enormen Kosten erlaubten es einfach nicht, daß dieses Panorama mit
den Eintrittsgeldern von zwei Francs pro Person einen aus-
reichenden Gewinn erwirtschaftete.[77]

Zwischen 1892 und der nächsten Ausstellung von 1900
simulierten viele Attraktionen erfolgreich Bewegung. So
konnten die Pariser zum Beispiel ab Oktober 1892 die
»Pantomimes lumineuses« im Musée Grévin erleben. 1894

konnten sie die bewegten Photographien in Edisons Kinetoskop sehen; und ab Dezember 1895 wurden Filme der Brüder Lumière im Grand Café gezeigt.

Unternehmer versuchten, die neuen bewegten Bilder in schon existierende Vergnügungen einzubetten. Zuerst wurden bewegte Bilder lediglich als eine neue Technik betrachtet, wie man Bewegung darstellen konnte, und es war ganz und gar nicht klar, daß sie als eigenständige Unterhaltung genügen könnten. Sie paßten jedoch gut zum kulturellen Programm der Panoramen. So eröffnete zum Beispiel Louis Régnault 1898 das »Maerorama« auf dem Boulevard gegenüber der Porte Saint-Martin. Es simulierte eine Schiffsfahrt und enthielt als ein Element die bewegte Plattform, die in »Le Vengeur« benutzt worden war, und zusätzlich Druckluft, um Wind und Wellen zu erzeugen. Der mit einer Kapitänsuniform bekleidete Ausstellungsbesitzer warnte: »Wir kündigen hiermit an, daß alle diejenigen, die anfällig für Seekrankheit sind, sich des Besuchs enthalten sollten.«[78] Dann wurden die Lichter verdunkelt und anstelle einer bemalten Leinwand konnten die Besucher »Filme« von Küstenansichten sehen, die von Schiffen aus photographiert worden waren: die korsische Küste, Afrika, die italienischen Seen und schließlich eine Ansicht von Marseille. Nachdem das Schiffshorn dort zweimal geblasen hatte, wurden die Passagiere gebeten auszusteigen, um andere Touristen hereinzulassen, die »ungeduldig darauf warten, die Wunder des ›Maeroramas‹ zu erleben«.[79] Regnault zeigte auf der Weltausstellung von 1900 eine ähnliche Attraktion; dort nahmen die Passagiere in einer Seilbahn anstelle eines Schiffes Platz. Durch das Aufkommen des Films wurden die mechanischen Panoramen nicht verdrängt: Der Film wurde, zumindest in seinen frühen Jahren, nicht als eine Antwort auf die Lust der Öffentlichkeit an der Realität wahrgenommen.

Panoramen und ähnliche Vergnügungseinrichtungen reproduzierten Realität auf verschiedene Weisen: Sie verließen sich auf die durch den Publikumsblick erzeugten optischen Illusionen, sie spiegelten andere realistische Genres wie die Presse wider, und sie simulierten die Realität. Aber man findet kein technisches Telos, das in der immer realistischeren Reproduktion bestanden und seinen Höhepunkt in der Erfindung des Kinos erreicht hätte. Wie die ausführliche Darstellung der Panoramen aus den 1880er und 1890er Jahren zu zeigen versuchte, erzeugten diese Vergnügungsspektakel vielmehr ›Realität‹ und die sie begleitende Belebung zur selben Zeit auf technisch sehr unterschiedliche Weisen. Außerdem boten diese verschiedenen Repräsentationen der ›lebensechten‹ Erlebnisse sensationell aufgebauschte Versionen der Realität – der Sensationalismus reichte von erzählerisch erzeugter Spannung bis hin zu körperlichen Stimulationen.

In den Augen vieler Beobachter des Fin de siècle zeigte die Bevölkerung von Paris einen neuen und ausgeprägten Gefallen an der Realität. Über die Grenzen von Realismus und Illusionismus hinausgehend, habe ich versucht zu zeigen, daß ihre Lust am Wirklichen sich aus dem Verschwimmen der Grenze zwischen Leben und Kunst ergab – aus der Art und Weise, wie die Wirklichkeit in ein Schauspiel verwandelt wurde (wie in der Morgue) und gleichzeitig die Schaustellungen und Vergnügungen obsessiv realistisch waren. Realität jedoch wurde auf komplexe Weise konstituiert und definiert. Wenn man zeitgenössische Beobachtungen liest, liegt es nahe, daß – wie bei jeder technischen Apparatur – der Wirklichkeits-Effekt ebensosehr in der Fähigkeit der Zuschauerschaft begründet lag, Verbindungen herzustellen zwischen den Darbietungen, die sie sahen, und den vertrauten Erzählungen der Presse, die sie schon kannten.

Um das kinematische Zuschauen als eine historische Praxis zu verstehen, ist es unerläßlich, das Kino im Feld der kulturellen Formen und Praktiken zu lokalisieren, die mit der aufblühenden Massenkultur des späten 19. Jahrhunderts verbunden sind. Es ist kein bloßer Zufall, daß – ganz abgesehen vom menschlichen Interesse an der Realität – die hier beschriebenen Aktivitäten sich in großen Menschenmengen ereigneten, auf deren Mobilität die realistische Wirkung der Schaustücke zum Teil beruhte. Diese Praktiken legen nahe, daß die Flânerie nicht einfach ein Privileg des männlichen Bürgers, sondern vielmehr eine kulturelle Aktivität für alle diejenigen darstellte, die am Pariser Leben teilnahmen. Statt also die Wurzeln des kinematischen Zuschauens zu signalisieren, verweist diese Art der Flânerie der Massen vielmehr auf die Geburt des Publikums – denn die Kino-Zuschauer findet man immer in der Menge.

Anmerkungen

1 *Cassells's Guide to Paris*, London 1884, S. 111.
2 Giuliana Bruno, *Streetwalking on a Ruined Map*, Princeton 1993, S. 38.
3 Siehe Anne Friedberg, *Window Shopping. Cinema and the Postmodern*, Berkeley 1993, über die Beziehung zwischen *flânerie* und der modernen Form des Betrachtens (*spectatorship*).
4 Hughes Leroux, *L'Enfer parisien*, Paris 1888, S. 353.
5 *Le Temps*, 25. September 1882.
6 Ernest Cherbuliez, »La Morgue«, in: *La Revue des deux mondes*, Januar 1891, S. 368, und Émile Zola, *Thérèse Raquin*, Paris 1970, S. 131, sowie Adolphe Guillot, *Paris qui souffre. Le basse-geôle du Grand-Châtelet et les morgue modernes*, 2. Aufl., Paris 1888, S. 177.
7 Leroux (s. Anm. 4), S. 353 und Guillot (s. Anm. 6), S. 177.
8 Guillot (s. Anm. 6), S. 43.
9 Clovis Pierre, *Les gaietés de la Morgue*, Paris 1895.
10 Cherbuliez (s. Anm. 6), S. 360.
11 Zola (s. Anm. 6), S. 131.
12 Angelin Ruelle, *Les chansons de la Morgue*, Paris 1890.
13 Pierre Véron, »La Morgue«, in: *Le Magasin pittoresque*, März 1907, S. 171 f.
14 E. A. Reynolds-Ball, *Paris in Its Splendours*, 2 Bde., London 1901, Bd. 2, S. 312.

15 Pierre (s. Anm. 9).
16 Georg Simmel zit. nach Walter Benjamin, »Some Motifs in Baudelaire«, in: *Charles Baudelaire*, übers. von Quintin Hoare, London 1973, S. 151.
17 Jacques Wolgensinger, *L'Histroire à la une. La grande aventure de la presse*, Paris 1989.
18 Anne-Marie Thiesse, *Le Roman du quotidien*, Paris 1984, S. 17.
19 Émile Zola zit. nach Wolgensinger (s. Anm. 17), S. 67.
20 Alphonse Devergie, *Notions générales sur la Morgue de Paris*, Paris 1877, S. 11.
21 Guillot (s. Anm. 6), S. 182.
22 Ebd., S. 199, 258.
23 *La Presse*, 22. März 1907.
24 *L'Éclair*, 21. März 1907.
25 Firmin Maillard, *Recherches historiques et critiques sur la Morgue*, Paris 1860, S. 94 f.
26 *Le Paris*, 31. August 1892.
27 *Le Petit Journal*, 3. August 1886.
28 *Le Matin*, 2. August 1886.
29 Ebd., 4. August 1886.
30 *La Liberté*, 5. August 1886.
31 Archiv des Polizeipräfekten von Paris, Register der Morgue, 1886.
32 *Le Petit Journal*, 6. August 1886.
33 Archiv des Polizeipräfekten von Paris, Register der Morgue, 1886.
34 Siehe Anne, Margaret und Patrice Higonnet, »Façades. Walter Benjamin's Paris«, in: *Critical Inquiry* 10 (1984) H. 3, S. 391–419, die die Morgue als Teil der Todes-Besessenheit des Bürgertums im 19. Jahrhundert diskutieren.
35 *Le Voltaire*, 22. Juli 1892. Yvette Guilbert war eine bekannte Sängerin bei den Kaffeehaus-Konzerten.
36 Zur Schließung der Morgue vgl. meine Dissertation *The Public Taste for Reality. Early Mass Culture in Fin-de Siècle Paris*, University of California, Berkeley 1993.
37 *La Presse*, 22. März 1907.
38 Karikatur aus den Musée Grévin Archives (im folgenden zit. als MGA).
39 *Le Monde illustré*, 22. Mai 1882.
40 Bestandskatalog, Bibliothèque Historique de la Ville de Paris, Actualités Anciennes, Serie 102 (im folgenden zit. als BHVP).

41 *Catalogue-Almanach du Musée Grévin*, 1882, MGA.

42 Ebd.

43 Ebd.

44 *Le Parlament*, 8. Juni 1882.

45 Zur Erörterung von Zeitungen vgl. Richard Terdiman, *Discourse/Counter-Discourse*, Ithaca (N. Y.) 1985, S. 122.

46 Jules Lemâitre, *Impressions de Théâtre* (1887), 2. Folge, 8. Aufl., Paris 1897, S. 325.

47 *L'Indépendance belge*, 12. Juni 1882.

48 *Catalogue du Musée Grévin*, 54. Aufl., MGA.

49 *Catalogue-Almanach du Musée Grévin*, 32. Aufl., MGA.

50 Die räumliche Position des Publikums in Wachsfigurenkabinetten diskutiert in bedeutsamer Weise Mark Sandberg in seiner Dissertation *Missing Persons. Spectacle and Narrative in Late Nineteenth Century Scandinavia*, University of California, Berkeley 1991.

51 *Catalogue du Musée Grévin*, 57. Aufl., MGA.

52 Dieses Thema konnte man, wie Robert Herbert bemerkte, in zahlreichen impressionistischen Gemälden sowie in anderen eher populären Bildern dargestellt finden; Herbert, *Impressionism*, New Haven 1988, S. 104.

53 *Catalogue du Musée Grévin*, 82. Aufl., MGA.

54 Mehr zum Kino im Musée Grévin ist meinem zusammen mit Jean-Jacques Meusy verfaßten Artikel zu entnehmen: V. R. Sch. / J.-J. Meusy, »Le Musée Grévin et le cinématographe. L'histoire d'une rencontre«, in: *1895* 11 (Dez. 1991) S. 19–48.

55 *Le Temps*, 7. Juni 1882.

56 *L'Express*, 7. Juni 1882.

57 *Le Parlement*, 6. Juni 1882.

58 Dieser 140 Meter lange Film, der fünf bis sechs Minuten dauerte, basierte auf den Tableaus, die man damals noch im Musée Grévin sehen konnte. Allerdings gab es eine Ausnahme: Während in der Wachs-Szene der Verurteilte in seiner Zelle beim Kartenspiel gezeigt wird, sieht man ihn in der Filmfassung bei einer Tätigkeit, die später zur primären Metapher des Filmerlebnisses werden sollte: beim Träumen.

59 *Cassell's Guide to Paris*, Paris 1884, S. 117.

60 *Le Voltaire*, 3. Januar 1881, zit. nach François Robichon, *Les Panoramas en France au XIXe siècle*, Diss., Paris-Nanterre 1982, S. 216.

61 Friedberg (s. Anm. 3), S. 20–22. Jonathan Crary unterscheidet zwischen den beiden: Im Panorama wird man dazu gezwungen, seinen Kopf zu drehen und sich umzusehen, während das Diorama seine Zuschauerinnen und Zuschauer tatsächlich dreht und so die Betrachter zu einem Teil der Maschine macht; Jonathan Crary, *Techniken des Betrachters. Sehen und Moderne im 19. Jahrhundert*, Dresden 1996, S. 117.

62 *Les Cuirassiers de Reichshoffen*, Paris 1881, BHVP, Actualités Anciennes, Serie 103.

63 Vgl. Richard Altick, *The Shows of London*, Cambridge (Mass.) 1978. Alticks Argumentation zufolge boten die Panoramen die Nachrichten denen dar, die sie sonst nicht erfahren konnten. Das Problem bei dieser Darstellung ist aber, daß das Publikum der Panoramen und der Zeitungen übereinstimmte: nur die Bourgeoisie las die Zeitungen und konnte sich den Besuch der Panoramen leisten.

64 *Encyclopédie enfantine recommandée pour les écoles*, BHVP, Actualités Anciennes, Serie 103.

65 *Le Figaro*, 23. Februar 1889.

66 *Le Petit Moniteur*, 16. Mai 1889.

67 Siehe Charles Castellani, *Confidences d'un panoramiste*, Paris [o. J.], S. 281.

68 Ebd., S. 281.

69 Charles Rearick, *Pleasures of the Belle Epoque*, New Haven 1985, S. 173.

70 *Le Rappel*, 12. März 1889.

71 *Le Courier des expositions*, März 1889.

72 Wie zu bemerken, traten als Sponsoren von zahlreichen Attraktionen genau die Unternehmen auf, die auch die echten Reisen mit diesen Transportmitteln anboten. Diese Tatsache sollte denen als Korrektiv dienen, die diese Form des unternehmerischen Entertainments mit dem Amerika des 20. Jahrhunderts ganz allgemein und etwa mit den an bestimmten Themen ausgerichteten Disney-Parks im besonderen assoziieren.

73 Robichon (s. Anm. 60), S. 504.

74 P. Bluysen, *Paris en 1889*, Paris 1890, S. 19.

75 *La Nature*, 15. Juni 1889, S. 34, vgl. Robichon (s. Anm. 60), S. 507.

76 Eine gasgetriebene 2-PS-Maschine betrieb zwei Kolben einer hydraulischen Presse, die die Plattform bewegte; Robichon (s. Anm. 60), S. 520.

77 Ebd., S. 516.

78 R. M. Arnauld, *Cinéma-bouffe*, Paris [o. J.], S. 66. Ich danke Jean-Jacques Meusy für diesen Hinweis.

79 Ebd., S. 67. Es sollte deutlich geworden sein, daß dies alles lange vor »Hale's Tours« stattfand; vgl. Raymond Fielding, »Hale's Tours. Ultra-Realism in the Pre-1910 Motion Picture«, in: John Fell (Hrsg.), *Film before Griffith*, Berkeley 1983.

STEPHEN KERN

Der kubistische Krieg

1906 vollendete Picasso ein Porträt Gertrude Steins. In einer Vorwegnahme der radikaleren Umformung der Augen in Frontal- und Profilansichten, die er später in seinen vollständig kubistischen Porträts in einem Gesicht verband, starren ihre Augen etwas schief in die Welt. Tatsächlich betrachtete sie die Welt wie durch die Augen dieses Porträts – andauernd veränderte sie die Ordnung der Dinge, um ihre sich ständig verschiebenden Sichtweisen wiedergeben zu können. Als sie das erste Mal aus einem Flugzeug auf Amerika herabschaute, sah sie eine kubistische Landschaft mit »den sich vermischenden Linien Picassos, die kommen und gehen, sich entwickeln und sich selbst zerstören.« Und als sie auf den Ersten Weltkrieg zurückblickte, sah sie einen kubistischen Krieg:

> In Wirklichkeit war die Struktur dieses Kriegs, 1914–1918, nicht so wie die der vorherigen Kriege, es handelte sich nicht um eine Struktur, bei der ein Mann im Zentrum war, umgeben von vielen anderen Männern, sondern um eine, die weder einen Anfang noch ein Ende hatte, eine Struktur, bei der eine Ecke genauso wichtig war wie jede andere: tatsächlich die Struktur des Kubismus.[1]

Stein meinte, daß der Geist einer Epoche alle Dinge formte, angefangen bei »der Art und Weise, wie die Straßen benutzt werden«, bis zu Malerei und Krieg. Die sich verändernden Dimensionen des Lebens und Denkens, deren Aufkommen wir in der Generation vor dem Ausbruch des Krieges beobachtet haben,[2] manifestierten sich auch in der ›Gestaltung‹ des Kampfs. Der Krieg verkörperte die mei-

sten Veränderungen in der Zeit- und der Raumwahrneh-
mung der Vorkriegsjahre und erlaubte ihr diese kühne Metapher.

Der Krieg erzwang eine homogene Zeit. 1890 hatte sich
Moltke für die Einführung einer allgemeinen Weltzeit eingesetzt, und 1914 nutzte er sie zur Umsetzung eines Kriegs-
planes, bei dem alle Männer genau zum rechten Zeitpunkt
am rechten Ort sein mußten. In den Vorkriegsjahren hielt
man Armbanduhren für unmännlich; während des Krieges
wurden sie Bestandteil der militärischen Standardausrü-
stung. Vor den Schlachten verglich man die Uhren, damit
jeder zur richtigen Zeit den Schützengraben verließ. Edmund Blunden erinnerte sich, wie vor einer Offensive ein
Bote Uhren verteilte, die im Feldhauptquartier gleichge-
stellt worden waren.[3] Die Schlacht an der Somme begann
am Morgen des 1. Juli 1916, Hunderte Führer von Kompa-
nieabteilungen bliesen in ihre Pfeifen, als ihre gleichgestellten Uhren 7.30 anzeigten; die Soldaten der dritten und der
vierten britischen Armee wurden auf die Leitern und über
die Schanzen ins Niemandsland geschickt.[4] Für das feine
Gefühl einer privaten Zeit wie bei Bergson oder Proust war
im Krieg kein Platz. Es wurde ausgelöscht durch die überwältigende Gewalt der Massenbewegungen, die das Leben
von Millionen von Männern durch die öffentliche Zeit der
Stand- und Armbanduhren steuerte, alle synchronisiert, um
die Effektivität der Bombardements und Offensiven zu erhöhen. Diese erzwungene Koordinierung aller Aktivitäten
in Übereinstimmung mit einer einzigen öffentlichen Zeit
verkehrte die bis dahin dominante kulturelle Stoßrichtung
der Vorkriegsjahre, die die Vielfalt der privaten Zeiten er-
kundet hatte.

Die Kriegserfahrung bestärkte beide Positionen im Streit
darüber, ob die Struktur der Zeit atomistisch oder fließend
sei. An der Front gab es eine besonders scharfe Trennung

von Nacht und Tag – das eine eine Zeit voller Bewegung und Aktivität, das andere eine Zeit der Untätigkeit und des Wartens. Cecil Lewis beschrieb diesen Gegensatz unmittelbar vor der Schlacht an der Somme. »Tagsüber waren die Straßen verlassen, aber mit dem Anbruch der Abenddämmerung wurden sie von Lastwagen, Geschützen, Munitionslieferungen und Truppen verstopft, die alle durch Albert kamen, um an oder hinter der Frontlinie in Stellung zu gehen. ... Jedoch waren mit der Morgendämmerung alle Anzeichen dieser Bewegungen verschwunden. Es blieben die verlassene Straße, die eingestürzten Bauernhäuser, der klare und ruhige Sommermorgen. Ich kann mich an keine Zeit erinnern, wo Nacht und Tag einander so entgegengesetzt waren.«[5] Der Übergang von der Nacht zum Tag wurde durch ein regelmäßiges Ritual markiert. Unmittelbar vor der Morgendämmerung standen alle Einheiten an verabredeten Orten mit Gewehr und aufgepflanztem Bajonett in Bereitschaft für den Fall eines feindlichen Angriffs. Ungefähr eine Stunde verblieben sie in dieser Stellung, bis die gefährliche Zeit der Dämmerung vorüber war. Der gleiche Vorgang wiederholte sich während der Abenddämmerung. David Jones erinnerte sich, daß »diese Stunde des ›an die Gewehre‹, die sich zweimal am Tag wiederholte, eine besondere Bedeutung hatte. Man verband mit ihr einen gewissen Grad an ernster Feierlichkeit, da einem bewußt war, daß sich von den Dünen des Meeres bis zu den Bergen, überall entlang der gesamten Länge der Front die beiden gegnerischen Linien wachsam gegenüberstanden, auf jede Eventualität gefaßt«.[6] Die Kampfvorbereitungen teilten die Zeit in einzelne Einheiten, die so klar voneinander getrennt waren wie die Stellungs- und Vormarschlinien auf den Karten der kommandierenden Offiziere, mit denen die Planer die Abfolge der Schlachtphasen vorherzubestimmen suchten. Ein britischer Admiral verteilte an die ihm unterstellten Männer ein Gedicht, dessen zentrale Metapher militärische Bereitschaft mit exakten Zeitintervallen in Verbindung brachte

und die Vorteile einer hoch organisierten und pünktlichen
Streitmacht betonte.

> Die Sekunden, die ticken, während die Uhr weiter
>   läuft,
> Sind Soldaten, die mit starker Gesinnung marschieren.
> Die Minuten sind Hauptmänner. Die Stunden des
>   Tages
> Sind tapfere Offiziere, die in den Kampf führen.
> Deshalb erinnere Dich, bist du geneigt, zu bummeln
>   und zu träumen,
> Daß eine Armee hinter Dir steht; Dein Kommando ist
>   das wichtigste;
> Und frage Dich, wenn Du es überprüfst –
> Hat es im Kampf geholfen, so gut wie es konnte?[7]

Die Armeen haben jedoch nicht immer mit der Präzision
eines Uhrwerks getickt. Im wilden Chaos der Ereignisse
konnten die Minuten und Sekunden ihre Funktion als
strukturierende Einheiten verlieren, und in der langen Zeit
zwischen den Schlachten verwandelte sich das Leben in einen monotonen Fluß. Minkowski beschrieb diese Art des
Lebens als ein Fließen ohne eine reiche Vergangenheit oder
Zukunft und daher nicht als einen gesunden Strom des *élan
vital.*

> Das eintönige Leben in den Schützengräben ließ uns
> oft das Datum oder den Wochentag vergessen. . . . Wir
> hatten uns durch einen anderen, der Situation besser
> angepaßten »Kalender« geholfen, indem wir einfach
> die Tage zählten, die verstrichen waren seit unserer
> Ankunft an der Front, und die, die uns noch von der
> Rückkehr ins Heerlager trennten. . . . Wir unterlagen
> der Länge und der Monotonie der eintönig aufeinan-
> derfolgenden Tage, und wir kämpften gegen die *Lan-
> geweile* – ein Phänomen, das offensichtlich wesentlich

zeitlicher Natur ist –, die wie eine tote und klebrige Masse in unser Dasein eindrang und es zu einem Nichts zu reduzieren drohte.⁸

Für die Offiziere war die Kriegszeit im wesentlichen eine Summe von getrennten, aufeinanderfolgenden Abschnitten, aus denen die Schlachtszenarios konstruiert wurden, während sie für die Soldaten in den Schützengräben ein scheinbar endloser Fluß war, eine Konstruktion aus Zeit, die weder einen Anfang noch ein Ende hatte.

Das Gefühl für den Richtungsverlauf der Zeit unterschied auch die Offiziere, die ehrgeizige, sich zeitlich und räumlich nach vorne orientierende Offensiven planten, von den Truppen in den Schützengräben, die ihren eigenen Berichten zufolge eine umgekehrte Erfahrung machten. Eric J. Leed hat dies festgehalten: »[Robert] Graves, [Charles] Carrington und viele andere stellten fest, daß das dröhnende Chaos des Sperrfeuers eine Art von hypnotischem Zustand bewirkte. Jedes rationale Muster von Ursache und Wirkung wurde zerstört, und magische Umkehrungen konnten auftreten oder sogar erforderlich werden. Dieser Zustand wurde oft als ein Verlust des Orientierungssinns und als ein Verschwinden jeglicher Form von Zeitgefühl beschrieben.«⁹

In der Vorkriegszeit wurde besonders die andauernde und tiefgreifende Einwirkung der Vergangenheit auf die Gegenwart betont. Historiker, Psychologen und Philosophen übernahmen den entwicklungsgeschichtlichen Ansatz, um die menschliche Erfahrung zu verstehen; und sogar diejenigen, die wie Nietzsche, Ibsen und Joyce der schwächenden Wirkung einer übermäßig einflußreichen Vergangenheit mißtrauten, glaubten, daß ihre wenn auch negative Einwirkung außerordentlich war. Der Krieg jedoch zerriß das geschichtliche Gewebe und schnitt jeden von der Vergangenheit ab, plötzlich und unwiederbringlich. In seinen Erinnerungen über vier Wochen im Schützengraben, 1915 geschrieben, sechs Monate nachdem er die Ostfront verlassen hatte, entschuldigte sich der österreichische Geiger Fritz Kreisler für seine Unfähigkeit, die Ereignisse zeitlich einzuordnen. Eine »eigenartige Gleichgültigkeit gegenüber den Werten von Zeit und Raum« war, wie er feststellte, »charakteristisch für die meisten Leute, die im Krieg gewesen waren«. Leed kam zu dem Schluß, daß Kreislers Erfahrung symptomatisch war. »Die Unsichtbarkeit des Feindes und die Notwendigkeit, sich in der Erde zu verstecken, die geschichtete Komplexität des Verteidigungssystems, der ohrenbetäubende Lärm der Sperrfeuer und die durch die Tag- und Nachtschichten hervorgerufene Müdigkeit erschütterten zusammengenommen die stabilen Strukturen, mit denen man normalerweise die Erfahrung zu einer zeitlichen Abfolge ordnen kann.«[10] Ironisch beschrieb Blunden die vom Wetter zerschlissenen Sandsäcke der Schützengräben als »ehrwürdige« Gegenstände, die »mit den Verteidigungsanlagen Trojas die gleiche Vergangenheit teilten. ... Die Schädel, die von den Spaten gestört wurden, hatten auf gewisse Weise das gleiche Alter wie die der am weitesten zurückliegenden Kriege.«[11] Krieg erzeugt ein surrealistisches Geschichtsgefühl, das von der Konfrontation mit der grotesken Neuheit aller Dinge herrührt. In Henri Barbusses sehr erfolgreichem Kriegsroman *Das Feuer* (1916) begrub das andauernde Bombardement der Soldaten »tief in einem ewig bestehenden Schlachtfeld«. Sie gewöhnten sich an den Lärm und vernahmen ihn nur, wenn sie bewußt zuhörten – »wie damals, in der fast märchenhaften Vergangenheit, ... das Ticken der Uhren in unseren Stuben«.[12] Thomas Mann erklärte im Vorwort zum *Zauberberg*: »die hochgradige Verflossenheit unserer Geschichte rührt daher, daß sie *vor* einer gewissen, Leben und Bewußtsein tief zerklüftenden Wende und Grenze spielt«.[13] Proust erweiterte das Gefühl einer zeitlichen Distanz zwischen Vergangenheit und Gegenwart in seinem Roman, indem er ihn nach dem Krieg beendete. Zu dieser Zeit, erklärte Marcel, wollte sich keiner mehr daran erinnern, daß M. Bontemps ein Dreyfus-Anhänger gewesen war, weil »es schon so lange her« war, »und sie selbst gaben vor, sie hätten das Gefühl, es sei noch länger her, denn eine der Ideen, die jetzt allgemein im Schwange waren, bestand darin zu sagen, die Vorkriegszeit sei vom Kriege durch eine ebenso tiefe Kluft und scheinbar ebenso lange Dauer wie die einer Epoche der Erdgeschichte getrennt, und sogar Brichot, dieser Nationalist, sprach, wenn er auf die Dreyfus-Affäre kam, von ›jenen prähistorischen Zeiten‹«.[14] Innerhalb von vier Jahren war der Glaube an die Evolution, den Fortschritt durch die Geschichte ausgelöscht worden, da die Europäer durch die Gewalt des Krieges von den »prähistorischen« Tagen der Vorkriegsjahre getrennt wurden. In *The Great War and Modern Memory* stellte Paul Fussell fest, daß »das Bild einer strengen Trennung die Weltkriegsvorstellung von der ›Zeit davor‹ und der ›Zeit danach‹ dominiert, insbesondere wenn die Gedanken auf dem Gegensatz zwischen der Idylle der Vorkriegszeit und den Widerlichkeiten der Kriegszeit ruhen«.[15]

Minkowskis Patient geriet jede Nacht in Panik, aus Angst, zerstückelt zu werden, da sein Gefühl für den Fluß der Zeit von der Vergangenheit in die Gegenwart gestört war. Er hatte keinen Zugang zu einer Vergangenheit, die ihm als emotionaler Ballast hätte dienen können. Daher erschien seine Welt als außerordentlich feindlich. Durch den enormen Gegensatz zwischen dem zivilen Leben und der Moral der Vorkriegszeit und der Gewalt und dem Morden der Kriegszeit von der Vergangenheit abgeschnitten, durchlebte der Frontsoldat panische Zustände in einer Welt, die die bizarrsten und paranoidesten Ängste rechtfertigte. Die Luft war voll von tödlichen Projektilen, Totenköpfe steckten wie Pilze im Morast. Die Fremdheit aller Dinge machte ihn wieder zum Kind, und er war des tröstenden Gefühls der Kontinuität beraubt – der Kontinuität mit dem, was er gekannt hatte, und der Sicherheit, in der Zukunft in eine wiedererkennbare Welt zurückkehren zu können. Die Kriegsjahre waren aus dem Fluß seines Lebens herausgenommen wie ein Stück Kalender, das auf eine kubistische Collage geklebt wurde. Nur Bruchstücke der Vergangenheit durchbohrten gelegentlich die einförmige Monotonie und die periodischen Angstzustände.

David Jones erinnerte sich, daß eindringliche und unvorhersehbare Momente aus der Vergangenheit aufblitzten: »Ich denke, daß man zu keiner Zeit mit einem stärkeren, zugleich oberflächlichen und subtilen Bewußtsein für die Vergangenheit lebte, der weit entfernten und der näheren und trivialeren Vergangenheit.« Aber wie bei Prousts unwillkürlichen Erinnerungen war gerade ihre Intensität eine Wirkungsweise ihrer Entfernung. Je entfernter die Bilder des vorherigen Lebens waren, um so starrer und idealisierter wurden sie. Die eigenartige Neuheit und die überwältigende Gewalt der Erfahrung verankerte den Soldaten in der Gegenwart, so als ob die Vergangenheit und die Zukunft ausgeklammert wären. Jones erklärte den Titel seines 1937 veröffentlichten Kriegsberichts, *In Parenthesis* (*In Klammern*): »Diese Schrift nennt sich ›In Parenthesis‹, weil ich sie in einer Art von Zwischenraum geschrieben habe – ich weiß nicht so recht zwischen was – aber so als ob man sich zur Seite abwendet, um etwas zu erledigen; und weil für uns Amateursoldaten . . . der Krieg an sich eine Klammer war – wie glücklich glaubten wir uns, Ende 1918 aus seinen Klammern heraustreten zu können – und auch weil unsere eigenartige Form der Existenz hier in Klammern gesetzt ist.« Am Anfang gab es einige Kontinuitäten zur Vergangenheit – »eine gewisse anziehende Amateurhaftigkeit, und einen Spielraum für Eigenarten, die einen mit einer weniger anspruchsvollen Vergangenheit verbanden«. Aber die Schlacht an der Somme beendete all das. Die neuen Rekruten kamen in einem endlosen Strom neuer Gesichter an, und die durch Verluste dezimierten und durch neue Befehle vermischten Einheiten veränderten andauernd ihre Zusammensetzung.

Jones erinnerte sich auch an die verwirrende Wirkung der Giftgasübungen und der »Einstimmung auf zahlreiche neumodische Mechanismen«, die alle »eine neue und fremdartige Ausrichtung des Verstandes, eine neue Sensibilität« erforderten. Er versuchte den Krieg mit der Vergangenheit zu verbinden, indem er auf die Titelseite jedes Buchabschnitts Zitate aus einem Epos des sechsten Jahrhunderts setzte, das an einen Kriegszug von 300 in das englische Königreich Deira einfallenden Walisern erinnerte. Er erklärte, daß »die Auswahl der Fragmente dieses Epos als ›Texte‹ insofern nicht sinnlos ist, da sie uns mit der sehr alten Vereinigung und Vermischung von Rassen in Verbindung bringen; mit der Insel als einem gemeinsamen Erbe, mit der Erinnerung an Rom als einer europäischen Einheit«.[16] Tatsächlich *waren* diese Zitate sinnlos: Die Kriegserfahrung hatte selbst mit der Zeit unmittelbar vor seinem Ausbruch wenig zu tun, um so weniger mit dem sechsten Jahrhundert. Der Krieg widerlegte die historistische Stoßrichtung des vorhergehenden Jahrhunderts, das die Vergangenheit als eine kontinuierliche Quelle für die Sinngebung der Gegenwart ansah.

Einige Merkmale des Krieges verstärkten das Gegenwartsgefühl – die Abtrennung von Vergangenheit und Zukunft, die emotional und physisch herausfordernde gegenwärtige Erfahrung und die Gleichzeitigkeit zahlreicher, entfernter Ereignisse, die von Hunderttausenden Männern auf dem Schlachtfeld geteilt wurden, beobachtet von der Zivilbevölkerung, die diese Ereignisse in einem einzigen, zusammenhängenden Muster zu verbinden suchte. Barbusse beschrieb die Abtrennung von der Vergangenheit. »In einer Linie von rechts nach links fliegen Granaten vom Himmel und Splitter aus der Erde. Ein schauriger Vorhang trennt uns von der Welt, von der Vergangenheit und von der Zukunft. Wir bleiben stehen, wie festgewurzelt, betäubt von dem Donner, der plötzlich von allen Seiten losbricht.«[17] Blunden erinnerte sich: »Es schien schon eine Ewigkeit ver-

gangen zu sein, seit ich das letzte Mal den armen Tice gesehen und mit ihm auf genau dieses Stück Boden geschaut
hatte, ... aber die Kluft, die sich in den drei Tagen danach
aufgetan hatte, war tatsächlich ein schwarzer und tödlicher
Schlund.« Während einer Schlacht »schlummerten und
gähnten die Männer. Die Zeit verging, aber niemand bemerkte es, da der Schatten des Todes über dem Zifferblatt
lag.« Die Konzentration auf die Gegenwart war eine Antwort auf die Allgegenwärtigkeit des Todes und intensivierte
die friedlichen Augenblicke zwischen den Bombardements.
Blunden bemerkte, daß man in solchen Momenten lernt,
»daß das Licht süß ist und daß ein friedlicher Tag ein Juwel
ist, dessen zahllose Strahlen sich, während die Erinnerung
ihn in der Hand wendet, verändern und herumtollen, die
Unendlichkeit der Gnade. Hier ist dieses Juwel; die milde
Natur wird es vor der Korrosion des vorherigen Tages be-
schützen; gib dich dieser magischen Stunde hin«.[18] Es ist
wahrscheinlich, daß Joyces Beharren auf der dominierenden
Realität der Gegenwart in *Ulysses* teilweise auf ihre überwältigende Kraft im Krieg zurückzuführen ist. Er wiederholte Varianten einer offensichtlichen Anspielung auf den
Krieg wie einen Refrain: »Ich höre den Untergang allen
Raums, zerschmettertes Glas und stürzendes Mauerwerk,
und die Zeit eine einzige bleifahle Flamme.«[19] Im Krieg
schien die Zeit hell leuchtend zu verbrennen und das Bewußtsein an die ewige Gegenwart zu fesseln. In einem Aufsatz über psychologische Phänomene im Krieg beschrieb
Hereward Carrington ein Schrumpfen des Bewußtseins, das
einsetzte, sobald man sich der Front näherte. Dabei fixierte
sich der Blick auf eine immer engere räumliche Sphäre, und
die Zeitwahrnehmung konzentrierte sich auf die Gegenwart. Verläßt ein Soldat die zivile Welt, beginnt sich alles zu
verändern und zusammenzuziehen. »Jeder, den er trifft,
denkt so wie er über die gleichen Themen, auf die gleiche
Art; jeder ist in der gleichen Weise gekleidet; die Gedanken
eines jeden laufen in der gleichen, engen Rille. Es gibt keine

widerstreitenden Meinungen mehr, oder den Austausch rivalisierender Gedanken. Langsam und unmerklich beginnen die Bilder und Gedanken des normalen Zivillebens zu verblassen; Gedanken an zu Hause, Ehefrau und Freunde fangen an sich zu verdunkeln und treten in der Erinnerung zurück. Die Gegenwart, die lebenswichtige Gegenwart besetzt und ergreift den Verstand.«[20]

Ein kennzeichnendes Merkmal des Gegenwartsgefühls der Vorkriegszeit war eine Verbreiterung von dessen zeitlicher Länge über ›eines Messers Schneide‹ zwischen Vergangenheit und Zukunft hinaus zu einem erweiterten Zeitabschnitt, der Teile der Vergangenheit und der Zukunft enthielt. Bergsons *durée*, James' trügerische Gegenwart, Husserls Höfe und Ränder der Retentionen (Wiedererinnerungen) und der Protentionen (Vorerinnerungen) und Gertrude Steins kontinuierliche Gegenwart besagten, daß Zeitabschnitte der Gegenwart Ströme von der Vergangenheit in die Zukunft einbezogen. Diese Vorstellungen bedeuteten auch, daß unser Leben die Tage, Wochen und Jahre enthielt, die davor und danach kamen, und daß es seine zeitliche Reichweite ausdehnte, während wir älter wurden. Der Krieg widersprach massiv solchen Vorstellungen von einer ausgedehnten Gegenwart, indem er den gegenwärtigen Moment vom Fluß der Zeit isolierte. Jedoch verkörperte die Kriegserfahrung auf dramatische Weise die andere Ausdehnung der Gegenwart, die wir bereits beobachtet haben – eine räumliche Ausdehnung, die eine Vielzahl weit voneinander entfernter Ereignisse einschloß.

Wie in einem riesigen, simultanen Drama wurden zahllose, unterschiedliche Ereignisse unter einer einzigen Rubrik wie »die Marneschlacht« zusammengefaßt, auch wenn sie von niemandem direkt zur gleichen Zeit erlebt wurden. Am 23. August 1914 waren die Franzosen während der ersten deutschen Angriffe an einigen Stellen noch dabei, die Deutschen anzugreifen und wieder über die Sambre zurückzuwerfen; an anderen Stellen hielten sie ihre Stellung;

und an wieder anderen Stellen zogen sie sich in wilder Unordnung zurück.[21] Die Schatten von Sieg und Niederlage fielen in jede Richtung bei einem Ereignis, das als eine einzige Schlacht bekannt wurde; im geschichtlichen Bewußtsein vereinigt wie Formen einer facettenreichen, kubistischen Landschaft, die das Licht einer Vielzahl von Quellen reflektiert. Einer der einflußreichsten simultanen Dichter der Vorkriegszeit, Apollinaire, wandte diese Technik auf den Krieg selbst an. In einem Gedicht von 1917, *Merveille de la guerre*, stellte er sich die großartige Gleichzeitigkeit von Ereignissen vor, die aus dem Chaos entsteht.

> . . .
> Der Zukunft vermache ich die Geschichte von
>   Guillaume Apollinaire
> Der im Krieg war und überall zu sein wußte
> In den frohen Städten hinter der Front
> In dem ganzen Rest des Universums
> In denen die strampelnd im Stacheldraht starben
> In den Frauen in den Kanonen in den Pferden
> Im Zenit im Nadir in allen 4 Himmelsrichtungen
> . . .
> Und ohne Zweifel wäre es noch schöner
> Wenn ich annehmen könnte daß alle diese Dinge in
>   denen ich überall bin
> Auch mich bewohnen könnten
> Aber in diesem Sinn kann man nichts machen
> Denn ich bin überall zu dieser Stunde . . .[22]

Das Gefühl der Gleichzeitigkeit, das die Diplomaten während der Julikrise erlebten, verstärkte sich im Verlauf des Kriegs tausendfach, als Millionen von Soldaten durch eine Kette aus Befehlen, elektrischer Kommunikation und gleichgestellten Uhren und auch geistig durch die allgemeine Gemeinsamkeit der Ereignisse vereinigt wurden. Ihr

Kampf wurde wiederum von den Millionen zu Hause beobachtet, die von diesen mannigfaltigen Ereignissen beinahe zur gleichen Zeit erfuhren, zu der sie sich ereigneten, über sie in der Zeitung lasen, sie in den Kinos sahen, und sie ununterbrochen diskutierten. Europa wurde zu einem Kommunikationsnetzwerk, das mehr Informationen als jemals zuvor verarbeitete – über mehr Menschen, die zur gleichen Zeit in mehr Ereignisse an weit voneinander entfernten Orten verwickelt waren. Der Erste Weltkrieg war *das* simultane Drama des Zeitalters der Simultanität.

Das Gefühl für die Zukunft war von der Ranghöhe abhängig. Die Offiziere versuchten, sich die Zukunft mit sorgfältig erdachten Schlachtplänen aktiv anzueignen. Eines der am intensivsten in Militärkreisen vor dem Krieg diskutierten literarischen Werke war eine Erzählung (*Ein Sinn für Proportionen*) über einen offensichtlich nach dem Vorbild Moltkes geschaffenen General, der so sorgfältige Vorbereitungen für eine Schlacht traf, daß er zuversichtlich genug war, um kurz vor Schlachtbeginn auf Forellenfang gehen zu können. John Keegan hat diese Erzählung als ein Beispiel für das ausgeprägte Zukunftsgefühl der Militärplaner während des Ersten Weltkriegs angeführt. Der Plan für das 13. Corps der britischen Armee (so groß wie die Armee Wellingtons bei Waterloo) für den ersten Tag der Schlacht an der Somme umfaßte einunddreißig Seiten. Wellington dagegen hatte keine schriftlichen Pläne für die Schlacht bei Waterloo ausgegeben. Keegan meinte, daß eine so sorgfältige Planung von einem Geist getragen wurde, »der die Zukunft vorzubestimmen versucht; ein Geist, wie ihn die Befehlssprache verdeutlicht: ›Infanterie und MGs werden sofort nach vorne beordert . . .‹; ›Belagerungs- und schwere Artillerie rücken vor . . .‹; ›Nach Einnahme des Gefechtsendziels durch die 30. Division wird diese von der 9. Division abgelöst‹«.[23]

Sowohl im Krieg als auch im Frieden haben die Reichen

und Mächtigen ein stärkeres und aktives Gespür für die Zukunft als die Armen und Machtlosen. Großer Reichtum ist eine Brücke in die Zukunft – er gibt die Macht, Menschen und Ereignisse zu kontrollieren, für sich selbst und seine Familie in schwierigen Zeiten zu sorgen, neue Stiftungen und Erbschaften zu schaffen, die das Wohlbefinden zukünftiger Generationen sicherstellen, und als Investition in die Unsterblichkeit Monumente zu bauen und Institutionen zu stiften. Die große Selbstüberschätzung der Generäle während des Krieges, die Überzeugung, daß ihre nächste Offensive den Stillstand durchbrechen würde, speiste sich aus Generationen, die in ein Klassensystem hineingeboren wurden, das die Mächtigen und Zuversichtlichen von jenen trennte, die traditionell verpflichtet waren, passiv und gehorsam Befehle auszuführen. Die Erwartung der Offiziersklasse, daß die Zukunft von ihnen zu gestalten sei, zerbrach im Krieg ebenso wie die älteren starren Grundsätze eines Klassensystems, das den Generälen ursprünglich ihren blinden und dauerhaften Glauben an die Zukunft gab. In *Zärtlich ist die Nacht* hat F. Scott Fitzgerald das Ausmaß dieses Zusammenbruchs skizziert.

> Das, was an der Westfront vor sich gegangen ist, kann so bald nicht wieder geschehen. Die jungen Leute denken, sie könnten es, aber sie können es nicht. Die erste Marneschlacht könnten sie wieder schlagen, aber dieses hier nicht. Die Voraussetzungen hierfür waren Religion, Jahre des Wohlstandes und unbegrenzter Sicherheit und die genau festgelegten Beziehungen der Klassen zueinander. Die Russen und Italiener taugten nichts an dieser Front. Man mußte schon über ein vollkommenes seelisches und gefühlsmäßiges Rüstzeug verfügen, das weiter zurückreichte als das Gedächtnis. Man mußte sich an Weihnachten erinnern können, an Postkarten mit dem Kronprinzen und seiner Verlobten, kleine Cafés in Valencia und Biergärten Unter den

Linden, an standesamtliche Trauungen, Derby-Besu-
che und an Großvaters Backenbart. ... Dies war eine
Liebesschlacht: Ein Jahrhundert der Liebe des Mittel-
standes wurde hier zunichte gemacht.[24]

Nachdem sein anfängliches Vertrauen erschüttert war, er-
fuhr der Frontsoldat die unmittelbar bevorstehende Zukunft auf eine passive Weise, indem er auf die nächste Gra-
natenexplosion und den nächsten Schrei wartete. Barbusse
schrieb: »Im Krieg wartet man immer. Man ist zu einer Maschine geworden. Augenblicklich warten wir auf das Essen.
Sonst ist es die Post. Doch alles zu seiner Zeit: Erst wenn
wir das Essen hinter uns haben, denken wir an die Post.
Und danach warten wir wieder auf irgend etwas.«[25] Barbusse geht davon aus, daß in jedem Krieg gewartet wird,
aber das Gefühl des passiven Wartens war besonders stark
in diesem Krieg, der zu einem sich hinziehenden Verteidi-
gungskampf wurde. Leed kam zu dem Schluß, daß »der
Schützengrabenkrieg, vielleicht mehr als jede andere Form
der Kriegsführung vorher oder nachher, die offiziell geför-
derten Vorstellungen vom soldatischen Selbst als einer Kraft
der Aggression untergrub«.[26] Artillerie mit großer Weit-
reiche, Maschinengewehre, Gräben, Stacheldraht und Gas
hielten die Menschen in überfüllten Quartieren unter großem Streß für lange Zeitabschnitte fest. Die übliche Reaktion auf eine lebensbedrohliche Gefahr ist die aktive Aggression. Die Frontsoldaten wurden jedoch gezwungen,
passiv zu bleiben. Diese erniedrigenden Verhältnisse erzeugten eine Art von ›defensiver Persönlichkeit‹, die zu
einem typischen Merkmal der Kriegsneurose wurde. Ein
Psychiater beobachtete, daß die nervlichen Spannungen besonders zerstörerisch bei den Männern waren, die untätig
verharren mußten, während sie bombardiert wurden.[27] In
einer Studie über Kriegsneurosen stellte W. H. R. Rivers
fest, daß von allen Soldaten die Piloten die wenigsten Nervenzusammenbrüche erlitten. Er schrieb dies ihrem Gefühl

einer aktiven Kontrolle über ihr Schicksal zu. Ihre medizinischen Akten unterschieden sich erheblich von denen der Ballonaufklärer, passiven Zielen, die an langen Leinen schwebend über der Front hingen. Die Zahl der Nervenzusammenbrüche übertraf bei ihnen die Zahl der Körperverletzungen. Leed kam auch zu dem Ergebnis, daß die zahlreichen Fälle von sexueller Impotenz bei Soldaten ein weiterer Ausdruck der allgemein passiven Einstellung waren, zu der sie ein Krieg zwang, der so von Maschinen und Chemikalien bestimmt und so einzigartig durch das Warten charakterisiert wurde. Als sich alles eingrub, mußten sich die Männer ihrem Schicksal überlassen und die normalerweise nach außen gerichteten Erscheinungsformen der Aggression und der Libido internalisieren.[28]

Während die unmittelbar bevorstehende Zukunft von einem Gefühl des passiven Wartens beherrscht wurde, schien die weit entfernte Zukunft, eine Zeit nach dem Krieg, immer ungewisser zu werden. Schon 1916 erkannte Barbusse die Lücke von Moral und Erfahrung, die sich zwischen der Gegenwart und der Zukunft auftat. »Die Zukunft, die Zukunft!« rief einer seiner Charaktere. »Das Werk der Zukunft muß es sein, unsere Gegenwart auszulöschen, und noch mehr auszulöschen, als man denkt, sie als etwas Niederträchtiges und Schändliches auszulöschen.«[29] Blunden erinnerte sich, daß »sich das andauernde Gefühl der Endlosigkeit des Krieges als einer der ersten Gedanken in meinem forschenden Geist festsetzte. Niemand hier schien das Ende abzusehen«. Ein furchterregendes Vorzeichen dieses endlosen Schreckens blieb ihm in besonderer Erinnerung: »In bezug auf die Zukunft wurde mir einiges klar, als man eine Maschinengewehrstellung aus Ziegelstein und Zement errichtete, so als ob man ein Haus bauen wollte.«[30] Die Ironie enthielt einen Teil Wahrheit, da die Maschinengewehrunterstände und die Betonbunker über den gesamten Krieg hinweg intakt blieben und noch lange danach als Denkmäler dienten. Die erahnte Ferne der Zukunft bestätigte sich einige Jahre später in veröffentlichten Erinnerungen, die Zeugnis davon ablegten, daß die Zeit zwischen dem Kriegsende und der Wiederaufnahme eines ›normalen‹ Lebens in Friedenszeiten häufig sehr lang war, und es einigen Veteranen überhaupt nicht mehr gelang, sich zu reintegrieren. Mehr als zwölf Jahre nach dem Waffenstillstand erinnerte sich Henri Massis: »Ja, der Krieg war die Heimat unserer Jugend. Wir wurden durch den Krieg geboren, der Krieg war unmittelbar um uns, und ehrlich gesagt, haben wir nie etwas anderes gemacht.«[31] Während der 20er Jahre zogen einige amerikanische Kriegsveteranen zwischen Europa und Amerika hin und her. Sie versuchten, ein neues Gefühl von Verbindung zu formen und die zeitliche Kontinuität ihres Lebens wiederherzustellen. Die Unruhe, die Hemingway durchlebte und in *Paris – Ein Fest fürs Leben* beschrieb, war die Suche einer »verlorenen Generation« (*lost generation*) nach der *temps perdu* und der Wiedereingliederung in den Fluß der Zeit.[32]

Der Krieg versperrte den direkten Zugang zur Zukunft und öffnete für jedermann einen Abgrund zwischen der Gegenwart und der entfernten Zukunft, sogar für die Futuristen. Zunächst begrüßten sie den bevorstehenden Krieg als Erfüllung ihrer Bemühungen, die Vergangenheit zu zerstören und eine neue und endlos innovative Lebensform zu verwirklichen. Im März 1914 schrieb Marinetti, daß er die neue Schönheit des »geometrischen und mechanischen Glanzes« zum ersten Mal auf dem Deck eines Schlachtschiffs entdeckt habe. »Die Geschwindigkeit des Schiffs, die Weite der Schüsse, die ich von der Höhe des Achterdecks in der kühlen Luft kriegerischer Berechnungen verfolgen konnte, die merkwürdige Lebendigkeit der vom Admiral erteilten Befehle, die plötzlich nicht mehr menschlich waren, sondern sich verselbständigten in den Launen, der Ungeduld und dem Ächzen von Stahl und Kupfer: All das strahlte geometrischen und mechanischen Glanz aus. Ich hörte die lyrische Zündung der Elektrizität durch die Panzerung der vierfachen Kanonentürme fließen, durch die gepanzerten Röhren bis zu den Munitionskammern niedersteigen, die Haubitzen bis zum Anschlag herausziehen, hinaus bis zu ihrem aufsteigenden Flug.«[33] Er behielt seinen wilden Enthusiasmus während der ersten Kriegsmonate, als er 1915 eine Sammlung von futuristischen Vorkriegsmanifesten veröffentlichte und um einige Schriften ergänzte, die die Intervention Italiens forderten. In *Krieg, die einzige Welthygiene* (geschrieben zwischen 1911 und 1915) schwelgte er in der Hoffnung, die Ziele der Futuristen würden durch den Krieg erfüllt werden. Jedoch ging seine schrille Stimme schließlich im Schlachtenlärm unter, die Begeisterung über die »Hygiene« des Krieges wurde durch den Dreck der Schützengräben gedämpft, und bald zerstreute und reduzierte sich die Gruppe der Futuristen. Boccioni und Sant'Elia wurden getötet, Marinetti und Russolo wurden schwer verletzt, und andere verloren sich im Chaos. Ironischerweise schnitt sie der Krieg noch stärker von der Zukunft ab als die meisten anderen – mit der Verwirklichung ihrer Ideale, der Erfüllung ihrer Forderung nach einer kurzlebigen Kunst und der Zurückweisung jeder Form von Orthodoxie zerstörte er ihre Bewegung.

Der Erste Weltkrieg war die Apotheose des Geschwindigkeitsgefühls der Vorkriegszeit. Die Beschleunigung der Ereignisse während der Julikrise und der Zwang zur Geschwindigkeit während der Mobilisierungen setzten sich beim Aufmarsch der Armeen auf dem Schlachtfeld fort. Am 6. August 1914 begannen 11 000 Züge mit dem Transport von 3 120 000 deutschen Soldaten über den Rhein. Ein Grund für das Scheitern des Schlieffenplans war sein anfänglicher Erfolg. Die Truppen überholten ihren eigenen Zeitplan, während die Versorgung nicht Schritt halten konnte.[34] Und obwohl die Franzosen anfänglich einige schnelle Niederlagen erlitten, brachten auch sie ihre Armee mit beispielloser Geschwindigkeit ins Feld. Für die ersten Auseinandersetzungen im August wurden rund

2 000 000 Franzosen in 4278 Zügen bereitgestellt, und nur
neunzehn Züge hatten Verspätung.[35] Obwohl die Männer,
wenn sie erst einmal in den Schützengräben waren, den
Krieg oft als eine langwierige und monotone Auseinandersetzung wahrnahmen, war der eigentliche Kampf sehr
viel schneller als jemals in der Geschichte zuvor. Er wurde
revolutioniert durch den weitverbreiteten Gebrauch von
Magazingewehren, schnellfeuernden Artilleriegeschützen
und dem Symbol des schnellen Tötens, den Maschinenge-
wehren, die rund 80 Prozent aller Verluste verursachten.
Am 1. Juli, dem ersten Tag der Schlacht an der Somme, erlitten die Briten Ausfälle von rund 60 000 Mann, darunter
21 000 Tote. John Keegan vermutet, daß die meisten in der
ersten Stunde des Angriffs getötet wurden, vielleicht sogar
in den ersten Minuten.[36] Der Krieg setzte einige grausige
Geschwindigkeitsrekorde.

Gertrude Steins kubistische Metapher eignet sich besonders gut, die Räumlichkeit des Krieges als eine Wirkungsweise der Vorkriegsvorstellungen vom Raum und seiner
Form, Entfernung und Richtung zu charakterisieren. Ihre
Beobachtung, daß es »sich nicht um eine Gestaltungsform
handelte, bei der ein Mann im Zentrum war, umgeben von
vielen anderen Männern«, deutet auf die Vorkriegsphiloso-
phie des Perspektivismus. Es gab eine Front in der Türkei
und im Mittelmeerraum, eine östliche und westliche
Front, Seegefechte im englischen Kanal und im Atlantik,
Bombardierungen und Zweikämpfe in der Luft. Die westliche Front schlängelte sich von der Schweiz bis zum Kanal,
und entlang ihres Verlaufs gingen riesige Armeen in Kampf-
stellung, die das eine Mal in die Linien des Feindes eindran-
gen und das andere Mal selbst zurückgedrängt wurden, wie
in einer kubistischen Landschaft. Schlieffens eigene Vorstellung von der zukünftigen Rolle des Feldherrn war eine teilweise genaue Vorhersage dessen, was wirklich passierte, und
eine unheimliche Vorausschau des Steinschen Bildes:

Kein Napoleon, umgeben von einem glänzenden Gefolge, hält auf einer Anhöhe. Auch mit dem besten Fernglas würde er nicht viel zu sehen bekommen. Sein Schimmel würde das leicht zu treffende Ziel unzähliger Batterien sein. Der Feldherr befindet sich weiter zurück in einem Hause mit geräumigen Schreibstuben, wo Draht- und Funkentelegraph, Fernsprech- und Signalapparate zur Hand sind, Scharen von Kraftwagen und Motorrädern, für die weitesten Fahrten gerüstet, der Befehle harren. Dort, auf einem bequemen Stuhle vor einem breiten Tisch hat der moderne Alexander auf einer Karte das gesamte Schlachtfeld vor sich, von dort telephoniert er zündende Worte, und dort empfängt er die Meldungen der Armee- und Korpsführer, der Fesselballone und der lenkbaren Luftschiffe, welche die ganze Linie entlang die Bewegungen des Feindes beobachten, dessen Stellungen überwachen.[37]

Schlieffen hoffte, daß die Vielzahl der verschiedenen Ereignisse, die aus zahlreichen, unterschiedlichen Perspektiven beobachtet wurden, dem Feldherrn elektrisch übermittelt werden könnten, und daß er sogar während des Schlachtenverlaufs wirksame Befehle an seine Soldaten zurücksenden könnte. In Wirklichkeit war die Situation völlig anders. Die Kommandeure erhielten flüchtige Berichte oft lang nachdem sich die Situation wesentlich verändert hatte. Dies verursachte massive Verwirrung und machte wirksames Reagieren unmöglich. Jedoch erkannte Schlieffen richtig, daß es bei der neuen Beschaffenheit des Krieges zu unverbundenen Auseinandersetzungen kommen würde, die nicht von einem einzigen Punkt zu übersehen wären.

Die zentripetale Kraft der zahlreichen Fronten machte es für einen einzigen Menschen unmöglich, alles zu leiten. Gustave Le Bon, der 1895 die Macht des einzelnen Führers über das Verhalten einer Masse hervorgehoben hatte, sah im Ersten Weltkrieg »das völlige Verschwinden des alten

Schlachttypus, der von den Tagen Hannibals und Cäsars bis zu den Tagen Napoleons das persönliche Werk eines Generals war«.[38] In dem gegenwärtigen Krieg erstreckten sich die Schlachtfelder über Hunderte von Kilometern, die Menschen konnten kaum vom Boden unterschieden werden, die Artillerie und die Schützengräben waren versteckt und der General befand sich in der Regel weit entfernt von der Schlachtzone. Schlieffen, Le Bon und Stein stimmten darin überein, daß für das Verständnis des modernen Kriegs eine Vielzahl der Perspektiven erforderlich war.

Steins Bemerkung, daß in der Struktur des Krieges »eine Ecke genauso wichtig war wie jede andere«, bezog sich vielleicht auf das Fehlen eines einzelnen Mittelpunkts während all dieser Schlachten und Ereignisse, die zur gleichen Zeit stattfanden. Im Gegensatz dazu gab es für die einzelnen Soldaten eine lebenswichtige Unterscheidung zwischen Sicherheit und Gefahr, und die Ecken, an denen Granaten fielen, waren sicherlich wichtiger als andere.[39] Jedoch aus einer anderen Perspektive hatten in diesem Krieg, wie auf einem kubistischen Gemälde, alle Räume den gleichen Wert, da sogar der leere Raum als ein konstituierendes Element eine besondere Bedeutung annahm – das Niemandsland war sein positiver negativer Raum.

Die mehreren tausend Meter zwischen den feindlichen Schützengräben, die sich an einigen Stellen auf 50 bis 100 Meter verengten, wurden um so wichtiger, je mehr sie durch die Kämpfe verwüstet wurden. Das Niemandsland wurde zu einem Synonym für die Leere – ein Raum, in dem kein Mensch sein sollte: von Granattrichtern zerlöchert, nach verwesenden Körpern stinkend, voller Schlamm und Gas, ein giftiges, wüstes Land, ein lebloses und bedrohliches Gebiet des Nichts und dennoch ein Raum, der einen außerordentlichen Wert erwarb, der sich durch die aufgehäuften Toten errechnete, die darum kämpften. Es war wechselweise ein Ort des in den Wahnsinn treibenden Lärms und der entnervenden Ruhe. Die Telefonkabel verliefen bis zur Front und hörten dort auf: Sobald ein Soldat dort war, konnte er sich plötzlich in der Ruhe verlieren. In *The Void of War* (*Die Leere des Krieges*) beschrieb Reginald Farrer die »überfüllte Leere«, die er auf den Schlachtfeldern der Somme sah, wo jede Spur der Besiedlung sein Gefühl einer »großen, beunruhigenden Einsamkeit« verstärkte. »Vielleicht sollte ich es nicht leer nennen«, schrieb er, »ich meine, es ist eher ›voll von Einsamkeit‹: Eine Leere ist eigentlich überhaupt nicht leer. Dort gibt es überall etwas Persönliches, und ich stelle mir dieses Stück Land nicht als eine Szenerie, sondern als eine Person vor.« Farrer rechtfertigte die Ironie seines Titels. »Die Leere des Krieges ist ein hervorragender Name! Er bezieht sich auf diese völlig zerbombten und zerstörten und offensichtlich ziemlich leblosen und verlassenen Orte: Tatsächlich dröhnt aber in ihnen unermüdlich das Militärleben.«[40] Für den unter Beschuß liegenden Soldaten war das Niemandsland wie ein irreguläres Damespielfeld in Bereiche von Sicherheit und Gefahr aufgeteilt, und eine falsche Plazierung von einem Zentimeter konnte über Leben und Tod entscheiden. Aus der Entfernung betrachtet, war aber eine Ecke genauso wichtig wie jede andere. Häuser, Bäume und Straßen wurden weggesprengt, und es entstand ein einheitliches Trümmergebiet. Der große leere Raum verdarb die Männer und die Armeen, so wie Conrads »Herz der Finsternis« Kurtz verdorben hatte. Es war ein Grauen, aber es war auch das, worum das Kämpfen sich zu drehen schien. Auf ihm wurden Unterschiede von Rang, Klasse und Nation eingeebnet; der Erste Weltkrieg bedrohte die hierarchischen Privilegienstrukturen in einem größeren Maße, als es die Beteiligten jemals erwartet hatten.

Das Niemandsland bildete auch eine Grenze, eine sich ständig umformende Linie zwischen zwei Seiten einer Welt, die in höchstem Maße polarisiert und zugleich in der Schlacht eng miteinander verknüpft waren. Nach der Lektüre von Hunderten von Kriegsmemoiren berichtete Leed, daß »eine erstaunliche Anzahl derjenigen, die über ihre Kriegserfahrungen schrieben, das Niemandsland als die dauerhafteste und beunruhigendste Vorstellung bezeichneten. Es war ein Begriff, der das Wesentliche der Erfahrung einfing, über die äußeren Grenzen des gesellschaftlichen Lebens hinausgeschickt worden zu sein, zwischen das Bekannte und das Unbekannte, das Gewohnte und das Unheimliche gestellt worden zu sein.«[41] Die während des Kriegs im Niemandsland erfahrene psychologische Fragmentierung war nur ein Aspekt in einer Reihe von zerstörten Formen – die nationalen Grenzen, die politischen Systeme, die gesellschaftlichen Klassen, die Familienleben, die geschlechtlichen Beziehungen, das Privatleben, die moralischen Gebote, die religiösen Überzeugungen, die menschliche Vernunft. Die Form des Kämpfens an sich unterschied sich von allen vorherigen Kriegen, da die Schützengräben dauerhafte Befestigungsanlagen ersetzten, die Schlachten sich in die dritte Dimension ausdehnten und getarnte Maschinen mit der sie umgebenden Landschaft verschmolzen.

Gertrude Stein hielt einen weiteren denkwürdigen Moment fest, der erneut die Brauchbarkeit ihrer kubistischen Metapher nahelegt. »Ich kann mich sehr gut daran erinnern, daß ich bei Kriegsbeginn zusammen mit Picasso auf dem Boulevard Raspail war, als der erste getarnte Lastwagen vorbeifuhr. Es war nachts, wir hatten viel über Tarnung gehört, aber wir hatten sie bis dahin noch nicht gesehen, und Picasso betrachtete sie beeindruckt und rief dann, ja wir haben das gemacht, das ist Kubismus.«[42] Die Armeen des 19. Jahrhunderts waren in leuchtende Farben gekleidet, um den Prunk der sie einsetzenden Regierungen zur Schau zu stellen. Die auffallenden Blau-, Rot- und Weißtöne sollten den Reichtum, den Schliff und die Disziplin der sich nähernden Armee betonen und den Gegner einschüchtern. Jedoch mit der Erweiterung der Schußgenauigkeit von den ein- oder zweihundert Metern der Muskete zu den zweitausend Metern der Hinterladergewehre und der verstärkten

Feuerkraft der dahinfegenden Kugellinien einer Maschinengewehrsalve wurden die leuchtenden, farbigen Uniformen und die engen, ordentlichen Formationen selbstmörderisch. Die Briten wechselten nach dem Burenkrieg zu Khaki, und bis zum Ausbruch des Ersten Weltkriegs hatten die Deutschen von Preußischblau zu Feldgrau gewechselt. Die französischen Soldaten trugen jedoch noch 1914 die roten Mützen und Hosen des zweiten Kaiserreichs. General Messimy versuchte die Uniform zu verändern, aber die Armee weigerte sich zunächst, ihre Soldaten in eintönige, erdene Farben zu kleiden. »Die roten Hosen beseitigen?« explodierte der ehemalige Kriegsminister M. Etienne. »Niemals! *Le pantalon rouge c'est la France.*«[43] Nach den August- und Septembermassakern suchte die stolze und hierarchisch denkende Offizierskaste, die zunächst dagegen protestiert hatte, die französischen Soldaten mit der Umgebung zu verschmelzen, nach Wegen, sie unsichtbar zu machen. Guirand de Scévola, der als Telefonist für eine Artillerie-Einheit bei Pont-à-Mousson arbeitete, dachte daran, eine Artilleriekanone unter einem mit erdenen Farben bespritzten Netz zu verstecken. Kurz nach der Schlacht an der Marne interessierten sich Marschall Joffre und Präsident Poincaré für seine Ideen, und in der französischen Armee wurde die erste Tarnungsabteilung (*section de camouflage*) geschaffen, um mit der systematischen Entwicklung von Techniken für das Verstecken von Soldaten und militärischer Ausrüstung zu beginnen. Die roten Mützen und Hosen wurden auch durch neue, himmelblaue Uniformen ersetzt.

Es ist nicht bekannt, ob Picasso von Guirand de Scévola gehört hatte, aber Guirand kannte die Arbeiten Picassos. Man hörte ihn sagen: »Um Gegenstände vollständig zu deformieren, nutzte ich die Mittel, die die Kubisten gebrauchten, um sie darzustellen – später erlaubte mir dies, ohne Angabe von Gründen, in meiner [Tarnungs-]Abteilung einige Maler anzustellen, die aufgrund ihrer ganz besonderen

Sichtweise eine Befähigung hatten, Gegenstände jeder Form zu denaturalisieren.«[44] Zum Kriegsende beschäftigten die Tarnungsabteilungen dreitausend Mitarbeiter (einschließlich solch prominenter Künstler wie Forain und Segonzac), um die großen Kanonen und andere auffallende Objekte zu verbergen. Ihr Abzeichen war ein Chamäleon.

Auch wenn Picassos Beobachtung nicht auf einem Verständnis vom direkten Einfluß des Kubismus auf die Erfindung und Entwicklung der militärischen Tarnung beruhte, war es zumindest eine Anerkennung, daß es eine indirekte Verbindung zwischen den beiden Phänomenen geben könnte, die beinahe zur gleichen Zeit in der Geschichte auftauchten und eine so ähnliche kulturelle Aufgabe hatten. Nebeneinander machten sie deutlich, daß die traditionellen Methoden nicht notwendigerweise die besten Methoden waren, um Gegenstände im bildlichen Raum oder Männer und Kanonen auf dem Schlachtfeld oder – bei einer weitergehenden Interpretation – Klassen in der Gesellschaft anzuordnen. Mit der Preisgabe der alten Militäruniform, die so eng mit der aristokratischen Gesellschaft verbunden war, wurde im militärischen und im zivilen Leben die Konvention der Ehrerbietung gegenüber dem Rang verworfen. Fortan wurde den Truppen und Artilleriegeschützen, wie bei bildlichen Gegenständen, nur noch dann der Vorrang eingeräumt, wenn es die Situation erforderte, nicht aufgrund von überholten Konventionen. Kubismus und Tarnung beseitigten die älteren Hierarchien, um die Welt in einer Weise neu zu hierarchisieren, die den wirklichen Erfordernissen der gegenwärtigen Situation entsprachen.

Die Idee der Tarnung verbreitete sich schnell. Seit dem Sommer 1917 gab es in England Tarnungsfabriken, die mitunter von den Franzosen unterstützt wurden. Der französische Maler André Mare führte Notizbücher mit Zeichnungen von den Tarnmustern und schickte sie den Engländern zur Unterstützung. 1917 erdachte der britische Marinekommandeur Norman Wilkinson eine *trompe-l'œil*-Tarntechnik, bei der die Seiten der Schiffe mit geometrischen Mustern in kontrastreichen Farben bemalt wurden, um bei der Beobachtung durch ein Periskop die Bestimmung ihrer Größe und Fahrtrichtung zu erschweren. Die Deutschen verwendeten *Tarnung* seit Anfang 1916, und der deutsche Expressionist Franz Marc wurde angestellt, um einige der Tarnnetze und Planen zu bemalen, die dazu genutzt wurden, die deutschen Geschütze in der Schlacht bei Verdun zu verdecken.[45] In Amerika wurde die Tarnung meist auf Schiffen verwendet. Sie wurde durch damals neue Untersuchungen zu den natürlichen Tarnfarben bei Tieren angeregt.[46] Gertrude Stein kommentierte die unterschiedlichen nationalen Kennzeichen bei den Tarnmustern, kam jedoch zu dem Schluß, daß sie trotz der nationalen Unterschiede gemeinsam die »Unvermeidbarkeit« der »ganzen Theorie über Kunst« verdeutlichten – womit sie den Kubismus meinte.[47]

Während die Tarnung die konventionellen Sehgrenzen zwischen dem Gegenstand und dem Hintergrund aufbrach, brach die während der großen Schlachten entfesselte Feuerkraft das Gelände auf, so wie kein Krieg zuvor. Festungsanlagen wurden zerstört, Häuser weggesprengt, Krater geöffnet, kleine Hügel eingeebnet, Flüsse aufgestaut und in ihrem Verlauf umgeleitet, Straßen in Sümpfe verwandelt. Stacheldraht hielt das Gelände zusammen. In den Städten wurden Körper unter dem zerborstenen Glas und dem einstürzenden Mauerwerk zerdrückt. Auf dem Lande steckten Teile von Menschen in Bäumen und Teile von Bäumen in Menschen, wie in einer kubistischen Alptraumlandschaft. Barbusse hat ein lebendiges Bild vom Kriegsgelände hinterlassen.

Die Bäume sind umgebrochen oder ganz verschwunden, herausgerissen, ihre Stümpfe sind zerfetzt. Granaten haben die Böschungen aufgewühlt oder zerstört. An beiden Seiten längs der Straße ... sieht man nur

zwanzigmal verschüttete und wieder ausgegrabene
Schützengräben ... Je weiter wir kommen, desto
schrecklicher, zerwühlter, verfaulter und sintflutartiger
erscheint alles. Wir gehen über ein Pflaster von Gra-
natsplittern. Der Fuß stößt mit jedem Schritt daran,
wir taumeln darüber wie über Fallstricke. Wir stolpern
über das Gewirr von zerborstenen Waffen, Reste von
Kochgeschirren, Feldflaschen, Öfen.

Später trafen die Soldaten auf ein Dorf, das verschwunden ist.

Hier dagegen hat alles seine Form verloren; da ist nur
noch die Kulisse gemordeter Bäume, die uns mitten im
Nebel umgibt, eine gespenstische Dekoration. Nicht
einmal ein Mauerstück, ein Gitter, ein Tor ist stehenge-
blieben, und mit Erstaunen stellen wir fest, daß unter
dem Gewirr von Balken, Steinen und Eisenteilen Pflaster ist: Hier führte einmal eine Straße entlang! ... Unter dem Beschuß hat sich alles verändert: Der Lauf des
Mühlbachs wurde abgelenkt; und dieser kleine Bach,
dem Zufall überlassen, bildet auf den Resten des kleinen Platzes, wo das Kreuz stand, einen Teich.[48]

In Zickzacklinien zogen sich die Schützengräben durch
das Land, markierten die sich ständig verändernden Facet-
ten der Front und verbanden die militärischen Operations-
gebiete hinter der Front.[49] Dem Feind am nächsten war die
Frontlinie, von der aus flache ›Laufgräben‹ ins Niemandsland verliefen und zu den am weitesten vorgelagerten Beobachtungsposten, Granatwerferposten und Maschinenge-
wehrstellungen führten. Ungefähr 200 Meter dahinter war
die Versorgungslinie, in der die Männer die meiste Zeit ver-
brachten und in aus den Dreckwällen heraus gegrabenen
Unterständen und tieferen, bis zu 9 Meter in die Erde gegrabenen Kammern lebten, wo sie vor jeder Bombardierung

sicher waren. Mehrere hundert Meter dahinter war die Re-
servelinie. Verbindungsgräben verliefen quer zu diesen drei
Linien und verbanden sie miteinander. Die regelmäßigen
Windungen alle paar Meter schufen Knicke in den Linien,
die es einem feindlichen Soldaten, der während eines Angriffs in einen Schützengraben gelangen konnte, unmöglich
machten, einen großen Abschnitt unter Beschuß zu nehmen. Aus der Flugzeugperspektive gab das Grabensystem
dem Gelände eine dem Kubismus ähnliche Struktur von ir-
regulären, geometrisierten Formen.

Ein anderer Umbruch ereignete sich beim alten, formalen
Konzept der Schlachtlinie. In vergangenen Kriegen wurde
der Sieg unter anderem daran gemessen, wieweit es einer
Seite gelang, die Schlachtlinie zu halten. Im Kampf war sie
eine genauso präzise Grenze wie die Klassentrennung bei
der Ordnung der gesellschaftlichen Hierarchie des aristokratischen Europa. Es gab für jeden Soldaten hinter der
Linie einen Platz, und in der gut geordneten Armee kannte
jeder Soldat seinen Platz und verharrte dort. Aber die
moderne Frontlinie brach letztendlich unter dem außerordentlichen Druck der Bombardierungen und der massiven
Offensiven zusammen. Die Entschlossenheit traditionell
denkender Generäle, die Linie zu halten, war zu einem guten Teil für das Gemetzel der ersten beiden Jahre verantwortlich, aber 1916 begannen sie eine bewegliche Strategie
der ›Tiefenverteidigung‹ zu verwenden. Dabei verteidigten
die Armeen die Frontlinie, zogen sich aber, sobald der
Feind die Schützengräben erreichte, sofort in die Versor-
gungsgräben zurück und sammelten sich zu einem Gegenangriff. Und anstatt die gesamte Armee in massierten Einheiten unter einem einheitlichen Kommando vorwärts zu
drängen, brach die Tiefenverteidigung auch die Autorität
des »einen Manns im Zentrum« auf und hing stärker von
der Verteilung der Autorität und Initiative ab.

Es gibt eine eindrucksvolle Analogie zwischen diesem
strukturellen Wandel in der Kriegskunst – der Tiefenvertei-

digung – und dem Übergang in der Malerei von der Zentralperspektive zu den vielfachen Perspektiven des Kubismus. Leeds Beschreibung der neuen Strategie deutet auf weitere Parallelen zum Kubismus. »Tiefenverteidigung«, schrieb er, »bedeutete die Zerstückelung des Zusammenhangs, die Erschütterung einer jeglichen klaren, geometrischen Struktur, die Auflösung der Kompanie in kleine, unabhängige Trupps und Nester von Verteidigern.«[50] Jedoch wurde die alte Struktur nur widerwillig aufgegeben. Noch 1918 forderte der deutsche Soldat Ernst Jünger: »Aber wir müssen dazu kommen, mit der unheilvollen Idee der Linie, von der wir uns aus historischen und disziplinarischen Gründen während des ganzen Krieges nicht loslösen konnten, auch endgültig zu brechen. . . . Das richtige Bild ist das eines Netzes, in das der Gegner wohl hier und da einzudringen vermag, um aber sofort von allen Seiten mit feurigen Maschen zu Boden geworfen zu werden.«[51] Die Vorstellung von der Linie als Grenze, die zwei verschiedene Reiche im Krieg und in der Malerei trennt, verlor ihre Unverletzbarkeit. Die beiden Künste nahmen eine neue Gestalt an, die die Doppeldeutigkeiten und unregelmäßigen Umrisse der Wirklichkeit in sich vereinte. Die Kubisten hatten nach einer neuartigen Vereinigung des ästhetischen Werts der gesamten Bildoberfläche gesucht; der Krieg hatte ungleiche Elemente von Klasse, Rang, Beruf und Nation zusammengebracht und die traditionellen hierarchischen Unterschiede eingeebnet. Einheitliche Kreuze warfen geometrische Schatten über die Massengräber – eine abschließende Erinnerung an die gesellschaftliche Nivellierung in diesem Krieg.

Auf der einen Seite gab es eine starke internationale Uneinigkeit. Reisepässe wurden wieder eingeführt, die Grenzen geschlossen, die Armeen in Kampfbereitschaft gebracht und das nationale Bewußtsein durch die Propaganda polarisiert. Aber andererseits waren die Nationen Europas nie so intim und total miteinander verwickelt wie im Großen *Eu-*

ropäischen Krieg. Ironischerweise gab es zu dieser Zeit sogar mehr internationalen Verkehr – zwar ohne Genehmigung, aber doch immerhin Verkehr. Mehr Deutsche gingen im August und September 1914 nach Frankreich und Rußland als jemals zuvor innerhalb eines so kurzen Zeitraums, und es gab Kontakte aller Art zwischen den Männern der einfallenden Armeen und ihren Gegnern, auf ziviler und auf militärischer Ebene. Das Bewußtsein Europas war wie ihre Armeen zusammengeschlossen, manchmal sogar mit unzweifelhaft positiven Gefühlen wie Weihnachten 1914 bei der Verbrüderung der feindlichen Truppen über das Niemandsland hinweg. Schlamm, Müdigkeit, Schmerz und Tod beseitigten die nationalen Merkmale, die die Soldaten voneinander unterschieden, und unter der Zivilbevölkerung der einzelnen Länder gab es insbesondere während der ersten Augustwochen 1914 ein intensives, gesteigertes Einheitsgefühl, wie es Stefan Zweig für Österreich beschrieben hat:

Wie nie fühlten die Tausende und Hunderttausende Menschen, was sie besser im Frieden hätten fühlen sollen: daß sie zusammengehörten. Eine Stadt von zwei Millionen, ein Land von fast fünfzig Millionen empfanden in dieser Stunde, daß sie Weltgeschichte, daß sie einen nie wiederkehrenden Augenblick miterlebten und daß jeder aufgerufen war, sein winziges Ich in diese glühende Masse zu schleudern, um sich dort von aller Eigensucht zu läutern. Alle Unterschiede der Stände, der Sprachen, der Klassen, der Religionen waren überflutet für diesen einen Augenblick von dem strömenden Gefühl der Brüderlichkeit. ... Jeder einzelne erlebte eine Steigerung seines Ich, er war nicht mehr der isolierte Mensch von früher, er war eingetan in eine Masse, er war Volk, und seine Person, seine sonst unbeachtete Person hatte einen Sinn bekommen.[52]

Als der Krieg sich hinzog, setzte er andere mächtige und verwirrende Kräfte frei, die die alten Trennwände aufbrachen und neue Einheiten formten. Massen von Zivilisten in Serbien und Belgien waren von den Kämpfen direkt betroffen, da ihre Städte von Artillerie beschossen wurden, und die Unterscheidung zwischen Front und Heimat verschwand. Im weiteren Verlauf des Kriegs bombardierten die Deutschen englische Städte und suchten sich dafür zivile Ziele aus. Es war ihre Absicht, den Willen des Feindes zu schwächen, aber die punktuelle Zerstörung hatte die entgegengesetzte Wirkung; sie beseitigte die Differenzen und Mißverständnisse, die den Frontsoldaten vom Zivilisten trennte, und vereinte die Engländer in ihrem Entschluß, den Krieg auf dem Kontinent weiterzuverfolgen. In den Schützengräben wurden die Unterschiede von Klasse, Rang und Beruf so wie die Uniformen durch den Schlamm aufgeweicht. Barbusse erinnerte sich: »Unsere Berufe? Auch da ist alles vertreten. In verflossenen Zeiten, als jeder noch eine soziale Stellung hatte, ehe er sein Geschick in diese verschlammten, zerschossenen Maulwurfslöcher vergrub, . . . was waren wir da? . . . Durch das gleiche unabwendbare Schicksal wider unseren Willen aneinander gefesselt, durch das gewaltige Ereignis auf eine Stufe gestellt, muß man wohl nach diesen endlosen Tagen und Nächten einander ähnlich werden. Die entsetzliche Enge des gemeinsamen Daseins fügt uns zusammen, gleicht uns einander an und verwischt die Unterschiede. Es ist eine Art unabwendbarer Ansteckung.«[53] Charles de Gaulle sah den Krieg als die Kulmination eines »kollektiven Geistes«, der sich seit Generationen aufgebaut hatte in der Folge des allgemeinen Wahlrechts, der Schulpflicht, der Industrialisierung, des Stadtlebens, der Presse, der politischen Massenparteien, der Gewerkschaften und des Sports. »Die Massenbewegungen und die Mechanisierung, der die Männer und Frauen im modernen Leben ausgesetzt waren, haben sie auf die Massenmobilisierung und die für den Völkerkrieg so charakteristischen brutalen, plötzlichen Erschütterungen vorbereitet.«[54]

Die neue Technologie ermöglichte den hohen Grad an Vereinheitlichung, der notwendig war, um riesige Armeen zu mobilisieren und einen Krieg an mehreren Fronten gleichzeitig zu führen. Napoleon marschierte an der Spitze seiner Großen Armee quer durch Europa, und zu einem Zeitpunkt reichte sein Reich von Lissabon bis Moskau, aber die Napoleonischen Kriege hatten nicht die Reichweite des Großen Europäischen Kriegs, der als der Erste *Welt*krieg in die Geschichte einging. Er unterschied sich durch die enormen Menschenmassen, die beteiligt waren, und die großen Entfernungen, über die die Operationen geführt wurden. Um den Stillstand im Westen zu brechen, eröffneten die militärischen Führer an entfernten Orten neue Fronten, wie 1915 beim britischen Angriff durch die Dardanellen auf Gallipoli. Mit Bezug auf eine derartige Ausdehnung der Kriegsreichweite schrieb der Kriegsteilnehmer und Militärhistoriker Hauptmann B. H. Liddell Hart, daß »die modernen Entwicklungen die Vorstellungen von Entfernung und Mobilität auf eine solche Weise veränderten, daß ein Schlag an einem anderen Kriegsschauplatz dem entsprach, was früher ein Angriff auf die strategische Flanke des Gegners war«.[55] Die Verkürzung der Entfernungen, die vor dem Krieg, in Ergänzung zum Telegraphen und der Eisenbahn, durch Telefon, Funk, Automobile und Flugzeuge bewirkt wurde, veränderte den Kampf und die Erfahrung der Entfernung während des Kriegs. Neuartige Waffen ermöglichten es, die Entfernung zu den feindlichen Soldaten zu erhöhen, während die elektrische Verständigung die Entfernung zwischen den Abschnitten koordinierter Operationen und zwischen den Befehlshabern und ihren Soldaten erweiterte. In mehrfacher Hinsicht wurde der Erste Weltkrieg über eine bisher noch nie dagewesene Entfernung geführt.

Die großkalibrige, von vorne zu ladende Muskete der

Napoleonischen Ära hatte einen tödlichen Wirkungsbereich von ein- bis zweihundert Metern. Das kleinkalibrige Hinterladergewehr des Ersten Weltkriegs schoß mit einer kleinen Kugel, die auf bis zu 2000 Meter tödlich wirken konnte. Sie flog in einer niedrigen Flugbahn und konnte so über einen längeren Abschnitt ihres Weges töten. Die schwere Artillerie hatte während des Kriegs eine maximale Reichweite von bis zu 9000 Metern, obwohl ihre effektive Reichweite auf 4000 bis 5000 Meter beschränkt war. Jenseits dieser Reichweite war es für die Beobachter in den vorgelagerten Posten in der Regel unmöglich, den Zielort zu bestimmen und Korrekturen telefonisch an ihre Batterie weiterzugeben. Daher fielen und töteten die Granaten weit jenseits der Sichtweite der Soldaten in den Schützengräben und der Artilleristen hinter den Linien. Während einer Offensive nahm die durch das Sperrfeuer hervorgerufene, sich bewegende Wand aus Rauch und Dreck den angreifenden Soldaten die Sicht. Carrington beobachtete die unheimliche Anonymität dieser Form des Kämpfens: »Der Artillerist sieht selten das Ziel seines Feuers; er hat keinen persönlichen Kontakt mit dem Feind, findet sich aber plötzlich in einem sengenden Feuer wieder, dessen Ursprung er nicht ermitteln kann, von einem Feind, den er nicht sehen kann. Es ist, wie wenn man sich per Telegraph streitet.«[56]

Während der Marneschlacht waren auf beiden Seiten die Hauptquartiere weit von der Front entfernt. Am 30. August war das Hauptquartier für die deutsche Offensive in Luxemburg untergebracht, und die Funkverbindung mit der Front wurde häufig durch Interferenzen vom mehrere hundert Kilometer entfernten Eiffelturm in Paris gestört. Das französische Hauptquartier befand sich bei Châtillon-sur-Seine, ungefähr 190 Kilometer vom Schlachtfeld entfernt. Am Morgen des 4. September hatten französische Piloten festgestellt, daß die deutsche Armee unter General von Kluck, dem »letzten Mann auf dem rechten Flügel« von Schlieffens großem Umfassungsplan, sich nach Südosten gewendet hatte und den Franzosen und Briten eine verletzbare Flanke zuwandte. Galliéni sprach über einen Mittelsmann mit Joffre (Joffre benutzte das Telefon nur ungern selbst) und erhielt nach einer Reihe von dringlichen Gesprächen die Erlaubnis zum Gegenangriff. Später sagte Galliéni, daß die Schlacht an der Marne nur durch »coups de téléphone« gewonnen wurde.[57]

Die Entfernung zwischen dem Kampf und der Entscheidungsfindung schuf eine Erfahrungs- und Gefühlslücke zwischen den Generälen und den Männern an der Front. Diese Lücke machte es den Kommandeuren möglich, weiterhin auf den Kartentischen ihre Pläne für Offensiven zu schmieden, abgeschirmt vom direkten Kontakt mit deren verheerenden Folgen. In einer Erinnerung beschwerte sich der britische Feldmarschall Alexander, daß er an der Front nie einen Offizier über dem Rang eines Brigadekommandeurs gesehen habe. General Haig verzichtete darauf, Feldlazarette zu besuchen, da es ihn physisch krank machte, und Joffre kam nie in die Nähe von Frontsoldaten, außer wenn sie anläßlich von Ordensverleihungen bei einer Parade an ihm vorbeimarschierten. Nachdem er einem erblindeten Soldaten einen Orden angesteckt hatte, protestierte Joffre, daß er keine Verwundeten mehr sehen wolle, weil er »sonst nicht länger den Mut zum Angriff habe«.[58] In früheren Kriegen zogen die Generäle ihren Mut aus der Nähe zur Schlacht; in diesem Krieg bewahrten sie ihren Mut, indem sie sich weit von ihr entfernten.

Der Funk dehnte nicht nur die Reichweite der militärischen Verständigung aus, sondern ermöglichte auch die Übertragung und den Empfang von Befehlen an weit verstreuten Kriegsschauplätzen. Eine solche dramatische Übertragung fand am Nachmittag des 3. August 1914 um 15.30 Uhr statt. Die Nachricht von der britischen Admiralität an alle Schiffe lautete: »Um Mitternacht wird das Kriegstelegramm herausgegeben, das Sie autorisiert, gegen Deutschland vorzugehen, aber angesichts unseres Ultimatums könnten sie

sich jeden Augenblick entscheiden, das Feuer zu eröffnen.
Sie müssen darauf vorbereitet sein.« Um Mitternacht ordnete die zweite Nachricht Feindseligkeiten gegenüber
Deutschland an. Am nächsten Tag um 17.00 Uhr nachmit-
tags konnten deutsche Funkstationen mit einem Radius von
ungefähr 3000 Kilometern den deutschen Schiffen in aller
Welt befehlen, sich in neutrale Häfen zu begeben, und auf
diese Weise einen großen Teil der deutschen Handelsmarine
retten.[59]

Das Senden von Geheiminformationen über den Funk
konnte auch gefährlich sein. Während sich die russischen
Armeen im August 1914 weiter von ihrer Basis entfernten,
waren sie gezwungen, unverschlüsselte Nachrichten zu senden, da ihnen Codes und Kodierungsmaschinen fehlten.
Während sie sich in der Nähe von Tannenberg bewegten,
begannen die Deutschen diese Nachrichten abzufangen, und
General Ludendorff wurde ermutigt, eine Abteilung der
russischen Armee anzugreifen, nachdem er festgestellt hatte,
daß sie ohne die Gefahr einer Einmischung der restlichen
russischen Armee in diesem Bereich eingekesselt und be-
siegt werden könnte. Die abgefangenen russischen Nachrichten wurden Ludendorff jede Nacht gegen 23.00 Uhr
mitgeteilt, und wenn sie verspätet waren, ging er selbst ins
Entschlüsselungsbüro und holte sie sich direkt ab.[60] Sein
spektakulärer Sieg bei Tannenberg (92 000 Mann wurden
gefangengenommen) wäre ohne den Zugang zu dieser einzigartigen Informationsquelle nicht möglich gewesen.

Für die Soldaten war das Gebiet der Front mit magischen, teuflischen Eigenschaften besetzt, da sich die gesamte
Landschaft in Gefahren- und Sicherheitszonen teilte. Der
britische Philosoph T. E. Hulme beobachtete dies 1915 an
der Front: »In Friedenszeiten unterscheiden sich die beiden
Richtungen einer Straße kaum, beide führen weiter ins Un-
endliche. Aber jetzt weiß man, daß bestimmte Straßen in
den Abgrund führen.«[61] Der horizontale Orientierungssinn
unterschied sich qualitativ nicht von dem der Vorkriegszeit,

wohl aber der vertikale. Der Seekrieg wurde mit U-Booten zum ersten Mal auf einer vertikalen Achse geführt, und der Landkrieg stieg in die Unterstände und Minen und Galerien der Schützengräben hinab. Aber die ausgeprägteste neuartige Richtungsverschiebung war die Orientierung nach oben.

Im Juli 1917 äußerte Lovat Fraser, der für die Londoner *Times* schrieb: »Wenn man mich fragen würde, welches Ereignis des letzten Jahres die größte Bedeutung für die Zukunft der Menschheit habe, so würde ich antworten, daß das weder die russische Revolution noch die kraftvolle Intervention der Vereinigten Staaten wäre, sondern das Auftauchen eines einzelnen deutschen Flugzeugs über London im letzten November während der Mittagszeit.« Am 28. November 1916 warf ein deutsches Flugzeug sechs Bomben über Londons West End ab. Der Schornstein einer Bäckerei wurde weggesprengt, ein Stall wurde zertrümmert, der Umkleideraum eines Theaters wurde zerstört. Eine Zeitung berichtete, daß auch »ein Pflasterstein in Eccleston Mews zersprengt wurde«.[62] Nach zwei Jahren Krieg war ein solcher Schaden zu vernachlässigen, aber die Genauigkeit des Berichts enthüllt etwas anderes – die Angst, die diese neue Form des Kriegs gegen die Bevölkerung und die Städte erzeugte und gegen die man scheinbar wehrlos war. Deutschland hatte am 6. August 1914 mit Luftangriffen begonnen, als ein Zeppelin dreizehn Bomben über Liège abwarf und neun Menschen tötete. Am 29. August begann eine deutsche *Taube* mit der Bombardierung von Paris. Dies wiederholte sich von Zeit zu Zeit im Verlauf des Kriegs und verursachte geringfügigen Schaden. Seit 1914 warfen deutsche Flugzeuge entlang der britischen Küste regelmäßig kleinere Bomben ab, aber mit dem Angriff auf London begann sich die Zahl und die Effektivität der Bombardierungen zu erhöhen.

Das Jahr 1917 bezeichnete den Beginn der regelmäßigen, schweren Flugzeugbombardierungen von Städten. Flugabwehrgeschütze, Sperrballons, Beobachtungsposten, Geräuschortungsgeräte, Suchscheinwerfer, warnende Kanonenschläge, Sirenen und wechselseitiger Funkkontakt zwischen Luft und Boden (1917 entwickelt) nahmen die Aufmerksamkeit des zivilen und des militärischen Personals gleichermaßen in Anspruch. Die Londoner trotzten der Gefahr, blieben im Freien und starrten zu den riesigen Gotha-Bombern hinauf, während diese dabei waren, ihre Bomben abzuwerfen. Ein Bericht über einen Luftangriff am 13. Juni 1917 beschrieb die Faszination, als »feindliche Flugzeuge wie kleine Silbervögel durch die Wolken wanderten und ihre Flugbahn von Tausenden von Männern und Frauen verfolgt wurde. ... Es war überwältigend, weil es so schön war.« Diese besondere Präsentation der Schönheit tötete 162 Menschen und bildete einen neuen Markstein in der Zerstörung von zivilem Leben und Besitz. Am Ende des Kriegs hatten die Briten als Folge der deutschen Luftangriffe 835 Tote und 1972 Verwundete zu beklagen. Zwischen 1915 und 1918 wurden durch die französischen und britischen Bombardierungen 746 Deutsche getötet und 1843 verletzt.[63] Obwohl die Gesamtzahl der Toten und Verletzten im Vergleich zu den Verlusten in den Schützengräben zu vernachlässigen war (1917 hatten die Briten an der Front jeden Tag einen Verlust von 2500 Mann), hatten die Bombardierungen eine psychologische Wirkung, die nicht allein in Zahlen zu messen ist. Diese Form der Kriegsführung verwischte die Unterschiede zwischen Soldat und Zivilist, Front und Heimat, Sicherheit und Gefahr. Mauern, Festungen, Flüsse und Kanäle, vielleicht sogar Ozeane konnten die Flugzeuge nicht aufhalten, die eine neuartige Verletzbarkeit bei den Zuhausegebliebenen erzeugten, die sich früher sicher gefühlt hatten. Das Flugzeug war ein großer Gleichmacher.

In der Beschreibung ihres Fluges über Amerika dachte Gertrude Stein über die Wirklichkeitsstruktur im 20. Jahrhundert nach und spielte erneut an auf eine zugrundeliegende Verbindung zwischen dem Kubismus, der neuen Flugzeug-Perspektive und der Struktur des Ersten Weltkriegs.

> Ja ich sah und wußte wieder einmal, daß ein Schöpfer zeitgenössisch ist, er erkennt, was zeitgenössisch ist, wenn die Zeitgenossen es noch nicht wissen, aber er ist zeitgenössisch, und da das zwanzigste Jahrhundert ein Jahrhundert ist, das die Erde so sieht wie sie noch niemand zuvor gesehen hat, hat die Erde einen Glanz, den sie noch nie gehabt hat, und da sich alles im zwanzigsten Jahrhundert selbst zerstört und sich nichts fortsetzt, so hat das zwanzigste Jahrhundert einen Glanz, der ihm eigen ist, und Picasso ist aus diesem Jahrhundert, er hat diese eigenartige Qualität einer Erde, die man noch nie gesehen hat, und von zerstörten Dingen, so wie sie noch nie zerstört worden sind.[64]

Picassos Bemerkung, daß die getarnten Lastwagen Kubismus waren, bedeutete auch, daß er vor seinen Zeitgenossen das alte Konzept durchschaut hatte, das den Gegenstand und den Raum als zwei voneinander getrennte Dinge ansah, und er hatte verstanden, daß ein wirklich zeitgenössischer Künstler sie als zwei Erscheinungsformen der gleichen Sache neu zusammensetzen mußte. Der Kubismus war eine kreative Antwort auf den weitgreifenden kulturellen Druck, der alle möglichen traditionellen Formen erfaßte und neue Zusammensetzungen und neue Perspektiven notwendig machte. Steins Beobachtung erfaßte die unausweichliche Zerstörung und den Glanz der neuen Schöpfungen, die aus tiefgreifenden kulturellen und materiellen Transformationen entstanden. Wenn ein Künstler, Pilot oder sonstwer die Erde wirklich so sehen konnte, wie sie niemand zuvor hat sehen können, dann mußte die alte Welt zerbrechen. Um diese neue Blickweise festzuhalten, zerbrach sie die traditionelle Syntax, überdachte ihre Gedanken aus neuen und vielfältigen Perspektiven, beobachtete jede Variation, so als ob sie sie in ihrer Hand wenden würde, um sie von allen Seiten zu betrachten und zu zeigen. Ständig auf der Suche nach neuen Blickwinkeln rang sie auf ihrem ersten Flug über Amerika mit Freude nach Atem – es war das Ringen nach Atem bei einer Künstlerin, die endlich eine lange gesuchte Gestaltungsweise gefunden hat. Ihr Blick stellte die neue Kunst und den neuen Krieg einander gegenüber, und sie schrieb 1937, kurz bevor deutsche Bomber Guernica dem Erdboden gleichmachten, daß sie wie Picasso das Zeitgenössische schon verstanden hatte, bevor es ihre Zeitgenossen erkannten. Später im gleichen Jahr begann Picasso mit seinem epischen Gemälde, das an die Heimsuchung einer zivilen Kleinstadt in seinem Heimatland Spanien durch den Luftkrieg des 20. Jahrhunderts erinnerte. Mit der kubistischen Technik, die er dreißig Jahre zuvor entwickelt hatte, zeigte Picasso, wie in einer noch nie dagewesenen Form die Dinge zerstört wurden, und schuf seine unvergeßliche Verurteilung des Luftkriegs.

Anmerkungen

1 Gertrude Stein, *Picasso* (1938), Nachdr. New York 1959, S. 11.
2 Vgl. die vorherigen Kapitel in Stephen Kern, *The Culture of Time and Space 1880–1918*, Cambridge (Mass.) 1983 (Anm. d. Übers.).
3 Edmund Blunden, *Undertones of War* (1928), Nachdr. New York 1965, S. 171.
4 John Keegan, *The Face of Battle. A Study of Agincourt, Waterloo and the Somme*, New York 1976, S. 241 (dt.: *Das Antlitz des Krieges. Die Schlachten von Agincourt 1415, Waterloo 1815 und an der Somme 1916*, Frankfurt a. M. 1991).
5 Cecil Lewis, *Sagittarius Rising*, New York 1936, S. 86–87, zit. nach: Paul Fussell, *The Great War and Modern Memory*, New York ²1977, S. 81.
6 David Jones, *In Parenthesis* (1937), Nachdr. London 1955, S. 202, Anm.

7 Philander Johnson, »Each Man's Army«, ausgew. von Admiral Samuel MacGowan; siehe *Everybody's Magazine* Mai 1920, S. 36.

8 Eugène Minkowski, *Lived Time*, Evanston 1970; dt. *Die gelebte Zeit*, Salzburg 1971, Bd. 1, S. 22.

9 Eric J. Leed, *No Man's Land. Combat and Identity in World War I*, Cambridge 1979, S. 129; vgl. Robert Graves, *Goodbye to All That*, London 1929; C. E. Carrington, *A Subaltern's War*, London 1929.

10 Leed (s. Anm. 9), S. 124.

11 Blunden (s. Anm. 3), S. 30.

12 Henri Barbusse, *Le Feu*, Paris 1916; dt. *Das Feuer. Tagebuch einer Korporalschaft*, Zürich 1979, S. 12.

13 Thomas Mann, *Der Zauberberg*, Berlin 1924, S. 10.

14 Marcel Proust, *Die wiedergefundene Zeit*, Bd. 1, Frankfurt a. M. 1964, S. 60 f.

15 Fussell (s. Anm. 5), S. 80.

16 Jones (s. Anm. 6), xi, xv, xiv, S. 191–192, Anm.

17 Barbusse (s. Anm. 12), S. 241.

18 Blunden (s. Anm. 3), S. 186, 124.

19 James Joyce, *Ulysses*, dt. von Hans Wollschläger, Frankfurt a. M. 1975, S. 35.

20 Hereward Carrington, *Psychical Phenomena and the Great War*, New York 1918, S. 41.

21 Vgl. Barbara Tuchman, *The Guns of August*, New York 1971, S. 289 (dt. *August 1914*, Bern 1964).

22 Guillaume Apollinaire, *Œuvres poétiques*, Paris 1965, S. 272.

23 General Sir Edward Swinton, »A Sense of Proportion«, in: Keegan (s. Anm. 4, dt.), S. 310–311.

24 F. Scott Fitzgerald, *Zärtlich ist die Nacht*, Berlin 1968, S. 160.

25 Barbusse (s. Anm. 12), S. 23.

26 Leed (s. Anm. 9), S. 105–114.

27 W. M. Maxwell, *A Psychological Retrospect of the Great War*, London 1923, S. 66, zit. nach: Leed (s. Anm. 9), S. 181.

28 Ebd., S. 182–184.

29 Barbusse (s. Anm. 12), S. 254.

30 Blunden (s. Anm. 3), S. 30.

31 Henry Massis, »The War We Fought«, in: *Promise of Greatness. The War of 1914–1918*, hrsg. von George A. Panichas, New York 1968, S. 204.

32 Ernest Hemingway, *A Moveable Feast*, New York 1964 (dt. *Paris – Ein Fest fürs Leben*, Hamburg 1965); Malcolm Cowley, *Exile's Return*, New York 1934.

33 F. T. Marinetti, »Lo splendore geometrico e meccanico e la sensibilità numerica. 18 marzo 1914«, in: *Opere*, Bd. 1, Verona 1968, S. 85.

34 Basil Henry Liddell Hart, *The Real War 1914–1918* (1930), Nachdr. New York 1964, S. 54.

35 Alistair Horne, *The Price of Glory. Verdun 1916*, New York 1967, S. 16.

36 Keegan (s. Anm. 4), *Face of Battle*, S. 255.

37 Alfred von Schlieffen, »Der Krieg in der Gegenwart«, in: *Cannae*, Berlin 1925, S. 278.

38 Gustave Le Bon, *The Psychology of the Great War*, London 1916, S. 284–285.

39 1917 schrieb Kurt Lewin, einer der Begründer der soziologischen »Feldtheorie«, eine »Phänomenologie« der Kriegslandschaft und untersuchte die Beschaffenheit der verschiedenen Teile des gesamten Kriegsgebiets, einschließlich des einzigartigen Werts, der bestimmten Gebieten oder Richtungen zugesprochen wurde, je nach ihrer Nähe zur Gefahr. Siehe Kurt Lewin, »Kriegslandschaft«, in: *Zeitschrift für angewandte Psychologie* 12 (1917) S. 440–447. Paul Fussell (s. Anm. 5), S. 79, beschrieb die »ausgeprägte Dichotomie«, die die Kriegserfahrungen bestimmte: »Das scharfe Einteilen der Landschaft in bekannt und unbekannt, in sicher und unsicher ist eine Gewohnheit, die niemand, der im Krieg gekämpft hat, jemals vollständig ablegen wird. ... Eine der Erbschaften des Kriegs ist gerade diese einfache Unterscheidung, Vereinfachung und Gegenüberstellung.«

40 Reginald Farrer, *The Void of War*, Boston 1918, S. 62, 148.

41 Leed (s. Anm. 9), S. 15.

42 Stein (s. Anm. 1), S. 11.

43 Zitiert in: Tuchman (s. Anm. 21), S. 55.

44 André Ducasse / Jacques Meyer / Gabriel Perreux, *Vie et morts des Français. 1914–1918*, Paris 1962, S. 510 f. Ich verdanke Theda Shapiro, *Painters and Politics. The European Avant-Garde and Society, 1900–1925*, New York 1976, S. 139–140 dieses Zitat und den Hinweis auf die direkte Verbindung zwischen Kubismus und Tarnung.

45 Einige der wichtigsten Zeichnungen Mares erschienen in *Desseins faits aux armées par André Mare*, hrsg. von J.-A. Ganon, Paris o. J. Die Quelle für Marc ist Horne (s. Anm. 35), S. 13. Siehe auch Carl Nordenfalk, »Camouflage und Kubismus«, in: *Kunstgeschichtliche Gesellschaft zu Berlin. Sitzungsberichte* N. F. (1981) H. 27, S. 9–11.

46 Eine Diskussion darüber bei Roy A. Behrens, »Camouflage, Art and Gestalt«, in: *The North American Review* (Dezember 1980) S. 9–18, vgl. auch seine wichtigste Quelle: Robert F. Sumrall, »Ship Camouflage (WWI). Deceptive Art«, in: *U. S. Naval Institute Proceedings* (Juli 1971) S. 55–77. Zu der Zeit bildete die Arbeit von Abbott H. Thayer die wichtigste Quelle für die natürlichen Tarnfarben, insbesondere sein ausführliches Buch *Concealing Coloration in the Animal Kingdom* (1909). Behrens bringt auch den Kubismus und die Tarnung mit den damaligen Entwicklungen in der Gestaltungspsychologie in Verbindung, als einen möglichen »Beweis für einen Zeitgeist«.

47 Gertrude Stein, »The Autobiography of Alice B. Toklas«, dt. *Autobiographie von Alice B. Toklas*, Hamburg 1993, S. 221.

48 Barbusse (s. Anm. 12), S. 148–150.

49 Eine Beschreibung der Schützengräben bei Keegan (s. Anm. 4), S. 209; Fussell (s. Anm. 5), S. 41; Theodore Ropp, *War in the Modern World*, New York 1967, S. 247.

50 Leed (s. Anm. 9), S. 103.

51 Ernst Jünger, *Das Wäldchen 125. Eine Chronik aus den Grabenkämpfen 1918*, Berlin 1925, S. 21.

52 Stefan Zweig, *Die Welt von Gestern*, Stockholm 1942, S. 258.

53 Barbusse (s. Anm. 12), S. 21, 23.

54 Charles de Gaulle, *France and Her Army*, London 1941, S. 90. Siehe auch Alfred Wolff, »Über Einheit und Fortschritt des Menschengeschlechts im Weltkrieg 1914/16«, in: *Archiv für Philosophie* 22 (1916) S. 104 ff.

55 Basil Henry Liddell Hart, *A History of the World War 1914–1918*, London 1930, S. 183.

56 Carrington (s. Anm. 20), S. 59.

57 Marius-Ary Leblond, *Galliéni parle*, Paris 1920, S. 53.

58 Horne (s. Anm. 35), S. 22.

59 G. E. C. Wedlake, *SOS. The Story of Radio-Communication*, London 1973, S. 106; Charles Bright, *Telegraphy, Aeronautics, and War*, London 1918, S. 32.

60 Charles Dupont, *Le Haut commandement allemand en 1914*, Paris 1922, S. 8.
61 Zit. nach Fussell (s. Anm. 5), S. 76.
62 Zit. nach Raymond H. Fredette, *The Sky on Fire. The First Battle of Britain 1917–1918*, New York 1966, S. 7, 4.
63 Ebd., S. 220.
64 Stein (s. Anm. 1), S. 50.

Hausputz

1966 bemerkt Jean Baudrillard einen entscheidenden historischen Wandel in der Idee vom Zuhause und der Arbeit, die man für dessen Erhalt unternimmt: »Es handelt sich hier nicht mehr um die traditionelle Versessenheit der Hausfrau: Alles gehört an seinen Ort, und überall herrscht Sauberkeit. Diese Auffassung war moralischer Art, heute geht es um das Funktionelle ... alles muß miteinander kommunizieren.«[1]

»Alles kommuniziert.« In Jacques Tatis ›Abhandlung‹ über die Ängste vor der Modernisierung, *Mon oncle*, wiederholt die Figur der obsessiv sauberen Hausfrau, Madame Arpel, immer wieder diesen Satz, wenn sie Gästen ihr Haus vorführt: »Alles kommuniziert«. Der Satz faßt stolz einen Raum zusammen, der geschaffen wurde, die Effizienz der Bewegung und des Flusses der Körper von einem Raum zum anderen zu fördern; eine Art der internen Zirkulation oder des Verkehrs, wie der Verkehr, in den wir die Autos draußen auf der Straße verwickelt sehen. Natürlich besteht der Witz darin, daß es gerade die Kommunikation ist, die in diesem sterilen, genauen, eingezäunten Vorstadthaus fehlt, wo die Eltern ihrem mürrischen, ruhigen Kind eine Reihe von zwingenden Hygienevorschriften verordnen: Mache dein Zimmer nicht dreckig, stelle deine Bücher zurück, wasche deine Hände, hänge deine Kleidung auf, usw.

Baudrillards Beobachtung, daß die ›funktionelle‹ Sauberkeit eine ältere, vormoderne oder moralische Sauberkeit ersetzt, findet ihr Echo in einer Äußerung Barthes aus den frühen 60er Jahren über den aufkommenden neuen französischen Wortschatz zur Beschreibung des gewünschten »Glanzes« eines Autos. »Wir wollen, daß es [das Auto] mehr als sauber ist: *bichonnée* [gewienert], *briquée* [geschrubbt], *lustrée* [gewachst und poliert].« Der Wunsch nach dem Glanz des Autos ist, so sagt Barthes, der Wunsch, »immer wieder die Jungfräulichkeit des Gegenstands herzustellen, um ihm die Unveränderbarkeit eines Materials zu verleihen, auf das die Zeit keinen Einfluß hat (die Sauberkeitsbesessenheit ist sicherlich eine Praktik, um die Zeit anzuhalten).«[2] Auch in Barthes' Beschreibung wird der moralische Wert der Sauberkeit durch einen dringlicheren Imperativ ersetzt; das Jungfräulich-Machen ist hier weniger eine moralische Aktivität als eine, die das Hervorbringen von etwas absolut (und ewig) Neuem bedeutet: den Gegenstand außerhalb der Geschichte, unberührt von der Zeit – den Gegenstand, zu dem unser Verhältnis so unveränderlich ist wie in einem funktionalistischen Gleichgewicht, das sich selbst endlos reproduziert.

Der Wunsch, die Zeit anzuhalten: Fünf Jahre nachdem er den Frankreich durchfegenden Sauberkeitsfimmel (*fringale*) kommentiert hatte, geht Barthes noch einen Schritt weiter und verbindet den Willen zur Sauberkeit mit dem Wunsch, die Zeit anzuhalten, um aus der Geschichte herauszutreten oder sich vielleicht in eine kontrollierte, rational geschaffene Umgebung, die einer historisch gefährdeten überlegen ist, zurückzuziehen. Diese Rückzugsbewegung oder auch *repliement* (»Wendung nach innen«) – die vorherrschende gesellschaftliche Bewegung dieser Zeit – wurde von Lefebvre und Cornelius Castoriadis theoretisch mit dem Begriff »Privatisierung« beschrieben. Privatisierung ist sicherlich nichts Neues; ihre geschichtliche Besonderheit oder Augenfälligkeit in den späten 50er und frühen 60er Jahren kann nur als das Ergebnis einer *Beschleunigung* des Prozesses verstanden werden, durch den die verschiedenen Lebensbereiche fortschreitend voneinander abgetrennt wurden; von zentraler Bedeutung war dabei die Abtrennung des häuslichen Lebens vom Arbeitsbereich. Für Castoriadis stellt die Privatisierung schon deshalb das charakteristischste Kennzeichen der modernen kapitalistischen Gesellschaften dar, weil sie nicht allein eine Besonderheit der Arbeiterklasse ist, sondern in allen gesellschaftlichen Kategorien zu finden ist. Sie taucht dann auf, wenn die erfolgreiche Zerstörung der politischen Sozialisierung der Individuen zum wichtigsten Kennzeichen einer Gesellschaft wird, so daß öffentliche oder sogar gesellschaftliche Themen nicht nur als feindselig oder fremdartig wahrgenommen werden, sondern auch als jenseits des eigenen Fassungsvermögens und kaum durch eigene Handlungen beeinflußbar. So werden die Menschen noch stärker in eine Verteidigungsstellung im Privatleben zurückgedrängt, aus der sie versuchen so etwas wie einen Anker zu formen, insbesondere da mit dem Wachstum der Bürokratie auch der Wert der Arbeit zunehmend zersetzt wurde. Letztendlich ist die Privatisierung für Castoriadis der Ausdruck der »Agonie der gesellschaftlichen und politischen Institutionen, die, nachdem sie die Bevölkerung abgelehnt haben, nun von ihr abgelehnt werden«.[3]

Was bleibt nach dem Niedergang oder der Zersetzung der auf Arbeits- oder Gesellschaftskollektiven basierenden Identitäten? Für Lefebvre liegt die Antwort in der qualitativ neuen Art und Weise, wie in dieser Zeit das Alltagsleben, das private oder ›reprivatisierte‹ Leben und das Familienleben – oder, wie ich sagen würde, die Idealisierung des Ehepaars – eng angebunden wird an die Identität des Hausbewohners, den *Bewohner*, und die Praktiken, die mit dem einzig verbleibenden Wert verknüpft sind, *dem* privaten Wert par excellence, dem Konsum. So zu Hause zu sein wie die Duponts in der Wochenschau, wie das verheiratete Paar in *Les choses* oder wie das in Markers Dokumentarfilm interviewte Paar, heißt, eine Identität zu haben, die auf einer Sicherheit und Beständigkeit beruht, die durch staatlich erzeugte Angst und staatlich erzeugten Ausgleich dieser Angst über einen langen Zeitraum geschaffen wurde. »Die Rolle, die einst die Verbindung zum Beruf spielte, spielt nun die Verbindung zum Raum«,[4] faßt Alain Touraine in *La société post-industrielle* zusammen. In diesem Fall ist

Lefebvre weniger abstrakt, seine Bemerkungen basieren auf zahlreichen zeitgenössischen empirischen Untersuchungen, der in dieser Zeit im französischen Bürgertum und in der Arbeiterklasse am weitesten verbreiteten Traumvorstellung: dem Traum vom Vorstadthaus (*pavillon*).[5] Die Verbindung zum Raum ist in diesem Fall nicht irgendeine regionalistische Rührseligkeit, sondern vielmehr etwas sehr Konkretes: der Wunsch, Hauseigentümer zu sein.

> Das Eigenheim oder die Eigentumswohnung (die Hälfte der Franzosen besitzt Wohneigentum) und das Ferienhaus haben nicht nur eine wirtschaftliche Funktion, sondern auch eine Sicherheit erzeugende (und von daher Identität stiftende) Funktion. Ihr Kauf stellt eine Festlegung dar … Der Besitzer eines Einfamilienhauses (*pavillon*) … ist ein Leben lang da. Er hat seinen Platz im Raum. Er verlängert sich im Gleichen, ohne daß das Andere es ihm wegnehmen würde. Er richtet sich ein im Identischen, im Repetitiven, im Äquivalenten. Der dauerhafte Charakter von Gütern symbolisiert und realisiert zugleich die Beständigkeit eines Egos. Dieses Ego lebt sicherlich besser in seinem eigenen Besitz als in einem ängstlichen Zustand in einer Wohnung, die es von einem Tag zum anderen verlieren könnte. Diese Trivialitäten verkörpern die Trivialität und damit die Kraft des Alltäglichen.[6]

Die Privatisierung, oder sich in den Wiederholungen und der Routine der ›Haushaltsführung‹ zu verlieren, bedeutete eine zunehmende Intensität im individuellen Gebrauch von Waren und eine merkliche Verkümmerung der zwischenmenschlichen Beziehungen. Für Lefebvre und Castoriadis stellte sie vor allem eine Flucht vor der Geschichte dar. Diese Flucht wurde aber nicht als eine Abwesenheit der Geschichte ausgelegt, sondern vielmehr selbst als ein geschichtliches Symptom, das auf dem Wunsch beruhte, die Welt zukunftslos zu machen und zu diesem Preis die Sicherheit zu erkaufen.

Laurence, die Hauptfigur in Simone de Beauvoirs *Les belles images*, ist wie Tatis Madame Arpel die Verkörperung der neuen, privatisierten, französischen, bürgerlichen Frau, der Bewohnerin: An ihrem Bewußtsein nagt durch den ganzen Roman hindurch die Ahnung von einer offeneren Welt, vielleicht lebendiger als die ausschließliche Inanspruchnahme durch ihre geplagte Tochter, ihren unzufriedenen Liebhaber, ihre Schreibtischschubladen und die Intrige in der Werbeagentur, in der sie arbeitet. Mehrmals versucht sie, einen Artikel in einer Zeitschrift zu Ende zu lesen, der sich mit der fortgesetzten Folter in Algerien beschäftigt; unweigerlich muß sie an Shampoo denken.

Folter, Shampoo. Eine zeitgenössische Karikatur von Bosc wiederholt Beauvoirs Metonymie und verdeutlicht die Verbindung zwischen dem neuen, modernisierten, hygienischen Frankreich und dem *sale guerre* jenseits des Meeres.[7] Die Karikatur zeigt einen französischen Fallschirmjäger in Uniform, der sich über eine schaumige Badewanne beugt und seine Hände eingetaucht hat; eine Packung des Waschmittels Pax (»extraordinaire pour la lessive!«) steht neben der Wanne – jedoch ragen die Füße eines Mannes aus dem Wasser; die Blasen sind kein Seifenschaum, sondern vielmehr der Atem des gefolterten Mannes.

Einen *para*, wie sie genannt wurden, an die Stelle einer Hausfrau zu setzen, zeigt, in welchem Sinn Algerien, weit davon entfernt, das ›Andere‹ von Frankreich in dieser Zeit darzustellen, viel eher als ein monströses und verzerrtes Ebenbild anzusehen ist. Ebenbild insofern, als Algerien wie Frankreich ein Ort von gewaltsamem Hausputz sein wird; verzerrt insofern, als französische *Männer*, die zu Hause in Frankreich im Haushalt nicht einen Finger rühren würden, zur Arbeit in den Häusern der Algerier angestellt werden. »In Algerien ist das Proletariat proletarisierter als im städtischen Frankreich, und das Bürgertum bürgerlicher, das

Bosc: Il faut que la torture soit propre (Die Folter muß sauber sein)

Kleinbürgertum schärfer und der Feudalismus feudaler. Und die französische Armee ist mehr Armee.«[8] Nirgendwo war dieser ›Verdopplungseffekt‹ deutlicher als bei der tatsächlichen Kriegsführung. Denn im revolutionären Algerien der späten 50er und der frühen 60er Jahre, wie auch in Frankreich, nahm die Kategorie des »Bewohners« eine neue Vorrangstellung ein – zumindest in den Schriften und Praktiken des führenden französischen Theoretikers der »psychologischen Vorgehensweise« (Folter) und der »Pazifikation«, Roger Trinquier. In seinem einflußreichen Buch von 1961, *La guerre moderne*, das sofort ins Amerikanische übersetzt wurde, vertritt Trinquier die Meinung, daß die Neuheit dieser Art von Krieg auf zwei Größen zurückgeführt werden kann: Erstens die Reichweite seiner Aktionen, die das Politische, das Wirtschaftliche, das Psychologische, das Militärische usw. einschließen muß; und zweitens die fehlende Definition des Feindes. Das zuletzt genannte Problem ist zum Teil das Ergebnis der veränderten räumlichen Dimensionen dieses Kriegstyps – das Fehlen eines klar gezeichneten Schlachtfelds.

> Die in den Militärschulen gelehrten klassischen Doktrinen der Kriegsführung basieren auf einer Reihe von Entscheidungsfaktoren – der Mission, dem Feind, dem Gelände und den Ressourcen.
> Aber ein Faktor, der für die moderne Kriegsführung entscheidend ist, wird ausgelassen – *der Bewohner*.
> Das Schlachtfeld ist heutzutage nicht mehr beschränkt. Es ist grenzenlos; es kann ganze Nationen einschließen. Der Bewohner in seinem Haus ist im Zentrum des Konflikts.[9]

Für den Algerier heißt zu Hause und ein Bewohner zu sein, im Zentrum des Konflikts zu stehen: Der algerische Bewohner ist im Gegensatz zum französischen nicht notwendigerweise entpolitisiert oder privatisiert; zu Hause sein, das ist vielleicht der politisierteste Zustand, am stärksten verknüpft und in Solidarität mit dem nationalistischen Kampf, sein lebendigster Teil. Während dieser Jahre ist in Algerien wie in Frankreich der *Bewohner* von zentraler Bedeutung und der Status des Hausbewohners auf neue Weise wichtig, aber die Identität ist verkehrt.

So erscheinen auch die gerade erst modernisierten französischen Innenräume und Techniken, die Elektrizität und die Wasserrohre, in ihrer narrativen Reflektion jenseits des Meeres hinter einer verzerrten, alptraumartigen Maske. In dem Maß, in dem Informationen das mächtige staatliche System der Beschlagnahmungen und Zensur überwanden, das in dieser Zeit aktiviert wurde, um das die französischen Bürger erreichende Bild von der Realität der internationalen Spannungen, in die sie verwickelt waren, zu regulieren oder zu reinigen, begannen Alltagswörter und Alltagsorte – Küchen und Bäder – eine neue, schreckliche Dimension anzunehmen.[10] Die dunkle Rückseite des französischen Komforts erscheint sehr deutlich in den Ortsbeschreibungen des ersten von der französischen Regierung beschlagnahmten (und von weiten Kreisen gelesenen) persönlichen Berichts des französischen Kommunisten Henri Alleg über die Folterungen durch das französische Militär; tatsächlich wurde später die Richtigkeit der Aussagen Allegs durch die Militärbehörden bestätigt, da er in der Lage war, mehrere Räume des Foltergebäudes von El-Biar aus dem Gedächtnis zu beschreiben, aber insbesondere die Küche, in die er niemals gebracht worden wäre, wenn das Verhör einen normalen Verlauf genommen hätte.[11] El-Biar ist eigentlich, wie aus den über die gesamte Erzählung Allegs verteilten flüchtigen Blicken deutlich wird, ein großes, im Bau befindliches Apartmentgebäude: »Die Eisenbetonträger kamen da und dort im Mauerwerk zum Vorschein. Die Treppen hatten noch kein Geländer. Von den grauen Decken hingen die in Eile installierten elektrischen Leitungen« (S. 46). Alleg bemerkt zu Recht die spärliche Einrichtung der verschiedenen Räume, in die er gebracht wird, deren Existenz in einem halbfertigen, nebulösen Zustand der Möglichkeiten die zukünftigen Bewohner heraufbeschwört, und in einer grotesken Umkehrung an das Eröffnungskapitel von Perecs *Les choses* erinnert, in dem die Traumwohnung eines Paars peinlich genau im Konjunktiv beschrieben wird:

> Der Blick würde zuerst über den grauen Teppichboden eines langen, hohen, schmalen Korridors streifen. Die Wände wären Einbauschränke aus hellem Holz, deren Kupferbeschläge leuchten würden. Drei Stiche, darstellend der eine Thunderbird, Sieger in Epson, der andere einen Schaufeldampfer, die *Ville-de-Montereau*, und der dritte eine Lokomotive von Stephenson, würden zu einem von großen, schwarz gemaserten Holzringen gehaltenen Ledervorhang führen, der sich durch eine einfache Handbewegung zurückschieben ließe.[12]

Wie der Leser von Perecs Eröffnungskapitel wird der Leser von Allegs Augenzeugenbericht schließlich, im Verlauf von Allegs einmonatigem Aufenthalt in El-Biar, auf eine vollständige Besichtigungstour durch das gesamte Haus mitgenommen.

Hinter C... betrat ich ein großes Zimmer im dritten oder vierten Stock: offensichtlich das zukünftige Wohnzimmer. Einige zusammenklappbare Tische, an der Wand zusammengeschrumpfte Fotos von gesuchten Verdächtigen, ein Feldtelefon: Das war die ganze Einrichtung. (S. 47)
Einen Stock tiefer betrat ich einen kleinen Raum auf der linken Seite des Ganges, die Küche der zukünftigen Wohnung. Ein Spülbecken, ein gekachelter Küchenherd, darüber ein ungekacheltes Regal, von dem nur das Eisengestell angebracht war. (S. 48–49)
Man brachte mich in eine Zelle, auf der linken Seite am Ende des Ganges. Es war ein noch nicht eingerichtetes Badezimmer. (S. 85)

In dieser ›Zukunftsküche‹ werden die Wasserfolterungen und die Befragungen mit Feuer, denen Allegs Körper durch die französischen Fallschirmspringer ausgesetzt wird, zu Parodien häuslicher Funktionsweisen. Alleg wird durch das Telefon mit Elektroschocks gefoltert (der *magneto* war ein in ein Folterinstrument verwandeltes Telefon) und im Spülbecken untergetaucht. Alltagsgegenstände des Komforts werden gegen ihn verwendet: »Ich versuchte mich mit dem Bauch daraufzulegen, aber die Matratze war mit Stacheldraht gefüllt« (S. 66). In Erzählungen aus den Dekolonisationskriegen können vertraute Gegenstände, die in jedem normalen Inventar erscheinen, durch ihre Nachbarschaft zu Folterwerkzeugen metonymisch unheilvoll werden, wie in dieser sachlichen Beschreibung seines Feldzelts durch einen französischen Offizier in Indochina: »Hier ist mein

Schreibtisch, mein Tisch, meine Schreibmaschine, mein Waschbecken und dort in der Ecke meine Maschine, um die Menschen zum Sprechen zu bringen. Den Dynamo meine ich.«[13]

Oder wie im Fall von Djamila Boupacha, die von französischen Soldaten mit einer Zahnbürste und einer Flasche vergewaltigt wurde, können irgendwelche Haushaltsgegenstände ihre Funktion austauschen und verändert werden. Bei der Lektüre des folgenden Inventars aus der Erzählung eines in Paris gefolterten algerischen Studenten weiß man nicht, was man mehr fürchten soll: »Ich wurde in einen Raum geführt, wo sie mir meine Augenbinde und meine Handschellen abnahmen. Ich sah zwei ungefähr 1.80 Meter lange Bänke; zwei hölzerne Tische; ein Becken von ungefähr einem halben Meter Durchmesser, gefüllt mit dreckigem Wasser, einige leere Chamapagnerflaschen, deren Hälse mit Blut befleckt waren; ein Stück Seife; einen Haufen von Schnüren und Lumpen.«[14] Der *gégène* – »ein reines Kulturprodukt«[15] – war ein einfacher elektrischer Apparat, leicht zu erhalten bzw. einfach herzustellen, der aus Kabeln bestand, die mit einem elektrischen Stecker verbunden waren. Jeder Heimwerker konnte damit umgehen. Und genau so klingen einige der ersten Zeugnisse von Wehrpflichtigen über ihre Aktivitäten in Algerien (vor allem in katholischen Zeitschriften gesammelt) – wie die Berichte von Bastlern (*bricoleurs*), fehlgeleiteten Wochenendamateuren, Clown-Handwerkern: »Ich selbst beteiligte mich, indem ich Strom in die Plastikwanne oder das Waschbecken leitete.«[16]

Die neuen Techniken, die die ländlichen Gebiete Frankreichs revolutionierten – also die Ankunft von Badewannen (fließendem Wasser) und Elektrizität[17]– gaben auch der Folter einen moderneren, hygienischeren Charakter: »Vor und nach dem Algerienkrieg prahlten die Folterer damit, daß sie eine *saubere* Folter anwenden, eine die keine Spuren hinterläßt, und soweit es bei den Unterdrückungstechniken ›Fortschritt‹ gab, dann fand er offensichtlich genau dort statt:

Der Gebrauch von Elektrizität hinterläßt weniger Spuren als das Herausziehen eines Zahns oder eines Fingernagels.«[18]

Die auffallende Verbreitung des Ideologems der Sauberkeit in den Schriften der Zeit und die Auseinandersetzung darum, wer – welche Gruppe, welche Institution, welche Rasse, welche Generation, welches Geschlecht – sie als eine konstituierende Eigenschaft für sich beanspruchen konnte, legt nahe, daß es hier um mehr geht als den Wunsch, ›die Schrecken des Kriegs‹ im allgemeinen zu zerstreuen oder zu leugnen. Der Erste und der Zweite Weltkrieg waren, im Gegensatz zum Algerienkrieg, saubere Kriege; der Abstand, der die Reinheit dieser Konflikte von dem gegenwärtigen trennte, sorgte für eine tiefe Kluft, die die französische Arbeiterklasse während dieser Jahre spaltete: Ältere französische Arbeiter, die im Ersten oder Zweiten Weltkrieg gedient hatten, hatten wenig Verständnis für die junge Generation und betrachteten ihren Krieg nicht als »einen wirklichen Krieg«.[19] Die Figur eines katholischen Wehrpflichtigen in Mauriennes fiktionalisiertem Bericht von 1960 über die Desertion Wehrpflichtiger, *Le déserteur*, stellt es folgendermaßen dar: »Ich habe einen Vater und einen Großvater, die in Kriegen gekämpft haben«, sagt Alain, »aber sie machten es mehr oder weniger sauber (*proprement*).«[20] Der algerische Konflikt war, von ersten Augenblick an, bekannt als der »dreckige Krieg« (*sale de guerre*)[21] – das heißt, wenn sein Status als Krieg überhaupt anerkannt wurde. Während der letzten Momente des französischen Weltreichs muß die alte koloniale Rhetorik von der »Zivilisationsmission« wieder auf Touren gebracht und unterstützt werden, um das rechtfertigen zu können, was anfing, durch die über die algerischen Angelegenheiten geworfene kosmetisch diskursive Decke zu dringen. Anders gesagt, auf dem Höhepunkt des barbarischsten Verhaltens des Weltreichs muß die Barbarei des *Algeriers* – sein Bedarf an Reinigung, Schulung, Zivilisierung – um so stärker nachgewiesen werden.[22] So erhalten

unterschiedliche, spezifische Militäroperationen ›säubernde‹
Namen und Funktionen. Auf den ersten Seiten seines fiktio-
nalisierten Zeugnisses, *Lieutenant en Algérie*, spricht Jean-
Jacques Servan-Schreiber vom Vorgang, der als »säubern einer Kasbah«[23] bezeichnet wird; die nächtlichen Patroullien
von hundert französischen Panzern entlang der Morice-Li-
nie, das Hinundherfegen auf der Länge der zweihundert
Meilen Grenze, um die FLN von Grenzüberschreitungen
nach und aus Tunesien abzuschrecken, waren im Armee-
jargon bekannt als »den Boden polieren«.[24] Die vielleicht
eindrucksvollste Schilderung der Internalisierung einer sau-
ber/dreckig, zivilisiert/barbarisch Rechtfertigung erscheint
in dem Zeugnis eines französischen Wehrpflichtigen:

Normalerweise suchten sie nach Freiwilligen, um die
Typen zu erledigen, die gefoltert worden waren (damit
es keine Spuren geben würde und nicht die Gefahr
späterer Geschichten). Ich mochte die Vorstellung
nicht – Sie wissen, wie es ist – einen Typen hundert
Meter entfernt im Kampf zu erschießen – das ist
nichts, weil der Typ in einiger Entfernung ist, und man
ihn kaum sehen kann. Und im übrigen ist er bewaffnet
und kann entweder zurückschießen oder abschwirren.
Aber einen wehrlosen Typen einfach so zu erledigen –
Nein! Wie auch immer, ich habe mich nie freiwillig ge-
meldet, und so war ich schließlich der einzige im ganzen Sektor, der nie ›seinen‹ Typen erledigt hatte. Man
nannte mich Kleines [*p'tite fille*«]. Eines Tages rief
mich der Hauptmann und sagte: »Ich will hier keine
kleinen Mädel haben – halt' dich bereit, der Nächste ist
deiner.« Naja, einige Tage später waren da acht Gefan-
gene, die gefoltert worden waren und die erledigt werden mußten. Ich wurde gerufen, und vor allen Kame-
raden befahl man mir: »Das ist deiner, Kleines, mach'
es.« Ich ging zu dem Typen rüber. Er sah mich an. Ich
kann immer noch sehen, wie seine Augen mich an-

schauen. Die ganze Sache stieß mich ab. Ich schoß. Die anderen Jungs erledigten den Rest. Danach war es nicht mehr so schlimm, aber das erste Mal – ich sage Ihnen, das hat mich aufgeregt. Es ist vielleicht nicht die sauberste Arbeit, aber wenn man darüber nachdenkt, sind alle diese Typen eigentlich Kriminelle, und wenn man sie leben läßt, bringen sie weiterhin alte Männer, Frauen und Kinder um. Man kann sie nicht so weitermachen lassen. Also eigentlich säubern wir das Land [*on nettoie le pays*], befreien es von all dem Abschaum [*racaille*].[25]

Auf der algerischen Seite wird nicht weniger darum gerungen, ›sauber‹ zu sein. In seinem Nachwort zu Allegs *La question* meint Sartre, das, was in der Folterkammer ausgefochten wird, ist die ganze Frage der *Gattung*: Nur einer von uns ist ein Mensch.[26] Das heißt, genau in dem Augenblick, in dem die Kolonisierten aufgrund ihrer Solidarität in einer Gemeinschaft den vollen Status des Mensch-Seins beanspruchen, müssen sie dazu gebracht werden, sich selbst als erniedrigte, gebrochene, unmenschliche Tiere zu bezeichnen. Auch Roger Trinquier gibt zu, daß die Informationssammlung gegenüber dem wahren Zweck der Folter sekundär ist. Für ihn war die Folter nicht nur eine Art der Informationsbeschaffung um jeden Preis, sondern vielmehr ein Mittel, um in jedem gefallenen Individuum das Gefühl der Solidarität mit einer Organisation und einer Gemeinschaft zu zerstören. Daß dies die gewünschte Wirkung war, zeigt das Zeugnis eines in Paris gefolterten algerischen Studenten, der versucht, diesen Verlust des Gemeinschaftlichen zu verhindern; für ihn bedeutete ›sauber‹ sein, ein Teil des Ganzen zu bleiben: »Während der schlimmsten Folterungen dachte ich fest an meine Brüder und Schwestern, an Ben M'Hidi, an Djamila; ich sagte mir immer wieder, daß man von Unrat [*immondices*] bedeckt sein kann und dennoch sauber bleiben kann.«[27]

In gleicher Weise wird in Claire Etcherellis *Elise ou la vraie vie* dargestellt, wie die algerischen Arbeiter am Montageband von Citroen den verfleckten, von den französischen Arbeitern getragenen *bleu de travail* zugunsten sauberer Straßenkleidung vermeiden: Rollkragenpullis und Tweedjacketts. Arezki, ein FLN-Organisator, kauft ein teures, schneeweißes Frackhemd auf dem Boulevard Saint Michel, nur weil, wie er sagt, niemand glaubt, daß ein Algerier so etwas besitzt. Die Gleichsetzung von Sauberkeit und angegriffener Würde ist so bedeutsam, daß sich die Taktik in diesem Roman bis zu den wenigen weißen französischen Frauen, die in der Fabrik arbeiten, ausbreitet:

Sie kamen morgens an, geschminkt und frisiert, und schafften es während des Tages, sich zurückzuziehen, um sich neu zu schminken. Da gab es etwas, das mehr als Koketterie war: eine Zurschaustellung, eine instinktive Abwehr gegen eine Arbeit, die einen letztlich zu einem Landstreicher werden ließ. Das Rot der Fingernägel verdeckte häufig den Schmutz; ihre schmutzigen Haare schmückten sie mit Samt; sie puderten den grauen Schweiß ihrer Haut. Ich sehe noch meine Nachbarin in der Garderobe, eine Frau von fünfunddreißig Jahren, nicht hübsch, voller Falten, durch die Bestimmungen gezwungen, eine entfärbte Drillichuniform zu tragen, und die, während sie einen Fenwick fuhr, ihre Pumps anbehielt.[28]

Für Fanon, für den die Folter ganz einfach fester Bestandteil der kolonialen Ordnung war und ihrer Logik entsprach, war es unabdingbar, daß die Algerier, die in ihrem Befreiungskrieg kämpften, das ihrerseits ›sauber‹ tun und ›ohne Barbarei‹: »Die unterentwickelte Nation, die die Folter anwendet, bestätigt dadurch ihren Charakter und spielt die Rolle eines unterentwickelten Volks. Wenn sie nicht von den ›westlichen Nationen‹ moralisch verurteilt werden will, ist sie gezwungen, mit Fairneß vorzugehen, selbst wenn ihr Gegner mit reinem Gewissen die grenzenlose Erkundung neuer Terrormethoden unternimmt.«[29]

Henri Alleg berichtet, daß er sich am Ende seines Aufenthalts in El-Biar dadurch ermutigt fühlte, daß die Male und Narben von den Folterungen, die er durchlitten hat, an seinem Körper noch immer sichtbar waren; er versteht dies als ein Zeichen, daß er nicht hingerichtet werden wird: »Wenn sie beschlossen hätten, mich zu erschießen, bräuchten sie für den Fall einer Autopsie, von den normalen Kugelspuren abgesehen, einen ›sauberen Leichnam‹« (S. 105–106). Ein sauberer, nicht gekennzeichneter Körper – oder in den Worten des Wehrpflichtigen, den ich bereits oben zitiert habe, »damit es keine Spuren geben würde und nicht die Gefahr späterer Geschichten«. Während der Krieg fortschreitet, wird das moralische Verständnis von der Spur (das Merkmal der Schuld, des Verbrechens) durch ein anderes ersetzt: Spuren müssen beseitigt werden, wenn sie das saubere Funktionieren eines riesigen Systems gefährden, ein Knirschen im Getriebe hervorrufen und dadurch zeitweilig den Betrieb aufhalten. Die Besessenheit der Fallschirmjäger, Spuren zu beseitigen (Geschichten auszulöschen, Geschichte aufzuhalten), ist – um die Formulierung Baudrillards aufzunehmen – nicht die traditionelle Besessenheit der Hausfrau, daß alles an seinem Platz sein muß und daß alles sauber sein muß: das war moralisch, dies ist funktionell.[30] Es geht um die graduelle, von General Massu und seinen Truppen betriebene Entwicklung von dem, was Massu als »funktionelle Folter« zu kennzeichnen versuchte – vergleichbar mit den medizinischen Eingriffen eines Chirurgen oder Zahnarztes – im Gegensatz zu der vormodernen, ›handwerklichen‹ Folter, die in anderen Ländern und bis dahin auch in Algerien ausgeübt wurde.

Folter, so hob Roger Trinquier, Chef der Abteilung »Aktion/Information«, gerne hervor, ist etwas, »was organisiert werden kann«.[31] Nach dem November 1954, als die französische Rekrutenzahl auf algerischem Boden von 60 000 Mann auf 500 000 Mann emporschnellte (der größte Einsatz französischer Truppen außerhalb Frankreichs seit 1830), mußte Folter organisiert werden; sie wurde serienmäßig produziert: »Seit dieser Zeit verbreitete sich der Gebrauch der Folter dermaßen, daß er sich für die gesamte Masse der jungen Franzosen, die zum Dienst in Algerien einberufen wurden, zum Problem entwickelte. Noch wichtiger war, daß die in Algerien geführte Art des Kriegs nicht fortgesetzt werden konnte ohne die gleichzeitige Verwendung *der Folter und den Einsatz der Masse der aus dem Mutterland gezogenen jungen Wehrpflichtigen.*«[32] Die Folter, verallgemeinert und routinemäßig nach 1954 massenhaft durchgeführt, veränderte sich nach 1957 noch einmal spürbar mit der Übernahme der Polizeiaufgaben durch das Militär während der Schlacht um Algier: »Was zu Beginn nicht mehr als eine Improvisation war, wurde schnell zu einer echten Institution mit ihren entsprechenden Strukturen, ihrem leitenden Personal [*cadres*], ihrem ausführenden Personal [*exécutants*], ihrer Batterie von Zubehör und ihren Regeln für das Funktionieren.«[33] Die Institution wurde vervollständigt durch Schulen [*écoles de formation de cadres*] für das Training von Experten oder »Spezialisten«;[34] die Unterweisung an diesen Schulen konzentrierte sich darauf, eine Folter zu schaffen, die ›sauber‹ war, also ohne Sadismus ausgeübt wurde und keine sichtbaren Spuren hinterließ.[35] Die Techniken und die Ausstattung waren standardisiert: »Die Folter wurde 1957 zu einer täglichen und beinahe banalen Praxis. Sie funktionierte überall. [...] In bezug auf die Techniken gab es kaum Abweichungen [...] das Aufhängen der Körper [...] und vor allem die Badewanne und die Elektrizität.«[36] »Überall in Algerien, keiner leugnet es, sind wahrhaftige Folterlaboratorien eingerichtet worden mit elektrischen Badewannen und allem, was man braucht [*tout ce qu'il faut*].«[37]

Eine weitere Rationalisierung des Prozesses erfolgte mit der klar definierten Einrichtung eines separaten geschäftsführenden Apparats:

Die für die ›Information‹ zuständigen Organe nahmen nach 1957 und der Schlacht um Algier eine quasiautonome Gestalt an. [...] Die Geburt und die Entwicklung des Zentrums für die innermilitärische Koordination, die mit dem *Dispositif operationnel de protection* abgeschlossen wurde. Dieses System bot den Behörden einen großen Vorteil. [...] Die Folter wurde in einem geschlossenen Kreislauf ausgeübt mit einem ›hochqualifizierten‹ Personal von beispielhafter Diskretion. Die Berufssoldaten der Armee wußten um ihre Existenz, aber nicht die gesamte Armee folterte. Man war zufrieden, diese Methode akzeptieren zu können, und erlaubte den Spezialisten, ihre Hände zu beschmutzen.[38]

Eine ausgewachsene, typisch französische industrielle Organisation wurde eingerichtet, mit ihrer pyramidalen Hierarchie – aber auch hier hielten sich die Institutionen in Algerien an die verzerrte Spiegelung der französischen Institutionen; es waren die Spezialisten, die *cadres*, die ›sich ihre Hände schmutzig machten‹, die ›Hand anlegten‹, die beschäftigt waren mit niedriger Arbeit, dem Verarbeiten des menschlichen Materials, dem Ausüben widerwärtiger Aufgaben, die zu einem früheren Zeitpunkt des Kriegs den *harkis* überlassen worden waren.[39] An den Übergang von einer handwerklichen zu einer industriellen Tätigkeit erinnert das Zeugnis eines Freiwilligen: »Man übertrug mir die Verantwortung für die Information auf der Ebene einer Kompanie, was wenig ist. Es wurde alles auf sehr niedriger Ebene erledigt. ... Es war Folter ... naja ... ich wage nicht, das Wort zu benutzen, weil es ein wenig beschämend ist ... aber letztendlich war es handwerklich. Die DOPs [*Dispositif operationnel de protection*], nun das waren Fachleute.«[40] Die DOPs oder Manager teilten die Stadt in Unterabschnitte, »von denen jeder sein eignes ›Auslesezentrum‹ [*centre de tri*][41] hatte, einschließlich einer Folterkammer.«[42] Die Zentren, die in allen größeren algerischen Städten eingerichtet wurden, halfen, die Folter effizienter zu gestalten, und daher konnte alles mit dem Kriterium der Effizienz gerechtfertigt werden: »Das Zentrum in Orleansville, das in einer alten Scheune eingerichtet wurde, und das Zentrum in Constantine, das sich auf dem Hof Ameziane befand, wurden zu Fließbandeinrichtungen, in denen die Folter mit wissenschaftlicher Genauigkeit angewendet wurde.«[43]

Von seiner privilegierten Position als menschliches Material aus, das in einem dieser Zentren verarbeitet wurde – dem wichtigsten, El-Biar –, ist Henri Alleg in der Lage, wie er sagt, »für einen Monat den Betrieb der Folterfabrik zu beobachten« (S. 113): d. h. ihre Arbeitsteilung, ihre Produktivität, ihre Angestellten bei der Arbeit. Und »Arbeit« ist das Wort, das die Fallschirmjäger gebrauchten, um ihre Aktivitäten zu beschreiben: »Wenn sie nicht zu einem Streifzug ausrückten, ›arbeiteten‹ Erulin und seine Leute mit den schon verhafteten Verdächtigen« (S. 116). Die Folter in El-Biar ist einfach »der übliche Tagesablauf«: »Sie folterten bis zum Morgengrauen. Durch die Trennungswand hindurch hörte ich Rufe und Schreie, gedämpft durch die Knebel, und die Flüche und die Schläge. Ich wußte bald, daß dies keinesfalls eine Ausnahme war, sondern einfach der übliche Tagesablauf« (S. 87). Zeitsparende Strategien werden erdacht und ausgeführt: »Ich sah gerade noch, wie man einen nackten Moslem mit dem Fuß trat und auf den Gang stieß. Während sich S . . ., C . . . und die anderen ›um mich kümmerten‹, hatte der Rest der Gruppe seine ›Arbeit‹ mit dem gleichen Brett und dem Apparat fortgesetzt. Sie ›verhörten‹ noch einen Verdächtigen, um keine Zeit zu verlieren« (S. 59).

Das »Durchgangszentrum« in El-Biar ist für Alleg das Ebenbild der Fabrik – oder, wie in der Karikatur Boscs, das perverse Ebenbild einer neuartig taylorisierten, französischen Vorstellung von Haushaltsführung, bei der Hausarbeiten, wie »das Reinigen der Kasbah« und »das Polieren des Bodens«, vor allem bei Nacht ausgeführt werden: »Besonders in der Nacht lebte das ›Durchgangszentrum‹ auf: Vorbereitungen, Verdächtige, Lärm [...]. Dann plötzlich durchschnitten die ersten Schreie der Gefolterten die Nacht. Die eigentliche Arbeit von Erulin, Lorca und den anderen hatte begonnen« (S. 115 f.). Die eigentliche Arbeit bestand darin, das Haus in Ordnung zu halten, da es um die Frage ging, wer wirklich in Algerien ›zu Hause‹ war. »Algerien ist Frankreich«: der endlos wiederholte Refrain; oder seine Variation »Frankreich ist in Algerien *zu Hause*.«[44] Aber wie, fragte Frantz Fanon 1959, »kann von den Algeriern erwartet werden, wie General de Gaulle sie unaufrichtigerweise aufgefordert hat, ›zu sich nach Hause zurückzukehren‹« [*rentrent chez eux*]? Welche Bedeutung kann dieser Ausdruck heute für einen Algerier haben?«[45] Insbesondere da »Zu-Hause-Sein« für einen Algerier bedeutet, sich im absoluten Zentrum des Konflikts zu befinden.

Für Henri Alleg, den Bewohner von El-Biar, bewegt sich die Zeit anders; er erzählt von dem wachsenden Verlust des Zeitgefühls, dem Gefühl, aus dem Kalender herauszufallen. Daß ein Folteropfer Schwierigkeiten hat, einen Tag vom anderen zu unterscheiden, überrascht nicht. Aber das gelangweilte, mechanische Verhalten der Folterer – deren Gedanken in Allegs Text nicht festgehalten sind – deutet auf eine Erfahrung von betäubender Wiederholung, derart weit entfernt von der ›vertikalen‹ Zeitlichkeit der Ereignisse, daß sie sich wieder trifft mit Linharts Beschreibung der Tage am Fließband oder Christiane Rocheforts Figur Céline in dem Film *Les stances à Sophie*, als sie widerstrebend in die sich wiederholenden Aufgaben der »Haushaltsführung« eingeführt wird. Und das ideale Folteropfer, das ›frisch‹ und ohne Spuren aus der Foltersitzung herauskommt, bereit für eine weitere, erinnert an Barthes' Beschreibung einer Sache

– um genau zu sein, ein frisch poliertes Auto –, »der die Unveränderbarkeit eines Materials verliehen wurde, auf das die Zeit keinen Einfluß hat«. Folterer und Gefolterte, in einem unveränderlichen Verhältnis, wie in einem funktionalistischen Gleichgewicht, das sich endlos selbst reproduziert. Die Folter im Algerienkrieg war bemüht, »keine Spuren zu hinterlassen« – das heißt, die Zeit anzuhalten oder wie ein ahistorisches, strukturalistisches System zu funktionieren. Konfrontiert mit einer aufrührerischen Kraft, die die Geschichte auf ihrer Seite hat, wird das gesamte Kolonialsystem in seinen letzten Momenten zur Modernisierung gezwungen, um eine systematische Raumstruktur parallel zum ganzen Terrain zu konstruieren, eine Struktur, so glatt und sauber funktionell, daß sie die Vorwärtsbewegung der Zeit anhalten konnte.

Anmerkungen

1 Jean Baudrillard, *Le système des objects*, Paris 1968, S. 41. Die Übersetzung folgt, abgesehen vom letzten Halbsatz, der deutschen Übertragung: *Das System der Dinge. Über unser Verhältnis zu den alltäglichen Gegenständen*, aus dem Frz. von Josef Garzuly, Frankfurt a. M. 1991, S. 40–41. – (Die Stelle im originalen Wortlaut und Kontext lautet: »Ce n'est plus ici l'obsession ménagère traditionelle: chaque chose à sa place et que tout soit propre. Celle-là était morale, celle d'aujourd'hui est fonctionelle. [...] on pourrait en quelque sorte qualifier l'homme moderne, le cybernéticien, d'hypocondriaque cérébral, obsédé par la circulation absolue des messages.« Anm. d. Übers.).

2 Roland Barthes, »La voiture, projection de l'égo«, in: *Réalités 213* (1963) S. 45.

3 Siehe Cornelius Castoriadis, »Le mouvement révolutionnaire sous le capitalisme moderne«, in: *Socialisme ou barbarie 31–33* (Dezember 1960, April und Dezember 1961) S. 226–343.

4 Alain Touraine, *La société post-industrielle*, Paris 1969, S. 78 (dt. *Die postindustrielle Gesellschaft*, Frankfurt a. M. 1972).

5 Die Zeitschrift *Elle* sorgte für eine solche Untersuchung und be-

richtete 1954 über die Ergebnisse einer Umfrage, die zeigte, daß die meisten Franzosen den Hausbesitz als ihren wichtigsten (und zum größten Teil nicht realisierbaren) Traum nannten. Siehe *Elle* vom 22. März 1954: »En 1954 les français font 5 rêves«. Der Traum war aber viel älter: Unmittelbar nach dem Krieg führte das Institut National d'Etudes Démographiques eine Umfrage durch, die zeigte, daß 72% der Franzosen sagten, daß sie ein Einfamilienhaus wollten, 28% waren bereit, eine halbe Stunde mehr Anfahrtzeit in Kauf zu nehmen, um eins zu bekommen. Siehe Norma Evenson, *Paris. A Century of Change, 1878–1978*, New Haven 1979, S. 251.

6 Henri Lefebvre, *Critique de la vie quotidienne*, Paris 1958–1981, Bd. 3, S. 61–62.

7 In Agnes Vardas Film *Cléo de 5 à 7* erscheint die gleiche Metonymie: Ein Taxiradio, das im Hintergrund dröhnt, stellt Nachrichten über Unruhen in Algerien und die Werbung für ein neues aus Whiskey hergestelltes Shampoo *à l'américaine* nebeneinander: »Scotch revitalisiert ihr Haar!«

8 Henri Lefebvre, *La somme et le reste*, Paris 1989, S. 171.

9 Roger Trinquier, *La guerre moderne*, Paris 1961, zit. nach der englischen Übersetzung: *Modern Warfare*, New York 1964, S. 29.

10 Das Ausmaß der Zensur während dieser Jahre durch die französische Regierung war beispiellos. Zeitschriften wie der *L'express* wurden regelmäßig beschlagnahmt (allein zwischen 1958 und 1962 zwölfmal). Für die ausführlichste Darstellung der Zensur siehe Martin Harrison, »Government and Press in France during the Algerian War«, in: *The American Political Science Review* 58 (Juni 1964) S. 273–285.

11 Siehe die Einführung zu Henri Alleg, *La question* (1957), Paris 1961, S. 10. – Henri Alleg wird im folgenden nach der englischen Übertragung *The question*, New York 1958, zitiert. (Übersetzung aus dem Engl. unter Berücksichtigung der deutschen Ausgabe *Die Folter. La question*, München 1958; Anm. d. Übers.).

12 Georges Perec, *Les choses*, Paris 1965, dt. *Die Dinge. Eine Geschichte der sechziger Jahre*, Stuttgart 1984, S. 9.

13 Zit. nach Rita Maran, *Torture. The Role of Ideology in the French-Algerian War*, New York 1989, S. 145.

14 Benaissa Souami, ein 27jähriger Politikstudent, zit. nach Jerome Lindon (Hrsg.), *La gangrène*, Paris 1959. Hier nachgewiesen in der englischen Ausgabe: *The Gangrene*, New York 1960, S. 42.

15 Pierre Leulliette, *St. Michel et le Dragon*, Paris 1961, dt. *Sankt Michael und der Drache*, Hamburg 1962, S. 276.

16 Zit. nach Xavier Grall, *La génération du Djebel*, Paris 1962, S. 34.

17 1954, im Jahr, in dem die algerische Revolution begann, hatten 59% der französischen Haushalte fließend Wasser, noch 1946 waren es nur 37%. Bis 1968 wurden 90,8% erreicht. 1954 hatten 28% der französischen Haushalte Innentoiletten; bis 1968 54,8%. 1954 hatten nur 17% der Pariser Bevölkerung eine Dusche oder ein Bad in ihrer Wohnung. Wenn ›komfortabel‹ durch Zentralheizung, Innentoilette und Dusche oder Bad definiert wird, dann hatten 1954 nur 6% der französischen Haushalte dieses Niveau erreicht, im Gegensatz zu 63% in den USA. Siehe Jean Fourastié, *Histoire du comfort* (1954 u. d. T. *Les Arts ménagers*), Paris 1972, S. 106–110.

18 Pierre Vidal-Naquet, *La torture dans la république*, Paris ²1975, S. 9.

19 Ian Birchall erwähnt dies im Zusammenhang einer Interpretation von Etcherellis *Elise ou la vraie vie*; siehe I. Birchall, »Imperialism and Class. The French War in Algeria«, in: *Europe and Its Others*, Bd. 2, hrsg. von Francis Barker, Peter Hulme, Margaret Iversen und Diana Loxley, Colchester 1985, S. 162–174.

20 Maurienne [d. i. Jean-Louis Hurst], *Le déserteur*, Paris 1960; Nachdr. Paris 1991, S. 21.

21 Siehe z. B. Claude Bourdet, der in einem Artikel vom 29. März 1956 im *France-Observateur* schrieb: »Einhunderttausend junge Franzosen sind in Gefahr, in dem dreckigen Krieg in Algerien weggeworfen zu werden.«

22 Der Diskurs der »zivilisatorischen Mission« spielt bei den Folterungen häufig eine Rolle, wie im Zeugnis des 26jährigen Moussa Khebaili, der berichtet, daß ein französischer Polizist sagte: »Du bist einer von der Rasse, die ich hasse, wie die Neger. Nun wirst du sehen, aus was Frankreich wirklich gemacht ist – ihr seid nur ein Haufen Sklaven. Wir haben euch beigebracht, wie man in ein Loch scheißt« (Lindon, s. Anm. 14, S. 69).

23 Jean-Jacques Servan-Schreiber, *Lieutenant en Algérie*, Paris 1957, zit. nach der englischen Übersetzung: *Lieutenant in Algeria*, New York 1957; später in dieser Erzählung beklagt ein französischer Soldat, »Die Armee ist die einzige saubere Sache, die wir noch haben« (S. 93).

24 Siehe Maran (s. Anm. 13), S. 84–85.

25 Zit. nach der Originalausgabe von Vidal-Naquet, *La torture dans la république*, S. 137 f., ursprünglich erschienen in Englisch u. d. T. *Torture: Cancer of Democracy*, Harmondsworth 1963, S. 137.

26 Vgl. Jean-Paul Sartre, »Une Victoire«, Nachwort zu Alleg (s. Anm. 11), S. 99–122. Die brauchbarste philosophische und politische Betrachtung der Geschichte der Folter ist Page duBois' *Torture and Truth*, New York 1991.

27 Benaissa Souami, zit. nach Lindon (s. Anm. 14), S. 46.

28 Claire Etcherelli, *Elise ou la vraie vie*, Paris 1967, S. 136.

29 Frantz Fanon, *L'an V de la Révolution algérienne*, 1959 (Neuaufl. u. d. T. *Sociologie d'une revolution*, Paris 1968), zit. nach der englischen Übersetzung: *A Dying Colonialism*, New York 1965, S. 24.

30 Die Unterscheidung zwischen Moralität und Funktionalität spielte eine wichtige Rolle für die Struktur der Debatte innerhalb der den Krieg ablehnenden französischen Intellektuellen. Ein großer Teil des Protests wurde aus moralischen Gründen geführt, einschließlich der Empörung über den Gebrauch der Folter durch die französische Armee; andere Intellektuelle, wie Simone de Beauvoir, glaubten wie Fanon, daß diese Folter ausnahmslos einfach der Logik des Kolonialismus entsprach: »Gegen ›Exzesse‹ oder ›Mißbräuche‹ allein im Namen der Moralität zu protestieren ist ein Fehler, der auf eine aktive Komplizenschaft hinweist. Es gibt hier keine ›Mißbräuche‹ oder ›Exzesse‹, einfach nur ein alles durchdringendes *System*.« Simone de Beauvoir / Gisèle Hamini, *Djamila Boupacha*, Paris 1962, S. 19. Siehe auch Jean-Pierre Rioux / Jean-François Sirinelli (Hrsg.), *La guerre d'Algérie et les intellectuels français*, Paris 1991, insbesondere die Artikel den Herausgeber und den von Marie-Christine Granjon, »Raymond Aron, Jean-Paul Sartre et le conflit algérien«.

31 Roger Trinquier, zit. nach Vidal-Naquet (s. Anm. 25, engl. Ausg.), S. 55.

32 Ebd., S. 40.

33 Bernard Droz / Evelyne Lever, *Histoire de la guerre d'Algérie 1954–1962*, Paris 1982, S. 140.

34 Der Begriff taucht ständig in Folterzeugnissen auf, wie z. B. bei Alleg; in dem Zeugnis von Benaissa Souami lesen wir z. B.:

»Schließlich wurde er müde und drei ›Spezialisten‹, wie sie sich selbst nannten, ersetzten ihn« (Lindon, s. Anm. 14, S. 36). Ein anderer algerischer Verkäufer spricht davon, »in die richtige Verfassung« gebracht worden zu sein vor der Ankunft der »Spezialisten«. (Bechir Boumaza, zit. nach Lindon, s. Anm. 14, S. 75 f.).

35 Droz/Lever (s. Anm. 33), S. 140.

36 Ebd., S. 140 f.

37 Henri Marrou, »France, ma patrie«, in: *Le monde* vom 5. April 1956.

38 Jean-Pierre Vittori, *Nous, les appelés d'Algérie*, Paris 1977, S. 153–154.

39 Vidal-Naquet berichtet, daß während einer frühen Phase der Revolution *harkis* (Araber, die für die Franzosen kämpften) die Folterungen durchführten, so daß die französischen Offiziere »ihre Hände sauber halten konnten« (s. Anm. 25, engl. Ausg., S. 44). Der *harki*-Folterer erscheint als eine Hauptfigur in Assia Djébars klassischem Roman über die Revolution, *Les enfants du nouveau monde*, Paris 1962. Die Sorge des französischen Offiziers um die Hygiene erscheint in einem Abschnitt von Allegs Erzählung (s. Anm. 11) voll von schwarzem Humor: »Ich schaute C… an, der diesmal von S… begleitet wurde. Er war in Zivil, sehr elegant. Ich mußte mich räuspern, er wich vor mir zurück und sagte: ›Vorsicht! Er wird spucken.‹ ›Was macht das schon?‹ sagte einer der anderen. ›Ich mag das nicht, es ist nicht hygienisch.‹ Er hatte es eilig, und er hatte Angst, seinen Anzug zu beschmutzen.« (S. 74–75).

40 Zit. nach Benjamin Stora, *La gangrène et l'oubli: La mémoire de la guerre d'Algérie*, Paris 1991, S. 29.

41 Auslesezentren, manchmal auch als »Durchgangszentren« übersetzt, waren Zentren für den Transport, die Lagerung und die Verarbeitung menschlichen Materials.

42 Vidal-Naquet (s. Anm. 25, engl. Ausg.), S. 53.

43 Ebd., S. 56.

44 Meistens Michel Debré zugeschrieben, Ministerpräsident unter de Gaulle.

45 Fanon (s. Anm. 29, engl. Ausg.), S. 31.

Textnachweise

Michel Foucault: Nietzsche, die Genealogie, die Historie. In: M. F.: Von der Subversion des Wissens. Aus dem Frz. von Walter Seitter. München: Hanser, 1974. S. 83–109. – © 1974 Carl Hanser Verlag GmbH, München.

Edward W. Said: Krise des Orientalismus. [Überschrift von den Hrsg.] Aus: E. W. S.: Orientalismus. Übers. von Liliane Weissberg. Frankfurt a. M. / Berlin / Wien: Ullstein. S. 108–128. – Mit Genehmigung von Edward W. Said, New York; für die dt. Übers. © 1981 Ullstein Buchverlage GmbH, Berlin.

Eric Hobsbawm: Das Erfinden von Traditionen. – Unter dem Titel »Introduction. Inventing Traditions« in: Eric Hobsbawm / Terence Ranger (Hrsg.): The Invention of Tradition. Cambridge [u. a.]: Cambridge University Press. S. 1–14. – Übers. von Sebastian Engelhardt. – © 1984 Cambridge University Press, Cambridge; für die dt. Übers. © 1998 Philipp Reclam jun., Stuttgart.

Alain Corbin: Zur Geschichte und Anthropologie der Sinneswahrnehmung. In: A. C.: Wunde Sinne. Über die Begierde, den Schrecken und die Ordnung der Zeit im 19. Jahrhundert. Aus dem Frz. von Carsten Wilke. Stuttgart: Klett-Cotta, 1993. S. 197–211. – © 1991 Aubier-Montaigne, Paris; für die dt. Übers. © 1993 Klett-Cotta, Stuttgart.

Peter Jelavich: Methode? Welche Methode? Bekenntnisse eines gescheiterten Strukturalisten. – Unter dem Titel »Method? What Method? Confessions of a Failed Structuralist« in: New German Critique 65 (1995) S. 75–86. – Vom Verfasser erg. und überarb. Übers. von Astrid Eckert. – © 1995 New German Critique, Ithaca (N. Y.); für die dt. Übers. © 1998 Philipp Reclam jun., Stuttgart.

John Tosh: Was soll die Geschichtswissenschaft mit Männlichkeit anfangen. Betrachtungen zum 19. Jahrhundert in Großbritannien. – Unter dem Titel »What Should Historians Do with Masculinity. Reflections on Nineteenth-century Britain« in: History Workshop Journal 38 (1994) S. 179–202. – Übers. von Astrid Eckert. – © 1994 Oxford University Press, Oxford; für die dt. Übers. © 1998 Philipp Reclam jun., Stuttgart.

Robert Darnton: Philosophen stutzen den Baum der Erkenntnis: Die erkenntnistheoretische Strategie der *Encyclopédie* In: R. D.:

Das große Katzenmassaker. Streifzüge durch die französische Kultur vor der Revolution. Aus dem Amerikan. von Jörg Trobitius. München: Hanser, 1989. S. 219–239. – © 1989 Carl Hanser Verlag GmbH, München.

Simon Schama: Landschaft und Erinnerung. [Überschrift von den Hrsg.]. Aus: S. Sch.: Der Traum von der Wildnis. Natur als Imagination. Aus dem Engl. von Martin Pfeiffer. München: Kindler, 1996. S. 16–29. – © 1996 Kindler Verlag, München.

Elisabeth Bronfen: Vorbereitung einer Autopsie. Aus: E. B.: Nur über ihre Leiche. Tod, Weiblichkeit und Ästhetik. Deutsch von Thomas Lindquist. München: Deutscher Taschenbuch Verlag, 1996. S. 13–27. – © 1994 Verlag Antje Kunstmann GmbH, München.

Vanessa R. Schwartz: Die kinematische Zuschauerschaft vor dem Apparat. Die öffentliche Lust an der Realität im Paris des Fin de siècle. – Unter dem Titel »Cinematic Spectatorship before the Apparatus. The Public Taste for Reality in *Fin-de-Siècle* Paris« in: Leo Chraney / Vanessa R. Schwartz (Hrsg.): Cinema and the Invention of Modern Life. Berkeley / Los Angeles: University of California Press, 1995. S. 297–319. – Übers. von Christine Gross. – © 1995 by The Regents of the University of California; für die dt. Übers. © 1998 Philipp Reclam jun., Stuttgart.

Stephen Kern: Der kubistische Krieg. – Unter dem Titel »The Cubist War« in. St. K.: The Culture of Time and Space 1880–1918. Cambridge (Mass.): Harvard University Press, 1983. S. 287–312. Übers. von Sebastian Engelhardt. – Reprinted by permission of the publishers from Stephen Kern, The Culture of Time and Space, Cambridge (Mass.): Harvard University Press. © 1983 by Stephen Kern; für die dt. Übers. © 1998 Philipp Reclam jun., Stuttgart.

Kristin Ross: Hausputz. – Unter dem Titel »Keeping House« in: K. R.: Fast Cars, Clean Bodies. Decolonization and the Reordering of French Culture. Cambridge (Mass.) / London: The MIT Press, 1995. S. 105–122. – Übers. von Sebastian Engelhardt. – © 1995 Massachusetts Institute of Technology, Cambridge (Mass.); für die dt. Übers. © 1998 Philipp Reclam jun., Stuttgart.

Zu den Autorinnen und Autoren

ELISABETH BRONFEN

Professorin für Anglistik an der Universität Zürich. – Veröffentlichungen u. a.: Der literarische Raum. Eine Untersuchung am Beispiel von Dorothy M. Richardsons Romanzyklus ›Pilgrimage‹. Tübingen 1986. – Sarah Webster Goodwin / E. B. (Hrsg.): Death and Representation. Baltimore 1993. – Nur über ihre Leiche. Tod, Weiblichkeit und Ästhetik. München 1994. – (Hrsg.): Die schöne Seele oder Die Entdeckung der Weiblichkeit. Ein Lesebuch. München ²1996. – E. B. / Therese Steffen / Benjamin Marius (Hrsg.): Hybride Kulturen. Beiträge zur anglo-amerikanischen Multikulturalismusdebatte. Tübingen 1997. – The Knotted Subject. Hysteria and Its Discontents. Princeton 1998; dt. Ausg. Berlin 1998 (i. Vb.).

CHRISTOPH CONRAD

Wissenschaftlicher Assistent am Fachbereich Geschichtswissenschaften der Freien Universität Berlin. – Veröffentlichungen u. a.: Vom Greis zum Rentner. Der Strukturwandel des Alters in Deutschland zwischen 1830 und 1930. Göttingen 1994. – C. C. / Hans-Joachim von Kondratowitz (Hrsg.): Zur Kulturgeschichte des Alterns. Berlin 1993. – C. C. / Martina Kessel (Hrsg.): Geschichte schreiben in der Postmoderne. Beiträge zur aktuellen Diskussion. Stuttgart 1994.

ALAIN CORBIN

Professor für neuere Geschichte an der Universität Panthéon-Sorbonne (Paris I) und Mitglied des Institut Universitaire de France. – Auf deutsch sind erschienen: Pesthauch und Blütenduft. Eine Geschichte des Geruchs. Berlin 1984. – Meereslust. Das Abendland und die Entdeckung der Küste. Berlin 1990. – (Hrsg.): Die sexuelle Gewalt in der Geschichte. Berlin 1992. – Das Dorf der Kannibalen. Stuttgart 1992. – Wunde Sinne. Über die Begierde, den Schrecken und die Ordnung der Zeit im 19. Jahrhundert, Stuttgart 1993. – Die Sprache der Glocken. Ländliche Gefühlskultur und symbolische Ordnung im Frankreich des 19. Jahrhunderts. Frankfurt a. M. 1995.

ROBERT DARNTON

Lehrt Geschichte an der Princeton University. – Auf deutsch sind u. a. erschienen: Der Mesmerismus und das Ende der Aufklärung in Frankreich. München 1983. – Literaten im Untergrund. Lesen, Schreiben und Publizieren im vorrevolutionären Frankreich. München/Wien 1985. – Das große Katzenmassaker. Streifzüge durch die französische Kultur vor der Revolution. München/Wien 1989. – Der letzte Tanz auf der Mauer. Berlin-Journal 1989–1990. München 1991. – Glänzende Geschäfte. Die Verbreitung von Diderots Enzyklopädie oder Wie verkauft man Wissen mit Gewinn. Berlin 1993. – R. D. / Jean-Charles Gervaise de Latouche / Jean-Baptiste d'Argens. Denkende Wollust, Frankfurt a. M. 1996. – George Washingtons falsche Zähne oder noch einmal: Was ist Aufklärung? München 1997.

MICHEL FOUCAULT

Hatte bis zu seinem Tod 1984 den Lehrstuhl für »Geschichte der Denksysteme« am Collège de France in Paris inne. – Von seinen Werken liegen auf deutsch u. a. vor: Wahnsinn und Gesellschaft. Eine Geschichte des Wahns im Zeitalter der Vernunft. Frankfurt a. M. 1969. – Die Ordnung der Dinge. Eine Archäologie der Humanwissenschaften. Frankfurt a. M. 1971. – Die Geburt der Klinik. Eine Archäologie des ärztlichen Blicks. München 1973. – Die Archäologie des Wissens. Frankfurt a. M. 1973. – Von der Subversion des Wissens. Hrsg. von Walter Seitter. München 1974. – Überwachen und Strafen. Die Geburt des Gefängnisses. Frankfurt a. M. 1976. – Der Wille zum Wissen. Sexualität und Wahrheit 1. Frankfurt a. M. 1977. – Der Gebrauch der Lüste. Sexualität und Wahrheit 2. Frankfurt a. M. 1986. – Die Sorge um sich. Sexualität und Wahrheit 3. Frankfurt a. M. 1986.

ERIC J. HOBSBAWM

Emeritierter Professor für Geschichte des Birkbeck College, University of London, sowie der New School of Social Research, New York. – Von seinen Werken sind auf deutsch u. a. erschienen: Revolution und Revolte. Aufsätze zum Kommunismus, Anarchismus und Umsturz im 20. Jahrhundert. Frankfurt a. M. 1997. – Die Blütezeit des Kapitals. Eine Kulturgeschichte der Jahre 1848–1875.

München 1977. – Das imperiale Zeitalter 1875–1914. Frankfurt a. M. / New York 1992. – Das Zeitalter der Extreme. Weltgeschichte des 20. Jahrhunderts. München 1995. – Nationen und Nationalismus. Mythos und Realität seit 1780. München ²1992.

PETER JELAVICH

Professor für Neuere Geschichte an der University of Texas at Austin. – Veröffentlichungen u. a.: Munich and Theatrical Modernism: Politics, Playwriting, and Performance 1890–1914. Cambridge (Mass.) 1985. – Berlin Cabaret. Cambridge (Mass.) 1993.

STEPHEN KERN

Distinguished Research Professor für Geschichte an der Northern Illinois University in DeKalb. – Veröffentlichungen u. a.: The Culture of Time and Space 1880–1918. Cambridge (Mass.) 1983. – The Culture of Love: Victorians to Moderns. Cambridge (Mass.) 1992. – Eyes of Love. The Gaze in English and French Culture, 1840–1900. London / New York 1996.

MARTINA KESSEL

Habilitationsstipendiatin der Deutschen Forschungsgemeinschaft. – Veröffentlichte u. a.: Westeuropa und die deutsche Teilung. Englische und französische Deutschlandpolitik auf den Außenministerkonferenzen von 1945 bis 1947. München 1989. – Christoph Conrad / M. K. (Hrsg.): Geschichte schreiben in der Postmoderne. Beiträge zur aktuellen Diskussion. Stuttgart 1994. – (Hrsg.): Zwischen Abwasch und Verlangen. Zeiterfahrungen von Frauen im 19. und 20. Jahrhundert. München 1995.

KRISTIN ROSS

Lehrt als Professorin für Vergleichende Literaturwissenschaft an der New York University. – Veröffentlichte u. a.: The Emergence of Social Space. Rimbaud and the Paris Commune. Minneapolis 1988. – Fast Cars, Clean Bodies. Decolonization and the Reordering of French Culture. Cambridge (Mass.) 1995.

EDWARD W. SAID

Lehrt Literaturwissenschaft an der Columbia University in New York. – Auf deutsch liegen u. a. vor: Orientalismus. Frankfurt a. M. / Berlin / Wien 1981. Frankfurt a. M. 1998. – Kultur und Imperialismus. Einbildungskraft und Politik im Zeitalter der Macht. Frankfurt a. M. 1994. – Die Welt, der Text und der Kritiker. Frankfurt a. M. 1997. – Götter, die keine sind. Der Ort des Intellektuellen. Berlin 1997. – Frieden in Nahost? Essays über Israel und Palästina. Heidelberg 1997.

SIMON SCHAMA

Lehrt Geschichte an der Columbia University in New York. – Auf deutsch liegen vor: Überfluß und schöner Schein. Zur Kultur der Niederlande im Goldenen Zeitalter. München 1988. – Der zaudernde Citoyen. München 1989. – Wahrheit ohne Gewähr. Über zwei historische Todesfälle und das Vexierbild der Geschichte. München 1991. – Der Traum von der Wildnis. Natur als Imagination. München 1996.

VANESSA R. SCHWARTZ

Assistant Professor für Geschichte an der American University in Washington (D. C.). – Veröffentlichungen u. a.: Spectacular Realities. Early Mass Culture in Fin-de-Siècle Paris. Berkeley 1998. – Leo Charney / V. R. Sch. (Hrsg.): Cinema and the Invention of Modern Life. Berkeley 1995.

JOHN TOSH

Professor für Geschichte an der University of North London. – Veröffentlichungen u. a.: Clan Leaders and Colonial Chiefs in Lango. The Political History of an East African Stateless Society c. 1800–1939. Oxford 1978. – Michael Roper / J. T. (Hrsg.): Manful Assertions. Masculinities in Britain Since 1800. London / New York 1991. – The Pursuit of History. Aims, Methods, and New Directions in the Study of Modern History. London ²1991.